# オランダ植民地統治と法的住民区分の変遷

国籍法と統治法による植民地住民の包摂と排除

吉 田 信 著

晃洋書房

# 目　　次

凡　例

# 凡　　例

・オランダ語原文の強調箇所，イタリック，ゴシック，下
　線などは，引用に際してすべて傍点に統一した．
・原文の旧字体は新字体に改めるとともに，一部にはルビ
　を振っている．ただし，注での引用，書名についてはこ
　の限りではない．
・本文での原文の引用の際，適宜句読点を補った．
・引用文中の補足は〔　〕であらわした．
・引用に際しては，現在では不適切とされる表現もそのま
　ま用いている．
・本文中で言及される主な政治家については，脚注に略歴
　を記した．
・人名の表記，特に東インドの華人人名は，原文の表記に
　準じた．

# 序　章　国籍法と統治法による植民地住民の法的地位

## 対象および問題の設定

　本書は，オランダ国籍法およびオランダ領東インド（現在のインドネシア）に施行された統治法における法的住民区分の変遷を対象としている．本国での国籍法制定の背景にはどのような政治状況が存在していたのか．国籍法の制定は植民地住民の法的地位にどのような影響を及ぼしたのか．植民地住民の法的地位は，どのような基準により設けられ，さらに変化していったのか．これらの問いを明らかにすることが本書の目的である．

　国籍法の制定は，国民の要件を定めることにより，国民と外国人を分かつ法的基準を定めることを意味する．オランダでの国籍法は 1850 年に制定された．国籍規定自体はそれ以前にも 1838 年の民法典に定められていたものの，1850年の国籍法制定の直接的なきっかけは，1848 年にフランス二月革命の影響のもと実現した自由主義的憲法改正であった．この憲法改正が国籍概念と植民地の法的住民区分に有した意義には軽視できないものがある．

　第一に，国民であることが政治的権利の行使と結びつけられた点である．立憲主義の導入は，当初は一部に制限されてはいたものの，人々が政治に直接参加する道を開くこととなった．では，その権利を享受する資格は誰に認められるのか．これが 1850 年国籍法制定の直接の要因となる．第二に，この憲法改正により，植民地統治はもはや国王の個人的な権限によりおこなわれるのではなく本国議会の法律によることになり，植民地統治の規則が 1854 年に法律で定められた点である．本書が中心的に扱ういわゆる「統治法」の制定である．

　国籍が市民権の行使と関連づけられたことは，それまで重視されてこなかった植民地住民に対する国籍付与をめぐる問いを立法に携わる者たちに意識させる結果となった．植民地には支配者として居住していたヨーロッパ人のみならず，現地の土着の住民，あるいは東インドに定住し土着化した華人，アラブ系

やアフリカを出自とする住民など多様な人々が混在していた．国籍法が制定された時点で，彼らはオランダ国民とみなされたのであろうか．植民地住民のどの集団をオランダ人と呼べるのだろうか．さらに，オランダ人とみなされない者に対しては，いかなる法的地位が付与されたのだろうか．

　国籍法が，「国民」と「外国人」というカテゴリーによって国内の住民を区分する一方，植民地に施行された統治法はその 109 条で「ヨーロッパ人」と「原住民」というカテゴリーを設け，植民地の多様な住民をこのカテゴリーに区分していった．植民地統治は，この住民区分に基づき展開することとなる．

　しかし，東インドの住民を「ヨーロッパ人」と「原住民」というカテゴリーに分類する際には，なんらかの基準にしたがって区分がおこなわれねばならない．国籍の場合には，出生による国籍取得として血統主義と生地主義という原則が基本となるが，「ヨーロッパ人」と「原住民」という東インドの法的住民区分においてはなにが基準とされたのか．また，その基準は植民地統治の展開にともないいかなる変化を遂げていったのか．ヨーロッパ本国とはまったく異なる社会環境は，住民区分の基準にどのような影響を及ぼしたのか．統治法109 条の制定過程，さらにはその改正過程を検討することにより住民区分の基準に生じた変遷を明らかにしていく．そもそも，誰が「ヨーロッパ人」とみなされ，誰が「原住民」とみなされたのか．両者の区分は絶対的に固定化され，一方から他方への移行の可能性は存在していなかったのか．こうした疑問に対しても説明を加えていく．

　統治法の住民区分は，東インド社会を特徴づけ，オランダによる植民地統治の根幹をなすものと理解されていた．オランダ人研究者のみならず，20 世紀初頭に東インド統治を分析した日本を含む各国の行政官あるいは植民地政策の研究者は，「ヨーロッパ人」と「原住民」という住民区分を基礎とした統治における二元主義をオランダ植民地統治の特徴として指摘していた．英領ビルマの行政官であったファーニヴァルによる研究は，その代表的なものといえる[1]
[Furnivall 1939 ; 1948]．

　他方，東インドの法的住民区分の理解は，単に植民地統治の一端を理解するだけにとどまらない意義を有していた．植民地に居住する住民にとって「ヨーロッパ人」と「原住民」という法的区分は，支配と非支配の関係性を実体化していたのみならず法という形式により線引きされた自他を認識する枠組みとしても機能していたからである．しかも，この法的区分による境界は，越えるこ

とのできる境界でもあった．

　オランダの東インド進出は 17 世紀初頭にさかのぼる．ヨーロッパ本国との物理的距離および時間距離を背景とした長期におよぶ現地社会との接触は，オランダ人と原住民との間の交渉を常態化させ，その結果生じた混血者が植民地社会のヨーロッパ人の多数を占める状況を生みだしていく．だが，植民地権力にとって，混血の存在は，住民区分の安定にとっては脅威となりうる存在でもあった．東インド社会を特徴づけた混血をめぐる状況は，統治の基礎となる支配-非支配関係を規定する自他の枠組みにとって深刻な課題として認識されるようになるのである．そこで問われていたのは，誰が「原住民」とみなされるのか，という問いにとどまらなかった．問われていたのは他でもない，誰が「ヨーロッパ人」であるか，あるいは「ヨーロッパ人」であることの基準とはなにか，という問いでもあった．

　これらの主要な問いの他にも，統治法による「原住民」という法的住民区分の有した逆説的な意義については，1983 年刊行の『想像の共同体』のなかでベネディクト・アンダーソンが端的に指摘している．「最後の波」と題する章において，彼は「原住民」という法的枠組みが多様な種族からなる東インドの住民にとって「われわれ」意識を醸成する鋳型として機能したことに言及していた［アンダーソン 1997：192-200］[2]．彼らが「原住民」という枠組みを通して自らを一つの政治主体として内面化していく過程は，フィルムのネガポジ反転のように作用し，「インドネシア人」という法的主体を形成する過程と表裏一体をなしたのである．

　植民地住民をめぐる国籍法と統治法による包摂と排除の過程をたどることは，「オランダ人」あるいは「ヨーロッパ人」とは誰かという問いに光を当てるとともに，「原住民」という住民区分がいかに法的主体としての「インドネシア人」という枠組みを準備し，その枠の内側にどの住民が構想されていったのかを明らかにすることにもつながるのである．なにより，国籍法の展開と植民地住民の法的地位を関連させオランダ植民地統治を検討することは，近年に至るまで充分試みられてこなかった［d'Oliveira 2023］．

　導入当初，植民地社会の現状をあるがままに反映し，自然かつ自明なものと受けとめられていた東インドの法的住民区分は，植民地社会の展開に加えて国際関係の変化からも影響を受け変容していく．そこには，オランダ人と「原住民」のみならず，「外来東洋人」として区分された華人さらには日本人も深く

関わっていくことになる．住民区分の背後に措定されていた「宗教」,「人種」あるいは「文明」という考えは，多様な当事者が関与することで通奏低音のように絡み合いながら植民地期の東インドを貫いていくのである．

## 先行研究の概要

　議会議事録などの資料とは別に本書が参照した先行研究は，植民地期に刊行された研究書や学術論文と，インドネシア独立後に著された研究書に大別される．オランダがインドネシアを植民地としていた期間，植民地を対象とする研究は当然ながらあらゆる分野，領域においておこなわれ，その成果の一部は実際の統治に反映されていった．植民地法もそのうちの一つであり，19世紀後半から徐々に植民地官僚養成機関での植民地法の組織的な教授がみられるようになるとともに，体系的な学術書や専門誌の出版も増えていく．本書の扱うオランダ国籍法，統治法における住民の法的地位についても，19世紀末から20世紀初頭の世紀転換期に憲法（国法学）や国籍法，国際私法の専門家の手になる研究書が相次いで刊行された．オランダ国籍法および統治法の基礎的な情報については，これらの研究者による業績を第一に参考にしている[3]．

　戦前から研究活動をおこなっていた植民地法の専門家の多くは，インドネシア独立後の1960年代頃まで第一線で研究を続けていたが，徐々に次の世代の研究者と入れ替わっていく．インドネシアを含む開発途上国の比較法研究に組み込まれる形で植民地法の業績が継承されていく一方，植民地法それ自体を対象とする歴史研究は，オランダのアカデミズムの制度的カリキュラムでは法学部の法制史科目よりも人文系学部のオランダ史の一環（植民地史）として教育研究が継承されていく．

　ライデン大学ヨーロッパ拡張史講座教授として教鞭をとったケース・ファスール（Cees Fasseur）による東インド統治に関する膨大な研究は，1970年代後半から1990年代の植民地研究を代表する業績といえよう．司法官僚から大学教授に転出した経歴は，あたかも戦前の植民地法研究者と軌を一にするものがある．他にも，オランダ領東インドの法制史を対象とする研究としては，旧宗主国であるオランダ以外の国のインドネシア研究者，特にインドネシア研究の拠点のひとつと言えるオーストラリアで活動する研究者の間にも重要な成果をみることができる[4]．

　2005 年には，東インド会社時代からインドネシア独立までの期間に東インドに施行された主要な法律の変遷を膨大な資料をもとに整理したニコラス・エフティミゥ（Nicholas S. Eftymiou）による業績が刊行される［Eftymiou 2005］．さらに，2009 年には国立公文書館に収蔵されている関係史料をほぼ網羅して華人の法的地位の変遷を整理したパトリシア・チョーク・リム（Patricia Tjiook-Liem）による研究が著されている［Tjiook-Liem 2009］．東インドの統治法に関する研究として，これらの研究は新たな参照点をなすものといえる．

　統治法と並び本書が対象としているオランダ国籍法に関しては，アムステルダム大学で教鞭をとっていたハンス・ユッスルン・ドリフェイラ（Hans Jessurun d'Oliveira），あるいはマーストリヒト大学のジェラール・ルネ・デ・フロート（Gerard-Rene de Groot）を代表的な研究者としてあげることができる．デ・フロートは来日経験もあり，その際におこなった 1985 年のオランダ国籍法改正についての講演内容は日本語に翻訳されている［デ・フロート 1986］．

　しかし，植民地との関わりで国籍法を対象とした研究としては，デ・フロートの指導を受けたデ・ハース・エンゲル（Renata H. de Haas-Engel）による研究を初めに指摘する必要がある．これはインドネシア国籍法の成立を植民地期からたどり整理した重要な業績である［De Haas-Engel 1993］．1995 年に刊行されたエリック・ヘイス（Eric Hijs）による研究は，帰化政策の変遷と実態を整理検討するとともに国籍法制定にともなう植民地住民の法的地位についても簡潔に言及している［Heijs 1995］．2023 年には先にあげたユッスルン・ドリフェイラが，国籍法と植民地の法的住民区分を関連付け整理した著書を刊行している［d'Oliveira 2023］．

　植民地の過去に対する関心は，オランダ社会で広くみられるようになってきている．インドネシア独立戦争期の住民虐殺に対する補償を命じた判決を契機として植民地支配に対する責任が改めて問われ［吉田 2013］，オランダ政府のみならず国王も植民地支配に対して公式に謝罪したことは注目を集めた．さらに，東西両インドいずれかにルーツを持つ人々のアイデンティティ探究が活発になされるようなポストコロニアルといえる状況を迎えている［Oostindie 2011］．このような植民地の過去に対する関心の高まりと呼応して，既存の研究を再検討する業績も近年多くみられるようになってきた．

　統治法の法的住民区分を対象とした研究としては，バルト・ルティクハイス（Bart Luttikhuis）が 2014 年に提出した博士論文がある［Luttikhuis 2014］．この研

究では，統治法109条で定められた「ヨーロッパ人」と「原住民」という住民区分の根底にある人種基準を再検討しており，本書にも通じる関心がみられる．さらに，エルスベト・ロハー・スホルテン（Elsbeth Locher-Scholten），アン・ローラ・ストーラー（Ann Laura Stoler），ベティ・デ・ハルト（Betty de Hart）といった研究者もジェンダー，セクシュアリティおよび人種といった視点から植民地期の婚姻法制を中心に重要な業績を著している［Locher-Scholten 2000；Stoler 2002；De Hart 2001；2003；2015；2019a；2019b；2021］．

　日本では，オランダ国籍法を対象とした研究はほぼみられず，先に触れたようにデ・フロートの来日時の講演が訳されている程度である．東インド統治法[5]については，戦前に南進との関係で台湾総督府あるいは外務省による報告書のなかで言及されており，そのいくつかは国会図書館のデジタルコレクションで閲覧可能である．本書との関係で重要なものに言及するならば，1925年に全面改正された統治法を台湾総督官房調査課が内部資料として翌年に翻訳している[6]［台湾総督官房調査課 1926］．南進の拠点と位置づけられていたオランダ領東インドの重要性は，これらの各種資料からもうかがえる．

　さらに日本軍によるジャワ侵攻前後からは官民問わず関連書の刊行が相次いだ．オランダ植民地統治を分析した国外の研究書の翻訳もこの時期に集中している．占領統治を念頭に，東インドの司法制度を対象とする研究書の刊行もみられるようになり，とりわけ司法研究所による報告書は東インドの司法制度を日本語で理解するうえで現在でも有益である［村松 1942；石田 1943；司法省秘書課 1945］[7]．これらの資料は，大東亜法秩序・日本帝国法制関係資料の一巻として復刻もされている［浅野 2005］．

　統治法の住民区分に対する関心は，戦前戦後問わず華人との関係で寄せられることが大半であった［福田 1939：420-430；永積 1972：43-45；工藤 2017；貞好 2018］．戦前の刊行ではあるものの，満鉄東亜経済局による報告書は，統治法による「華僑」の法的地位のみならず，国籍問題についても簡潔に整理している［満鉄東亜経済局 1940：138-149］．華人に限定しない研究としては，東インドでの印欧人を対象とした論稿において統治法の住民区分への言及がみられる［永積 1980：139-142；深見 1997］．近年は，これまでの研究では華人の陰に隠れ実態が詳らかになることが少なかった東インドのアラブ系「外来東洋人」を対象とする研究もあらわれてきている［弘末 2011；山口 2018］．

　オランダおよび東インドを離れ，他のヨーロッパ諸国における国籍法を対象

とした歴史社会学的研究としては，ロジャース・ブルーベイカーによる研究に言及しておく必要はあるだろう［ブルーベイカー 2005（原著 1992）］．ドイツとフランスの国籍法を検討することで，それぞれの国の国民観を指摘していくブルーベイカーの研究は，フランス国籍法の展開を検討したパトリック・ヴェイユによって批判されているものの，まずは参照すべき研究といえよう．そのヴェイユによるフランス国籍法の変遷を整理した研究は，国籍法の展開がその時々の歴史的事象に大きく影響を受けている点を強調しており一般化に慎重な立場をとっている［ヴェイユ 2019：396］．

　本書はこれらの先行研究を参考としながら，オランダ国籍法と統治法の住民区分による植民地住民の包摂と排除の過程を検討するものである．

## 各章の紹介

　本書の構成は以下の通りである．第 1 章は，1850 年国籍法の成立過程を検討する．議会での国籍法法案審議を対象に，当時国籍法の立法に携わった者たちにとって「オランダ国民」とは誰を，そして何を意味していたのか，オランダ国家という政治共同体と個人との関係を彼らはどのように理解していたのかを議会資料の検討から明らかにするのが第 1 章の主要な目的である．

　近代的な国籍概念はフランス革命の影響とナポレオンによるフランス帝国への併合の過程でオランダに導入されている．当初，国籍規定はフランス同様，民法典におかれていた．1848 年には二月革命の波及にともない立憲主義的な憲法改正が実現し，市民権を享受する主体，すなわち参政権および公務に就く資格を有する主体として国民の再定義が試みられていく．

　これを受けて制定されたのが 1850 年国籍法である．オランダ国籍を有することの意義が議会で論じられるとともに，誰をオランダ「国民」とみなすか，という点が議論されることとなる．その結果，植民地住民にいかなる国籍法上の地位がもたらされたのかにも触れていく．

　第 2 章はオランダ領東インドにおける住民の法的地位を定めた 1854 年統治法の住民区分を検討する．1854 年統治法は東インド植民地統治の根幹をなす法律であり，その 109 条は東インドの住民を「ヨーロッパ人」と「原住民」とに区分していた．統治法それ自体は 1854 年以前から存在していたものの，1854 年の統治法はそれ以前の統治法とは大きくその性格を異にしていた．な

にが異なっていたのか．そして，「ヨーロッパ人」と「原住民」という住民区分は，オランダの植民地統治下でどのように定められ，いかなる基準に基づいていたのかを明らかにしていく．

第3章は，植民地での住民区分を固定化させる役割を担う一方，「ヨーロッパ人」と「原住民」からなる住民区分の境界を揺るがす意義を有した「婚姻」に焦点を当てる．統治法により導入された住民区分は，いくつかの手段により変更可能であり，婚姻はそのなかでも広くみられた行為であった．「ヨーロッパ人」と「原住民」もしくは「外来東洋人」の間で取り結ばれた婚姻は，法的地位の移行をともなっており，男女によってその効果は異なっていた．「ヨーロッパ人」男性と「原住民」女性との婚姻では，「原住民」女性が「ヨーロッパ人」の地位に移行したのに対し，「ヨーロッパ人」女性と「原住民」男性の婚姻では，「ヨーロッパ人」女性が「原住民」の地位に移行した．

こうした地位の移行を嫌う「ヨーロッパ人」女性のなかには，「原住民」男性との内縁関係にとどまる例がみられるようになり，事態を把握した東インド政庁は異なる住民集団間の婚姻を統制するための規則を定めていく．異なる住民集団間の婚姻を統制することとなる背景には，どのような事情が存在していたのか．人種とセクシュアリティ，ジェンダーの問題が絡む婚姻規則を検討することで，植民地権力が東インドでの男女関係をどのように律しようとしていたのかを明らかにする．さらに，「ヨーロッパ人」と「原住民」および「外来東洋人」との間の婚姻例をとりあげ，それぞれの婚姻が東インドの社会的文脈でどのような問題と関わったのかを明らかにする．

第4章は，1899年に制定された「日本人法」を対象としている．「日本人法」制定の背景には明治維新前後から東インドに到来するようになった日本人の存在と幕末にオランダとの間で結ばれた不平等条約の改正があった．当初，東インドにおいて日本人は華人とみなされ，「原住民」と同等の「外来東洋人」に分類されていた．日本の外務省は東インドでの日本人の法的地位にともなう問題点を徐々に把握していく．そして不平等条約の改正交渉でオランダ政府に対し日本人を「ヨーロッパ人」として扱うよう要望していくこととなる．

条約改正に応じたオランダ政府は，東インドでの日本人の法的地位を「ヨーロッパ人」へと変更するために統治法109条の改正法案を議会に提出した．法案審議の場では日本人を「ヨーロッパ人」と同等視することの是非をめぐり議論がかわされた．日本人を「ヨーロッパ人」とみなすための要件とはなんで

あったのか．日本の「文明化」とは，なにを意味するのか．政府による見解と議会で政府案に反対した議員との討議からは，それぞれが念頭においていた「文明基準（文明国標準）」に対する考えの相違が浮かび上がってくる．さらに，日本が日清戦争の賠償として領有することとなった植民地台湾の台湾人の法的地位も「日本人法」法案審議では問題視された．台湾人，とりわけ台湾原住民は，「日本人」とみなされるのか．台湾は日本と同じく「文明化」されているのか．日本人同様，台湾人も東インドにおいて「ヨーロッパ人」とみなされるかが問われていく．

　「日本人法」による日本人の法的地位の変更は，東インドに居住する華人に大きな影響を及ぼすこととなる．どのような問題がそこには存在していたのか．東インドあるいは日本において，「日本人法」はどのように受けとめられたのか．また，109 条の住民区分にとって「日本人法」の有した意義にも触れていく．

　第 5 章は，1892 年国籍法改正と 1910 年臣民籍法の制定過程を扱う．1850 年国籍法は市民権を享受する主体として国民を定義し，国籍をその成員資格とした．だが，1850 年国籍法制定時に存在していた民法典の国籍規定は改正されず，その後二つの国籍規定が併存する状態が続いていた．そのため 1892 年国籍法は，国籍規定の併存状態を解消すべく制定されることになる．

　1892 年国籍法の制定過程からは，オランダという政治共同体と国民との紐帯を当時の立法者がどのように想定していたのかがうかがえる．これは，1850 年に国籍法が制定される時にも議論された点である．それから約半世紀を経て国際環境の変化を背景に，議会では血統主義および生地主義の導入をめぐる議論がかわされ，オランダ国家とオランダ人との結びつきをどのように理解するか，さまざまな見解が示された．

　同時に，1892 年国籍法の制定時には植民地の「原住民」に対するオランダ国籍が問われることとなった．民法典の国籍規定は，植民地を含む生地主義規定にもとづいており，植民地の原住民や外来東洋人もオランダ国籍を保持していた．政府も当初二つの国籍規定を統合する意図のもと植民地の原住民や外来東洋人にもオランダ国籍を認める法案を提出していた．しかしながら，最終段階で一人の議員から提出された修正案が採択されたことで，統治法 109 条による「原住民および外来東洋人」に属する住民は 1892 年国籍法の適用外とされた．このことは，オランダが実効支配する東インドにおいて，彼らが無国籍状

態あるいは外国人と解釈されることを意味していた.

　国籍法の改正された 19 世紀末は，東インド領外への人の動きも活発化した時代であった．そこで問題となったのが，領外に出た植民地住民の外交的保護である．とりわけ，当時の東南アジア唯一の独立国であったシャムとの間で東インド植民地住民をめぐる外交問題が生じる．東インドからシャムに渡航し滞在する華人はオランダ領事館で登録をおこなうことが義務づけられていたのだが，この領事館登録が両国の間で外交案件化していたのである．オランダ国家との法的紐帯を編成し，植民地住民の領外での外交的保護を担保する．この課題を解決するために，1910 年に「臣民籍法」が制定されていく.

　第 6 章は東インドで華人のおかれた状況を概観するとともに，「外来東洋人」という法的地位にともない存在した問題を整理する．ヨーロッパ人と原住民とを媒介する経済活動の主要な担い手であった華人にとって，彼らに課されたさまざまな制約はその経済活動にとって大きな障害をなしていた．植民地政府によって課された制約のうち，居住移転の自由を制約していた「通行許可証居住区制度」および「警察司法官」（オランダ語で 'Politierol'）を中心的にとりあげ，制約のもたらした意味を検討していく.

　さらに，東インド会社時代から華人に対して適用されてきた法の変遷を整理する．華人に対する法適用の変遷は，彼らをヨーロッパ人として扱うのか，あるいは原住民として扱うのかの変遷でもあった．統治法によって「原住民」と同等視される「外来東洋人」とみなされた華人にとって，ヨーロッパ人の法的地位を得るための手段がいくつか存在していた．この章では，華人の帰化に焦点を当てることで，ヨーロッパ人，すなわちオランダ国籍を取得しオランダ人となるためにはなにが求められたのか，議会での帰化法案審議からオランダ人に「なる」ことの要件を明らかにしていく.

　20 世紀を迎えると東インドの華人自身も自らの法的地位の改善に向け行動をとるようになる．臣民籍をめぐる清および東インド華人の対応に触れるとともに，オランダ人のなかにも華人のおかれた法的状況を問題視し，その改善を唱える見解がみられるようになる．それは，単に華人の法的地位をヨーロッパ人と同等にするというレベルを超え，東インドに居住する住民全体にとって望ましい枠組みを考えることにつながっていった.

　第 7 章では，東インドの住民区分の根幹をなした統治法 109 条に対していかなる改正が試みられていったのかを検討する．「日本人法」成立以降，統治法

には数度の改正がおこなわれている．統治法 109 条の改正過程を検討しながら，宗教や人種による住民区分の基準がどのように変化したのかを整理する．さらに，第一次世界大戦後の国際情勢の変化を受け，東インド統治のあり方自体が検討されるようになる．統治政策を検討する委員会が設置され，統治法の住民区分それ自体の廃止も提言されるようになる．

　第二次世界大戦の勃発とナチスによるオランダ本国の占領を避け，ロンドンに亡命したウィルヘルミナ女王は，東西両インドに向けた演説で大戦後の植民地の自治の実現に言及し，植民地住民の協力を仰がねばならなかった．戦後の統治改革を検討する目的で発足した統治改革委員会（通称フィスマン委員会）は，統治法の住民区分についても根本的な検討をおこなうこととなる．そこでは，統治法による法的住民区分の廃止と並び「原住民」に代えて「インドネシア人」という呼称の採用が検討されたものの，日本軍のジャワ侵攻により委員会の報告が政策として実現されることはなかった．

　終章は，第二次世界大戦後，脱植民地化の過程で開催されたインドネシアとオランダ両政府による植民地住民の国籍確定をめぐる協議を整理する．植民地住民を区分してきたオランダ国籍法，統治法，臣民籍法といった法律が，オランダ領東インドの解体にともないオランダとインドネシア両国国民の国籍確定にどのように関わっていったのか．さらに，両政府による植民地住民の分割の結果として，周辺的な状況に置かれることになった住民集団の法的地位にも触れる．

　最後に，一世紀に及ぶ包摂と排除の過程を考察を交えながら簡単に振り返る．

　本書のなかで頻出するいくつかの用語について訳語の方針を示しておきたい．
　オランダ語の‘inlander’は，「原住民」と訳している．‘inheemse bevolking’は「土着（の）住民」とした．「原住民」という語の使用については，オランダ本国でも近年慎重な対応が求められてきている．とはいえ，本書と同じく植民地の法的住民区分を対象とした論稿では，次のような断りのもと「原住民」という用語を用いている．「『原住民』という語は，『土着民（inheems）』とは異なる法律上の含意を有している．これらの用語は互いに交換可能ではない．原住民という語はわれわれの言葉の使い方では否定的な含意（een negatieve connotatie）を有しているものの，〔略〕特定の権利と義務が付随する法律用語であるため，ここで用いることとする」[Verheijen 2021：453].

　本書も同様の理由で「原住民」という語を用いている．なお，「植民地住民」という語を用いている箇所は，「ヨーロッパ人」と「原住民（外来東洋人）」を含む総称として使用している．

　'Nederlander' は，「オランダ人」と訳し，文脈に応じて「オランダ国民」と訳した．

　国名の正式名称は「ネーデルラント王国（Koninkrijk der Nederlanden）」だが，一部を除き「オランダ（王国）」とした．

　'staatsburgerschap' は，ほぼ同義語である 'burgerschap' と訳し分けるため，「公民権」とし，後者には「市民権」の訳語をあてた．

　'Batavia' は「バタヴィア，バタビヤ，バタビア」などと表記されてきたが，本書では原文での表記を除き「バタフィア」と表記した．

　オランダ議会（Staten-Generaal）は，二院制の議会であり，「上院」および「下院」という訳語があてられてきた．本書では 'Eerst Kamer' を「第一院」，'Tweede Kamer' を「第二院」とした．

　法令関係の表記，本国のオランダ官報（Staatsblad van het Koninklijk der Nederlanden）は単に「官報」とする一方，オランダ領東インド官報（Staatsblad van Nederlandsch-Indië）は「東インド官報」とした．戦前の資料では 'staatsblad' に「法令公報」という訳語をあて，しばしば「法公」と略記するものも見受けられるが，ここでは「官報」に統一している．

## 注

1 ）他にも Money［1861］，Day［1904］，［レーベル 1941：48-50；エマソン 1942：216-221］などを参照．

2 ）ほぼ同時期に出版された著書のなかで，永積は「われわれ」意識の形成過程を丹念にたどっている［永積 1980］．

3 ）ひとまず代表的なものとして，André de la Porte［1933］，Carpentier Alting［1926］，De Kat Angelino［1930］，Kleintjes［1911］，De Louter［1895］，Van Mastenbroek［1934］，Nederburgh［1918］，Prins［1933］，Westra［1927］をあげておく．

4 ）ジョン・ボール（John Ball），チャールズ・コッペル（Charles Coppel），マイケル・B・フーカー（Michael Barry Hooker），ロバート・クリブ（Robert Cribb）といったオーストラリアの研究機関を拠点とした研究者による植民地法制関連の業績を参照［Ball 1982；Hooker：1988；Coppel：2002；Cribb 2005；2010］．ドナルド・E．ウィルモット（Donald Earl Willmott），ダニエル・レフ（Daniel Lev）といったアメリカの

大学を拠点とした研究者による業績も重要である［Willmott 1961；Lev 2000］.

5）1850 年の国籍法制定から戦後の移民定住を経験したオランダ社会における定住外国人への参政権付与までの歴史を概観した論稿として［吉田 2004］をあげておく.

6）ちなみに台湾総督官房調査課はその 2 年後にフォルクスラートの選挙法を付した改訂版を作成している［台湾総督官房調査課 1928］.

7）その他にも戦前に刊行された資料のうち比較的重要なものとして，外務省通商局［1916］，外務省南洋局［1942］，拓務省拓南局［1942］，南西方面海軍民政府［1944］，西村［1942］，日本国際協会［1936］，福田［1942］，増井［1926］がある. 特に増井の著作はタイトルに「経済上より観たる」とあるものの，当時刊行されていた植民地雑誌にも目配りしながら東インドの政治や法制度についても言及した質の高い内容となっている.

# 第1章 オランダ国籍法の制定と植民地住民

## 1．国民国家の形成と国籍概念の導入

　オランダにおける近代的な国籍概念は，国民国家の形成にともない成立した．オランダにおける国民国家の基礎が確立された時期は，18 世紀後半から 19 世紀中葉にかけてのこととされている．19 世紀オランダ政治史を専門とするヘンク・テ・フェルデ（Henk te Velde）は 1750 年から 1850 年までの期間をオランダにおける国民形成の過程（her proces van natievorming）にとって決定的であったと評価している［Velde 1998：160］．とりわけ，1789 年のフランス革命，1830 年の七月革命，1848 年の二月革命の与えた影響は，オランダにおける国民国家の形成という観点からは重視されている［Kossmann 1986：166-167］．これら一連の時期は，市民権および国籍との関わりから三つの段階に区分することが可能である．

　第一の段階は，1750 年前後からフランス支配の解かれる 1813 年頃までである．この間，1789 年にはフランス革命がオランダへ波及し国民国家概念が導入されるとともに政治制度の改編がおこなわれた．この改編にともない，主権の主体として市民が憲法上規定されるとともに，市民権概念の成立する時期がこれにあたる．

　第二の段階は，ウィーン体制の下ネーデルラント王国が成立した 1814 年からベルギーの独立を経て 1848 年に至る期間である．この期間は，オランダにおけるナショナル・アイデンティティの探求期とされる．1830 年の七月革命に呼応する形で，ベルギーはネーデルラント王国から独立する．このベルギー独立が，オランダ人とは何か，という問いを社会的に提起する契機となった．

　第三の段階は，1848 年の二月革命である．フランス二月革命はオランダへ波及することによって，憲法の自由主義的な改正を可能とした．1848 年の立憲主義の確立は，オランダにおける「旧体制」の残滓を一掃して，ナショナ

ル・アイデンティティの探求に解答を与えたと評価されている[1].

　本章が検討対象とする 1850 年の国籍法（Wet op het Nederlanderschap）は，1848 年に実現した憲法改正を受けて成立したものである．同じ 1850 年には，国籍法以外にも選挙法（kieswet），州法（provinciale wet），地方自治法（gemeentewet）といった一連の法律が成立している．ここでは 1850 年国籍法成立に至る過程を，それぞれの段階における政治的動向と関連させながら検討していく．まず，本節では 1798 年および 1815 年憲法を対象としながら，第一と第二の段階において市民権概念が導入されるとともに，市民権を享受する主体をめぐる議論を概観する．第三の段階を扱う次節では，1848 年の憲法改正，ならびに 1850 年国籍法の成立において中心的な役割を演じたヨハン・ルドルフ・トルベッケ（Johan Rudolf Thorbecke）に焦点を絞り市民権の享有主体と国籍（nationaliteit）の関係，さらに植民地の「原住民」に対するオランダ国籍（Nederlanderschap）をめぐる議論を検討していく．

　オランダへのフランス革命の影響は，1795 年にバタフィア共和国（Bataafse Republiek）建国という形で現れる．宗教的寛容の比較的認められていたオランダでは，フランス革命以前からフランスで禁止されていた思想家の著作が頻繁に出版され，フランスからの亡命者の一時的な滞在もしばしばみられた．フランスからの啓蒙主義およびルソーの思想的影響下，18 世紀半ばのオランダ国内には民主的改革を要求する政治勢力（愛国党＝パトリオット）が登場する[2]．彼らは 1780 年の第四次英蘭戦争による国内の混乱に乗じて武装蜂起するが，プロイセン軍の介入により鎮圧され，フランスへ亡命することとなる．しかしフランス革命の勃発とともに愛国党はフランス軍の支援を受け，1792 年にバタフィア共和国を建国する．バタフィア共和国の成立は，オランダでの国民国家形成の前段階に位置づけられる［Kossmann 1986：166-167］.

　1798 年には「バタフィア人民に対する憲法（Staatsregeling voor het Bataafsche Volk ─以下バタフィア共和国憲法）」が公布される．バタフィア共和国憲法を検討すると，フランス革命により確立された国民国家の思想がそこに反映していることをみることができる．憲法はフランス人権宣言の影響を受けて冒頭の総則で市民の諸権利に関する宣言をおこなっていた．ここでは，法が「社会の構成体全体の意志」であることが宣言されていた（5条）．さらに，第 1 編共和国の区分と題する箇所では，統治形態に関してバタフィア共和国が「単一にして不可分」であること（1条），また主権が「市民と呼ばれる社会の共同の構成員」

にあること（2条）を明確に宣言している［Hasselt 1979：27］.

　バタフィア共和国が成立する以前のネーデルラント連邦共和国は，各州に主権のあるゆるやかな連邦制を基盤としていた．市民権は各都市によりその要件が異なり，全国規模で統一されていたのではなく，市民権の取得は各都市の間で相互に排他的であった[3]．各州の都市には門閥（regent）と呼ばれる富裕な都市市民がおり，政治的な意思決定の主体を担っていた．これらの門閥は州議会へ代表を選出し，各州議会は全国議会へ代表を選出していた．

　他方，軍事と外交に関しては，総督に権限が与えられており，しばしば議会と総督派の間で主権をめぐる政治闘争が繰り返されていた．連邦共和国のこのような政体と比較すると，バタフィア共和国は単一主権のもとに行政機構を整備して，中央集権的な政体を目指していたと言える．教会と国家とを分離し，さらに封建的特権およびギルドの廃止を通じて中間団体を排除し，国家と市民を無媒介につなぐことが意図されていた．

　バタフィア共和国憲法は，法律上バタフィア人民という単一の共同体を創り出した．この憲法ではバタフィア人民（volk）あるいは市民（burger）という言葉が用いられているが，いまだ国民（natie）という言葉は用いられていない．憲法の総則72条は，単一のバタフィア人民が誰によって構成されるのかについて触れている．そこでは，バタフィア人民が活動的な家長（Huisvaders）と母親（Moeders），啓蒙された若き男性市民（Burgers），貞節ある女性市民（Burgeressen）および勇気を備えたすべてのバタフィアの居住者（Ingezetenen）から構成されることが述べられており，彼らは共に祖国を愛することが要請されていた．

　祖国愛（パトリオティズム）は，各バタフィア市民が武装して祖国を守る義務として具体的に定められていた［Hasselt 1979：23］[4]．この義務は，市民権の享受と一対になっていた．市民権を享受するためには，年齢，オランダにおける居住年数，およびオランダ語の読み書き能力が要件とされていた．参政権の場合，21歳以上の男子で，その者が共和国で出生した場合には2年間，外国人の場合には10年間オランダに住居を定めていることが要件として定められていた［Hasselt 1979：29］[5]．

　さらに投票資格に関してバタフィア共和国憲法は，政治的イデオロギーの観点から市民に対して忠誠の宣言を要求していた．投票権を行使するためには選挙人登録をする必要があり，登録の際に，市民は総督政の支持者でないこと，連邦制（Foederalismus）貴族政（Aristocratie）や無政府状態（Regeeringloosheid）

の放棄を宣誓せねばならなかった．投票の権利は義務の側面も備えていた．一定期間投票権を行使しない市民に対しては，公民権が停止されることも規定されていたからである [Hasselt 1979：30；43].

　バタフィア人民の構成員である居住者とは，オランダに一定期間住居を定めている者であり，そこには，外国人も含まれていた．共和国憲法は政治的権利に関して，オランダで生まれた「生来の者 (inboorlingen)」と「外国人 (vreemdelingen)」との間にほとんど相違を設けていなかった [d'Oliveira 2023：36].　また，投票資格はカトリック教徒やユダヤ教徒に対しても与えられている．これらの規定は，バタフィア共和国憲法を検討する限り，市民権の付与に関して外国人を明確に排除する意識がさほど強くなかったこと，さらには共和国成立以前に人を区分する主要な基準が宗教であったことを示唆している．

　それでは，市民権から排除された者は誰であったのだろうか．市民権からの排除は，総督への不支持や特定の政体の放棄が定められた選挙人登録における宣誓から明らかなように，まず政治的イデオロギーを基準としていた．それとともに，生計の手段と収入もまた，市民権の排除における基準とされていた．したがってバタフィア人民のなかでも，投票資格からは特定の政治制度の支持者，被後見人，困窮者，さらに性別を基準として女性が排除されることとなった．

　バタフィア共和国による中央集権的な政治制度の改革は，それまでのオランダ政治において伝統的であった分権的傾向と衝突することになり，政策決定における機能不全を引き起こしてしまう．その結果バタフィア共和国はナポレオンの圧力のもとに兄弟であるルイ・ナポレオンを王とするホラント王国，さらには 1810 年にフランス帝国へと併合されていく．しかし，この併合は結果として「旧体制の最後の遺物を取り除いた」と評価されている [Raadschelders and Toonen 1995：30].　これはフランス支配の結果として，行政，司法，経済の面での制度改革が実現したからである．行政上は，全国的規模での政府省庁の創設 (1798)，司法上は民法典および刑法典の編纂 (1809)，さらに経済的には単一貨幣ギルダー (1807) とメートル制の導入 (1812) によって，オランダ国内における貿易障壁が撤廃された [Raadschelders and Toonen 1995：30；金井 1997].

　オランダに国民国家の思想と制度を導入する契機となったフランス支配は，1813 年にフランス軍が撤退することで終わる．イギリスへ亡命していた総督の子孫であるウィレムが国王として迎えられ，1814 年にネーデルラント王国

が成立する．1814 年の憲法は，第 1 条において主権が国王にあることを宣言していた．翌 1815 年には，ウィーン会議を受けてベルギーがネーデルラント王国へ加えられ，新たな憲法が施行された．1815 年の憲法ではオランダ人という言葉がしばしば用いられている．しかしこの憲法でも誰がオランダ人であるかは法律によって定められていなかった．ただ第 8 条が公務就任権を有する者として，オランダの「居住者（ingezetenen）」という言葉を用いていた［Hasselt 1979：198-200；d'Oliveira 2023：59］．

　1815 年憲法の起草段階でおこなわれた審議を検討すると，公務就任権に関する議論から，誰がオランダ人とみなされていたのかを間接的に窺うことができる．1815 年憲法の起草段階では，オランダ人を意味する二つの概念が用いられていた．オランダ人という言葉には，オランダで出生した者を意味する「生来の者」と，オランダに住居を定めている「居住者」が含まれていた．この二つの概念が当時どのように理解されていたのかを，高位の官職への任命資格に関する議論から検討してみよう［Heijs 1995：16-20］．

　1815 年憲法検討委員会で中心的な役割を演じていたファン・ホーヘンドルプ（Van Hogendorp）は，高位の官職への任命は「出生によるオランダ人（＝生来の者）」に制限されなければならないと提案した．この提案は，オランダの外で生まれその後オランダに定住した「居住者」を外国人とみなし，国王によって帰化を承認する書簡が発行されない限り，彼らが官職に就く可能性を認めないものであった．

　これに対して，ヘンデビーン（Gendebien）は，現在居住者にも与えられている市民としての権利（jus civitatis）が維持されるべきであると主張した．市民としての権利とは，公職に就く資格を指していた．ヘンデビーンによると，市民としての権利を保持している居住者には彼自身も含まれていた．彼は，「私はフランスで生まれたが，オランダ人として公民の権利を得ている」と述べ，ファン・ホーヘンドルプの見解に反対した［Colenbrander 1909：167］．

　数ヶ月後に同様の提案が再びファン・ホーヘンドルプから提起された時，委員のエラウト（Elout）は，「大臣，国務院の一員，議員となるには生来の者でなければならない」と，ファン・ホーヘンドルプの提案に一部賛成しながらも，これらの高位の官職に比べて「若干地位の低い公務に関しては，帰化の書簡は必要ではない」と，居住者にも公務への就任資格があるという見解を展開した．この提案は，ファン・ホーヘンドルプにとって意外であったようである．彼は

エラウトに対して，「外国人が公務につくという可能性を残すのか」と問いただしている．司法大臣のファン・マーネン（Van Maanen）はエラウトに賛成しつつ「どうしていけないのか．その仕組みはわれわれの国を強大にする，そして重要な家族や外国人がわれわれのところに定住する」とファン・ホーヘンドルプに述べている［Colenbrander 1909：526］.[12]

　ファン・ホーヘンドルプの見解からは，彼がオランダで生まれた生来の者のみをオランダ人とみなしていたことがわかる．それに対して，ヘンデビーンやエラウトの見解は，居住者や外国人へも公務就任権を認めていた．しかし，ここで表明されている外国人へ市民権を付与する理由は，バタフィア共和国における外国人への市民権付与とは異なる理由に基づいていた．フランス革命の影響のもと，バタフィア共和国では政治的理念としての「普遍性」の下に外国人を包摂する意図が存在していた．これに対して，エラウトの主張は官職を高位のものとその他に区分し，外国生まれの居住者にも公務就任を認めるものであった．しかし，それはあくまでも国益を重視した見解に基づくのであって，その利益を損なわない限りにおいて外国人を国家へ包摂することを積極的に擁護していた［Holterman 1997：31］.

　結局，1815 年の憲法では公職が高位の官職とその他に分けられ，高位の官職にたいしてはオランダで生まれた者，すなわち生来のオランダ人にのみ資格が与えられ，その他の官職へは居住者や外国人にも資格が与えられることとなった．居住者あるいは外国人が高位の官職につく手段は，帰化により生来の者と同じ権利を得ることであった．しかし，憲法には帰化の要件と手続きが定められておらず，帰化は国王の専権事項とされていた．この結果，ウィレム一世によって多数の居住者や外国人に対して帰化を認める書簡が発行され，多くの者が高位の官職を占めることとなった［d'Oliveira 2023：21-22］.

　ウィレム一世が帰化の書簡を乱発した理由は，二つあった．まずネーデルラント王国に編入されたベルギーではそれまでのフランスによる長期間の統治を背景に，フランス人が多くの官職を占めており，彼らはネーデルラント王国の成立後もその職にとどまっていた．次に，ウィレム一世は，亡命先のイギリスから帰国するにあたって，多くの英国人顧問を引き連れてきていた．ウィレム一世は彼らの処遇を考慮し，国王に認められた帰化の権限を最大限に行使したと言える［Heijs 1995：20-23］.

　1830 年には，ネーデルラント王国からベルギーが分離する．フランス七月

革命に乗じて，ベルギーは独立を宣言することとなり，1839 年には最終的に
その独立がオランダによっても承認される．ベルギーの独立した 1830 年から
1848 年に憲法を改正することによって立憲主義政体が確立されるまでの期間
を，ボーフマン（Boogman）はオランダ社会におけるナショナル・アイデン
ティティの探求期と整理している［Boogman 1978：9］．この時期にはベルギー
の独立にともない政治・経済的な問題が顕在化し，オランダ人とはなにかとい
う問いが社会的に議論されるようになった．それぞれの問題の背景を簡単に説
明しておこう．

　政治的には，国王ウィレム一世および二世の統治による弊害が問題視されつ
つあった．ことに「啓蒙専制君主」として振舞っていたウィレム一世の統治下
では，各大臣は国王にのみ責任を有し，また国王は恣意的に政策へ介入するこ
とで責任内閣制の欠如を助長していた．これはウィレム一世のベルギー問題へ
の対応とも関わっていた．ベルギーの独立をオランダ社会はむしろ歓迎してい
たにもかかわらず，国王は議会の意向を無視して 1830 年から 9 年間その独立
承認を拒みつづけた．この間，国王はオランダに有利な状況での外交および戦
局の展開を模索するが，目的を達せず 1839 年にはベルギーの独立を最終的に
承認せざるをえなくなる．このような国王の外交政策は虚脱感と不満をもって
社会的に受け止められた．さらに，翌 1840 年にはベルギー出身のローマ・カ
トリック教徒との再婚という国王自身の個人的な挙動も，ウィレム一世に対す
る社会的な批判を助長することとなった．

　経済的には国内要因と国際環境の変化が，オランダの経済を停滞させ，国庫
は破産寸前であったと言われている[14]．経済問題の国内的な要因としては，資本
がフランスやロシアの公債，アメリカの鉄道債へと投下されたことで，国内に
おける産業基盤の整備が遅れたことにある．国際環境の変化もまた，オランダ
の経済的な地位を不安定にしていた．ネーデルラント王国編入時のベルギーで
は，オランダとの統合を促す意図もあり，ウィレム一世の指導のもとに産業化
が強力に推し進められたが，ベルギーの独立は経済的な観点から新たな競争相
手の出現を意味することとなった．

　さらに，当時関税同盟を拡大しつつあったドイツは，ライン貿易におけるオ
ランダの独占状態へ異議を唱えていた．ドイツはオランダの独占状態に基づく
高関税率に反発し，独立を果たしたばかりのベルギーと協力して，1843 年に
はケルンとアントワープ間へ鉄道を敷設することでオランダへ関税率引き下げ

の圧力をかけていた．またイギリスは，オランダが優位を保っていたコーヒーや砂糖といった植民地産品の税率を引き下げるために，直接オランダ領東インドへ介入する姿勢をみせていた．オランダ本国における財政危機は，植民地に強制栽培制度が導入される要因ともなった [Fasseur 1975：1-2]．

　このような政治・経済的な停滞は，オランダにおいてナショナル・アイデンティティを探求する社会的な動きに繋がっていく．小国へと転換したオランダがヨーロッパにおける国際環境の変動に対応できるのか．この問題意識がナショナル・アイデンティティを探求する動機を形作っていた．この時期，ナショナル・アイデンティティを探求する試みは，大別して二つに分けることができる．第一に，当時関税同盟を背景に統一へ動きつつあったドイツへオランダを編入させることが，一部の知識人から提唱されていた [Boogman 1955：85-103]．オランダをドイツ連邦へ加盟させるという主張は，ベルギーの分離後小国へと転じたオランダが，独立国家として存続していくことが困難なのではないか，という状況判断に基づいていた．

　第二に，オランダの国民性を過去に遡り，自覚的に規定しようという動きがあった．国民性を過去に遡るということは，ある過去の状態の分析を通して現在にも有効な国民性を提示することである．経済的な停滞を背景として，オランダ社会の中には「黄金の世紀」と呼ばれた 17 世紀の経済的繁栄への郷愁が表明されていた．このような懐古主義的動向からは，国民を言語あるいは宗教によって規定しようとする文化的ナショナリズムが現れてきた．その代表的な見解を，19 世紀中期から後半を代表する政治家の一人であったギョーム・フルーン・ファン・プリンステレル (Guillome Groen van Prinsterer) にみることができる．[15]

　ベルギーとオランダの関係が既に悪化していた 1829 年に，彼はオランダの国民性 (nationaliteit) を問う論文を公表する．フルーンは，国家が国民性に根ざさない場合，公共心 (publieke geest) の停滞を招き，その結果として国家は弱体化するという見解を展開していた [Groen van Prinsterer 1859：42]．ベルギーを加えたネーデルラント王国は国民性に欠けた単なる国家でしかない．なぜならベルギーは言語的にも宗教的にもフランスの影響を強く受けているからである．同様にバタフィア共和国の成立からフランスの支配が解かれるまでの一連の時期も，オランダへ異質な要素の導入された期間とみなされる．フルーンはオランダの国民性を連邦共和国以来国教とされていたカルヴァン主義へ求め

ることとなる．1847年の「無信仰と革命」(Ongeloof en revolutie) と題する連続
講話において彼は啓蒙主義からフランス革命までの歴史を信仰心の解体過程と
捉え，無信仰が革命を引き起こすと結論づけていた [Groen van Prinsterer 1876].

　フルーンの見解は当時のオランダの社会的状況を考慮していたと言えよう．
ベルギーとの関係の悪化は，オランダ国内における反カトリック感情を惹起し
ていた．さらに，ベルギーの独立にともない問題となっていたのが，リンブル
フ州の帰属であった．リンブルフはバタフィア共和国の建国まで，マースリヒ
トを除く大半の領土がベルギーに属していた．このよう歴史的事情を背景に，
リンブルフでは住民の大半がカトリック教徒であり，ベルギーの独立後も反オ
ランダ感情が続いていた．この反オランダ感情は，オランダからリンブルフを
分離させ，ベルギーあるいはドイツへの編入を目指す動きともなって現れてい
た [Camp 1993：83-86].[16)]

　ところが，フルーンの主張するように宗教を国民性に据える場合には，オラ
ンダ領内に居住する人々をすべてオランダ国民として包摂することができない．
宗教を基準として国民を規定する場合，信仰告白によってプロテスタントへ改
宗したすべての者をオランダ人とみなす一方で，国内に存在するカトリック教
徒はそこから除外されてしまう．事実，オランダではバタフィア共和国憲法に
よっていったん教会と国家の分離が導入されたにもかかわらず，政府は1815
年以降もカトリック教会の組織化に干渉し続けた．さらに1816年1月7日の
勅令によって「改革派教会の運営に対する一般規則」が定められたことで，プ
ロテスタントの改革派教会が事実上の国教として取り扱われていた [Pot et al.
1995：282].

## 2．トルベッケによる国民規定

　ナショナル・アイデンティティへ「適切な表現」を与えた人物として評価さ
れているのが，1848年の憲法改正にあたって指導的な役割を果たし，後に三
度に渡って内閣を組閣するヨハン・ルドルフ・トルベッケである [Boogman
1978：62-63；Blom and E. Lamberts eds. 1999：270；Velde 1992：19][17)]（**図1-1**）．フルー
ンが連邦共和国の伝統へ回帰することでオランダの国民性を宗教的アイデン
ティティに基づき展開したのに対して，トルベッケは，バタフィア共和国に
よってオランダへ導入された国民国家思想を継承し，市民の共同体を国民とみ

なすことで誰が国民かを定めようとした．フルーンを文化的ナショナリズムの代表者とみなすならば，トルベッケは国民をあくまでも政治的な共同体として理解する政治的ナショナリズムを代表していたと言える．

　国民に関する彼の見解は，1830年代に執筆された講義ノートのなかに初めて現れてくる．トルベッケは，そのなかでフランス革命の意義を評価して次のように要約していた．フランス革命は市民階級の社会的な上昇をもたらした．すなわち市民が政治的主体として登場することにともない，「市民の利益」は「全体の利益」へと転化して身分の区別が取り除かれることとなり，その結果として「市民の一体性」が生じる

図1-1　ヨハン・ルドルフ・トルベッケ

（出所）Adrien Canelle によるリトグラフ．1866年．Rijksmuseum 所蔵．

こととなった．トルベッケはこの「市民の一体性」を国民とみなしていた [Thorbecke 1968：32]．[18] 彼の政治的見解は，1848年に実現する憲法の改正において，その多くが具体化することとなる．それでは，彼はどのように自らの政治的見解を展開させ，その見解は第三の段階にあたる二月革命の影響のもと，どのように憲法の改正という形に結実していったのだろうか．

　1844年5月にトルベッケはライデンで「今日の公民権について」(Over het hedendaagsche staatsburgerschap) と題する講演をおこなう．彼はこの講演で19世紀を政治的に特徴づけられた世紀と要約している．「政治的」とは，市民による政治参加が歴史の展開とともに拡大してきたことを意味していた．それゆえ，彼は19世紀を一言で「市民の世紀」と名づけている．この市民による政治参加を保障する権利が市民権である．トルベッケは講演において市民権を次のように定義していた．

　　市民権 (burgerschap) とは〔略〕市，地方，州あるいは王国の統治における参政権 (stemregt) である．公民権 (staatsburgerschap) とは，われわれの憲法はその語を用いていないが，一言では国家の構成員資格に基づく，一般的な統治における参加あるいは参政権を意味するだろう [Thorbecke 1980：

266].

　この市民権の定義からは，参政権が市民権の内実として理解されている．さらに参政権の行使のために国家の構成員資格が要件として提示されることによって，市民権は国家の構成員資格（公民権）と結び付けられている［d'Oliveira 2023：50-52］．

　講演のなかでトルベッケは，参政権として理解された市民権の拡大が歴史的に不可避であることを述べている．市民の世紀の歴史的な出発点がフランス革命に求められることは，講義ノートにも示されていた．フルーンのようにフランス的な要素の排除を求める人達を明らかに念頭におきつつ，トルベッケは「何がフランス的なもので何が一般的なものなのかを果たして区別することができるのだろうか」，と批判していた［Thorbecke 1980：267］．

　政治的権利の拡大は歴史的展開にともなう一般的な傾向であり，「フランス的」といった特殊性に還元することはできない．市民権の拡大が歴史的に不可避であることを述べたトルベッケの思想には，ドイツの歴史主義からの影響が指摘されている．しかし彼は市民の政治的参加の拡大という観点から歴史を解釈することによって，ドイツの歴史主義とは異なり，政治的には急進的な立場をとることとなった［Kossmann 1987：306-347］．

　トルベッケの政治的見解が最も明瞭に表現されたと評価されるこの講演と同じ年の12月，彼は勅撰議員として8名の支持者と共に憲法の改正案を第二院へ提出する[19)]．オランダ政治史ではこの改正案を提出した議員たちを「九人」と称している．「九人」により提出された憲法改正案は，1840年に出版されたトルベッケの「憲法改正試案」（Proeve van herziening der grondwet）を基に起草されていた［Verkade 1935：356；Boogman et al. 1988：75］．さらに「九人」による改正案は，4年後の1848年に実現する憲法改正案と多くの点において一致していることが指摘されている［Pot 1995：105］．市民権という観点から「九人」による改正案を検討すると，4条が市民権の行使について規定し，6条は公務就任権をオランダ人に限定していた．

　「九人」による憲法改正案は，1815年の憲法同様，公務就任権に関して官職の地位の区分を維持していた．公務就任権をオランダ人にのみ定めた6条の規定は，ウィレム一世により外国人の帰化が恣意的に認められ，重要な官職へ配置されていたことへの対応策であった［Heijs 1995：28-29］．6条に関する説明

では，市民権としての公務就任権を生来のオランダ人に限定する理由を次のように述べていた．高位の官職への就任は，「土地と人民と国家との心からの親密さ」を前提とせねばならない．この国家と人民との心理的な結び付きが生来の者に限定されることによって，外国人が公務就任権から排除されることとなる．ところが，「土地と人民と国家との心からの親密さ」は，オランダ生まれの者に対しても無条件に想定されていたわけではなかった．生来のオランダ人にとっても公務への就任は任命に先立つ 10 年間を継続してオランダに居住していることが要件として定められていた [Heijs 1995 : 28-30].

　トルベッケは，この 10 年という期間を「土地と人民と国家との心からの親密さ」を確保するために必要な最低限の年数と考えていたようである．「土地と人民と国家との心からの親密さ」とは，国家と人民とのアイデンティティと理解することが可能だろう．しかし，「心からの親密さ」を 10 年間という恣意的に設けた期間によって判断することは，後に見るように 1850 年国籍法の審議においても議論となっていく．

　「九人」による憲法改正案は，公務就任権を生来のオランダ人に限定するとともに，8 条において「誰がオランダ人であるか」を法律によって定めることを述べていた．8 条の修正案についての覚書は，修正の意図を次のように説明している．

　　誰が国法上のオランダ人であるか，そしてどのように外国人がその資格を取得できるのかを，法律が述べねばならない．[21]

　「九人」の憲法改正案は，初めて誰がオランダ人であるかを定める法律の必要性を明示的に述べたこととなる．同時に外国人がオランダ国籍を取得するために，帰化の要件を法律において定める必要性にも言及していた．

　この憲法改正案は 1845 年 5 月に全体討議に付されたが，改正案は否決される．当時の議会は保守あるいは穏健自由主義者によって議席が占められていたために，これ以外に提出された憲法改正案もすべて否決されていた．トルベッケ自身，彼の提案が議会において採択されることを予期していなかった [Boogman 1978 : 43]．そのために，憲法改正案の提出は，その成立の可能性を意図していたというよりは，「自由主義的原則の宣言」あるいは当時の議会に与える「ショック効果」を狙った提案とも言われている [Zwart 1939 : 33 ; Boogman et al. 1988 : 74-75]．当時の議会の構成を考慮すると，憲法を改正する

ための可能性がオランダ国内から自発的に起こるとは考えられなかった
［Kossmann 1987：164］.

　しかし，憲法改正の機会は，まったく偶然に訪れる．二月革命直後の 1848
年 3 月 8 日に，政府は 27 の憲法改正案を議会に提出した．それらの法案は，
部分的な修正にとどまり，革命に呼応した国内での動きに対応するためには不
十分であると判断された． 3 月 13 日に，ドイツの主要な都市へも革命の波及
したことが明らかとなった時点で，当時の国王ウィレム二世は第二院議長のボ
レール・ファン・ホーヘランデン（Boreel van Hogelanden）を召喚し，さらに彼[22)]
を通して憲法の改正に同意する用意があることを議会へ伝えた［Stuurman
1992：148］．ウィレム二世のこうした一連の行動は，国王が「一夜にして」自
由主義者へ転向したものとして受け止められた［Drentje 1998：99］． 3 月 16 日
には議会の委員会が憲法改正案の検討をおこない，国王へ憲法の全面改正が妥
当であることを答申した．

　国王は議会委員会による答申を受けて，翌 3 月 17 日には憲法改正を目的と
する委員会の設置を決め，ドンケル・クルチウス（Donker Curtius），デ・ケン
ペナール（De Kempenaer），ルザック（Luzac），ストルム（Storm），トルベッケ
の 5 名からなる委員を任命した．議長にはトルベッケが就任した．委員会は憲[23)]
法の全面改正を検討する以外に，第二の任務も負っていた．すなわち内閣の構
成に関する委員会の答申を提出することである．この任務を知った大臣達は，
ウィレム二世が保守的な大臣達から一定の距離を取っているとの印象を受け，
国王へ辞職を願い出た．ところが，大臣や世論の受け止め方とは異なり，ウィ
レム二世自身は自由主義的な改革に関する展望をまったく持ち合わせていな
かった．国内外からの革命の脅威と急進的な改革への懸念との間で，ウィレム
二世の立場は揺らいでいた．

　3 月 25 日には，委員会へ与えられた第二の任務が撤回されることとなる．
さらに国王は，ロンドン大使のスヒムルペニンク（Schimmelpenninck）を外務大
臣の職へ任命するためにハーグへ召喚した．スヒムルペニンクは，彼の議長職[24)]
のもと内閣を暫定的に組閣することを条件として国王へ提示した［Verkade
1974：182］．当時，首相の地位は明確に定められておらず，内務大臣が大臣間
の調整をする議長として実質的には首相を兼ねていた．

　スヒムルペニンクは，トルベッケを「オランダのジャコバン主義者の一党で
最もたちの悪い」人物とみなしており，憲法改正委員会の発足した事態を憂慮

していた［Boogman 1978：54］．そこで彼は，憲法改正委員会に属するドンケル・クルチウスおよびルザックへ大臣職を提供することによって委員会を分裂させた．トルベッケ自身は委員会活動の当初，内務大臣として改正を実現させることを目論んでいたが国王にその意志はまったくなかった．スヒムルペニンクは 3 月 25 日にドンケル・クルチウス，ルザックおよび他の数名とともに暫定内閣を発足させた．

　しかし，憲法改正委員会はトルベッケの指導のもとにただちに活動を継続して報告書を起草し，4 月 11 日には国王へ報告書を提出した．この報告書は，数多くの重要な点について 1844 年の「九人」の提案との一致を示している［Vries 1958：52］．委員会の報告書が提出されてから，様々な方面からの圧力にもかかわらず，内閣から議会への改正法案の提出は数週間おこなわれなかった．その理由は，スヒムルペニンクが委員会とはまったく異なる内容の憲法改正案の作成を意図しており，それに関して閣内での見解が統一していなかったことにある．

　スヒムルペニンクの当初の予想に反して，ドンケル・クルチウスやルザックは委員会の報告書に基づく政府案の作成を主張し，ウィレム二世もスヒムルペニンクの考えには同意しなかった．最終的に，スヒムルペニンクは辞任し，デ・ケンペナールが内務大臣の職を引き継ぎ，司法大臣に留任したドンケル・クルチウスを中心に政府案が作成される［Vrie 1958：52］．この政府案は 1848 年 6 月 19 日に第二院へ提出され，審議を経た 11 月 11 日すべての改正案が承認された．トルベッケは，政府案に対して 8 月に「憲法改正への見解」（Bijdrage tot de herziening der grondwet）と題した小冊子を出版し，政府案とトルベッケ個人の見解との相違を明らかにした．政府案とトルベッケ個人の見解の相違にもかかわらず，当時の世論は 1848 年憲法をトルベッケ個人の手になるものと受け止めていたようである［Boogman et al. 1988：84-86］．

　トルベッケの起草した委員会の報告書は，これまでの憲法を検討した結果，「憲法が全面的に改正される必要性」のあることを述べている．委員会は改正を二つの点においておこなうことで，二つの目標を達成しようとしていた．委員会によると二つの点とは，第一に「人民の国家組織への関わり」であり，第二に「立法権と執行権の統治」における修正である．第一の点において委員会は，「国民国家（nationalen Staat）の条件を探る」ことを目標として述べている．第二の点は「良い統治の条件」を目標とし，「秩序の原則」と説明されている．

この二つの目標へ「果てしない市民の偉大な参加」が加わることで，「オランダと立憲君主を維持する」ことができる，と報告書は述べていた．

　ところが，これまでの「憲法は人民の力 (volkskracht) を締め出して」きたと報告書は指摘する．したがって，憲法改正によって「人民の力」が「国家のあらゆる静脈に注ぎ込まれるように」整えられねばならない．国民国家の条件を比喩的に説明していた「生命と発達の原則」がここで具体的に説明される．「人民の力」は，二つの過程において国家へ力を与えると説明されている．まず，「教養と行動における個人の自由の拡大によって」，さらに「全国，州そして地方自治体」の議会へ代表を「直接に」選出することによって国家の力が生じることとなる．

　個人の自由の拡大は，集会結社および信教の自由，教育の権利を認めることにより達成される．さらに拡大した自由を背景として，個人が代表を直接に選出することによって「市民の偉大な参加」が実現する，とされている．

　市民の政治参加の重要性は，既に「今日の市民権について」において表明されていた．その考えが委員会報告においても繰り返される．

> 憲法は公民権を有する．〔略〕市民はここまで共に統治していないという意識を持っている．この意識なしには，やはり国家は国民の力 (nationale kracht) に基づかない．そして高度に発達した国民の力なしに国家を保つことは現在できない．その意識は地方，州および国の統治における真の，単純な代表によって居住者へ与えられる[28]．

　公民権とは，市民が国家の統治へ共同に参加するための権利，具体的には選挙権として言及されている．しかし報告書が既に指摘していたように，これまでのオランダ憲法は市民の政治参加を妨げてきた．第二院は，国王の任命によるか，各州議会から選出された議員により構成されており，市民が代表を直接に選出していたのではなかった．

　国民の力は，市民が共に国家を統治する意識により生じる．市民権は，この共同統治を実現させるための手段であり，市民権を媒介とすることによって国民と国家が結び付くことになる．ここでは市民権が代表の選出を意味するだけではなく，政治意識を創出するための重要な手段と想定されている．政治意識は，国民と国家を心理的に結び付けるのである．それでは，誰がこの市民権を行使して，共同の統治をおこなう者と想定されているのだろうか．

　委員会による憲法改正案 5 条は，「公民権，あるいは他の市民権を保持するためには，オランダ人でなければならない」と定めていた．この改正案は 1848 年憲法へ若干の語句の修正を経たのみで採用されている[29]．5 条において市民権を行使するためにはオランダ人であることが明確にされた[30]．委員会の報告書は 5 条の趣旨を次のように説明している．

　　人は国家との関わりにおいて公法上の権利を，例えば州あるいは地方自治体との関わりにおいては他の市民権を一体として保持している．そのような権利を保持することは，人がオランダの国家とその自治体の構成員であるためにはオランダ人である，ということと対応する[31]．

　これまでの憲法が法律における明確な規定なしにオランダ人という言葉を用いていたことに対し，1848 年の憲法の 7 条は「誰がオランダ人であるかは，法律がこれを定める」と述べ，初めてオランダ人を法律により定める必要性を明記した．5 条と 7 条からは市民権を保持するためには，オランダ人でなければならず，誰がオランダ人であるかは，法律がこれを定める，としていた．オランダ人であることは，国政に参加するための市民権を保持することを意味することとなった．したがって，国家との関わりにおいて誰がオランダ人であるかを定める必要が生じることとなる．

　1848 年憲法の 5 条と 7 条を根拠として，市民権は国籍と結び付けられることとなり，1850 年には独立した国籍法が初めて定められる．次節では 1850 年国籍法の第二院における審議を検討することで，立法に携わった議員達が国家と国民との結び付きをどのように理解していたのか．また，誰がオランダ人であるとみなされ，誰がそこから排除されていったのかを検討していく．

## 3．アイデンティティとしての国籍
### ——国籍の喪失と帰化をめぐる議論から

　ここでは，1848 年憲法を受けて成立した 1850 年 7 月 28 日の法律（以後 1850 年国籍法）の立法過程における第二院での審議を検討することにより，二つのことを明らかにしていきたい．第一に立法者がオランダ国籍を，国家の構成員資格を定めた法的概念としてのみならず，国家と国民とを精神的に結び付ける紐帯としても理解していたことである．第二にオランダ国籍を定めることに

よって誰がオランダ国民の範疇から排除されたのか．また，オランダ国籍からの排除はどのような考えに基づいていたのか検討していく．

　人と国家との結び付きを法的に表現するのが国籍である．この人と国家との結び付きという点に注目しながら国籍法の立法過程を検討すると，国籍の喪失と帰化に関する議論において，人と国家との紐帯がどのように理解されていたのかが浮かび上がってくる．国籍の喪失とは，国民共同体との結び付きが失われることであり，その法的な表現が，国籍の喪失である．国籍の喪失をめぐる議論では，国民が国家との結び付きをどの時点で失うのかが争点となった．

　また，帰化に関する議論からは，外国人が自らをオランダと同一視することが帰化の前提とされていた．外国人がオランダ国籍を取得することは，オランダとどのような結び付きを確立することと考えられていたのか．さらに両者の結び付きは，どの時点で生じると想定されていたのか．国籍の喪失および帰化の議論を検討することで，国籍の背後に想定されている人と国家との関わり方が明瞭に現れてくる．ひとまず，オランダへの国籍概念の導入について概観した後，公務就任権をめぐる見解を検討することから，国家と人との結び付きがどのように理解されていたのかに触れ，1850 年国籍法における国籍の喪失および帰化による取得の議論の検討に進みたい．

　1850 年に国籍法が成立する以前にも，近代的な国籍概念はオランダへ導入されていた．オランダにおいて近代的な国籍概念がはじめて導入されたのは，1809 年 5 月 1 日に成立した「ホラント王国ナポレオン法典（Wetboek Napoleon ingericht voor het Koninkrijk Holland）」である．だが，1810 年にホラント王国がフランス帝国へ併合された後，この法律は 1811 年 3 月 1 日に民法典（Code Civil）により廃止となった [d'Oliveira 2023：21]．この民法典はネーデルラント王国の成立後も効力を有し，1838 年に新たな民法典（Burgelijke Wetboek）が制定されるまで存在した．だが，1838 年の民法典を 1811 年の民法典と比較した場合，国籍の規定に関して実質的な変化はないとの指摘がなされている[32]．

　1838 年民法典は 5 条から 12 条を国籍規定にあてている [Groot 1994：117]．民法典の国籍規定は，フランス民法典の規定を踏襲しており，出生によるオランダ国籍の取得に関しては生地主義と血統主義が併用されていた．生地主義規定としては，「オランダ人とはオランダあるいはその植民地においてそこに定住している両親から生まれた者」，と定めた 5 条 1 項がある．続く 5 条 2 項は，血統主義に基づき，「国外で出生したオランダ人の子はオランダ人である」こ

とを定めていた［Groot en Tratnik 1986：42-43］.

　1848 年憲法の 7 条は,「誰がオランダ人であるかは, 法律がこれを定める」ことだけを述べていた. 憲法の修正案が第二院で審議されていた時, 数名の議員は誰がオランダ人であるかを憲法において規定することを要求した. ところが当時の内閣は, 誰がオランダ人であるかを定める法律を新たに立法化することは考えていなかった. 政府の見解によると, 1838 年に施行された民法典における国籍規定を適用することで十分であり,「法律」は新たな国籍法の立法を意味していなかった［Heijs 1995：30-31］. しかし, 1849 年 11 月 1 日に第一次トルベッケ内閣が成立するとともに, 政府の見解はオランダ国籍を新たに立法化する方向へと転換することとなる.

　トルベッケは, 民法典における国籍規定が, 市民権の享受, すなわち選挙権と公務就任権に関しては不十分であると考えていた. すでに検討した 1848 年の憲法改正案 5 条の趣旨説明からは, 彼がオランダ国民の構成員資格を市民権という公法上の権利と連動させて理解していたことがわかる. この市民権に関する見解に基づいて, 民法典における国籍規定は, 選挙権の行使と公職に関して誰がオランダ人であるかを述べる法律としては適切ではないとトルベッケは考えていた［d'Oliveira 2023：43］.

　公務就任権に関して 1815 年の憲法では, 高位の官職とその他の官職との間に区別がなされ, 生来の者のみが高位の官職へ就く資格を得ていた. しかし, 1815 年の時点では高位の官職を生来の者に限定する理由は明確にされていなかった. これに対して 1844 年の「九人」による提案は, その根拠をナショナル・アイデンティティに求めていた. 彼らは公務就任権の前提として,「土地と人民と国家との心からの親密さ」という三位一体の心理的な結び付きを想定していたのである. しかし, この心理的な結び付きは, オランダの地で出生した生来の者へも無条件に担保されていたわけではなかった. 生来の者に対しても, 彼らがオランダに定住していない限り, 国家との心理的な結び付きは失われるものとみなされていた. この点について, 1848 年の憲法改正委員会の報告書は, 公務就任権とナショナル・アイデンティティとの関わりを明快に述べている.

　　憲法の 7 条により, ある高位の公務に対する任命資格に関し,「王国あるいはその海外領土の中でそこに定住する両親から生まれたオランダの居住

者へ」与えられる特権（voorregt）は，われわれの十分な判断を損なっている．王国あるいはその海外領土の中でそこに定住する両親からの出生は，それ自身では憲法が疑いなく念頭においている心からの内的な結び付き，土地と人民との親密さを決して確信させない[33]．

　では，人々はオランダという国家とのアイデンティティをどのように形成するのだろうか．1848 年の憲法は，公務に関する地位の区分を放棄し，それまで広く居住者にも認められていた一部の公務への就任資格を生来のオランダ人のみに限定することとなった．公務就任権を生来の者に限定する理由について政府が説明している箇所は，ナショナル・アイデンティティの根拠を最終的にどこへ求めるのかを明らかにしている．

　　人はどのように祖国と結び付くのか．それは出生の地ではない．そうではなく，彼（hij）が法的にこの国家あるいはあの国家に属するという信念であって，〔その信念とは〕彼の力で国家の幸福を促進するためにかきたてられた性向である[34]．

　公務に就く権利は，オランダとの精神的な結び付きを持つオランダ人に限定されなければならない．さらにその結び付きは，単にオランダにおける出生という事実によって確立するのではない．公務就任権に関する一連の見解を検討することから，オランダに出生した生来の者で，かつ自らがオランダという国家に対して主体的に帰属する意識を持つ者が公務に就く資格を有すると想定されていたことを理解できる．

　公務就任権との関わりで言及されたオランダ国家と人々との「親密さ」は，国籍の喪失および帰化に関する議論においても繰り返し触れられている．「親密さ」は「心からの内的な結び付き」であって，それ自身を客観化することは困難である．しかし，1850 年国籍法の第二院審議を検討すると，国籍の喪失，および帰化に関する規定において，政府がこの「内的な結び付き」を客観化しようと試みていたことを理解することができる．この「内的な結び付き」に関するいくつかの見解を，国籍の喪失に関する議論から検討していこう．

　国籍の喪失に関して，政府は海外での 5 年間の居住により国籍が喪失されることを提案した．喪失条項は既に民法典においても定められていた．民法典の9 条 3 項は，「王国へ戻らないという明白な意図をともなう海外での居住」に

よって国籍が喪失されることを定めていた．トルベッケは政府案を擁護して，9条3項の純粋に主意主義的な喪失規定を批判した．民法典の条項は，オランダへ「戻らないという明白な意図をともない海外で居住しているオランダ人に対して，どの時点でオランダ人の資格を喪失したと言うことができる」のかを明らかにしていない，とトルベッケは指摘している．これに対してオランダ人の資格は，オランダ本国へ「戻らない明白な意図をともなう海外での居住地の確立によっては喪失されず，海外での5年の滞在」によって喪失されることを彼は主張した[35]．政府案は，オランダとの関係が一定の期間疎遠である場合には，国籍の喪失が正当化されうると考えていた．

　ところが，国家と人民との「内的な結び付き」が5年という恣意的に設けられた期間によって失われるという規定は，数名の議員から批判を受けることとなる．ドンケル・クルチウスはこの法案が「誤った立場」に基づいていると考えていた．海外での5年の滞在によりオランダ国籍を喪失するという規定は，「祖国愛に満ちた立法者」が受け入れてはならないものであった．オランダ人の資格に関する法律は，ドンケル・クルチウスによると，「オランダ人が国を去ってもオランダ人の魂を持ちつづけるという想定」に基づかねばならない．法律は，彼らの「帰還を促すためにあらゆる事をおこなわねばならない．提出されている法案は，「〔オランダに〕戻ってきた者が再びオランダという家族の子供として受け入れられる」可能性を「ほとんど閉ざして」しまっている，とドンケル・クルチウスは政府案を批判した[36]．

　第二院議員のメーウセン（Meeussen）もドンケル・クルチウスと同様に，「オランダ人を国と結び付けている紐帯は，あまり引き裂かれないことが望ましい」と考えていた．メーウセンは，オランダ人が海外で居住していてもオランダとの精神的な結び付きを維持しつづけていると主張した．この精神的な結び付き以外にも，海外に居住しているオランダ人には本国で暮らす親類との血縁上のつながりがあることを彼は重視していた．

　　オランダ人は生まれた祖国に執着している．彼（hij）は，自らの出自である種族〔血縁のつながり〕を，完全に失うことはあまり望んではいない．それどころか，彼は外国でもオランダの名前を愛情と共に持ち，その死に至るまで持ち続けることを望んでいる[37]．

　トルベッケはこれらの反論に対してオランダ人として課せられた公的な義務

を遂行せずに海外に滞在する者が「オランダ民族（volk）の構成員，オランダ国民（natie）の構成員であるとみなすことができるのだろうか」と問いかけた．彼は「オランダ人という名称が純粋な呼称」となってはならないと述べる．5年という期間が経過したならば，海外に滞在している者と「オランダ，オランダ民族，オランダ国家との紐帯は失われた」と判断することができる．トルベッケはオランダ国籍の喪失を望まない者は，その旨を宣言せねばならないと考えていた[38]．

　ドンケル・クルチウスは，トルベッケがオランダ人の構成員資格を「まったく契約上の事柄とみなしている」ことに異議を唱えた．また，メーウセンは政府案に対する修正案を提出した．修正は5年という期間を変更せずに，海外で居住するオランダ人の帰還の意図に関する当局の証明を加えることとした．この修正によって海外に居住するオランダ人は5年の滞在の後に，当局が帰還の意図を有していないことを証明できる場合に限りオランダ国籍を喪失することとなった．

　外国人の帰化に関してもオランダとの間に密接な関係の存在することが帰化要件のひとつとして定められていた．1815年から帰化の権限は国王と司法大臣の専権事項とされており，帰化の要件と手続きに関する法律は存在していなかった．このために，国王の個人的な判断に基づき，帰化を認める書簡が発効されていた．帰化の書簡に基づき外国人が高位の官職を占めていた状態を是正するため，公務就任権を生来のオランダ人に限定すると共に，帰化の要件と手続きを定めることが議論された．

　司法大臣のネーデルメイエル・ファン・ローゼンタール（Nedermeijer van Rosenthal）は，帰化を「オランダという大きな家族に同化すること」と考えていた．帰化において密接な関係が外国人とオランダとの間に生じる期間を，政府はオランダあるいは植民地における10年間の居住と定め，さらに継続した居住の意志の宣言を想定していた．これらの要件を満たす者は「継続した年月オランダ人居住者と負担を共有」しており，彼らへ「オランダ市民のために確保してある特権」を認めることは正当であると政府は考えていた．10年間の居住によって彼らは「自らをその居住地に同一視している．国家の利益は，もはやその者に市民権の行使が実現されることを妨げない」と考慮されていた[39]．

　第二院議員のスホーネフェルト（Schooneveld）は，外国人とオランダとの間に密接な関係が生じることを想定した10年という期間に疑問を呈している[40]．

スホーネフェルトによれば，「賢明な誰かが，2年，あるいは3年，あるいは4年の滞在の後に，帰化の申請をする状況が生じる」可能性がある．その場合，10年の滞在を帰化申請の要件としている政府案は，「その意図とは逆に」外国人とオランダとの密接な結び付きを疎外する恐れがある．彼は政府案を「ごくわずかな可能性しか帰化を認めない」ものと評価していた．さらに彼は，誰かが「帰化をするため，あるいは帰化を申請するために10年間居住せねばならないという規定は，明らかに悪意のある」法案であると批判していた．スホーネフェルトは，「帰化を出し惜しみするよりは，より寛大にすることを栄誉に思う」と述べ，政府案に反対した[41]．

　オランダでの10年の滞在を帰化の要件とする政府案は，スホーネフェルト以外の議員からも批判を受けていた．ファン・エック（Van Eck）もスホーネフェルトと同様，帰化は「われわれと親交を結びたがっている者達，そして同様にわれわれに対して好意のある者達」の存在に対してできる限り開かれてなければならないと考えていた．そのために，帰化は「排除の体系」となってはならなかった[42]．

　議員から寄せられた批判にもかかわらず政府は10年という期間を堅持していた．政府によると帰化は「まったく例外的な手段」であった．なぜなら帰化にはオランダ人と同様の「十全な権利が認められている」ためにかなりの時間を要するからであると政府は説明していた．

　トルベッケと共にこの政府案を擁護していた司法大臣ファン・ローゼンタールは，帰化は外国人が「この土地に大いに愛着を抱き，オランダの原則を大いに支持する」ようになってはじめて認められるとの立場を繰り返し主張した[43]．これに対してファン・エックは，10年という期間を6年間へと短縮する修正案を第二院へ提出した．結局，修正案は帰化申請がオランダとの「心からの結び付き」を既に確立していることが第三者のオランダ人によって保証されることを条件として可決された[44]．

　オランダ国籍の喪失と取得に関する議論からは，オランダ人のアイデンティティをめぐる見解の相違が浮かび上がってくる．政府案に反対していた議員たちは，一様にオランダ人とオランダとの結び付きは切り離しがたいものであるという想定に立っていた．さらに彼らは帰化に対しても政府より緩やかな要件を主張していた．

　これに対し，政府，ことにトルベッケは，ドンケル・クルチウスの指摘した

ように，ナショナル・アイデンティティを社会契約の観点から理解していたようである．ドンケル・クルチウス，さらに政府側でもファン・ローゼンタールなどが，オランダを「家族」の比喩を用いて説明していたのとは対照的に，トルベッケはオランダにおける出生という事実のみがオランダ人としてのアイデンティティを十分に担保するとは考えていなかった．オランダ国籍を保持することは，一定の権利と義務をともなう．したがって公的な義務を遂行できない人物は，国籍を維持することができないと判断されていた．

## 4．排除の基準としての国籍

　国籍法の立法過程では，オランダ人の範囲についても議論されている．国籍を定めることは自国民の範囲に含まれる住民を確定していく作業でもある．1850年国籍法の審議時点でオランダは東西両インドを植民地として領有する帝国であった．植民地という視点から国籍法を検討した場合，植民地住民に対してオランダ国籍は認められたのだろうか．結論を先に述べるなら，1850年の時点で植民地住民へはオランダ国籍が付与されなかった．そもそも1850年国籍法はオランダ本国に適用されたものの植民地へは適用されなかったのである．それを踏まえたうえで，ここでは，オランダ人の範囲が三つの基準を組み合わせることにより定められていったことを検討する．三つの基準とは，土地，血統，文明である．これらの基準がどのように用いられたのか，第二院の審議を整理しよう．

　国籍の喪失における議論からは，オランダという国家との紐帯を形成するには自国の領土での居住が前提とされていたことが確認できる．すなわち，土地との結び付きが，オランダ人であることの根拠とみなされていた[45]．すべての国家は領土を持ち，すべての国民は土地との結び付きを持つ．「九人」による提案で述べられていた「土地と人民と国家との心からの親密さ」という表現もこのことを示唆していた．したがって，土地との結びつきとは，対象となる領域が想定され，その範囲は一定の領域に限定される．当時のオランダはオランダ領東インド，さらにスリナムおよびキュラソーからなる西インド植民地を領有していた[46]．植民地は土地との結びつきを構成する領域に含まれていたのだろうか．

　さきに触れたように，オランダで初めてとなる国籍概念は民法典のなかにお

かれていた．1838 年民法典は 5 条から 12 条を国籍規定にあてている．民法典[47)]
の国籍規定は，フランス民法典の規定を踏襲しており，出生によるオランダ国
籍の取得に関しては生地主義と血統主義が併用されていたことがわかる．民法
典第 5 条 1 項は，オランダ人とは「オランダあるいはその植民地においてそこ
に定住している両親から生まれた者」と定めており，生地主義にもとづく規定
であった．ここでは，明確に植民地が言及されている．続く 5 条 2 項は，血統
主義に基づき，「オランダ人の子はオランダ人である」ことを定めていた
[Groot en Tratnik 1986：42-43]．

　他方，1850 年国籍法の制度設計者であったトルベッケは，公法上のオラン
ダ国籍を定める必要性を感じていた．その結果，1850 年国籍法は，1 条 1 項
においてオランダ人を次のように定義した．

　　市民権の享受に関するオランダ人とは，ヨーロッパにおける王国内に定住
　　する両親から出生した者 [Groot 1994：120]

　このオランダ国籍の規定を 1838 年民法典に記載されている国籍規定と比べ
る時，二つの点に特徴が現れている．まず「市民権の享受」という言葉が挿入
されることにより，オランダ国籍を保持することが市民権を媒介として国家と
結び付くことを意味するようになった．市民権と国籍が結び付けられることは，
国籍が単なる国家の構成員資格を意味するのではなく，「オランダ市民のため
に確保してある特権」とみなされるようになったことを意味していた．帰化に
おける議論が示していたように，ここにおいて国籍は「特権」と化したのであ
る．

　さらに，1 条 1 項からは，民法典 5 条 1 項の生地主義規定において含められ
ていた「植民地」という文言が削除されたことがわかる．1850 年国籍法審議
の記録を参照すると，第二院においてもこれらの点が問題視され，議論の争点
となったことがわかる．問題となったのは，民法典におけるオランダ人の規定
と，1850 年国籍法における国民規定との関係をどのように理解するのか．さ
らに植民地の住民に対するオランダ国籍の付与をめぐって議論が交わされてい
た．

　1850 年国籍法は，1838 年民法典における国籍規定を修正することなく法案
として提出されていた．このことは，誰がオランダ人であるかを定める法的基
準が二つ並存することを意味した．民法典の規定にしたがえば，オランダ人に

は植民地において生まれた者も含まれる一方，1850年の国籍法は，植民地において生まれた者へのオランダ国籍を認めていなかった〔d'Oliveira 2023：61-62〕．

　第二院での審議において，ウィントヘンス（Wintgens）は，法案が「民事上の権利と政治的権利，あるいは現在呼ばれているように市民権との間に区別を設けている」ことを指摘した[48]．ウィントヘンスは続けて次のように述べている．

> 私はここにすべてのオランダ人民に代わり，二種類のオランダ人を見ることができる，公民であり，かつ市民的諸権利を行使することのできる若干の者と，単に民事上のオランダ人であるすべての者とを[49]．

　これは彼にとって誰がオランダ人であるかを法的に定めるための「原則が分裂」していることでもあった．トルベッケはウィントヘンスの発言に対して，「この法律〔1850年国籍法〕から誰がオランダ人であるかが結論されねばならない」と答弁した．彼はローマ帝国における市民の地位を例に引きつつ，「公法上のオランダ国籍を保持することは，民事上の権利を完全に享受することを意味するが，民事上の権利を享受することは市民権の保持を意味しない」と指摘した．さらに続けて次のように述べている．

> 民法典はオランダ国籍を定めているとこれからはみなされてはならない．
> それはただオランダ人の民事上の権利を定めているとみなされるべきである[50]．

　トルベッケの答弁は二重の国籍規定を実質的に解消することとはなっていない．トルベッケ自身答弁において民法典の国籍規定の修正を検討したことに触れている．しかし，民法典の修正は関連する多くの法律の修正をともなうことからその試みを断念したことを明らかにしていた[51]．

　二重の国籍規定はその後実務上の混乱を引き起こすこととなり，あらゆる法律へ適用される統一された国籍法は1892年の改正を経て実現することとなる[52]．

　生地主義規定を「ヨーロッパにおける王国（het rijk in Europa）」に限定することは，海外で出生したオランダ人の子に対する国籍の付与という新たな問題を生じさせる．この問題について，政府は，国籍の取得に血統主義を導入することで解決しようとした．血統主義の導入は，政府によると二重の利点があった．第一に，血統主義の導入によって，植民地住民の大部分が血統上オランダ人とはみなされずに，「政治的なオランダ国籍」から締め出されることとなる．

このことは，植民地における土着の住民のみならず，植民地に居住する他のヨーロッパ系移民についても該当した．事実，政府は，植民地に居住する「イギリス，スペインあるいはポルトガルの血統に生まれた子をオランダ民族の構成員とみなす」には十分な根拠がないと述べていた．

　第二に，血統主義の導入により植民地では，オランダ人居住者の子孫に限りオランダ国籍が認められることとなり，彼らはオランダ本国とのつながりを血によって維持することが可能となる，と政府は考えていた[53]．ここでは，血統という基準が，オランダ国民の範囲を制限する目的のもと自覚的に採用されていた．

　さらに注意すべきは，ここでの血統が父系血統主義 (jus sanguinis a patre) を意味していたことである．前節において引用した発言でも，オランダ人は「彼 (hij)」としか言及されていないことが示唆するように，国籍法における女性の地位は男性に従属しており，国籍の取得および喪失に関する規定からそのことは明らかであった．

　1850 年国籍法は，婚姻にともなう国籍の取得および喪失に関する規定に触れておらず，この点に関しては民法典における規定に依ることとなった．民法典の 6 条はオランダ人男性との婚姻により外国人女性は夫の国籍に従うことを定め，11 条 1 項は，オランダ人女性が外国人との婚姻によりオランダ国籍を喪失することを定めていた[54]．植民地に居住していたオランダ国籍を保持する女性にとって，この国籍喪失規定は後に重要な意味をもつことになる．植民地において土着の住民と婚姻する際，自らの国籍あるいは生まれてくる子の国籍を考慮して，婚姻関係を結ばずに法的には「同棲」状態にとどまるオランダ人女性が報告されるようになる [Prins 1933：678][55]．婚外子は，母親の認知によりオランダ国籍を取得することができた．

　1850 年の国籍法の第二院審議において，女性が唯一議論の対象となったのは，帰化における議論においてであった．1850 年国籍法は，夫の帰化にともない，妻やその子に及ぼす効力に関する規定を欠いていた．ウィントヘンスはトルベッケに対し，帰化に際して妻や子がその夫／父の国籍に従うことを明記すべきであると主張した．しかし，トルベッケは，妻や子の国籍がその夫／父の地位に従うことは「あまりにも自明のことであり，それほど一般的に認められた原則」を法律に明記する必要性を認めなかった．

　いずれにせよ，ウィントヘンスとトルベッケの両者の相違は，国籍における

男女平等という現代の観点から検討すれば，微妙な差異でしかなかったと言える．オランダ人女性はオランダ国籍を保持するという意味ではオランダ国民であるが，オランダ国籍を保持する男性（夫あるいは父親）との関わりにおいてのみオランダ人とみなされていた．言いかえれば，女性は公的領域においてではなく，私的領域（家族）における構成員としてしか認知されていなかった．事実，オランダ人女性に対する参政権（投票）は，1917年まで待たねばならなかったのである．

　ウィントヘンスの指摘していたように，民法典における国籍規定の範囲が広範であるのに対して，1850年の国籍法は土地と血の基準（生地主義と血統主義）を組み合わせることで，オランダ人の範囲をより限定したものとしている．しかしウィントヘンスは，国籍規定が並存することに対して原則的な質問を展開したのみであった．議会での審議からはウィントヘンスが植民地の「原住民」に対する国籍の付与を考慮していたのかは明らかでない．当時，第二院審議において植民地の原住民に対する国籍という観点から議論をおこなったのは，スホーネフェルト唯一人であった．彼は原住民への国籍付与の問題を，ウィントヘンスとは異なる角度から取り上げた．

　スホーネフェルトは，政府案が植民地における土着住民をオランダ国籍から排除していることについて，興味深い反論を展開している．トルベッケが国籍付与の前提に国家と人民との心理的な結び付きを想定し，その結び付きをオランダ本国との関わりにおいて規定していたのに対し，スホーネフェルトはオランダ国家と植民地の原住民との精神的な結び付きを市民権の付与によって生じさせようと考えていた．彼は政府案とは反対に，原住民へ国籍を付与することにより，オランダ本国との紐帯を醸成させようと考えたのである．スホーネフェルトはオランダ本国と原住民とを心理的に結び付けることの重要性を認めていた．彼はトルベッケに次のような質問をおこなっている．

　　この点――誰がオランダ人であるかの説明――について，私は，はじめに質問を限定する．われわれの植民地の住民すべてに市民権を与えることへ大きな反対がある場合，そこには計り知れない危険があるのだろうか．〔略〕私は，皆が次のように言うことを知っている．「人食い人種さえ含まれるような住民に，どうやって市民権を認めるのか．そんなことはいまだかつて聞いたことない！」しかし私は，「そのような危険がどこにあるの

だろうか」という疑問をもって返答としたい．これらの権利をその住民のために認めることは，大きな名誉称号となることを私は確信している．彼らはそれに高い価値を付与するだろう，彼らはもはや賤民（paria's）ではなくなる．さらに彼らは，「私はオランダ国籍の権利を持っている，そして私がオランダに定住し，そこで定められた要件を満たすのならばそれを行使できる」と言えるようになる．その利点は，彼らがイギリス人，ポルトガル人，スペイン人に対して次のように言うことができることにある．私は閉め出されていない．私は政治的な権利を保持している．私はそれを持ちそして行使できる，と.[56]

　スホーネフェルトの発言からは，彼が植民地の原住民に対する市民権の付与を二つの機能において捉えていたことがわかる．まず，原住民へ国籍を付与することによって，彼らがオランダ本国と結び付いている住民として自らを想像することが可能となる．さらに，植民地の原住民はオランダ市民権を保持するオランダ人として，自らの存在を他の外国人へ主張することが可能となる．すなわち，この発言では市民権の付与が，植民地の原住民を国民へ包摂する意図に基づいて提唱されている［d'Oliveira 2023：53；Verheijen 2021：461-462].

　ところが，スホーネフェルトは植民地の原住民への市民権付与をあくまでも象徴的な意味（名誉称号）として理解していた．このことは彼の次の発言からも明らかである．

　それに対する危険性あるいは不利な点は，市民権の付与にはない．なぜなら彼らはその権利を決して行使できないからである，あるいは彼らはここに定住して法律の要件を十分に満たさねばならない．したがって私はそこにどんな危険性も認めない.[57]

　スホーネフェルトは植民地の原住民へ市民権を付与することに対してまったく危険性を認めていなかった．その理由は，市民権を行使する際に彼らが法的な要件を満たさねばならなかったことにある．オランダ国籍は政治的権利を行使するためのひとつの資格でしかない．1848 年憲法は，市民の直接的な政治参加を可能にしたとはいえ，選挙法は有権者資格を財産上制限しており，女性に選挙権は認められていなかった．加えて投票権の行使にはオランダ本国における 10 年間の定住，およびオランダ語の読み書き能力が必要とされていた．

このことは投票資格に限らず，公務に対する資格（公務就任権）に対しても，同様であった［d'Oliveira 2023：53-54］．

　このように市民権を享受できる者が制限された背景には，19世紀半ばのオランダ社会において共有されていた市民像を理由として指摘することができる．それは，教養と財産を持つ市民のみが，熟慮に基づいた政治的見解を投票によって表現することができるという考えに依拠していた．

　トルベッケ自身，「今日の市民権について」のなかで市民への参政権の付与が財産により制限されることを認めていた．もちろん，彼は市民権が「国家の一般的な構成員資格」に従い付与されるべきであるとも述べている．にもかかわらず，彼は財産制限がある部分の市民を市民権から排除することを理解したうえで，財産制限を必要な条件とみなしていた．なぜなら，一定の財産を所有することは独立した人格を保証し，独立した人格においてはじめて「自己に固有の意思」を認めることができる．この固有の意思こそ，投票において必要な資質とみなされていたからである［Thorbecke 1980：93-94］．1848年の憲法は市民を一般的に規定していたが，市民を当時のオランダの歴史的な文脈におくと，それは「簡素にして教養のある」人物でなければならないと理解されていたのである［Velde 1998：171］．

　スホーネフェルトは，オランダ国籍を政治的権利の行使に必要な要件のひとつと理解していた．植民地の土着住民が現実に政治的権利を行使する可能性は，この時点ではなかった．彼とは異なる理由で，ドンケル・クルチウスもまたオランダ領東インドの土着の住民に対する政治的オランダ国籍の付与を問題視していなかった．ドンケル・クルチウスにとって原住民への国籍付与は，市民権行使の可能性とはまったく結び付いていなかった［Verheijen 2021：461］．

> 　私は，ジャワの王子達が連なってこの市民的権利を行使するために〔オランダに〕到来することを恐れてはいない．われわれの気候はそのためには寒すぎるだろう．人はしばしば北から南へ行く．だが南からここへ来ることはない[58]

　植民地住民に対して国籍を認めるスホーネフェルトの発言に対して，トルベッケは次のように反対意見を展開した．

　　この法案に対して提起されている二つ目の反論は，公法上のオランダ国籍

が，限られた範囲に限定されているというものである．なぜ，われわれの
植民地の原住民（Inlander）に対して市民権を付与しないのか，と反対者は
問いかけている[59]．なぜ，これらの原住民は，ここに定住する場合に，共に
選挙をおこなわないのか．諸君，ここでは選挙のみならず，様々な他の権
利についても重要である．市民権とは，すべての該当する居住者に対し，
選挙の際に選出される被選挙資格，およびあらゆる公務に対する就任権を
意味している．それに関しては，オランダ人にとってなんらの保証のない，
あるいは保証のできないような人々に対しては大きな反対をする余地があ
る[60]．

　公務就任権に関して「なんらの保証のない」というトルベッケの発言は，公
務を遂行するために必要な能力のことが念頭にある．オランダ語の読み書き能
力を提供するための教育制度は，この当時のオランダ領東インドでは整備され
ていなかった．原住民に対する小学校の教員養成を目的とする師範学校が創設
されたのは，この第二院審議がおこなわれた翌年の 1851 年である．さらに植
民地行政官養成を目的とする土着の住民のための官吏養成学校の設立は，半世
紀後の 1900 年まで待たねばならなかった［De Kat Angelino 1930：277-230］．
1850 年の時点でオランダ本国において，彼らが公職に就く可能性は事実上存
在していなかった[61]．
　スホーネフェルトへの反論は，続いて植民地住民への国籍付与の根拠となる
民法典の解釈へと移っていく．民法典 5 条 1 項は，植民地で出生した者へオラ
ンダ国籍を認めていた．

　　さらに，オランダ人に対するものと植民地の原住民に対する民事上の権利
　　が全く異なっていることを考慮に入れれば，それらの原住民をオランダ人
　　と呼ぶことは腑に落ちないだろう．彼らは全く異なった状況にある．何の
　　ためにそれらの者をオランダ人と呼ぶのか．〔略〕オランダ人とは，この
　　法律によれば，オランダ国民（Natie）の構成員である．しかしオランダ国
　　民の構成員資格は，私の信ずるところでは，ジャワあるいはマドゥラの原
　　住民に対して認められるよりも，ドイツ人やイギリス人へ認めるほうがよ
　　り適切である[62]．

　ここで彼が「民事上の権利がまったく異なっている」と述べている点は，当

時のオランダ領東インドにおける司法状況を念頭においた発言と思われる。オランダ領東インドにおいて，オランダ本国と同様の私法が適用される対象は，第2章でみるように植民地に適用された法律によって定められていた。オランダ本国と同様の民法および刑法は，「ヨーロッパ人」という住民区分へ該当する者にのみ適用される一方，土着の住民は「原住民」として区分され，若干の例外を除いてそれぞれの種族や共同体に固有の慣習法（アダット）が適用され，オランダ本国の法律は適用されなかった[63]。したがって，トルベッケは民法典の国籍規定が実質的には植民地の原住民へは適用されないと解釈している。

　トルベッケは民法典における国籍規定を「不正確」であり「矛盾している」とも考えていた。先の発言に続けて，彼は民法典における「オランダ人の定義が植民地の住民へも該当しているが，〔略〕このことはまったく民法典の意図するものではない」と述べている。トルベッケは，なぜ民法典の国籍規定が植民地の住民を含むのか，その理由を当時の民法典起草者の「起草のずさんさ」に帰してさえいる。トルベッケは植民地の原住民に国籍を付与する必要性を認めていなかった[Heijs 1995：36；d'Oliveira 2023：61]。

> 　私は何度でも繰り返そう。なぜならこれが私のこだわる点であるからだが，民法がオランダ人という時には，ただオランダの民事上の権利を保持している者のみを指している。だが，誰がオランダ人であるかは，この法案が説明している[64]。

　植民地の原住民へオランダ国籍を付与することによって生じる事態をトルベッケは「法あるいは民族性を欠いた名ばかりの共同体（gemeenschap van naam zonder eenige gemeenschap van recht of volkswezen）が存在することになるだろう」と考えていた。トルベッケにとって国籍は，国民と国家との単なる法的紐帯にとどまらず，その前提に国民と国家との特別な結びつきが存在せねばならなかった。この結び付きを，彼はオランダでの出生という事実よりも，公的な義務の遂行により生じると考えていた。無論トルベッケ以外の議員にとっても，国家と国民との「心からの内的な結び付き」を植民地の原住民へ求めることが想像外であったことは，スホーネフェルトの発言からも窺うことができるだろう。

　スホーネフェルトとトルベッケの発言を比較すると，国籍によって境界線を引く対象が異なっていることに気がつく。スホーネフェルトは国籍を市民権の行使から切り離して純粋に象徴（記号）として捉え，植民地の原住民へ市民権

を付与することにより彼らをオランダ国家という政治共同体と結び付けようとしていた．市民権の付与によって，彼は植民地の原住民を含むオランダ人と他の国民との間に境界線を引いていた．これに対して，トルベッケは植民地の住民を「まったく異なった状況」にあるものと捉えて，植民地の原住民とオランダ人との間に境界線を引いている．加えてオランダ人の側へは，ドイツ人やイギリス人が並置されていた．

　オランダ，ドイツ，イギリスといったヨーロッパ系住民と「原住民」とを区分する背景にはどのような基準が働いていたのか，第二院の審議からは明らかでない．ここでは，オランダ国籍から原住民を排除することのみが明確に述べられていた．しかし，オランダ領東インドへ導入された法的な住民区分を検討することによって，この基準を読み取ることは可能である．1848 年の憲法改正を受けて 1854 年に成立した蘭印統治法 109 条は，植民地の住民を「ヨーロッパ人」と「原住民」とに区分していた[65]．この法案の審議では，誰をヨーロッパ人とみなすかをめぐり，議会では議論がかわされている．

　当初，政府はキリスト教を基準とすることで，原住民キリスト教徒をヨーロッパ人と同等視される者に含んでいた．この政府の見解に対し，委員会は原住民キリスト教徒が「中途半端な存在であり，真の文明（ware beschaving）にはなじみがない」と答申している[66]．「ヨーロッパ人」と「原住民」とは，文明を基準として区分されていた．おそらく，ここで明確に述べられている「文明」という基準を，トルベッケの発言の背後に想定することは不可能ではないだろう．

　結局，植民地の土着の住民へはオランダ国籍が付与されず，彼らは植民地においても「原住民」として法的に位置付けられていくこととなる．植民地の「原住民」は，生地規定の変更，血統主義の導入，さらに文明概念が三重に組み合わされることにより，オランダ人の範疇から排除されていく．この点については，次の章で詳しく検討することとなる．


　ここまで，オランダ国籍の検討を通して市民権がどのように国籍と結び付けられていったのか，さらに国籍の成立によって，誰がオランダ人の範疇に属することとなり，誰がそこから排除されていったのかを明らかにしてきた．市民権が国籍と結び付けられていった背景には，主権の所在が国民へ転換したことがあった．1848 年に確立する立憲主義は，政治共同体へ参加する権利を市民

権と規定し，市民権を国家の構成員資格に従い付与することを定めた．国家の構成員資格は，法律により定められる．これが1850年に国籍法として成立することとなった．しかし，この時点では市民権は特権とみなされており，市民権を享受する国民とオランダ国籍を有する国民とが峻別されていた．

国籍の成立は，誰を国民とみなし，誰を外国人とみなすかという過程でもある．国籍の成立以前には，人々は互いを宗教的基準や村落単位，あるいはギルドなどの中間団体といった，複数の基準によって認識していた．国民国家の形成にともなう国籍概念の導入は，この他者認識，あるいは相互承認の関係性を「国民」と「外国人」という区分に還元することとなる．

オランダ国籍に関する二つの規定の併存，1850年国籍法と民法典における国籍規定が併存する状況への解決策は，国籍法制定時の議論からは示されていない．トルベッケ自身は議会での答弁で繰りかえし述べていたように，二つの国籍規定が併存することを大きな問題とは受け止めていなかった．公法上の存在としてのオランダ国民と，私法におけるオランダ国民が併存する状況がどのような問題をもたらすのか，この時点で予測していた者はいなかったようである．

二つの国籍規定の併存を解消し，国籍規定を統一する方向へ向けた動きは1880年代に入り表面化し，1892年に国籍法が改正されることにより統一された国籍規定が実現することとなる．この国籍法改正において植民地の住民がどのように扱われたのかを検討する前に，まずは東インドに居住する住民に対する法律上の住民区分を検討していく．立憲主義的な憲法の改正は，植民地統治へどのような影響を及ぼしたのだろうか．

**注**

1）1848年に実現した自由主義的改革を，ストゥールマンは「旧体制の終焉」と位置付けている［Stuurman, 1992：169］．

2）オランダにおけるルソーおよび啓蒙主義者の政治思想上の影響については，Schama［1992：68-74］，Gobbers［1963：209-280］．

3）中世のオランダの諸都市における市民権について論じたものに，田中［2000］．連邦共和国時代に存在していた市民権（poorterschap）は本論で後述される意味での市民権（burgerschap）とは異なる．

4）一般規定の44条に祖国防衛の義務が述べられている．

5）第2編「全国および地方議会における市民の投票資格の行使について」11条a.

6）第 2 編 11 条 b，および第 4 編「執行権について」88 条.

7）連邦共和国におけるユダヤ人の市民権に関しては桜田［2005：5］の論考を参照．なお，バタフィア共和国の市民権に関するこの一連の規定は，革命直後のフランスにおける規定をほぼ踏襲していたようである．1791 年憲法第 2 編第 2 条におけるフランス人の規定や 1793 年憲法の第 4 条は，外国人に対する「開かれた」規定と評価されている［西川 1998：196-197］．同様の指摘をハーバーマスもおこなっている［ハーバーマス 1996：197］．市民権が居住の事実を基準として付与されていたことを，ジェラール・ルネ・デ・フロートは「居住主義」（jus domicili）と呼んでいる．居住資格（ingezetenschap）は，現在の定住外国人への参政権付与に対する根拠としてオランダでは議論されている．例えば 1996 年には定住外国人の参政権を州議会へと拡大する法案が数名の議員によって第二院へ提出された．その主旨説明では選挙権を付与する基準としての国籍という考えが 19 世紀に導入されたこと，ならびに連邦共和国時代には国籍に該当するものが居住資格であったことが指摘されている．Kamerstuk 1995-1996, 24803, nr. 3, Tweede Kamer, p. 2.

8）ファン・ホーヘンドルプ（Gijsbert Karel van Hogendorp：1762-1834）．オランダ憲法の基礎を築いた人物として評価されている．1814 年憲法検討委員会，1815 年憲法検討委員会委員を務めた．フランス時代に手掛けた憲法草案は，1814 年憲法の原型となったとされる．国王への権力集中を容認していたが，後にウィレム一世とは対立することとなり政治的要職の地位を剥奪された．

9）ヘンデビーン（Jean François Gendebien：1753-1838）は，現在のベルギー南部出身の法律家・政治家．モンスでの弁護士および行政職を経た後，1815 年に後のベルギー領をあわせたネーデルラント王国建国に際して憲法改正委員会の委員に任命される．国王ウィレム一世に対抗する立場を取るようになり，1821 年の選挙では選出されなかった．ベルギーの分離独立後はベルギー国民議会の議員となる．

10）1815 年 5 月 18 日の協議.

11）エラウト（Cornelis Theodorus Elout：1767-1841）．ハーレムの名望家の出．フランス時代には刑法典草案を起草し，1814 年および 1815 年の憲法検討委員会委員．英国に占領されていた東インドのオランダへの移管を担う委員の他，財務大臣や植民地大臣（1825-1829）を歴任した．

12）1815 年 7 月 8 日の協議．ファン・マーネン（Cornelis Felix van Maanen：1769-1846）．バタフィア共和国で政治家としての道を歩みだし，ホラント王国の司法警察大臣となる．1814 年 1815 年憲法検討委員会の委員．各種法典編纂にあたり重要な役割を演じた．責任内閣制に反対し，出版の自由の制限を支持する保守政治家であった．

13）また，コスマンは 1780 年から続いたオランダにおける適切な政体の追求が，1848 年をもって解決したと述べている．Kossmann, op cit., pp. 166-167.

14）1829 年から 1839 年までの 10 年間に利予付き公債は 4 億 800 万ギルダーに達していた．1842 年には利子の支払いが予算のほぼ半分を占め，1844 年には総計で 4390 万ギル

ダーに達し，それは人口一人頭14ギルダー60セントとなった．ベルギーを加えたネーデルランド王国時の一人頭の分担額が3ギルダー85セントであったことと比べると，財政負政の増大していたことがわかる［Kossmann 1986：156-157］.

15）フルーン・ファン・プリンステレル（Guillome Groen van Prinsterer 1801-1876）. 19世紀オランダを代表する政治家の一人．1848年の憲法改正に反対し，公教育の世俗化に抵抗．プロテスタントの教義を政治に反映させる姿勢を重視した.

16）さらにリンブルフはドイツ連邦へも加盟しており，最終的にオランダへの帰属が確定するためには，1866年まで待たねばならなかった.

17）オランダ政治史において，19世紀はしばしば「トルベッケの世紀」と呼ばれている.

18）この国民規定は，主権の主体を市民に位置付けたバタフィア共和国憲法とも呼応している.

19）当時の第二院は州議会から選出された議員と同数の議員が国王によって任命されることで構成されていた．これは「二重議会」（dubbel kamer）と呼ばれている．また，修正案を提出した他の8名の議員は次の通りである．ルザック（Luzac），ファン・ヘームストラ（Van Heemstra），デ・ケンペナール（De Kempenaer），ファン・レヒテレン侯爵（Graaf van Rechteren），ファン・ダム・ファン・イッセルト（Van dam van Isselt），ウィヘルス（Wichers），アネメート（Anemaet），ストルム（Storm）.

20）Bijl. van Exh. 10 December 1844, nr. 11. Voorstel tot herziening der Grondwet, Memorie van toelichting, nr. 3, p. 3.

21）Ibid.

22）ボレール・ファン・ホーヘランデン（Willem Boreel van Hogelanden：1800-1883）. 外交畑での経歴の後1842年に第二院議員となる．議会では穏健自由主義者とみなされ1847年から1849年まで第二院議長を務めた．その後，1853年にも再び第二院議長（1855年まで），その後北ホラント州知事（1855-1860），1860年から6年間第一院議員となる.

23）ドンケル・クルチウス（Dirk Donker Curtius：1792-1864）. ハーグでの弁護士活動を経て1848年の憲法改正委員会委員に任命される．司法大臣を二度務め，1848年憲法改正の実現に努めるとともに議院内閣制や集会結社の自由の関連法案の成立に尽力した．デ・ケンペナール（Jacobus Mattheüs de Kempenaer：1793-1870）. 地方議会での経歴を重ねた後第二院議員となり「九人」のメンバーとしてトルベッケとともに憲法改正に取り組む．1848年の憲法改正時には内務大臣として改正を実現させた．その後も第二院議員を務めるが，次第に保守政治家へと転身し，後にはトルベッケと対立関係になった．ルザック（Lodewijk Caspar Luzac：1786-1861）. ライデンでの弁護士・判事としての経歴を経て1828年に第二院議員となり，議会内少数派としてウィレム一世およびウィレム二世の政策に反対の論陣を張った．筋金入りの自由主義系政治家.「九人」の提案に当時議会で賛成した数少ないひとりで，1848年の憲法改正委員会委員となる．デ・ケンペナールと内務大臣をともに務め，憲法改正を実現させた．ストルム

（Lambertus Dominicus Storm：1790-1859）．地方政治を経験した後，1844 年に第二院議員となり「九人」の一員となる．憲法改正委員会の委員としてトルベッケと活動をともにした．議会での演説中に心臓麻痺で急逝した．

24）スヒムルペニンク（Gerrit Schimmelpenninck：1794-1863）．1836 年より 1849 年まで第一院議員．その間，ロンドン大使を務める．ウィレム一世とウィレム二世からの信任が厚かった．1848 年自由主義者対策として国王の意向により臨時の内務大臣に就任後，英国にならった憲法改正案が他の大臣から否認されたことで辞職する．憲法改正後は再びロンドン大使に就任，第二院議員としての活動も継続した．

25）あるいは Verkade［1935：356］はトルベッケの 1840 年の「試案」から「九人」による提案，さらに 1848 年にトルベッケにより起草された憲法修正案を比較している．

26）この対立の原因は，スヒムルペニンクがイギリス憲法をモデルに国王へかなりの程度独立した権力を与え，貴族を中心とした第一院を強化しようと考えていたのに対して，ドンケル・クルチウスが当時最も自由主義的と言われていたベルギー憲法を支持していた点にあったと言われている［Stuurman, 1992：152］．

27）この世論の受け止め方に対しては，現在若干の修正がなされているが，1848 年憲法の大半はトルベッケの個人的な業績と評価されている［Kossmann 1987：165］．

28）Ontwerp van Gewijzigde Grondwet van het Koninkrijk der Nederlanden, 1848, p. 34.

29）1848 年憲法 5 条は，「市民権を保持するためには，オランダ人でなければならない」と定めている［Hasselt 1979：290］．

30）6 条，「すべてのオランダ人は等しくすべての公務（landsbedienigen）に対する任命資格がある．外国人は法律の規定に従い，任命資格を持たない」［Hasselt 1979：290］．

31）Ontwerp, p. 34.

32）1809 年に導入された「ナポレオン法典」の第 1 編第 8 条から 18 条までがホラント王国の国籍を規定している．この規定は，1811 年民法典の 9，10，12 および 17 から 21 条までの条項と一致している．さらに 1838 年の民法典における国籍規定 5 条から 12 条までも，1811 年民法典の国籍規定に関する条項と一致している［Groot en Tratnik 1986：117］．

33）Ontwerp, p. 38.

34）Handelingen Tweede Kamer, 1849-1850, 12 juli, 1850, p. 13.

35）Handelingen Tweede Kamer, 1849-1850, 12 juli, 1850. pp. 6-7.

36）Handelingen Tweede Kamer, 1849-1850, 12 juli, 1850. p. 4.

37）引用は Heijs［1995：34］による．

38）Handelingen Tweede Kamer, 1849-1850, 12 juli, 1850, p. 9.

39）Handelingen Tweede Kamer, 1849-1850, 11 juli, 1850, p. 9.

40）スホーネフェルト（Pieter Carel Schooneveld：1788-1853）．ハーグでの弁護士活動の後，第二院議員となる．1844 年「九人」の憲法改正案は，スホーネフェルトの自宅

で議論が重ねられできたものだが，彼自身は共同提案者には加わらなかった．穏健な自由主義系政治家として，1841 年から 1853 年まで連続して第二院議員として活動した．

41）Handelingen Tweede Kamer, 1849-1850, 9 juli, 1850, p. 15.

42）Handelingen Tweede Kamer, 1849-1850, 11 juli, 1850, p. 8.

43）Handelingen Tweede Kamer, 1849-1850, 11 juli, 1850, pp. 8-9.

44）これにより定められた帰化手続きは，申請書類と共に証拠書類の提出を義務づけていた．それぞれの書類は次の通りである．出生証明書（23 歳以上の年齢を証明するため），申請者の居住年数（最低 6 年間の居住）および継続してオランダに滞在する意志を証明する市当局の説明書．申請者は帰化の確定したことを証明する書類を市当局から受け取らねばならず，6 ヶ月以内にこれをおこなわない場合には帰化が失効する．

45）トルベッケがオランダでの出生および居住という事実だけでは国民とオランダとの結び付きが不充分であると考えていたことは，ここに明らかなとおりである．ただし，彼はオランダという土地との結び付きを否定していたのではなく，それを十分な条件とはみなしていなかったということは注意しておく必要がある．土地は依然としてナショナル・アイデンティティが成立するための前提条件であったことに変わりはない．

46）西インドと呼ばれたオランダ領ギアナ（現スリナム），キュラソー（サバ，シント・マールテン，シント・エウスタシウス，アルバ，ボネール，キュラソーの各島）は，本書では対象としていない．1850 年国籍法の第二院審議では西インドについては言及されていなかった．東インドのみ議論の対象とされた理由としては，慢性的な人口不足に悩む西インドとは異なり，当初から人口の多い東インドにおいては，オランダ国籍を付与することにより統治の対象となる住民区分を明確にする必要性があったことが指摘されている．西インド植民地の住民に対する国籍政策は東インドと異なっており，後の章で扱う議会審議でもたびたび言及されることになる．

47）民法典 5 条 1 項はオランダ人を次のように定めている．「オランダ人とは，王国あるいはその植民地に定住している両親から出生したすべての者」である［De Groot 1994：117］．

48）ウィントヘンス（Willem Wintgens：1818-1895）．1849 年に当時最年少で第二院議員に当選後，1885 年まで 36 年間議員を務めた．穏健な自由主義系政治家で，晩年は保守化したと言われる．

49）Handelingen Tweede Kamer, 1849-1850, 9 juli, 1850, p. 12.

50）Handelingen Tweede Kamer, 1849-1850, 9 juli, 1850, p. 15.

51）Handelingen Tweede Kamer, 1849-1850, 9 juli, 1850, p. 15.

52）デ・フロートによると二重の国籍規定によって生じた問題は刑法と犯罪人引渡法におけるオランダ人規定であった．1886 年 9 月 1 日に発効した刑法の 83 条 1 項はオランダ人概念について 1850 年の国籍法を参照するように指示している．ところが当時の引渡法 22 条によるとオランダ人とは民法典の国籍規定に基づくオランダ人と定められていた［Groot en Tratnik 1986：45-46］．

53）Bijlagen Handelingen Tweede Kamer, 1849-1850, XXXIV, nr3, p. 396.

54）1838 年民法典 6 条は、「外国人女性は、オランダ人男性との婚姻にともない、その夫
　の地位に従う」、11 条 1 項は「オランダ人女性は、外国人男性との婚姻にともない、そ
　の夫の地位に従う」ことを述べている［De Groot 1994：117-118］。国籍法における男
　女の平等が達成されるのは、1985 年の国籍法改正によってである。

55）この場合のオランダ人女性の多くは「印欧人」（Indo-Europeaan）と呼ばれたオラン
　ダ人男性と土着住民との混血あるいはその子孫であった。

56）Handelingen Tweede Kamer, 1849-1850, 9 juli, 1850, p. 15.

57）Handelingen Tweede Kamer, 1849-1850, 9 juli, 1850, p. 15.

58）Handelingen Tweede Kamer, 1849-1850, 10 juli 1850, p. 4. この気候学的な理由のほ
　かにも、両者の発言を理解するためには、当時の交通事情を念頭に置かねばならない。
　1850 年の時点で、スエズ運河はまだ開通していなかった。当時、オランダ本国とオラ
　ンダ領東インドを結ぶ航路は喜望峰を経由せねばならず、片道で平均 4 ヶ月以上を要し
　ていた。オランダ本国とオランダ領東インドとの間の人の移動は制限されていた。本国
　から植民地への移動は、財政証明およびオランダ領東インドでの身元保証人を確保せね
　ばならなかった。また、植民地から本国への人の移動は、植民地官僚の休暇による一時
　的滞在、あるいは任期を終えた上での本国への帰還が主であり、オランダ領東インドか
　ら土着の住民がオランダ本国へ到来することは当時想定外であった［Fasseur 1975：
　94］。なお、郵便汽船に関しては 1844 年にスエズ地峡を経由する航路が開拓された。ス
　エズ運河の開通は 1869 年である。

59）当時のオランダではオランダ領東インドの土着の住民に対してはいくつかの用語が用
　いられていた。「原住民（Inlander）」という語の他にも「土着の住民（inheemsche
　bevolking)」などである。この概念が、後の章でみるように「インドネシア人」へと変
　化していく。

60）Handelingen Tweede Kamer, 1849-1850, 10 juli 1850, p. 14.

61）1848 年憲法の 6 条は、「外国人は公務に任命される資格がない」ことを規定し、公務
　就任権を原則として生来のオランダ人に限定した。しかし、一部の公務に対しては例外
　を設けることが検討され、外国人の任命も認められた。トルベッケは外務大臣へ宛てた
　書簡（1852 年 6 月 4 日付）において、例外として認められる公務を取り上げ、それが
　認められる理由について触れている。彼が特に例外視した公務とは、教育、芸術および
　科学に関する機関における教師や下級の官吏であった。これらの地位へは「優れた外国
　人」からも任命されうることをトルベッケは書簡のなかで述べている。

62）Handelingen Tweede Kamer, 1849-1850, 10 juji 1850, p. 14.

63）1874 年 4 月 30 日に施行された「オランダ領東インドに対する立法の一般的規定」の
　6 条から 10 条まで。この 6 条から 10 条の規定は、後に「ヨーロッパ人」と「原住民」
　を公法の領域においても定めることとなる「蘭印統治法」109 条の原型となった。

64）Handelingen Tweede Kamer, 1849-1850, 10 juji 1851, p. 14.

65）1854 年に施行された「統治法」の 109 条は，オランダ領東インドの住民を，ヨーロッパ人およびそれと同等視されるもの，原住民およびそれと同等視される者の二つに区分していた．1854 年の「統治法」については，Staatsblad van het Koninkrijk der Nederlanden, 1854, No. 129.

66）Handelingen der Staten-Generaal over het ontwerp van wet tot vaststelling van het reglement op het beleid der regering van Nederlanadsch Indie, Deel II, Eerste Stuk, 1853–1854, p. 361.

# 第2章　植民地統治と住民の法的区分
## ——統治法109条による「ヨーロッパ人」と「原住民」の創出

## 1. 1854年統治法109条による住民区分の意義

　東インドにおける植民地統治の原則を確立するオランダ本国の試みは，1795年のネーデルラント連邦共和国崩壊にともない成立したバタフィア共和国に端を発する．バタフィア共和国は1798年に憲法を公布し，そのなかでネーデルラント連邦共和国時代に東インド会社に対して与えられていた特許を無効とするとともに，植民地を国家の属領（bezittingen）と宣言した．これを受けて，植民地に対する統治は国家により正式に担われることとなる．

　バタフィア共和国は，1804年に「バタフィア共和国アジア領憲章（Charter voor de Aziatische Bezittingen van de Bataafse Republiek）」を制定し，統治原則を初めて明確にした．これを嚆矢として，バタフィア共和国からホラント王国，さらにはフランス帝国への併合といった数度の政体の変更にともない，植民地に対する統治原則を法制化する試みは断続的になされた．

　しかし，フランス革命とナポレオン戦争の動乱のために安定的な政体がオランダ本国では確立せず，他方，東インドの植民地は一時的にイギリスの統治下におかれたこともあり，これらの立法は植民地で実質的な効力を伴っていたわけではなかった．フランス支配を脱した後にも，オランダは1818年，1827年と植民地統治原則の法制化（東インド統治法：以下統治法）を試みるが，これらは公布されなかった．

　1830年と1836年にも統治法が制定されたものの，その実質的な内容は，強制栽培制度導入に関するものであったり（1830年），オランダ領東インド評議会（Raad van Nederlandsch-Indië）の権限に対象が限定されていたりと（1836年），植民地統治にとっては部分的な意義しか有していなかった［Kleintjes 1911：16-26：De Louter 1914：79］[1]．これに対し，1854年に成立，翌1855年に施行された統治法は，限定的な性格にとどまっていたそれまでの統治法とは異なり，その

後の植民地統治の基盤を確立するものとなった[2].

　統治法（Regeringsreglement）の正式な名称は，「オランダ領東インド統治政策に関する規則制定のための法律（Wet tot Vaststelling van het reglement op het beleid der regering van Nederlandsch Indië）」といい，その名称（統治 regering＋規則 reglement）の示す通り，植民地の統治全般に関する規則を定めており，東インドにとっての「憲法」に相当する法律とみなされていく［Dekker en Van Katwijk 1993：13；Kleintjes 1911：29；De Louter 1914：109；Westra 1927］．統治法は，東インドの将来の自治領への移行を念頭において，1925 年には全面的な改正を経た「東インド国家組織法（Indische Staatsregeling）」として公布され，インドネシアの独立に至るまで効力を有した[4].

　統治には，統治者と被治者との関係を一定の秩序に従い律する側面が含まれる．このことは植民地統治にも該当する．植民地を統治するためには，領土に対する主権の所在を確認するだけではなく，そこに居住する住民をなんらかの基準に基づき分類し，管理していくことが前提となる．そのため，1854 年統治法は，第 6 篇において東インドの居住者に関する規定を設けていた．その第 109 条は，東インドの住民を「ヨーロッパ人（Europeanen）」と「原住民（Inlanders）」とに区分することによって「植民地問題の中核」を形成したと評価されている［Wertheim 1991：367］．マルハダントは，109 条の特質に関して，「二つの主要な集団の区分は人種の相違（rasverschil）に基づいており，われわれの行政と司法の全体系と結び付き，われわれの植民地制度における組織のあらゆるところにみられる」と指摘していた［Margadant 1891：25］．

　109 条の意義は単に統治者と被治者を法的身分として定めただけにとどまらない．植民地期の東インドで司法行政に携わりバタフィア法科大学教授を務めた後，戦後アムステルダム大学教授として植民地研究に従事したウェルトハイム，あるいはベネディクト・アンダーソンによると，「原住民」という法的範疇は植民地社会への浸透にともない現地の土着住民に「われわれ」意識の鋳型を提供することとなり，インドネシア・ナショナリズムを準備したものと説明されている［Wertheim 1964：136-141；Anderson 1991：122-123］．

　事実，1941 年に東インド政庁へ提出された統治改革委員会，通称フィスマン委員会の報告書は，「多くのインドネシア人，ことに知識層」が「原住民」にかわり「インドネシア人（Indonesiër）という呼称を望んでいる」ことに言及していた[6]．このように，統治法 109 条による住民区分は，オランダ植民地統治

の特質を理解するうえで重要な意義を有している．

　統治法の制定は，オランダ本国における 1848 年の自由主義的な憲法改正に
ともなう国民国家の形成と密接に関連していた．憲法改正が統治法制定の根拠
となったことはオランダ植民地統治の歴史において広く知られている．しかし，
この憲法改正の基底にある政治的原理が植民地統治の原則をどのように準備し
たのかについては，さほど言及されていない[7]．

　植民地統治の原則を定めることとなった統治法の制定は，オランダ本国にお
ける政治的原理の転換とどのように関連していたのか．東インドに居住する住
民は統治法によってどのような基準に従い区分されたのか．さらに，法的な住
民区分は統治の観点からどのように位置付けられていたのか．以下，統治法の
制定過程，並びに統治法による住民区分を概観した後，109 条の立法過程を検
討していくとともに，「ヨーロッパ人」と「原住民」との間の法的な地位の移
行の可能性についても最後に整理したい．

## 2. 統治法の制定過程——法の支配と植民地統治原則

　統治法制定に至るオランダ本国の政治過程をひとまず確認しよう．オランダ
は，1813 年にフランスの支配を脱して独立を達成し，1814 年にネーデルラン
ト連合，翌 1815 年にはベルギーを加えたネーデルラント王国となる．国王
ウィレム一世は，「啓蒙専制君主」として振舞い，フランス語が主流であった
ベルギーに対してオランダ語化を柱とする公定ナショナリズムを浸透させよう
とするが，ベルギーの反発を買い，やがて 1830 年の分離を招くこととなった．
この間，ベルギーという宗教的にも言語的にも異質な「他者」との接触を通し
て，オランダ国民の理念が模索されていた［吉田 2001］．

　ウィレム一世の治世下，市民の政治的権利は制限され，宗教的にはカルヴァ
ン派が国教とみなされて，カトリック教徒の公的活動（公の礼拝や公職就任）が
制限されており，政教分離は退けられていた．議会は，主として名望家によっ
て占められ，都市に台頭してきた新興ブルジョワ勢力を背景とする自由主義者
はごく少数であった．

　このような政治的状況は，1848 年に二月革命の影響を受けた憲法改正に
よって根本的に変化する．憲法改正委員会の報告書は，改正の目的を「国民国
家（*nationalen* Staat）の条件を探る」ことにあると明言していた［吉田 2000：20］．

報告書を起草した委員のトルベッケは，この目的を市民の統治への参加により達成しようと考え，宗教に関わりなく市民権を享受する主体をオランダ「国民（natie）」と規定した．トルベッケは，集会・結社の自由，信教の自由，直接選挙を導入するとともに，公権力の行使を一定の手続きにより制限することで立憲主義的基盤を憲法に与えていくこととなる [Poortinga 1987]．憲法改正にともない，国籍法，州法および地方自治体法，選挙法といった一連の法律が制定されることとなった．

立憲主義の確立は，統治原則が国王の恣意的な権力にではなく，「法の支配」に依拠することを意味する．法の支配の導入は，本国と植民地との憲法上の関係に変更をもたらすとともに，植民地自体の統治原則にも変更をもたらした．1814 年および 1815 年の憲法は，オランダの植民地および属領 (koloniën en bezittingen) に関する「最高統治権 (opperbestuur)」を国王へ「独占的に (bij uitsluiting)」認めていた [Van Hasselt 1979：172, 220]．国王自身および議会の多数は，この規定を，植民地に関する立法および行政権が国王のみに委ねられたものと解釈していた．そのため，植民地政策は国王と植民地大臣，あるいは東インド総督の独自の判断に基づき実施され，彼らは議会に対して政策の責任を負わなかった．

このような状況に対し，憲法改正委員会の報告書は新たな「統治の責任原則は，植民地にも適用されるべきである」と提言した．その結果，憲法から「独占的に」という文言が削除され，植民地の監督権は議会に移された[8]．本国政府は，責任内閣制の導入にともない植民地に関する政策や予算について議会から監督を受けるとともに，植民地統治に責任を負うこととなった[9]．

植民地自体の統治原則にも変更が生じた．それまで植民地に部分的に施行されてきた法令は，主として総督の権限を規定するのみであって，居住者の権利規定を設けていなかった．トルベッケは，植民地行政府に与えられていた絶大な権限から法律により居住者を保護し，その権利と義務を明確にする必要があると考えていた．報告書は「植民地統治のためには，規則，秩序および法も必要である」と述べ，統治規則に関する新たな法制化を答申した[10]．この答申は憲法第 59 条の規定に反映されることとなる．59 条 2 項は，「そこ〔植民地および属領〕での統治政策に関する規則 (de reglementen op het beleid der regeering) は法律により定められる」ことを規定し，新たな統治法制定の根拠となった．

1854 年統治法制定の背後に，植民地統治を「法の支配」のもとに置く意図

が存在していたことをファーニヴァルはより簡潔に指摘している.

> 1854 年統治法の主要な指導原則は法律の鎖でリヴァイアサンを拘束する
> ことであった. 法の支配は非常に緩やかな歩みで効力をもつようになった
> ばかりでなく, それが進むにつれて恣意的な意志の力を徐々に削いでいっ
> た［Furnivall 1939 : 262 : ファーニヴァル 1942 : 370］.

　ファーニヴァルが「リヴァイアサン」と呼んでいるのは, 1854 年統治法以
前の国王さらには植民地大臣の恣意的な植民地統治, とりわけ東インド総督の
個人的資質に大きく影響された統治を念頭においたものである. これに対して
植民地統治における議会の監督を重視する姿勢は, 統治に関する重要事項を本
国議会の法律によって決定する政策過程を形成することとなった.

　この点については, かつて中村哲が「植民地統治法と憲法」と題する論文に
おいて, オランダ憲法と議会制定法との関係を念頭に説明している. 彼は, オ
ランダの法秩序の基本が国王と議会により制定される法律であることを指摘し
たうえで, 植民地統治の基本的な法規範が法律の形式を以て規定されることに
言及する.

> オランダ現行憲法の指導原理はさきに述べたやうに, それ以前の憲法が国
> 王の大権中心主義であったのに対して議会中心主義を立て前とするもので
> あって, かやうな現行憲法の指導原理は憲法の施行される本国のみならず,
> 蘭領印度においても採られているところである. 蘭領印度の法秩序におい
> ては議会の制定による法律が他のあらゆる法の形式に優位するものであっ
> て, そのことは本国のみならず, 蘭領印度においても現行憲法の指導原理
> たる議会中心主義によって貫かれていることを示すものである. 従って蘭
> 領印度には憲法は効力を有しないとされていても, かやうな面においては
> 本国の憲法原理が実施されているのである. しかしながら憲法の明文を以
> て憲法は本国にのみ効力を有すとしてあるため, 蘭領印度において住民の
> 政治権について本国と著しく異る規定を設けても憲法違反であるという論
> 議は提出されないのである. 憲法は植民地に及ばぬものとしながら, 植民
> 地に憲法的原理を実施することは違憲の問題を生じないのであって, 之に
> 対して憲法を及ぶものとしながら, 憲法的原理と憲法的保障を植民地及植
> 民地住民に適用しないことは, つねに違憲論を生ずるのである［中村

　　1943 : 20-21].

　法による統治を特徴とするオランダの植民地統治については，日本でも早くから注目されていた．竹越与三郎は『比較殖民制度』のなかで「和蘭殖民制度」と題する章を設け，そこで「和蘭の殖民制度は甚だ煩苛にして，其法度の大綱が法律にて規定せらるゝのみならず，其施行細則までも一々法文にて規定せらるゝ」と記している［竹越 1906 : 64］．ここでは，「法の支配」というよりもオランダの植民地統治における「法律主義」とでもいうべき側面が，若干の皮肉を込めて指摘されている．

　1848年憲法は，附則第5条において，憲法公布後3年以内に統治法の審議に入ることを定めていた．憲法改正の翌年に発足した第一次トルベッケ内閣で植民地大臣に就任したパフト（Pahud）[11]は，この規定を受けて，1851年10月29日に統治法法案を第二院に提出した．法案は，議会の閉会にともない審議未了となり，1852年10月4日に同内容の法案が議会に再提出された．議会第二院は，政府の法案を検討するために委員会を設置した．委員には，総督および植民地大臣経験者のバウト（Baud），元総督で後に植民地大臣を務めるロフッセン（Rochussen）[12]といった東インドに通じた委員に加え，植民地の自由主義的改革の必要性を訴えてきたファン・ホエフェル（Van Hoëvell）らが任命された[13]．

　委員会は，政府案の検討後，1853年3月12日に仮報告書を公表した．この報告を受けて植民地大臣パフトは，同年12月15日に修正案を提出した．この修正案は，再度委員会の検討に付され，1854年4月22日には報告書が公表された．同年6月15日に最終案が第二院に提出され，委員会は7月11日に賛成3票反対1票により法案を第二院審議に付すことを決めた[14]．

　ファン・ホエフェルは，法案審議の延期を主張して反対票を投じた．これには，統治法の法案が，議会第二院の委員会による検討を経て修正される過程で生じた政権交代が背景にあった．カトリック教会の活動自由化をめぐりこれに反対するプロテスタント系保守派の抵抗により第一次トルベッケ内閣は1853年4月に倒壊していた[15]．翌月実施された総選挙の結果，植民地大臣を含む一部の閣僚が引き続き内閣にとどまったが，保守派を中心とする組閣がなされることとなった．ファン・ホエフェルは，次回総選挙での自由主義諸派の失地回復を待った後に統治法の審議入りを図ることで，より自由主義的な性格を法案に

与えることを望んでいた [Van den Doel 1996：100-102].

　ファン・ホエフェルの意図に反して第二院へ送られた法案は，1854 年 7 月 17 日から集中審議にかけられ，8 月 8 日の採決において賛成 38 票反対 19 票により可決された．反対票を投じた者の中には，ファン・ホエフェルや，植民地立法に関する議会の権限を明確に規定することを望む立場から反対を表明したトルベッケといった自由主義者以外にも，フルーン・ファン・プリンステレルのような自由主義的な憲法に反対していた保守系の政治家も含まれていた．第二院を通過した法案は第一院へ送られ，8 月 31 日に審議および採決が行われ可決された．

　憲法改正委員会の報告書は，統治法制定の趣旨を説明するにあたり，「植民地と母国は互いにより密接な知識と利益の共同体になるように努めねばならない」と，本国と植民地との関係に言及していた[16]．報告書の趣旨を受けて，統治法の法案に添えられた覚書は，東インド統治に関して二つの原則を表明した．

> 統治原則（*beginselen* van bestuur）に関し〔略〕支配する国家にとっての必要性と手段を正当に考慮すると，政府にとって最大限の保証を得ることのできる原則の採用が適切と思われる．第一に，オランダの権威（Nederlandsche gezag）が被征服地において平和的手段（vreedzame middelen）により維持されるべきこと．〔略〕第二に，土着の住民の安寧（welvaart der inheemsche bevolking）を維持しながら，被征服地がオランダに対して征服の目的となる物質的な利益を供給しつづけることである[17]

　「平和的手段」による「オランダの権威」の維持が言及されている背景には，ジャワ戦争（1825-1830）やパドリ戦争（1821-1837）の戦費にともなう本国の財政状況の悪化があった．統治法の覚書はジャワ戦争の指導的人物であった「ディポネゴロ」について度々触れており，植民地経営の観点から統治手段として物理的暴力を可能な限り排除することが考慮されていた．

　「土着の住民の安寧」という文言は，統治の対象となる現地の住民を政府が認識していたことを示している．事実，覚書は「オランダ領東インドは被征服地であり，その一部には数多くの急速に増加しつつある住民が居住していることを見落としてはならない」，と「土着の住民」の存在に注意を促していた[18]．さらに，これらの住民について覚書は，「東インドにヨーロッパ人が初めて現れるはるか以前から，秩序ある社会と規律ある統治の下に暮らしていた」こと

を指摘するとともに，「多大なる進展が〔略〕固有の文明においてもなされ〔略〕そのことは，ジャワに関する限り，人為的な言語，優美な文字，固有の文学の保持から理解できる」と，彼らの社会の自律性や固有の文化を評価していた[19].

しかし，このような「固有の文明 (eigenlijke beschaving)」を備えた「土着の住民」に対する認識は，彼らを統治構造に組み込む際に，オランダ人と同様の権利を有する主体として位置づけられることはなかった．統治法制定の直接的な契機となった1848年の憲法改正は，自由主義の原則的な適用を重視するトルベッケを代表とした「純理派 (doctrinaire)」により実現されたにもかかわらず，1854年統治法からは，自由主義的性格は慎重に排除されていた．政府は統治法法案に添えた覚書の中で，「原住民に対しては出版の自由は与えられない」ことを明確に述べていた[20]．憲法の保障する集会・結社・出版の自由などの権利は，植民地には導入されなかった．こうした統治法と憲法との性格の相違を示す象徴的な議論が，委員会内部で交わされている．

1848年憲法第3条は，オランダ国内において，あらゆる者の身体と財産 (persoon en goederen) が等しく保護される「法の前の平等 (gelijkheid van allen voor de wet)」を定めていた[21]．統治法第108条は，これに相当する条文であり，「オランダ領東インドの領土にいるあらゆる者は，身体と財産の保護について権利を有する」ことを規定していた．しかし，憲法第3条と比べると統治法第108条からは「平等な (gelijke)」という文言が削除されていた．委員会の報告書からは，ある委員がこの点に疑問を呈したことが記録されている．これに対する別の委員の解答は次のようなものであった．

> 身体と財産の保護に関する平等な権利 (*gelijke* aanspraak op bescherming van persoon en goederen) …をここに付け加えることは不可能である．なぜなら統治法は，決してすべての者に対して等しい権利を認めているのではないからである．考えられるのは，オランダ人と外国人との間の区別 (onderscheid tussen Nederlanders en vreemdelingen)，ヨーロッパ人と原住民 (Europeanen en inlanders) との間の区別のみである[22].

統治法制定者の意図は，被治者の権利と義務を定めることで，行政の恣意的な権力の行使から被治者を保護することにあった．これは，立憲主義的原則に基づく法の支配を植民地にも適用することを意味していた．だが，立憲主義に

は法の支配と関連しながらも，それとは異なる側面が含まれている．それが立憲主義の自己立法的側面，すなわち被治者が自ら統治を構成（constitutie）するために政治参加を果たすことである．しかし，植民地においては，統治に参加する権利は当初から想定されず，立憲主義の自己立法的側面は排除されていた[23]．

　本国では財産制限つきながらもオランダ国民に参政権が付与されることによって被治者の統治への参加が実現したのに対し，統治法は植民地統治に参加する手段を被治者に対して認めていなかった．報告書が示すように，東インドの「原住民」は「ヨーロッパ人」あるいは「オランダ人」から区別されたうえで，被治者の享受する権利を差別的あるいは恩恵として適用されることとなった．植民地統治における「法の支配」は，竹越が指摘していたように，むしろ法律主義という形であらわれたのである．

## 3．統治法による住民区分の概観

　1854年統治法以前に植民地へ施行された法令は，住民区分に関する明確な規定を設けていなかった［Margadant 1891：2］．1836年の統治法では，オランダ領東インドに居住する者で，かつオランダ国王と総督に忠誠と服従の宣言をすることによってオランダ領東インドの居住者と認められていたようである［Fromberg 1928：431］．これに対して，1854年統治法は「居住資格」・「国籍」・「種族の特徴／人種」という基準による三種類の住民区分を設けた．

　統治法105条および106条は，「居住資格」に基づく「居住者」と「非居住者」という区分を定めている．居住者とは，東インドでの出生に基づく「生来の者（inboorlingen）」，あるいは一定の手続により居住を許可された者とに分類される．政府は東インドで出生した者を「生来の者」と表現したが，この「生来の者」をめぐって議会で見解の対立が存在した．東インドで出生したすべての住民を「生来の者」とみなす見解がある一方，他方ではそれを「原住民」に限定する見解が対立していた［Kleintjes 1911：98-99］．

　政府は法案の覚書において「居住資格の指標として出生を明確にする」必要性に触れ，「ここでの生来の者とは原住民について言及したのではない」ことを説明していた[24]．政府の趣旨は東インドで出生したすべての者を国籍あるいは人種に関わりなく「生来の者」とする点にあった．東インドで出生した者は，事実上の「居住地（woonplaats）」が既に確立していることを根拠として，居住

表2-1　統治法における住民区分

| 該当条項 | 基　準 | 住民区分 |
|---|---|---|
| 105・106条 | 居住資格 (Ingezetenschap) | 居住者 (Ingezetenen)／<br>非居住者 (Niet-Ingezetenen) |
| 107条 | 国籍 (Nederlanderschap/<br>Nationaliteit) | オランダ人 (Nederlanders)／<br>外国人 (Vreemdelingen) |
| 109条 | 種族の特徴／人種 (Landaard/Ras) | ヨーロッパ人 (Europeanen)／<br>原住民 (Inlanders) |

（出所）筆者作成.

資格を取得した.

　公務によりオランダ本国から東インドに派遣された者を除き，東インドの領外で生まれた者は，居住資格として「書面による許可 (schriftelijke vergunning)」を得る必要があった．ジャワおよびマドゥラでは，総督あるいは総督代理による許可，外領では地方自治体の長からの許可を必要とした．書面による許可の要件としては，渡航目的・生計手段の証明・2名の居住者による身元保証書の提出が定められていた.

　政府は，当初の法案では「外国人は国王に対する忠誠の宣言を行う義務がある」として，居住資格の取得に際して忠誠宣言の義務規定を要件に盛りこんでいた．しかし，法案を検討した委員会は，答申書において「どのような外国人も，自らの公民権 (staatsburgerschap) を失うことなく，そのような宣言を行うことはできない」と，政府案に反対した．さらに，統治法の法案に残されていたオランダ人に対する忠誠宣言の要件は，第二院審議での修正案に基づき，適用の除外が認められた.

　委員会は，政府の統治原則を引用しながら，居住資格を「オランダの権威を維持」するための「平和的手段」として位置付けていた．居住資格は，「原住民の安寧を維持しつつ，オランダに物質的利益を確保する」ための前提とみなされていた．政府と委員会の双方は「オランダに物質的利益を確保する」具体的手段として「入植／植民地化 (kolonisatie)」を重視しており，入植者を管理するために居住資格を設ける必要が生じたのである.

　政府と委員会は，「入植／植民地化」を通じて，ヨーロッパから東インドに民間資本を導入することを想定していた．資本の導入によって，主として強制栽培の対象となる農産物の加工工場を設立することが，政府および委員会の共

通した目的であった．このことは，他のヨーロッパ諸国からの移民にともなう資本の導入に東インドを開放することを意味していた．だが，「入植／植民地化」は資本導入の観点からのみ理解されていたのではなかった．「入植／植民地化」は，東インドに「オランダの要素を運び込む」とともに「母国と植民地との紐帯を強化する」ものとみなされていた[28]．

　さらに，政府は東インドの「安寧と秩序（rust en orde）を乱す，あるいはわずかでもその疑いのある者に対して，非常に強大な武器となる強制退去の権限を政府が持つ限り」において，東インドでの外国人の居住およびオランダ人の増加に対して懸念を抱いていなかった[29]．政府は「入植／植民地化」によりオランダ人の定住が確立した地域では，「オランダの主権（souvereiniteit van Nederland）が承認されたことを示す」と考えていた[30]．

　そのため，政府と委員会との間で交わされた「入植」に関する議論では，「植民者（volksplanters）」の名称がオランダ人のみに限定され，他のヨーロッパ系住民は単なるプランターとして理解されていた．インディゴ，コーヒー，砂糖，茶といった農産物の加工工場を監督する目的で，東インドに定住する「す・べ・て・の・ヨーロッパ人がオランダ人であるというわけではない」，と政府は区別していた[31]．このように，「居住者」という区分は人種や国籍を異にする人々を含む広範な範疇であるために，委員会は政府に対して「外国人という言葉にどのような広範な意味が付与されねばならないのか」明確な規定を要求した[32]．委員会は，誰がオランダ人か，また誰が外国人であるのかを統治法において明確にする必要性を指摘していたのである．

　「外国人」の意味は，対比される「オランダ人」の規定により定義される．誰がオランダ人かは，オランダ国籍を持つか否かを基準として定められた．したがって，オランダ国籍の保持者がオランダ人であり，オランダ国籍を保持しない者が外国人となる．「国籍」に基づく「オランダ人」と「外国人」という区分は，統治法 107 条に設けられた．107 条は，国籍についてオランダ本国の国籍法に準拠することを述べている．国籍法は，オランダ国籍の取得と喪失に関する要件を定めており，これに基づいてオランダ国籍を保持する者が法的なオランダ人となり，外国人とはオランダ国籍を保持しない者とされた．第 1 章で言及したように 1855 年に統治法が施行された時点で，オランダ国籍に関する規定は二つ存在していた．第一に，1838 年に施行された民法典の 5 条から 12 条までの国籍規定，第二に，1850 年に成立した国籍法である．

　民法典第5条1項は，オランダ人を「オランダあるいは植民地においてそこに定住している両親から出生した者」と規定していた．他方，1850年国籍法の1条1項は，オランダ人を「ヨーロッパにおける王国内に定住する両親から出生した者」と定めていた．二つの生地主義規定を比較すると，出生地の要件に相違がある．民法典の国籍規定は，「植民地において」定住している親より出生した者に対してオランダ国籍を認めている．しかし，1850年の国籍法からは「植民地」という文言が削除された結果，両親がオランダ国籍を保持していない限り，植民地で生まれた者はオランダ国籍を取得することができなかった．

　既に触れたように，1848年の憲法改正は，市民権を享受する主体をオランダ国民とし，オランダ国民の要件を別途法律により設けることを定めていた．これを受けて成立したのが1850年の国籍法である．1850年国籍法の第二院審議では，「原住民」に対するオランダ国籍が議論された．この時の審議でトルベッケは，民法典を根拠とした「原住民」のオランダ国籍を否定していた［吉田 2000：40］．さらに，1850年の国籍法では国籍規定に血統主義が導入されたことにより，「原住民」のみならず植民地に居住するヨーロッパ系住民がオランダ国籍を取得する可能性も排除されていた．

　統治法の制定過程において，政府は1850年国籍法の審議を参照しつつ，法案の趣旨説明では植民地の「原住民」に対するオランダ国籍および植民地に定住するヨーロッパ系住民から生まれた子に対してオランダ国籍を認めないことを明言していた[33]．それゆえ，統治法の制定以降，植民地においてオランダ国籍を保持した住民集団は，オランダ本国から東インドへ移住したオランダ国籍保持者およびその子孫に限定された．

　第三の住民区分は，「種族の特徴（landaard）」あるいは「人種（ras）」に基づく「ヨーロッパ人」と「原住民」という109条の区分である．統治法では，当初「人種」に相当するオランダ語の 'ras' は用いられず，'landaard' という語が用いられていた．この語は，文字通り，land 土地の aard 性質からなり，種族あるいは民族の特徴を意味する語として統治法制定時に用いられていた．「人種」という語は，統治法の制定された19世紀半ば頃は，部族や民族，あるいは先祖を共有する集団といった意味で用いられており，その後人類学者によってその対象がより限定され精緻化されていく［Sysling 2016：5］．

　統治法109条は，東インドの司法に関する総則を定めた統治法第5篇第75

条と関連している．75条1項は「ヨーロッパ人に関する民法並びに商法における条項は，刑法同様，一般法令に基づき可能な限りオランダに存在する法律と一致」することを規定していた．さらに，同条3項は「原住民の宗教上の法，規則（instellingen）と慣習（gebruiken）は，社会的に認められている公正さと正当性の原則に抵触しない限り，原住民の裁判官によって適用される」ことを規定していた[34]．

75条は，1項において東インドに居住する「ヨーロッパ人」にオランダ本国法を適用する一方，「原住民」に対しては3項の規定に依拠して「宗教上の法，規則と慣習」の維持を意図していた．この結果，東インドの司法は，オランダ本国法と土着の慣習法の並存する「二重構造」あるいは「二元主義」によって特徴付けられた．植民地においては，慣習法を排除したうえでオランダ本国法を一元的に適用する形態を採用せず，むしろ「原住民」社会の自律性を前提としたうえで，慣習法を統治構造に包摂する形態を採用した．109条は，この75条と関連して「ヨーロッパ人」および「原住民」というカテゴリーを規定することになった．

## 4．109条以前の住民区分──キリスト教徒と一般規定による住民区分

1852年に提出された法案では，統治法109条に該当する条項は97条となっている．政府は，法案の趣旨説明において，97条の規定する住民区分を，1848年5月に施行された「オランダ領東インドに対する立法の一般規定（Algemeene Bepalingen van Wetgeving voor Nederlandsch-Indië）」（以下，一般規定）から採用したことに言及している[35]．

一般規定とは，1838年に本国で編纂を終えた一連の法典（民法典，商法典，民事訴訟法，刑事訴訟法）を植民地へ導入する際の総則を定めた法律である［Fasseur 1992a：240］．オランダにおける近代法の起源は，フランス支配下に導入されたナポレオン法典にあり，法典はオランダ独立後も効力を有していた．1830年7月30日の勅令は，法典編纂事業の開始と，編纂を終えた法典が植民地に対しても可能な限り本国と同様に適用されることを定めていた［Dekker en Van Katwijk 1993：11］．1838に法典編纂が終わると，国王ウィレム一世は翌年，植民地への法典適用を検討する委員会を設置し，1847年に一般規定の草案が起草され，翌年発効した［André de la Porte 1933：32］．

**図 2-1　テルナテの原住民キリスト教徒**

（出所）Woodbury & Page による 1870 年頃の撮影．ライデン大学デジタルコレクション（KITLV30517）．西洋式の服装を身につけることは原住民キリスト教徒にとって自己のアイデンティティを維持する重要な手段でもあった．この写真は 19 世紀末に流行した Carte-de-visite と呼ばれる名刺大のフォーマットで現像されている．Woodbury & Page は東インド最古の写真館のひとつで，東インド各地の名所旧跡，多様な人種や民族，風俗を撮影し，Carte-de-visite の形で販売していた．肖像写真などは実際に名刺として用いられることもあったが，多くは当時の土産物として販売され，広く流通していた．

　一般規定 6 条は，東インドの住民を一方で「ヨーロッパ人」および「それと同等視される人物（gelijkgestelde personen）」，他方では「原住民」および「それと同等視される人物」とに区分している［Engelbrecht 1940：164］．「ヨーロッパ人」と「原住民」という住民区分は，9 条の「植民地に導入される民法および商法は，オランダ領東インドのすべてのヨーロッパ人およびそれと同等視される者に対して効力を有する」という規定と関連していた．したがって，6 条による住民区分は，東インドにおいて本国私法の適用を受ける者と，その適用から除外される者を規定していた．

　それでは，誰がヨーロッパ人とみなされたのだろうか．一般規定 7 条 1 項は，ヨーロッパ人と同等視される人物を「すべてのキリスト教徒（alle Christenen）」とし，「そこには原住民の集団（Inlandsche bevolking）に属す者を含むものと理解する」と規定していた．続く 8 条は，「原住民」と同等視される者として「アラブ人（Arabieren），モール人（Mooren），華人（Chinezen），およびその他すべてのイスラム教徒（Mahomedanen）と異教徒（Heidenen）」と列挙していた．

　ここで注目すべきは，一般規定では「原住民キリスト教徒（Inlandsche Christenen）」がヨーロッパ人と同等視されていることである．東インドの原住民キリスト教徒の起源は，オランダ東インド会社により交易の独占的支配権が確立される以前に遡る．ジャワやマドゥラにおける住民の一部，さらにアンボンやチモール，メナドといった土地ではポルトガル人宣教師の活動によりキリスト教へ改宗した原住民キリスト教徒が存在していた（**図 2-1**）．原住民キリスト教徒に対しては，東インド会社時代から「私法上」ヨーロッパ人と同様の法

律が適用されており，ラッフルズもこのことを指摘していた［Hekmeijer 1892：12-15］．

　原住民キリスト教徒がヨーロッパ人と私法上同等の扱いを受けていた理由としては，婚姻，相続および商取引の観点から説明することが可能である．当時の交通事情を背景として東インドに居住するヨーロッパ系女性の数は限られていたうえに，東インド会社時代にオランダ人に適用されていた旧ホラント州法や「バタフィア法令集（Bataviasche Statuten）」の 21 篇は，キリスト教徒と非キリスト教徒との婚姻を禁止していた［Hekmeijer 1892：9］．オランダ人男性は「正当な」婚姻関係を結ぶためには，キリスト教へ改宗した原住民女性との婚姻以外の現実的な選択肢を持たなかった［Bijlagen 1903：17；Mijer 1848：41］．商取引に関しても，キリスト教徒と非キリスト教徒との間の商取引からは「罪」が生じるとみなされており，これに該当する取引に対しては罪の告白を要請されていた［Prins 1933：638］．一般規定が原住民キリスト教徒をヨーロッパ人と同等視した理由も，東インドのオランダ人社会がオランダ本国の規範や価値観を維持しつつ植民地で活動するための複雑な状況を反映していたものと言える．

## 5．原住民キリスト教徒をめぐって
### ——1852 年の法案 97 条に関する委員会報告

　1852 年に議会へ提出された政府の法案は，97 条で「ヨーロッパ人」と「原住民」の規定を設けていた．97 条 2 項は，ヨーロッパ人およびそれと同等視される者を「すべてのキリスト教徒，そこには土着の住民を含むものと理解する」と述べていた．続く 3 項は「原住民」規定であり，一般規定の 8 条と同文である．したがって，97 条を一般規定と比較すると 97 条 2 項および 3 項が一般規定の 7 条および 8 条を参照していたことがわかる．

　統治法の制定過程で既に触れたように，議会第二院の委員会は法案を逐条検討した後に政府へ報告書を提出した（1853 年 3 月 12 日）．97 条 2 項および 3 項に関する報告書の所見を検討すると，そこでは原住民キリスト教徒の法的地位が争点となっていたことがわかる．報告書は，原住民キリスト教徒をヨーロッパ人と同等視することをめぐり，委員の間に賛成と反対の立場から「二つの対立する感情（twee gevoelens tegenover elkander）」[36]があったことに触れている．

　報告書は，数名の委員が原住民キリスト教徒のヨーロッパ人への「同等視を

### 表 2-2　一般規定および統治法の住民区分対照表

| 1848 年一般規定 6-10 条 | 1852 年法案 97 条 | 1853 年法案 105 条 | 1854 年法案 112 条 |
|---|---|---|---|
| 6 条　オランダ領東インドの居住者は，ヨーロッパ人およびそれと同等視される者，並びに原住民およびそれと同等視される者とに区分される。<br>7 条　ヨーロッパ人と同等視される者は<br>1 項．すべてのキリスト教徒，そこには原住民の集団に属す者を含むものと理解する。<br>2 項．以下の条項の規定に該当しない血統（出自）の者およびその他すべての者。 | 1 項．この規則および他のすべての一般的な法令の諸規定は，ヨーロッパ人と原住民との区分に関し，反対の規定の定められない限り，それらと同等視される者に適用される。<br>2 項．ヨーロッパ人と同等視される者は，すべてのキリスト教徒，そこには原住民の集団に属す者を含むものと理解する，およびその血統（出自）が次項に該当しない他のすべての者。 | 1 項．この規則および他のすべての一般的な法令の諸規定は，ヨーロッパ人と原住民との区分に関し，反対の規定の定められない限り，それらと同等視される者に適用される。<br>2 項．ヨーロッパ人と同等視される者は，すべてのキリスト教徒，そこには原住民の集団に属す者を含むものと理解する，およびその血統（出自）が次項に該当しない他のすべての者。 | 1 項．この規則および他のすべての一般的な法令の諸規定は，ヨーロッパ人と原住民との区分に関し，反対の規定の定められない限り，それらと同等視される者に適用される。<br>2 項．ヨーロッパ人と同等視される者は，すべてのキリスト教徒，およびその血統（出自）が次項に該当しない他のすべての者。 |
| 8 条．原住民と同等視される者は，アラブ人，モール人，華人，およびその他すべてのイスラム教徒と異教徒である。<br>9 条．オランダ領東インドに導入された，あるいは導入される民法および商法は，オランダ領東インドのすべてのヨーロッパ人およびそれと同等視される者に効力を有する。<br>10 条．総督は原住民キリスト教徒全体，あるいはその一部の自治体に関して，総督が必要と判断する場合には，一時的に前項の規定に例外を設ける権限を有する。 | 3 項．原住民と同等視される者は，アラブ人，モール人，華人，およびその他すべてのイスラム教徒と異教徒である。 | 3 項．原住民と同等視される者は，アラブ人，モール人，華人，およびその他すべてのイスラム教徒と異教徒である。 | 3 項．原住民と同等視される者は，アラブ人，モール人，華人，およびその他すべてのイスラム教徒と異教徒。<br>4 項．原住民キリスト教徒は原住民の首長の権威に服属しつづける，そして諸税，諸公課および賦役に関しては，中央，地方および自治体の諸規定と規則に対して，キリスト教を信仰告白していない原住民同様に服すものとする。<br>5 項．総督は，蘭印評議会との合意により，この条項に置かれた規則の適用に例外を設けることができる。 |

（出所）筆者作成（傍点は筆者）．

あらゆる点で好ましいと判断」していた，と述べている．同等視に賛成する委員は，「そこ〔同等視〕には寛大な方針でキリスト教の普及，したがって真の文明（ware beschaving）を普及するための手段がある」と考えていた．キリスト教は文明と同一視されると同時に，ヨーロッパ人と原住民との人種的な相違に優越する価値とみなされていた．

　統治法が議会で審議されているその時，議会の外では「旧東インド官吏」と記された匿名の覚書が出版されていた．そこでは「文明とキリスト教とは〔東〕インドにおいても手を携えていけるし，いかねばならない」という見解が述べられていた．この覚書では，「宗教的教義を普及する」ために原住民の間にオランダ式教育の導入が提言され，「その〔キリスト教〕権威にしたがう東インド群島の民族へ，教育によって徐々に文明への確実な段階（zekeren trap van beschaving）をもたらすことは，オランダの政府にいわば道徳上の責務（zedelijke verpligting）としてかかっている」と述べられ，植民地統治における文明とキリスト教の重要性が訴えられていた［Anonymous 1853：39］．後の倫理政策を先取りする形で，ここではオランダ式教育を媒介として，原住民に対するキリスト教の布教が提唱されるとともに，キリスト教化が文明発展の前提とみなされていた．

　しかし，こうした文明とキリスト教を基準に，原住民キリスト教徒をヨーロッパ人と同等視することに肯定的な委員は少数であった．報告書は「より多数の委員は，同等視を非常に危険なものとみなして」いたことを指摘している[37]．同等視にともなう「危険」あるいは同等視に否定的な委員の理由は，改宗の社会的および政治的な観点から考慮されていた．

　委員会は，布教の効果を社会的観点から検討した結果「イスラム教徒や異教徒がキリスト教へ改宗したということのみでは〔略〕真のキリスト教（echte Christendom）の普及には貢献しないだろう」と述べている．原住民はキリスト教へ改宗しても「異なる社会的状況」に置かれたままである．仮に「イスラム教徒や異教徒」がキリスト教へ改宗した場合，彼らに対する周囲からの非難を容易に想像することができる．その例として，報告書はモルッカ諸島における原住民キリスト教徒の状況を指摘していた．

　モルッカ諸島に与えたキリスト教の影響とは，改宗した原住民キリスト教徒が「本来の環境（natuurlijk element）から引き離され，その結果彼らの社会的義務（maatschappelijke pligten）をほとんど果たさなくなった」ことにある[38]．改宗

により原住民キリスト教徒は周囲の原住民共同体から孤立し，さらに共同体の義務を放棄するようになった．このことが原住民キリスト教徒に対する原住民の更なる不満を引き起こす．こうして生じた原住民キリスト教徒に対する「不満は，キリスト教がさらに普及するにつれて，原住民の間でより一般的になっていった」と委員会は指摘していた[39]．

　委員会は，布教にともなう悪循環の過程を政治的観点からも指摘している．原住民に対する賦役や税，義務供出制度は，統治原則に表明されていた「物質的な利益」という観点から重要な資源とみなされていた．ところが，原住民キリスト教徒は改宗にともなうヨーロッパ人との同等視により，これらの賦役や公課を免除されることになる．報告書からは，委員会がこの点を特に重視していたことが窺える．原住民キリスト教徒がヨーロッパ人と同等視されることにより，「原住民のみに付随する賦役と他の義務は免除されねばならないのだろうか」，と委員会は政府に対して疑問を呈していた[40]．

　委員会は，キリスト教の布教が統治に及ぼす影響を考慮したうえで，原住民キリスト教徒のヨーロッパ人との同等視が，社会的観点と同様に，このような「政治的観点からも誤った結果を生むだろう」という結論を導き出した．委員会は，政府に対して「同等視の基準としての宗教（godsdienst als criterium）」を97条から削除することを提案するとともに，同等視を制限する意図の下，「種族の特徴（landaard）」を住民区分の基準として採用することを要求した[41]．

## 6．宗教基準と賦役
### ——1853 年の法案105 条に関する政府見解と委員会報告

　委員会の答申を基に，政府は1853 年に修正法案を再度提出する．ところが，ヨーロッパ人と原住民の区分に関する105 条に実質的な変更はなされなかった．105 条1 項はヨーロッパ人と同等視される者に原住民キリスト教徒を含むとともに，2 項は「原住民」およびそれに同等視される者として，「アラブ人，モール人，華人およびすべてのイスラム教徒および異教徒」を再び列挙していた．政府は委員会の答申にも関わらず，住民区分の基準として宗教を維持することに固執していた．その理由が覚書で展開されている．

　政府は「宗教による区分こそ基準」として維持されるべきであると主張した[42]．宗教基準を削除した場合，「種族の特徴（landaard）という基準は二つの大きな

範疇，すなわちヨーロッパ人と原住民しか」示すことができない[43]．ところが，これらの範疇のみでは「混じり合う範疇 (gemengde klassen)〔略〕すなわちヨーロッパ人でも原住民でもない者」を区分する際に困難をもたらすおそれがある．どちらにも該当しない混血の住民に対しては，ヨーロッパ人あるいは原住民のいずれかに彼らを同等視する必要性が生じる．したがって，これら「混血の範疇」に属する者を区分するためには「同等視を頼みの綱」とせねばならない．政府は，種族の特徴を採用した場合にともなう困難を考慮すれば，「宗教基準はすべての者を含む唯一の基準」であり，住民区分において「最小限の困難しかもたらさないであろう」と主張していた[44]．

　法案を検討した議会第二院の委員会は，「宗教は原住民をヨーロッパ人と同等視するための基準となってはならない，という委員会すべての委員の感情からかけ離れているように思われる」と評価した[45]．報告書はさらに，宗教基準の「規定から生じる多大な困難を予期しており，政府がキリスト教徒原住民 (Christen-inlanders) のヨーロッパ人との同等視の帰結を予期しているのかどうかを疑っている」と強い調子で疑問を呈した[46]．

　委員会は，改宗を名目上の改宗と実質的な改宗とに区別したうえで，宗教基準への反対意見を展開している．彼らは，キリスト教が原住民の間に長期間普及した結果，デサ（村落）の全住民が改宗したスラバヤ近郊の地区を例としてあげている．そこでは，「改宗した原住民は以前と同じ社会的状態」にあり，「宗教上あらゆる点において自らを他の同胞と同一視している」ことを指摘していた[47]．

　改宗の実質的内容に関する疑問に加えて，委員会は原住民によるキリスト教への改宗がもたらす法的および政治的帰結を憂慮していた．原住民キリスト教徒をヨーロッパ人と同等視することは，原住民に対する司法上の規定のみならず，行政上の取り扱いにも変更が生じることを意味したからである．東インドの司法は，ヨーロッパ人に適用されるオランダ本国法と原住民に適用される慣習法との併存による二元主義を採用していた．地方行政に関する統治法 67 条も同様の規定である．67 条は，原住民共同体（デサ）が自ら選出する首長あるいは統治者に共同体の管理を委ねることで，原住民行政の根拠となり，ヨーロッパ人行政との併存による間接統治の法的基盤を形成した．

　デサは，原住民の社会生活における中心であるとともに，原住民行政の基礎に位置付けられていた［植村 2001］．デサを原住民行政の基本的単位とすること

は，原住民をデサに拘束したうえ，デサ単位での賦役や課税を実施するうえで不可欠であった．ところが，「デサの全住民がキリスト教徒となった場合，彼らはもはや原住民共同体を形成しておらず，したがって統治法 67 条の規定は適用されなくなる」と報告書は指摘した．67 条が適用されないということは，「住民が全く異なる方法によって統治されねば」ならなくなることを意味する．彼らは「ヨーロッパ人となり，したがって，もはやサワ（水田）に関する権利を保持しているとはみなすことができなくなる」と委員会は考えていた[48]．

　委員会は，このことが原住民を支配する行政単位としてのデサの崩壊を意味すると考えていた．そのため，委員会は宗教基準による原住民のヨーロッパ人との同等視が「賦役とどのように関連する」のか，さらにキリスト教徒原住民が「ヨーロッパ人と同等視された後に，このこと（賦役）を彼らに要求することができるのだろうか」と政府に問いかけた．委員会が原住民の間での改宗の進展を快く思っていなかったことは，報告書の末尾からも窺うことができる．報告書はキリスト教の布教を進めた過去を次のように評価していた．

> われわれの祖先の致命的な考えは，彼らがモルッカ諸島でキリスト教の普及を推し進めるために，その新たな教えを奉じた原住民へ特権を認めたことである．モルッカ諸島のキリスト教徒はそれによって自らの環境から引きぬかれてしまった．彼らはキリスト教の受容を，社会的な義務を放棄するための許可と理解した．彼らは中途半端な存在（halfslachtige wezens）であり，真の文明にはなじまないのである[49]

　宗教基準を維持することに対する委員会の懸念には根拠があった．例えば，1849 年の植民地報告書（Koroniaal Verslag）は，原住民キリスト教徒がヨーロッパ人との同等視を根拠として賦役免除を要求していたことに言及していた[Prins 1933：665][50]．しかも，布教はその後も進展し続ける．統治法成立後の 1857 年に，ある理事官（レジデント）から東インド政庁に提出された報告は，ミナハサにおいて原住民の改宗が進んでいることに触れるとともに，「政庁は，最終的に，キリスト教と文明の進展につれて，統治原則（beginselen van bestuur）の修正を準備することになるだろう」と，指摘していた [Margadant 1891：12]．この指摘は，後に現実のものとなる．

## 7．誰が「ヨーロッパ人／原住民」か
### ——1854 年の法案 112 条をめぐる第二院審議

　委員会からの二度に渡る答申を受け，政府は更なる修正を経た法案を議会へ提出した．植民地大臣パフトは，法案提出にあたって委員会の最終答申に対する政府の覚書を添えていた．政府は，112 条 2 項にヨーロッパ人と同等視される者に関する規定を設け，原住民に関する規定を 3 項に設けた．この法案も，以前の内容を踏襲しており，したがって宗教基準が維持されたことになる．事実，植民地大臣は「同等視の基準としての宗教を放棄することなしに」112 条を提案したことを認めていた[51]．

　しかし，彼は「この条項（112 条）に他の表現を加え」たことにも触れていた[52]．112 条には，原住民キリスト教徒に関して新たな項目（4 項）が加えられていた．

> 　　原住民キリスト教徒は原住民の首長の権威に服属しつづける．そして諸税（regten），諸公課（lasten）および賦役（verpligtingen）に関して，〔原住民キリスト教徒は〕中央，地方，および自治体の諸規定と規則に対して，キリスト教を信仰告白していない原住民と同じ適用を受ける[53]．

　112 条 4 項は，宗教基準を維持しながらその実質的な意義を剥奪するとともに，委員会の懸念していた賦役に関する規定を盛り込んでいた．112 条 4 項と呼応して，原住民共同体の行政に関する規定（74 条：旧 67 条）について植民地大臣は，「原住民共同体の日常的な行政に関する限り，キリスト教を奉じる〔原住民〕共同体にも適用され続ける」との解釈を示していた[54]．これにより，宗教基準の維持を望む政府と，原住民キリスト教徒の賦役免除を防ぐことにより彼らを原住民共同体にとどめておきたい委員会の方針との間に妥協がはかられた．

　法案は第二院の審議にかけられた．議事録からは，その後 109 条の有する重要性とは対照的に，植民地大臣に対する質問を行った議員が一名しかいなかったことがわかる．

　第二院議員ファン・エック（Van Eck）は[55]，原住民規定の明確化をパフトに求めた．

〔この条文において〕誰が原住民であるかを法律において述べてはいけない
のか．私は，ヨーロッパ人とキリスト教徒とが同等視されるのであって，
原住民と〔キリスト教徒とが同等視されるの〕ではないことを理解している．
原住民とは，すなわち，アラブ人，モール人，中国人，そしてすべてのイ
スラム教徒または異教徒である．しかし，何が原住民であることなのかは，
どこにも述べられていない．〔略〕ヨーロッパ人とも原住民とも同等視さ
れない者は，ユダヤ人（Israëliten）である．〔略〕したがって，私は原住民
によって何を意味するのかを理解できない．[56]

　ファン・エックの質問は，ユダヤ教徒が「異教徒」に該当する場合，ユダヤ
人が原住民と同等視される者に分類される可能性を質したものであった．植民
地大臣は，これに対して，ユダヤ教徒が「条文の精神」に則れば原住民規定に
は該当しないこと．したがって，112条2項の適用を受けてヨーロッパ人とみ
なされるとの答弁を行った．つまり，「ユダヤ人」は原住民規定中の「異教徒」
に属するのではなく，ヨーロッパ人規定中の「次項〔原住民規定〕に該当しない
すべての人物」に属する，というのが植民地大臣の見解であった．パフトは続
けて，「ヨーロッパ人あるいはそれと同等視される者との対比において，原住
民とは土着の住民（inheemsche bevolking）を意味している」ことを説明した．[57]
　だが，ファン・エックは，112条の文言のみからは，「誰が原住民であるか
を理解できない」と，明確な定義を再び求めた．これに対するパフトの答弁は，
112条の住民区分規定に内在する問題点を照らし出していた．

　　もし，ファン・エック氏の見解が正当なものだとするならば，それでは同
　　じことがヨーロッパ人に関しても該当せねばならない．なぜなら，そこ
　　〔112条2項〕では，誰がヨーロッパ人なのかは，誰が原住民であるかと同
　　様に述べられていないからである．[58]

　質疑は植民地大臣のこの発言で打ち切られ，この後112条の採決が行われた．
可決された112条は，他の条項の修正を受けて最終的に109条となった．
　ファン・エックに対する答弁でパフトが指摘しているように，「ヨーロッ
パ人」と「原住民」という法的区分は，ヨーロッパ人が誰であり，原住民とは誰
であるのか，という住民区分の根底に横たわる問いに解答を与えるものではな
かった．109条の住民区分は，ヨーロッパ人あるいは原住民という存在を自明

視したうえで，いずれかの範疇に該当する者を分類したのであった．

　誰がヨーロッパ人あるいは原住民であったのか．この点に関して，109条に関する研究は，当時の東インドにおいて誰がヨーロッパ人であり誰が原住民であるかということは，明確な定義を必要としないほど自明なことであったという見解で一致している．マルハダントは「主要な区別は現実であった」と述べ，デ・ラウテルは，両者の間は「自然に引かれた境界」によって区分されていたと述べている［De Louter 1914：132；Margadant 1891：22］．

## 8．地位の移行の可能性

　それでは，原住民がヨーロッパ人と同等視される可能性は109条から完全に排除されていたのだろうか．統治法の成立時点で，原住民がヨーロッパ人の法的地位移行する手段としては，総督令による同等視，婚姻にともなう法的地位の移行，帰化によるオランダ国籍の取得，認知が存在していた［Engelbrecht 1940：67-68］．

　統治法109条5項は例外規定である．5項は，「総督が蘭印評議会との合意において，この条項に定められた規則に例外を設けることができる」と述べている．この規定を根拠とする総督令により，原住民がヨーロッパ人と同等視される可能性が残されていた．総督令による同等視は行政裁量のため，手続きや基準に関して明確な規則が設けられているわけではない．しかし，総督令による同等視の基準については，1884年，1894年そして1897年の3度にわたり地方行政長宛に通達が出されている．通達からは，同等視の基準としてキリスト教の信仰告白，オランダ語の十分な読み書き能力，ヨーロッパ的思考と習慣の中での成育，ヨーロッパ社会への完全な適合，さらに同等視を求める者がその出自となる社会の一員とみなさず，周囲からもそのようにみなされているといった要件が示されていた［Prins 1933：676；Tjiook-Liem 2009：242］．これらの基準は，後に検討するように帰化に際してもみられた要件であった．

　総督令に基づきヨーロッパ人と同等視された原住民に対しては，ヨーロッパ人同様に民事身分登録（burgelijke stand）の義務が生じる．東インドに導入された民法典6条に基づき，登録に際しては総督の同意を得て姓を名乗らなければならなかった［Engelbrecht 1940：185-187；De Louter 1895：512-514］．同等視の効力は子孫におよび，姓も継承される．同等視が最終的に許可された者の姓名は官

報に記載されたことから，彼らは「官報上のヨーロッパ人（Staatsblad-Europeanen）」と呼ばれていた．

　第二の手段は婚姻にともなう法的地位の移行である．第3章で詳しく検討するが，オランダ人と原住民との婚姻は，「異法婚（gemengde huwelijk）」と呼ばれた．東インドに施行された民法典からは，婚姻にともなうオランダ国籍の取得と喪失に関する条項が削除されていた．したがって，婚姻にともなう国籍の取得と喪失は，本国の民法典における5条から12条までの国籍規定に準拠した．民法典6条は，「外国人はオランダ人との婚姻によってオランダ国籍を取得する」，と婚姻にともなうオランダ国籍の取得を定めていた．また，11条1項は，「オランダ人女性は非オランダ人との婚姻によってオランダ国籍を喪失する」，とオランダ国籍の喪失規定を述べている[60]．

　これらの規定によれば，オランダ人男性と原住民女性が法律上の婚姻関係を結ぶ場合，原住民女性は民法典6条の規定に従いオランダ国籍を取得した．オランダ国籍の取得は法律上オランダ人を意味するため，原住民女性はヨーロッパ人の地位へ移行した．同様に，オランダ人女性と原住民男性との婚姻ではオランダ人女性は民法典11条1項の規定に基づきオランダ国籍を喪失することとなり，その結果原住民の地位へ移行した．また，11条2項の規定に従えば，オランダ人女性は原住民男性との離婚の後，地方自治体当局への届け出によりオランダ国籍を回復することが可能であった．

　第三の可能性は，帰化によるオランダ国籍の取得である．婚姻によるオランダ国籍の取得または喪失にともなう地位の移行は，女性のみに該当する手段であった．国籍規定は父系制原理を前提としており，妻は夫の国籍に従うことが当然とみなされていたためである[61]．原住民男性にとってオランダ国籍を取得する唯一の可能性は，帰化であった．1850年の国籍法は，帰化を23歳以上，本国あるいは植民地での6年間の継続居住，および更なる継続居住の意思表明を要件と定めていた[62]．

　1850年の国籍法は植民地の原住民にオランダ国籍を付与しておらず，原住民が帰化によりオランダ国籍を取得するためには本国に移住した上で要件を満たす必要があった．しかし，これには二つの困難があった．第一に，当時の交通事情である．統治法法案審議時点ではスエズ運河の開通以前であるため，本国と東インド間の交通事情では長期の渡航期間と多額の費用に備えなければならなかった．第二に，仮にオランダ本国に移住して要件を満たしたとしても，

帰化は例外的措置とみなされていた．当時，帰化は法律の形式をとり，申請者がオランダ社会に適応しているか，さらに生計手段および社会的な評判など複数の情報を議会で精査した上で最終的に採決にかけられた．これらの事情を考慮すると，原住民の帰化は統治法成立時点ではほぼ不可能であった．

　第四に，認知がある．「ニャイ」と呼ばれた現地妻との間に出生した子は，「印欧人」(Indo-Europeanen または単に Indo) と呼ばれ，混血の等級に応じた呼称がかつて存在していた [De Haan 1922 : 542]．認知を含む子の法的地位は，次のように整理できる．

　オランダ人男性と原住民女性との法律婚に基づく嫡出子は，国籍法上オランダ国籍を，統治法上はヨーロッパ人の地位を取得した．オランダ人男性と原住民女性との間に生まれた非嫡出子 (natuurlijk kind) に対しては，「ヨーロッパ人に対する民事身分登録規則 (Reglement voor den Burgerlijken Stand voor Europeanen)」42 条の適用を受け，父の認知にともないオランダ国籍の取得と

**図 2-2　ニャイ**

(出所) Woodbury & Page による 1870 年頃の撮影 (Carte-de-visite)．ライデン大学デジタルコレクション (KITLV30797)．下部余白には「原住民家政婦，ニャイ」と書込みがある．現存する「ニャイ」の写真は 20 世紀に入って撮影されたものも確認でき，なかには名を特定できる場合もある．

統治法上のヨーロッパ人の地位を取得する効力が生じた．非嫡出子にはオランダ国籍が付与されず，統治法上は原住民の地位にとどまった[63]．

**表 2-3　統治法施行時 (1855 年) における印欧人 (欧亜混血) の法的地位**

| | | オランダ人男性と原住民女性との婚姻 | | | オランダ人女性と原住民男性との婚姻 | | |
|---|---|---|---|---|---|---|---|
| 子の法的地位 | | 嫡　出 | 認　知 | 非嫡出 | 嫡　出 | 認　知 | 非嫡出 |
| 法的地位 | 国　籍 | オランダ人 | オランダ人 | | | | オランダ人 |
| | 統治法上 | ヨーロッパ人 | ヨーロッパ人 | 原住民 | 原住民 | 原住民 | ヨーロッパ人 |

(出所) 筆者作成.

　これとは反対に，原住民男性とオランダ人女性との婚姻も，わずかであるが存在していた．両者の婚姻による嫡出子は，原住民の地位にとどまった．非嫡出子は，父の認知により原住民の地位を得るか，オランダ人母の認知によりオランダ国籍を取得することでヨーロッパ人の地位を得た．ここでのオランダ人女性は，印欧人女性がほとんどであったと推測される．オランダ国籍の喪失と原住民の地位への移行を避けるため，原住民男性と正規の婚姻関係を結ばずに意図的に内縁関係にとどまる印欧人女性も存在していた [Prins 1933：678].[64]

　以上の法的な地位の移行において実数を把握しやすいものが総督令による同等視である．これは，同等視を許可された者の氏名が官報に記載されたためである．1871 年から 1890 年までの 20 年間に「官報上のヨーロッパ人」は 233 名を数えた.[65]　初期の「官報上のヨーロッパ人」のほとんどが原住民キリスト教徒であり，モルッカなどキリスト教の布教が早くにおこなわれていた地域に集中していた．その後同等視の数は原住民に対する教育の普及や本国での倫理政策を背景に増大していき，1915 年の官報 257 号には 211 名の同等視された人物が記載されることとなった [Dekker en Katwijk 1993：49].

　オランダ政府は，東インドに対する統治原則を「平和的手段によるオランダの権力の維持」および「原住民の安寧を維持しつつ，オランダに物質的利益を確保する」ことと位置付けていた.[66]　植民地統治の原則の確立にあたっては，本国の自由主義者による憲法の立憲主義的改正が背景にあった．しかし，本国での政治的原理の転換は，立憲主義に依拠した法の支配を植民地に浸透させる一方，他方では市民権や集会・結社・出版の自由といった権利を制限することにより統治への参加という自己立法的側面を排除していた．

　統治法による住民区分は，このようにして確立された統治原則と関連していた．「居住資格」による住民区分は，植民地への入領および植民地内部での人の移動を管理することを目的としていたが，そこには「オランダの主権」の確立と結び付いた「入植／植民地化」の進展を促す意図が込められていた．「国籍」による住民区分は，植民地に「入植」してくる住民をオランダ人と外国人とに区分することで，居住資格の要件を差別化することと関連していた．「種族の特徴／人種」の区分は，植民地の司法および行政を「ヨーロッパ人」と「原住民」とに区分することで間接統治に根拠を与える一方，強制栽培や賦役を通じて「オランダに物質的利益」を供給し続けることが意図されていた．

　このように住民区分が植民地統治の観点から検討されていたことに加えて，統治法 109 条の立法過程からは，植民地住民を認識する枠組みに転換の生じていたことを指摘することができる．オランダ本国の憲法改正が，世俗化を導入し信教の自由を保障することで宗教に関わりなく，オランダ国民という均質な住民の形成を意図していたことと対応するように，植民地の「原住民キリスト教徒」をめぐる議論においても，宗教基準に対して「種族の特徴／人種」の基準が住民認識の枠組みとして採用されていた．

　マルハダントが説明していたように，109 条は東インドの行政と司法の全体系と密接に結びついていたのみならず，農業政策，労働政策，土地問題など広範にわたる争点と関連していた．その後の 109 条の変遷は，オランダ植民地統治を理解するうえで重要な問題を提起しているが，ここでは人種と文明および国籍という三つの観点から 109 条の変遷を概観することにより，後の章で検討される課題を示しておこう．

　統治法の立法過程では「人種」という言葉は用いられていなかったが，「ヨーロッパ人」と「原住民」という住民区分は，20 世紀初頭には「人種区分（rasonderscheid）」として明確に意識され広く用いられるようになる［Van der Wal 1966：832］．人種概念の浸透は 109 条および東インド社会に影響を及ぼしていく．第 4 章で検討するように，日蘭通商航海条約の締結を受けて 1899 年に成立した「日本人法（Japannerwet）」は，日本人をヨーロッパ人と同等視することで 109 条の「人種基準」に例外を設けると同時に，これに反発した華人の民族意識の覚醒を促すこととなった［Oudendijk 1914；Oei 1919；Lijnkamp 1938；Lohanda 2002；Tjiook-Liem 2009］．

　次に文明概念の位置付けがある．統治法の立法過程では，文明はキリスト教の観点から言及されていた．ファン・ホエフェルに代表されるキリスト教と文明を同一視する見解は，原住民キリスト教徒の救貧を契機とする倫理政策において重要な位置を占めるようになっていく．しかし，文明概念は，宗教とのみ結びついていたのではない．それは宗教と異なる価値にも親和性を示していた．「日本人法」の成立は，日本の不平等条約改正を契機として定められた統治法を改正する法律であった．領事裁判権撤廃の前提として欧米諸国が日本に要求していたことこそ，「文明国」にふさわしい司法制度の整備であった．[67]

　法制度を文明との関連で理解することは，1906 年の 109 条改正を経て 1925 年の統治法改正に反映することになる．この改正では，「原住民」の範疇から

華人を中心とする「外来東洋人（Vreemde Oosterlingen）」の区分が独立した（第163条）[68]．さらに，ヨーロッパ人と同等視される者に，オランダ本国と同様の家族法を採用する国の出身者という新たな基準が加えられた．オランダ本国と同様の家族法とは，婚姻形態における一夫一婦制を主要な特徴としており，この基準に従い日本人，トルコおよびシャム国籍保持者もヨーロッパ人と同等視されることになった．

国籍による住民区分も 109 条の変遷に影響を与えていく．1850 年の国籍法では植民地の原住民に対して国籍は与えられなかった．1892 年の国籍法改正では，オランダ国籍を保持しない者は外国人と規定されることにより，植民地の原住民はオランダの統治に服しながら，国籍法上は外国人とみなされる事態が生じた．このため，植民地の原住民が国際法上オランダに帰属することを明確にするため，1910 年には「非オランダ人のオランダ臣民籍法」が成立することとなる[69]．これにより，植民地に居住する原住民およびそれと同等視される者は，「非オランダ人のオランダ臣民」という地位を国籍上取得することになった．

だが，本国では国籍の取得が市民権を享受する要件とされていたのに対し，「臣民籍（onderdaanschap）」とは統治に参加する権利を保持しない，ある意味記号として機能する法的地位であった．日本や中国の動向と，東インド領内での民族主義運動を受けつつ，109 条による住民区分は，統一法典の適用とアダット学派との論争としてオランダ本国では議論されていく．論争は，植民地統治の観点から現状維持・自治付与・独立の容認といった異なる選択肢についても触れていた．他方，東インドでは，統治に参加する主体として，「原住民」を「インドネシア人」に，「臣民」を「国民」へと転換する要求が高まっていくのである．「原住民」あるいは「臣民」の政治的主体への転換における障害こそが，「ヨーロッパ人」と「原住民」という統治法 109 条による住民区分であった．

注

1）なお，東インド会社時代から 1848 年までの東インドの法制史については，Ball[1982]を参照のこと．

2）1854 年の統治法は，施行年をとって 1855 年統治法と表記される場合もある．オランダでは，議会を通過して成立した法律でも国王による裁可を経て，官報に記載されない限り法律は発効しない．

3）1854 年統治法は，全 9 篇からなる．第 1 篇統治について，第 2 篇東インド政庁の権限と義務，第 3 篇中央行政について，第 4 篇地方行政，第 5 篇司法，第 6 篇居住者，第 7 篇宗教，第 8 篇教育，第 9 篇通商と航海，である．

4）1922 年の憲法改正により，憲法からは「植民地」という言葉が削除された．このことは，海外領土が将来自治領へと移行する可能性を開いた．1925 年の統治法改正もこの関連で理解する必要がある．

5）オランダにおける 109 条，ひいては植民地法をめぐる研究は，インドネシアの独立を境に衰退していった．植民地統治下の研究は，統一法典学派とアダット（adat）学派との間の緊張関係により特徴付けられる．109 条を廃止してヨーロッパ人と原住民の双方に統一法典の適用を主張する統一法典学派と，これに対して原住民の慣習法を尊重するアダット学派の見解は，単なる植民地法律学の領域にとどまらず，植民地統治の方針と密接に関連していた［Bijlagen 1903；Commissie 1920；Nederburgh 1918；Carpentier Alting 1926］．これに対して，インドネシアの独立以降は，オランダの戦後処理を背景とする植民地研究全般の停滞を背景として，近年に至るまで 109 条を対象とする研究は比較的少数に限られていた［Fasseur 1992；Van der Wal 1966；Wertheim 1964］．国民国家形成の観点から植民地統治に関する研究の必要性が指摘されるにつれ，近年では研究の進展がみられるようになっている［Cribb 1994］．

6）Commissie 1942：145．この報告書については終章で検討する．

7）1848 年の憲法改正を，他のヨーロッパ諸国との文脈に位置付けつつ自由主義思想の展開も含めて論じた代表的な研究としては，ストゥールマンによるものをあげることができる［Stuurman 1992］．しかし，ここでも憲法改正にともなう政治的原理の転換と植民地統治との連続性については触れられていない．

8）Commissie 1848：45．

9）統治法のみならず，貨幣，会計法の制定ならびに改廃，予算などの重要事項も本国議会の権限のもとにおかれた．

10）Commissie 1848：45．

11）パフト（Charles Ferdinand Pahud：1803-1873）．植民地問題，とりわけ財政に精通した政治家と評価される．第一次トルベッケ内閣で植民地大臣に就任（1849-1856），その後東インド総督（1856-1861）を務めた．

12）バウト（Jean Chrétien Baud：1789-1859）．東インドで行政官としての経歴を重ね東インド評議会副議長，副総督を務めた後，植民地大臣（1840-1848）．ファン・デン・ボスと並ぶ 1848 年の自由主義的改革以前の植民地政治を代表する政治家．その後第二院議員（1850-1858）．ロフッセン（Jan Jacob Rochussen：1797-1871）．財務大臣（1840-1842），東インド総督（1845-1851），植民地大臣（1858-1861）を務める．その間，1852 年から 1869 年まで第二院議員．強制栽培制度の擁護者として後に批判される．

13）全委員の名称は次の通りである．ファン・ホエフェル，ロフッセン，バウト，ゴデフロイ（Godefroi），そしてブラウポット・テン・カテ（Blaupot ten Cate）．ファン・ホ

エフェル（Wolter Robert van Hoevell：1812-1879）．ファン・ホエフェルは自由主義者として東インド統治の改革のみならず西インドの奴隷制廃止を強力に提唱したことで知られる．牧師として東インドに通算 11 年滞在した経験をもとに 1849 年から 1862 年まで議会きっての植民地通議員として活動した．第二院議員引退後は，国務院委員（1862-1879）．

14）この時の委員は，バウト，ファン・ホエフェル，ゴデフロイ，ヘフェルス・ファン・エンデヘースト（Gevers van Endegeest）にストルテ（Stolte）である．議長は，票決が同数の場合にのみ裁決に加わる．

15）この事態をオランダ史では「四月騒動（aprilbeweging）」と呼んでいる．

16）Commissie 1848：45.

17）Handelingen I 1851-1853：23.

18）Handelingen I 1851-1853：23.

19）Handelingen I 1851-1853：23.

20）Handelingen I 1851-1853：24. 東インドの出版の自由に関しては，Fasseur［1976］.

21）Handelingen II 1853-1854：171.

22）Handelingen I 1851-1853：206.

23）オランダ語の constitutie には，憲法という意味も含まれる．

24）Handelingen II 1853-1854：171

25）Handelingen I 1851-1853：18. 忠誠宣言は，ラッフルズによるジャワ統治と関連していた．英国統治下のジャワでは，居住の継続を望むすべてのオランダ人に対して，英国国王への忠誠宣言が義務付けられていた．ジャワに対するオランダの主権回復後にも，英国人の一部が居住し続けており，政府はこれらを忠誠宣言の該当者とみなしていた．

26）Handelingen II 1853-1854：163.

27）Handelingen II 1853-1854：163.

28）Handelingen II 1853-1854：358.

29）Handelingen II 1853-1854：353.

30）Handelingen II 1853-1854：458.

31）Handelingen II 1853-1854：462.

32）Handelingen I 1851-1853：204.

33）Handelingen II 1853-1854：462-463.

34）ただし，原住民が自発的にオランダ民法（特に家族法と相続法）に従うことを望む場合には，この規定に例外が設けられる．これは「自発的適用（オランダ語の表現では自発的服従）」と呼ばれた．この「自発的適用」を最も必要としたのが教会での挙式を望む原住民キリスト教徒であった．

35）Handelingen I 1851-1853：46.

36）Handelingen I 1851-1853：205.

37）Handelingen I 1851-1853：205.

38）Handelingen I 1851-1853：205.

39）Handelingen I 1851-1853：205.

40）Handelingen I 1851-1853：205.

41）Handelingen I 1851-1853：205.

42）Handelingen II 1853-1854：171.

43）Handelingen II 1853-1854：172.

44）Handelingen II 1853-1854：172.

45）Handelingen II 1853-1854：360.

46）Handelingen II 1853-1854：360.

47）Handelingen II 1853-1854：360.

48）Handelingen II 1853-1854：360. なお，「サワに関する権利」とは土地所有権のことである．

49）Handelingen II 1853-1854：361.

50）強制栽培での労働を別にすれば，賦役には原住民官吏への賦役，道路建設など公共事業への賦役，村（デサ）に対する賦役と複数の賦役が存在していた．

51）Handelingen II 1853-1854：463.

52）Handelingen II 1853-1854：463.

53）Handelingen II 1853-1854：463.

54）Handelingen II 1853-1854：463.

55）ファン・エック（Daniël van Eck：1817-1895）．弁護士として活動した後，1849 年から 1884 年まで第二院議員を務める．トルベッケ支持者として自由主義改革を推進した．

56）Handelingen II 1853-1854：1441.

57）Handelingen II 1853-1854：1442.

58）Handelingen II 1853-1854：1442.

59）ケース・ファスールもこの点について「誰がヨーロッパ人に属し，誰が原住民に属すのかという問題は，法律で定められていなかった．その基準は，民族学的なものであり，現実にはそれほど困難をもたらさなかった」と述べている［Fasseur 1992a：238］．

60）1850 年国籍法は，公法上のオランダ国籍，すなわち市民権を享受する要件としての国籍規定であり，婚姻にともなう国籍の取得並びに喪失規定を設けていなかった．

61）この国籍法上の男女不平等は 1985 年の改正まで継続した［De Groot en Tratnik 1986：60］．

62）1850 年国籍法 5 条および 7 条.

63）1926 年にオランダ領東インドを視察に訪れた英国の植民地行政官ベルは，「官報上のヨーロッパ人」の例として，オランダ人と原住民との間の婚姻から生まれヨーロッパ人父から認知されなかった者をあげている．ベルによれば，「ジャワの口善悪ない者たちは冷笑して「官報上のヨーロッパ人」と呼んでいる」と記している［ベル 1930：112］．

対象的に，原住民からヨーロッパ人への同等視を切望する原住民青年を主人公にすえたアブドゥル・ムイスの小説も，当時の東インド社会で同等視がどのように受け止められていたのかを理解するうえで有益である［ムイス 1982］.

64）本書第3章ラウ・テク・ロクとフランシスカ・ルイサ・ゼハの事例も参照.

65）1871 年からの 10 年間に 15 名，その後の 10 年間では 218 名の同等視が生じている［Hekmeijer 1892：127］.

66）Handelingen II 1853-1854：163.

67）この時期のヨーロッパを中心とする国際法，国際私法の専門家たちによる文明基準をめぐる見解と日本との関係については，小梁［2018］を参照.

68）統治法施行の翌 1856 年には，主として商取引上の便宜という観点から，家族法および相続法を除くオランダ民法と商法が一部の「外来東洋人」に適用され，1906 年の改正で「外来東洋人」の区分は華人と非華人とに細分化されるとともに，華人はほぼ全面的にオランダ私法の適用を受けることとなった［Engelbrecht 1940：167-174］.

69）オランダ語の名称は，Wet houdende regeling van het Nederlandsch onderdaanschap van niet-Nederlanders という.

# 第3章　東インド婚姻規定と住民の法的地位の移行

　植民地での婚姻，とりわけ支配層のヨーロッパ系住民と被支配層の住民との間の婚姻については，ポストコロニアル研究の進展を背景として，関心が寄せられてきた．植民地での人種とジェンダー，セクシュアリティが密接に関連する様態を分析したアン・ローラ・ストーラーによる研究は，その代表的なものである［Stoler 2002；ストーラー 2010］．17世紀からの植民地進出の歴史を長く有するオランダ領東インドでは，セクシュアリティを制度的に統制する手段として婚姻は重要な意義を一貫して有していた．なぜなら，婚姻は，植民地政府にとって住民区分の根幹に係る問題でもあったからである．

　オランダの東インド統治は，「ヨーロッパ人」と「原住民」という住民区分に基づく社会の二重構造に依拠していた［Van Mastenbroek 1934］．植民地社会は異なる人種，宗教を背景とする住民集団から構成されており，「ヨーロッパ人」と「原住民」の区分を設けることによって支配と被支配の境界を明らかにし，分割統治を維持する方針が植民地統治の基礎に据えられていた．次章で扱うように日本人が「原住民と同等視される者」から「ヨーロッパ人」へとその法的地位を変更したように，時代によって「ヨーロッパ人」と「原住民」の対象となる住民の範囲に変化が生じたとはいえ，婚姻規定はこの住民集団の境界を維持するための法的装置として機能したのである．

　だが，この境界は超えることの可能な境界でもあった．法的地位の移行手段については，総督令による同等視の結果として，いわゆる「官報上のヨーロッパ人」となること，あるいは婚姻にともなう法的地位の移行が存在していた．婚姻の問題は，異なる住民集団の間で展開する身体的および文化的な「越境」に対して，植民地権力がどのようにそれを統制していくのかが問われた事例であった．

　ここでは，東インドにおける婚姻規定を対象とし，その変遷について検討していく．その際，オランダ本国の婚姻規定の変遷と対比させながら植民地の婚姻規定を整理し，そこにみられた独自性を明らかにする．とりわけ異なる住民

集団間の婚姻を統制する「異法婚（gemengde huwelijk）」規則に焦点を当て規則制定の背後で展開された人種とジェンダー，文明にかかわる議論を整理する．最後に 20 世紀前半に生じた二つの「異法婚」の事例を取り上げ，異なる住民集団間の婚姻に対する東インド社会の受け止め方を当事者の視点から描き出す．

## 1．連邦共和国の婚姻規定

オランダは，宗教改革以降，「選択的民事婚」を他のヨーロッパ諸国に先駆けいち早く導入したことや，その後のナポレオン法典導入など，近代社会の要請する婚姻の「世俗化」という観点からも興味深い事例を提供してきた．こうした歴史的事情もあり，婚姻法制の研究には一定の蓄積がある［Van Apeldoorn 1925；Asser 1838；Scholten 1931］．他方，植民地の婚姻規定にかかわる研究にも，婚姻を公権力による「性」の統制手段としてとらえる視点から重要な業績が現れてきている[1]．しかし，本国における婚姻法の制定過程が，植民地に対してどのような影響を及ぼしたのか（あるいは及ぼさなかったのか）植民地期を系統的に整理した研究は見当たらない．

婚姻規定の検討は，なにが婚姻の要件とされていたのかを明らかにしてくれる（実質的・形式的要件）．同時に，各時代に定められた婚姻要件は，婚姻外の男女関係（「内縁関係」）を間接的に構築する過程でもあったといえる．そこには，当該社会の固有の事情が反映してくる．

連邦共和国成立以前のオランダでは，婚姻はカトリック教会の管轄に委ねられていた．婚姻の要件や形式は，教会法（カノン法）に基づいており，トレント公会議以降は教区司祭及び最低 2 名の証人の立会のもとに挙式がおこなわれてきた．オランダは 16 世紀にはいり改革派教会を事実上の国教とする連邦国家として独立を果たすものの，国内では複数の宗派が併存した結果，特定の宗派が婚姻を排他的に管轄することが困難となった．

1573 年にはホラント州においてカトリックの典礼が禁止され，1580 年に発せられた「政治布告（Politieke ordonnantie）」は，カノン法による婚姻を世俗権威による婚姻に代替するとともに[2]，婚姻当事者は，教会（改革派教会）での婚姻，もしくは市庁舎での婚姻のいずれかを選択する「選択的民事婚」が導入されることとなった［Van Apeldoorn 1925：85］．「政治布告」はホラント州に適用された婚姻規定として 1809 年まで 2 世紀以上効力を有した［Helmers 2002：158］．

　選択的民事婚の導入にともない，婚姻は1581年から市町村の婚姻委員会（Commissarissen van de huwelijkse zaken）により挙式されるようになる．婚姻に際しては，委員会から婚姻当事者に対する質問がおこなわれる．質問の内容は，年齢，親の同意の有無，親族関係の確認である．年齢要件は，男25歳，女20歳とされ，親の同意があればそれ以下の年齢での婚姻も認められていた．

　婚姻委員会によりこれらの要件が満たされたと判断されると，婚姻が公告された．婚姻公告は改革派信徒の場合は指定の教会においておこなわれ，非改革派信徒の場合，市庁舎前門戸に公告された．婚姻公告は重婚や近親婚などの婚姻障害の存在を確認し，婚姻に対する第三者からの異議申立を確保することが意図されていた．公告に対して異議が提出されなければ，その後に教会で挙式し，教会に保管された登録簿に婚姻登録することとなった．非改革派信徒についても，公告後に異議がなければ，ひと月以内に挙式することとなっていた．非改革派信徒の婚姻の場合，婚姻委員会が挙式の事実を確認していた［Van Apeldoorn 1925：86-89］．

## 2．東インド会社時代の婚姻規定

　東インド会社は通常の商業活動のみならず，司法・行政・立法といった統治に係る権限を本国議会から与えられていた．ファン・ディーメン（Van Diemen）総督は，慣習化しつつあった総督令や布告を編纂・法典化する作業を進め，1642年に「バタフィア法令集（Statuten van Batavia）」が公布された［Van der Chijs 1885］[3]．この法令集に掲載されていない事項に対しては，ホラント州法あるいはローマ法が準拠法とされた．バタフィア法令集は，部分的な改定を経て1848年に民法典を含む各種の法典が東インドに施行されるまで効力を有した．

　バタフィア法令集の婚姻規定は，オランダ本国で1580年に発せられた「政治布告」第1条から第18条までを踏襲していた［Mijer 1839：63］．「政治布告」において列挙されていた近親婚（直系及び傍系）を婚姻障害とする規定は，バタフィア法令集にも採用されている．しかしながら，両規定を比較すると，バタフィア法令集にのみ特徴的な婚姻規定も存在する．

　第一に，バタフィア法令集において重視されていたのは，婚姻要件としての宗教である．バタフィア法令集は，「キリスト教徒は非キリスト教徒，異教徒，もしくはモール人」との婚姻を禁じていた［Van der Chijs 1885：539］．この規定

は，「異教徒，モール人，もしくは非キリスト教徒」が，婚姻の有無を問わず「キリスト教徒女性と性交渉」することを刑事罰（死刑）の対象とすることによって補強されていた [van der Chijs 1885：586]．

　第二に，年齢要件に相違がある．「政治布告」は婚姻の年齢を男 25 歳，女 20 歳としていた．これに対し，バタフィア法令集は婚姻年齢を男 21 歳，女 18 歳としている．本国との年齢要件の相違については，東インドにおける死亡率の高さが背景にある．婚姻年齢を引き下げることで，出産の可能性を早期に確保することが意図されていた．

　これらの婚姻要件に加え，東インド会社吏員の婚姻に対しては，総督もしくはバタフィア政庁による書面での許可が必要とされていた [Niemeijer 2005：36]．1634 年以降，東インド会社吏員で婚姻を望む者は，会社を引退後，自由市民として滞在を 5 年間延長することも要件とされたようである[4]．彼らが東インドで生まれた女性と婚姻した場合や，現地でアジア系女性と子をもうけた場合，東インド会社はオランダ本国への女性や子の帯同を禁じていた [Prins 1952b：113]．これらの措置は，東インドでのヨーロッパ系住民の定住を促す方針に基づいていたと同時に，帰還に要する費用を懸念した結果とも言われている [Taylor 2009：29-30]．

　挙式についても本国と同様の手続を踏襲していた．婚姻届は婚姻委員会がこれを受理し，婚姻公告を経て挙式に至る．委員会は，婚姻障害の有無，重婚の疑い，親族関係の調査をおこなう．婚姻委員会は 4 名からなり，2 名は東インド会社吏員，2 名は市民から構成されていた [Van der Chijs 1885：536-37]．

　このような婚姻規定を背景として，17 世紀初頭（1621-1639 年）のバタフィアにおける婚姻件数は 1901 件を数えた．そのうち，1067 名のヨーロッパ系男性が少なくとも 648 名の「ヨーロッパ系」女性と婚姻していた．これらの者の大半は，東インド会社の業務に何らかの形で従事する中高級吏員であった．これに対して，バタフィアの自由市民で既婚の白人はわずか 250 名であった [Niemeijer 2005：36]．

## 3．「異宗派婚」の展開

　「異宗派婚」とは，オランダ語の ʻgemengde huwelijkʼ の訳語である[5]．16 世紀以降，オランダ本国において ʻgemengde huwelijkʼ とは，すでにみたよ

うに異なる宗派間の婚姻を意味しており，とりわけプロテスタント（改革派教会）とカトリック教徒との婚姻を指していた．キリスト教徒とユダヤ教徒との婚姻もここに含まれる．例えば，'gemengd' を検索すると，用例に 'een gemengde huwelijk' を確認できる．そこでは「異なる宗教的信条を持つ人々の間での婚姻」'een huwelijk tusschen personen van verschillende godsdienstige gezindheden' という定義が与えられている[6]．このことからも，婚姻において混ざりあっているものは，なによりもキリスト教宗派であることを確認できる．

　オランダでの婚姻に関する研究によれば，異宗派間婚姻に加え，異人種間婚姻という意味をこの語が含むようになってくるのは，第二次世界大戦後に生じたオランダ本国への大量の移民とその定住によるところが大きいようである[7]［Hondius 1999］．東インドにおける婚姻は，宗教と人種という基準が交差する事例を提供している．まずはオランダ本国での「異宗派婚」を整理しよう．

　連邦共和国においてプロテスタントとカトリック教徒との婚姻は，全面的に禁じられていたわけではない．だが，異宗派間の婚姻は公民権の停止をともなっていた．1738 年と 1739 年の連邦議会の議決によれば，議会直轄統治領の軍人及び行政官であり，かつカトリック教徒女性と婚姻した者は公務を剥奪された．1750 年にはこの制限を緩和する布告が出されたが，25 歳以下の男子と 20 歳以下の女子の「異宗派婚」は引き続き禁じられた．「異宗派婚」においては婚姻公告の期間も通常の婚姻より長く設定され，「異宗派婚」から生まれた子は改革派教会で受洗させ改革派教徒として養育することとされていた［Van Apeldoorn 1925：166-167］．

　連邦共和国時代の東インドにおいても，「異宗派婚」は第一義的にはカトリック教徒との婚姻を意味した．1766 年に改定されたバタフィア法令集は，キリスト教徒と非キリスト教徒との婚姻禁止に加えプロテスタントとカトリック教徒との婚姻も原則禁止としている[8]．異宗派間婚姻には，総督及び評議会の同意が必要とされた．「布告集（Plakaatboek）」には，1783 年 3 月 14 日，バタフィアの教会でのポルトガル系カトリック教徒男性とプロテスタント女性の婚姻を許可する公告が掲載され，この措置が本国の 1750 年 6 月 3 日の布告に基づくことが言及されている［Van der Chijs 1892：665］．

　しかしながら，本国と比べると異宗派間婚姻は，東インド固有の事情を反映して比較的許容されていた．増加する東インド会社吏員は大半が男性であるの

に対し，現地社会のヨーロッパ系女性は少なかった [s'Jacob 1982：3-4]．すでに 1632 年には本国からのオランダ女性の移住促進が中断されたこともあり，婚姻を望むヨーロッパ系男性は現地社会からキリスト教徒女性を探す必要が生じていた[9]．

キリスト教徒女性の確保がいかに重要であったかは，法令集からもうかがうことができる．布告は婚姻の意志の有無にかかわりなく，先に述べたように異教徒の男性によるキリスト教徒女性との性的交渉を禁じており，違反者には死刑が定められていた [Van der Chijs 1885：586]．婚姻対象であるキリスト教徒女性を囲い込む立法者の意図がそこには反映していたと理解してよいだろう．その主な対象となったのが東インド会社の拠点化以前にアンボンやテルナテといった地域で活動していたポルトガル人の末裔である．その多くはカトリック教徒であり，現地住民との混血でもあった．東インドで正当な婚姻を挙げることは，不可避的に異人種間婚姻を含んでいたのである[10]．

ポルトガル系女性の他に婚姻の対象とされたのが，アジア系でキリスト教に改宗した女性であった [Taylor 2009：17]．バタフィア法令集は，このような非ヨーロッパ系でキリスト教徒に改宗した現地住民との婚姻について独立の規則を設けていない．しかし，「原住民女性 (inlantse vrouwen)」との婚姻に際して，現実にどの程度遵守されたかは定かでないものの，法令集はオランダ語を適切に理解し，かつ話すことのできない原住民女性との婚姻を禁じていた [Van der Chijs 1892：542]．

東インドに居住する独身男性にとって，女性との性的交渉の選択肢は限られていた．法令集や東インド会社により課された婚姻に対する制約のため，内縁関係もしくは買春が広範に存在していた．内縁関係を取り結ぶ相手は奴隷であり，多くはキリスト教に改宗した者であった [Prins 1952b：113]．

内縁関係に対する公の反応は，否定的であった．一夫一婦制を採用するキリスト教教会にとって内縁関係は「重婚」に該当するため，認められなかった．仮に独身者であっても，内縁関係は推奨されるものではなかった．ある教区では，牧師が各家庭を 1 軒ずつ訪問して，内縁関係にあるキリスト教徒奴隷やアジア系キリスト教徒のリストを作成していた [Niemeijer 2005：270]．法規上も，キリスト教徒による内縁関係は，バタフィア法令集において処罰（罰金刑）の対象とされていた [Van der Chijs 1885：586]．

しかし，内縁関係は政策的観点からは黙認されていた．政庁は，内縁関係を

規制する実効的措置を取らず，むしろ下級吏員に対して女性奴隷との婚姻を促し，それにより彼らの東インド定住を促進しようとしていた［Taylor 2009：16］．奴隷はその身分が解放された後，キリスト教へ改宗することで婚姻要件を満たすことができた．東インドでの内縁関係をめぐるこのような慣行は，オランダ本国でも批判の対象となったようである［Stapel 1954：51］．

　婚姻規定の検討からは，オランダ本国での政教分離以前の国家と改革派教会との密接な関係が植民地に移植されていたことがみてとれる［Efthymiou 2013：36］．1766 年にバタフィア法令集は改定されたが，婚姻にかかわる宗教要件は維持されていた．結果として，キリスト教徒と非キリスト教徒との婚姻を禁じる要件は，1617 年から 1848 年，したがって植民地統治が東インド会社から国家の監督に移管し植民地に民法典が施行されるまで維持されることになる［De Hart 2003：85］．「異宗派婚」や内縁関係をめぐる公的な対応からは，植民地においてもキリスト教的価値を柱とする社会を維持しようとする姿勢が垣間見られる一方，植民を進めるための手段として内縁関係が半公然に促されていた．両者の相反する方向性は，緊張をはらみながら東インド会社終焉後の植民地に引き継がれていくのである．

## 4．オランダ本国及びオランダ領東インドにおける婚姻規定の変化

　オランダにおける婚姻の世俗化が全面的に進むのは，いわゆる「フランス時代」においてである．「フランス時代」は，1795 年から 1813 年まで続き，その間，バタフィア共和国 (1795-1806)，ホラント王国 (1806-1810)，フランス帝国 (1810-1813) と，三つの政体が短期間に変更をみることとなった．連邦共和国期には，各州に主権が認められ，州独自の法制度が併存していたのに対し，フランス時代には，連邦制から単一国家へと集権化が進み，一元的な主権の確立に向けた法制改革がおこなわれていく．

　1798 年に公布された「バタフィア人民に対する国家規則」は，28 条において 2 年以内の法典編纂を定めていた．これに基づき，法典編纂委員会が同年 9 月 28 日に設置された．しかし，1806 年にバタフィア共和国が廃止され，ホラント王国が建国されることで編纂作業は頓挫する．ホラント王国国王ルイ・ナポレオンは，フランスで施行されたナポレオン法典を王国に適用することとし，1809 年 2 月 24 日「ホラント王国に編纂されたナポレオン法典」としてこれを

公布した [Scholten 1931 : 219-31].

　婚姻規定は，第1編「人の権利について」の第5章「婚姻について」におかれている．政教分離にともない婚姻が教会婚を排して世俗権威の管轄となり，選択的民事婚から強制民事婚へと移行した．婚姻の実質的要件として，男性18歳，女性15歳の年齢要件（99条），当事者の同意による婚姻（101条），一夫一婦制（102条）などが定められた．

　婚姻の手続にも変化がみられた．婚姻は，婚姻委員会に代わり，地方官庁に届け出ることとなった（119条）．その後，1811年には出生・婚姻・死亡に関する「民事身分登録（burgerlijken stand）」が導入され，婚姻は市町村の民事身分登録吏への届け出となる [Seegers en Wens 1993 : 28]．こうして，教会の果たしていた婚姻登録も国家に移管されることによって「国家が直接に個人の身分変動を把握する制度」が確立した [若尾 1996 : 184]．

　フランス時代には法律による「国民」の定義が生じた時代でもあった [吉田 2000]．民法典は，民事上の権利の享有主体を定めるため，オランダ国籍に関する初の規定をおいた（第1編第1章第1節）．民事上の権利の喪失を定めた章の第16条は，「外国人と婚姻を挙げたオランダ人女性は，夫の身分に従う」としており，異なる国籍の男性と婚姻したオランダ人女性はオランダ国籍を喪失することとされ，夫の国籍に従うこととなった．

　また，「ホラント王国に対して編纂されたナポレオン法典」公布同日の勅令において，ローマ法ならびに法典施行までに存在していたすべての慣習法のうち，民法に係る法令の廃止が決定した[11]．集権化を進めていたバタフィア共和国においても各州に残存していた慣習に基づく婚姻規定を廃止し，民法典の婚姻規定のみが唯一効力を有することとなった．慣習法の廃止はバタフィア共和国時代から懸案となっていたのである[12]．

　「フランス時代」の終焉の後，1814年に公布された憲法100条が各種法典の編纂を定めていた．この規定に基づき，1816年に法典編纂委員会が設置され，修正を経た法案が1820年に議会へ提出された．ベルギー選出議員からの修正案を受けた後，1830年7月5日の勅令によって1831年2月1日からの法典施行が布告された．しかし，1830年8月ブリュッセルに端を発したベルギー独立革命の影響を受け，法典施行を無期限に延期する勅令が出されることとなる（1831年1月5日）．これにともないベルギー領を除いたオランダ王国に法典を編纂するための委員会が1831年2月24日に設置された．この委員会により修正

された法典は，1838年4月10日勅令により成立し，10月1日より施行された．

1838年の「オランダ民法典」は，第1編「人（van personen）」の第5章「婚姻（van het huwelijk）」において，婚姻の成立要件をはじめ，婚姻から生じる身分，財産に及ぶ効果などについて規定している．第5章では，冒頭に総則として「法律は婚姻を民法における契約とみなす」（83条）とする規定がおかれた．この規定は，「婚姻により法律がなにを意味しているかを明確に述べた規定」であるとともに，「特定の教会の支配を認めない憲法の所産」，すなわち「政教分離を定めた憲法の帰結である」ことを示していた［Asser 1838：31］．総則に続き，一夫一婦制（84条），婚姻当事者の同意（婚姻の自由）（85条），年齢要件（86条）が続いている．

1838年に本国で民法典が施行された後，東インドに対する民法典の編纂が課題となった．民法を含む他の法典（商法，刑法，民事訴訟法，刑事訴訟法）の編纂にあたり，オランダ政府は「一致原則（concordantiebeginsel）」を採用していた．これは，東インドに施行する法律を可能な限りオランダ本国法と一致させることを意味した．この原則を採用した理由は，ヨーロッパ外のオランダ植民地において，オランダ人が本国と同等の権利を享受できるようにするためであった［Van Kan 1926：85］．

「一致原則」の決定は，1830年6月30日の勅令にさかのぼる．1836年にはスホルテン・ファン・アウト＝ハーレム（Scholten van oud Haarlem）が東インド高等法院及び高等軍事裁判所長官に任命され法典編纂のため東インドへ派遣された[13]．東インド総督デ・エーレンス（De Eerens）は1837年10月31日の総督令によりスホルテン・ファン・アウト＝ハーレムを委員長とする法典編纂委員会を東インドに設置する[14]．しかし，彼の健康状態悪化にともなう帰国治療のため，委員会は一旦解散となった．帰国後，スホルテン・ファン・アウト＝ハーレムは，デ・エーレンス及び植民地大臣ファン・デン・ボス（Van den Bosch）に編纂作業の継続を打診し，両者の同意を得る．委員会は，委員の構成を変えてオランダ本国に拠点を移すことになった（1839年8月15日勅令）．

委員会の活動は，必ずしも順調に進んだわけではなかった．委員会の作成した法案は，1844年7月26日国務院に送付された[15]．国務院のファン・デル・フィンネ（Van der Vinne）は行政官として20年以上の東インド勤務歴を有しており，本国法の適用が東インドの実情に即していないと考え，漸進的な法律の導入を提唱していた[16]．彼によれば，東インドは，「異教徒と非キリスト教徒か

らなる数百万の人びとからなり，あらゆる類の宗教と様々な慣習の存在する」社会である．東インド会社時代からヨーロッパ人と同等視されてきた「いわゆるキリスト教徒」について，彼は「単に原住民の間での〔違い〕でしかなく，彼らは洗礼を受け，いくつかの詩篇をマレー語で諳んじるが，ひと言も中身を理解していない」とみなしていた [Van Kan 1926：19-21]．

　当時の東インド総督メルクス（Merkus）も，ファン・デル・フィンネ同様「一致原則」に慎重であった[17]．こうした見解を背景に国務院は，1845 年 5 月に法案の起草作業に東インド政庁を参加させる判断を下した．国務院の見解はスホルテン・ファン・アウト＝ハーレムに危機感を抱かせた．彼は植民地大臣バウト（Baud）を説得し，法典の一括導入を実現させた．

　法典は，勅令により 1847 年 5 月に東インドで公布されることとなった．法典の施行された 1848 年 5 月 1 日には，東インド会社時代から適用されていた旧ホラント州法およびローマ法や，関係規則も廃止された．

　オランダ民法と同じく東インド民法も第 1 編を「人」と題して，その第 4 章を「婚姻」（26-102 条）にあてている [Engelbrecht 1939：188-198]．総則では，「法律は婚姻を民法における契約とみなす」（26 条）と定めており，オランダ民法 83 条を踏襲していることがわかる．総則は「民法の婚姻制度の目的」が「夫婦の間に法律上の紐帯を設けることに向けられて」いるとしている [Vortman 1940：6]．総則に続き，婚姻の実質的要件として「男は同時に一人の女と，女は一人の男とのみ婚姻できる」（27 条）と定められている．第 27 条が，一夫一婦制を意図していることは明らかであり，一夫一婦制は，「われわれヨーロッパの婚姻法の第 1 の原則」と理解されていた [Vortman 1940：66]．重婚は，東インド刑法により刑事罰の対象とされていた（東インド刑法 279 条）．

　続いて，「婚姻の成立には，将来の夫婦の自由な同意が必要である」（28 条）との規定がおかれる．当事者の意思は，「今日のヨーロッパの婚姻法のもう一つの原則」と説明され，婚姻契約が両当事者の「自由な同意」に基づくことを明確にした規定である [Vortman 1940：66]．29 条は，「満 18 歳及び満 15 歳に達していない未成年の男女は婚姻できない」と，婚姻の年齢要件を定めていた．婚姻手続についても本国同様に民事身分登録吏への届出が定められた（71 条）．

　民法典は東インドに居住する法律上の「ヨーロッパ人」に適用され，原住民のみならず華人を主とする外来東洋人，原住民キリスト教徒に対しては適用されなかった．しかし，これらの範疇に属する者であっても，自らオランダ民法

の適用を望む者に対しては，その適用を受けることを可能とする措置がとられた [Engelbrecht 1940：164]．これは，「自発的適用（de vrijwillige onderwerping）」と称され，彼らが「ヨーロッパ人」としての法的地位を獲得するための前提となった．ヨーロッパ人との商取引のある華人，あるいは婚姻に際してキリスト教教会での挙式を望む原住民キリスト教徒がこの措置の対象となった．

## 5．「異法婚」規則の制定とヨーロッパ人女性の保護

　東インドでの民法典の施行は「異法婚」の展開において重要な転換点を成した．先にみたように民法典は，婚姻規定から宗教的要素を排除し，教会婚から民事婚へと婚姻の世俗化を推し進めたものであった．19世紀前半は，解散した東インド会社に替わり植民地統治が国家による管理へと転換していく時期であり，民法典の導入は植民地に居住するヨーロッパ系住民の民事上の権利義務関係の画定に必要とされたのである．これに合わせる形で，「ヨーロッパ人」と「原住民」という法律上の地位も定められた．

　ところが，この民法典導入は，東インド社会に予期せぬ結果を招くこととなった．婚姻が民法の契約関係と規定されたことにより，それまで禁じられていたキリスト教徒と非キリスト教徒との婚姻が可能になったのである．キリスト教を婚姻要件から削除することで生じるヨーロッパ人と原住民との婚姻は，ヨーロッパ人男性と原住民女性との婚姻のみが当初は想定されていた．「ヨーロッパ人」と「原住民」との婚姻は，「一般規定」第15条で規定されていた．「原住民」と「ヨーロッパ人」との婚姻では，「原住民」がヨーロッパ人に適用されている民法（家族法）の適用を受けた後，婚姻を取り結ぶものとされていた [Nederburgh 1899：10]．

　1866年から1897年の期間，「ヨーロッパ人」と「原住民」との婚姻は，1048件，そのうちヨーロッパ人女性と原住民男性との婚姻数は40件を数えていた．東インドでの民法典施行以後，ヨーロッパ人と原住民との婚姻は増加傾向にあり，そこで明らかとなってきたのはヨーロッパ人女性と原住民男性，特に華人男性との婚姻の事実であった．背景にはヨーロッパ系女性の貧困が指摘された [Nederburgh 1899：13-14, 107]．

　さらに注意すべきは，こうしたヨーロッパ人女性と原住民男性との婚姻が，原住民男性の宗教あるいは慣習にのっとっておこなわれることがみられたこと

である．この場合，婚姻はヨーロッパ法の適用を受けていないことから，内縁
関係とみなされた．加えて，正規の婚姻ではなく内縁関係を意図的に選択する
ヨーロッパ系女性と原住民男性の存在も認識されるようになっていた．こうし
た内縁関係から生まれた子は，ヨーロッパ人としての法的地位を母から継承す
る．それが華人男性との間の子であれば，弁髪を避け，西欧式の服装で生活す
ることで，ヨーロッパ人として生活していくことが可能になったのである．

　統計にはあがらないものの，このような内縁関係は相当程度にのぼるものと
推測されていた．1883年の植民地報告ではヨーロッパ人女性と原住民男性と
の婚姻として77件が報告され，これまでとは異なる婚姻規則の必要性が言及
されていた．こうした状況を背景として東インド政庁はヨーロッパ人と原住民
との婚姻規則の制定が必要であるとの認識に至る[18]．1887年，政庁は東インド
法律家協会の会員2名に新たな婚姻規則の必要性を諮問した．

　オランダの初期イスラム研究を代表する存在で，オランダ領東インド法律家
協会の設立者の一人でもあったファン・デン・ベルフ（Van den Berg）は，
1887年6月の協会総会において東インドでのヨーロッパ系住民と原住民との
関係について次のような認識を示していた[19]．

　　現在では，1848年には想像もできなかったことであるが，東インドの印
　　欧人女性もしくは純血（純粋）のヨーロッパ人女性（volbloed-europeesche
　　vrouwen）が，原住民もしくは外来東洋人へと移行しているのを数多くみ
　　ることができる［Nederburg 1899 : 13］．

　彼は，ヨーロッパ人女性を印欧人女性と「純血のヨーロッパ人女性」とに区
分し，前者を「法的擬制（rechtsfictie）」としてのヨーロッパ人とみなした．印
欧人女性は内縁関係から生まれ，認知によりヨーロッパ人の身分を取得したと
ファン・デン・ベルフは指摘し，「偽の（onechte）」ヨーロッパ人女性とみなし
ていた．彼女たちは「人種を分かつ境界線上に暮らしており」，これらの女性
が原住民男性との婚姻を通して原住民社会に融け込んでいくことは容認される．
原住民社会に融け込み，もはやヨーロッパ人とはみなされなくなるような状態
は東インドで「融解（oplossing）」という言葉で表現されていた．これに対し，
「純血のヨーロッパ人女性」は保護の対象と位置づけられ，その手段として異
なる住民集団間の婚姻規則の必要性が提起された［De Hart 2001 : 63-64］．

　1880年の時点では，東インドのヨーロッパ人女性の割合は，ヨーロッパ人

男性 1000 人に対して 472 人，そのうち東インド領外で生まれたヨーロッパ人女性は 123 人であった．スエズ運河の開通によりオランダ本国と東インドとの航路は短縮され，加えて汽船の発達により本国から東インドに到来するオランダ人の数は増加していたこともあり，1900 年にはヨーロッパ人男性 1000 人に対してヨーロッパ人女性は 636 人（領外出生数 173 人），1930 年にはヨーロッパ人男性 1000 人に対して 884 人（領外出生数 582 人）と男女比は徐々に改善するものの，協会の総会がおこなわれた 1889 年時点では「純血のヨーロッパ人女性」の比率が圧倒的に少ない状況が存在していた [Locher-Scholten 2000a：45]．

　法律家協会の他の会員の間には，異なる見解も存在していた．アベンダノン（Abendanon）は，ファン・デン・ベルフとは反対にヨーロッパ人と原住民との婚姻に際しては，原住民がヨーロッパ人の法的地位に移行することが望ましいと考えていた[20]．東インドでのヨーロッパ系住民の人口増を促進するためにも両者ともにヨーロッパ人とみなすべきであり，彼らが原住民集団に押し戻されるべきではない，というのが彼の見解であった．司法局長官を務めていたスティッベ（Stibbe）も「低い階層」の者が「高い階層」の者にしたがうのが適切であると考えていた [De Hart 2019a：15]．

　アベンダノンの意見に対して，法律家協会会員の他の会員は次のように反論した．

　　ヨーロッパ人女性と原住民との婚姻では，状況は異なる．社会的観点からは，彼女はヨーロッパ人の地位，その特権，文明を放棄するのだ．〔略〕私の考えるところでは，妻は夫の公法および私法上の地位にしたがい，子は父の地位にしたがう，ということになる [Handelingen 1887：27]．

　ヨーロッパ人と原住民との婚姻規則制定については，新聞（De Locomotief）も協会の様子を伝える記事を掲載している．記事は，妻は夫の法的地位にしたがうというヨーロッパの婚姻規定を東インドに導入する誤りをファン・デン・ベルフがおかしていると指摘し，「支配者としての観点からも，より文明化された国民（meer beschaafde natie）としての観点からも間違っている」と述べる．

　　ヨーロッパ法は言うまでもないが，より高度でより良い法が，より低い劣った法，原住民の法のようなものに道を譲るということは，社会の進歩の法則（de wet der ontwikkeling van de maatschappij）に反している．われわ

れが〔原住民社会に〕降りていくのではなく，原住民社会をわれわれのレベルに高めていかねばならない〔De Locomotief 24 Juni 1887〕

こうした批判が寄せられたものの，ファン・デン・ベルフの提案は法律家協会で多数の支持を受け，東インド政庁は法律家協会の提案をもとにヨーロッパ人と原住民との婚姻規則を制定することになる．婚姻規則検討のために設けられた委員会は，ファン・デン・ベルフの認識を共有していた[21]．

原住民もしくは外来東洋人と婚姻する東インドのヨーロッパ人女性は，たいてい結婚相手の男性よりも，文明と進歩 (beschaving en ontwikkeling) の段階が劣り，婚姻以前に既に事実上その男性の属している社会に完全に移行している．

彼らが共有していた懸念は，必ずしも過剰反応といえないものがあった．やや時代は下るが1922年サパルア島居住のマリア・デ・Hに関する記録は，典型的な「融解」の例として東インドの法律雑誌で紹介されている〔Bertling 1926〕．

ヨーロッパ人の出自であるマリアは，市場での魚売りとヤシ酒の密売で生計を立てていた．原住民男性と内縁関係にあり，それは自身と子がヨーロッパ人の法的地位を保持するため意図的に選択されたものと報告されている．子どもの初等学校の進学にとってヨーロッパ人の法的地位は有利に働くからである．本人はヨーロッパ人であると主張していたものの，伝統家屋 (ルマ・ガバガバ) に住みオランダ語をひと言も話さない，と彼女の日常的な生活の様態が裁判所の記録に残されていた．

東インド統治の根幹にあるのは，分割統治であり，そのためにはヨーロッパ人と原住民との境界を維持することが常に意識されていた．ファン・デン・ベルフや委員会報告の認識の背景には，圧倒的な人口の原住民社会に混血の印欧人女性は飲み込まれ，融け込んでいく (融解) イメージが存在していた．加えて，ヨーロッパ人女性をイスラムの許容する「重婚」から保護し，一夫一婦制を堅持する必要性も共有されていた〔De Hart 2003：85〕．

委員会の検討を経て，1896年「異法婚規則」が制定される (1898年施行)〔De Hart 2003：87〕[22]．「異法婚規則」の制定は，植民地権力による「異法婚」の定義が初めて与えられることを意味した．規則の第1条は，東インドにおいて「異

なる法（verschillend recht）」が適用され
る者相互の婚姻を「異法婚」と定めた．
'gemengde huwelijk' という言葉から
オランダ本国でみられた「異なる宗派」
間の婚姻という意味が取り去られ，か
わって「異なる法」に服する者相互の婚
姻という要件が上書きされたのである．

　「異法婚」として，どのような婚姻が
想定されていたのか．例としてあげられ
ていたのは次のような婚姻であった．東
インドに居住するオランダ人とフランス
人との婚姻は，「ヨーロッパ人」相互の
婚姻であり，ヨーロッパ人に対しては東
インド民法の婚姻規定が適用されるため
「異法婚」には該当しない［Nederburgh

**図3-1　ジャワの印欧人夫妻**
（出所）Charles & van Es. 1905年頃の撮影．
ライデン大学デジタルコレクション
（KITLV156282）．

1899：16］．これに対し，ヨーロッパ人と原住民との間の婚姻，あるいはヨー
ロッパ人と華人との間の婚姻は，異なる法が適用される住民による婚姻である
ため，異法婚規則の適用対象となる．このような解説がなされていた．

　異なる「人種」ではなく，異なる「法」が基準とされたのには東インド特有
の事情が反映したためであった．異なる住民集団間の婚姻の基準に人種を採用
するには，東インドではあまりにも混血が進みすぎていて不可能であった（図
3-1）．かといって，政教分離を背景とした世俗的婚姻規定を導入した後に，政
教分離以前の宗教を基準とする婚姻規定を復活させるわけにもいかない．「異
なる法」の背景に想定されていたものは，一夫一婦制に基づくオランダの婚姻
法と，一夫多妻を容認するムスリム婚姻法，あるいは内縁関係や相続で独自の
慣習を維持する華人との相違であった．

　続く第2条では，「異法婚」をした女性は，「婚姻の成立にともない公法及び
私法上，夫の身分に従う」とされ，「ヨーロッパ人」としての法的地位から
「原住民」もしくは外来東洋人の地位に移行することが定められた．第3条は
女性が「異法婚」解消後もその地位を保持すること，第4条は，「異法婚」に
より喪失した女性の地位の回復について定めている．女性の法的地位の変更は，
私法上のみならず公法上の地位（「国籍」）にも及ぶことが想定されていた

[Nederburgh 1899：21].

　アベンダノンが懸念したように，ヨーロッパ人と原住民との「境界線上」に位置する混血ヨーロッパ人女性は，原住民との婚姻によりヨーロッパ人社会から離脱し，原住民として生きていくことを強いられた．しかし「純血のヨーロッパ人」であっても実は状況に大きな相違はなかった．アウフスタ・デ・ウィト（Augusta de Wit）は 1903 年に著した『待ち望む女神』のなかで，中部ジャワの原住民社会のなかで生活するヨーロッパ人集団の状況を次のように描いている．

> 　純血のオランダ人はもはや精神の上では純粋のオランダ人ではない（volbloed Hollanders, waren geen vol-geest Hollanders meer）．彼らの身体とくたびれた表情は淡い黄色でおおわれ，ゆったりとした動作，日々の衣装，それらは彼らの魂の脱民族化（denationalisatie hunner ziel）のあらわれであって，東インドでの長い年月のなかでできあがっていったものである．そこでは東インドの運命論的考えが西洋の意思に取って代わってしまったようだった ［De Wit 1903：171］

　官公庁や私企業のみならず，ヨーロッパ人によるクラブやソサエティが存在し活動しているバタフィアのような都市部を別にすれば，プランターが拠点とするような遠隔の地では「ヨーロッパ人」であることを維持し続けるには多大な労力と注意が必要とされた．ファン・デン・ベルフの危機感は東インドの現実に裏打ちされていたのである．

　さらにヨーロッパ人女性は原住民男性との婚姻によりヨーロッパ人から原住民へと法的地位が移行する一方，ヨーロッパ人男性は原住民女性との婚姻によりその法的地位に変更は生じず，原住民女性がヨーロッパ人の地位に移行する．ヨーロッパ人男女，原住民男女それぞれの間で生じる法的地位の非対称性がこの婚姻規則を貫く特徴を成していたのである ［De Hart 2019a：15-17］．[23]

　しかしながら，ヨーロッパ人男性と原住民女性との婚姻では，原住民女性がすべてキリスト教に改宗したわけではない．現実には，原住民女性がキリスト教に改宗することもなく挙式した事例も存在していた．「異法婚」規則の原則は，あくまでも「異なる法」が適用される者同士の婚姻であり，宗教を基準とした婚姻ではないのである．この点は，1901 年に「異法婚」規則が修正されることでより明確に強調されることとなった．例えば，ヨーロッパ人男性と婚

姻する原住民女性には，イスラム法が適用されるのではなく，アダット法の適用を受けると解釈することによって改宗の問題に触れずに婚姻の可能性が確保された．このことは，ヨーロッパ人男性にとって原住民女性との婚姻障害を取り除く必要性が急務であったことを示している [De Hart 2019a：16-17].

　1898 年の「異法婚規則」制定後，インドネシア独立に至るまでの約半世紀の間に生じた「異法婚」の正確な件数については詳らかではない．ヨーロッパ人男性と原住民女性との「異法婚」については，植民地報告あるいは残された民事身分登録簿の婚姻登録からたどることができる．1917 年から翌年にかけての民事身分登録簿から，バタフィアで登録された婚姻記録のうち「異法婚」と明確にわかる事例をいくつか引いてみよう．原住民キリスト教徒女性との婚姻は，厳密には「異法婚」には該当しないが，婚姻にともない女性が改宗することがあるためここで引用する．

　　1917 年 12 月 12 日，カレル・リチャード・メーナーと原住民キリスト教
　　徒女性のミナ，洗礼名クリスティナ
　　12 月 27 日，イェリス・ムルダーと原住民女性のムルキ
　　12 月 29 日，ヤン・コルネリス・ロッカーと華人女性のウン・スム・ニョ
　　ン[24]

　ヨーロッパ人男性の「異法婚」の対象となった原住民女性及び華人女性の記録からは，キリスト教徒，あるいは挙式に際してキリスト教に改宗した人物が含まれていることがわかる (図3-2)．これら「異法婚」対象が原住民キリスト教徒女性である場合，教会において挙式のおこなわれることが常であった．

　これに対してヨーロッパ人女性と原住民男性との間の「異法婚」については，詳細は明らかではない．既婚ヨーロッパ女性のうち，異法婚によるものは 19 世紀末で全体の 2 ％程度であったとの報告がある．1920 年代から 1930 年代には異法婚の数は増加するものの，留学によるオランダ本国滞在中の原住民（華人）男性との婚姻が目立つようになる [Locher-Scholten 2000：195]．「異法婚」規則制定時に主として想定されていた困窮したヨーロッパ人女性と原住民男性との事例については，とりわけ詳細は不明である．比較的資料の残されているものは，後に触れるように，教養と財産を備えた「原住民」男性と教養のあるオランダ人女性との婚姻のケースである．

```
 8/12—1917  Karel Anton van der Veen met Cornélie Augusta van der Hart.
12/12—1917  Karel Lodewijk Honken Ogelwight met Josephine Ripassa.
12/12—1917  Karel Richard Mehner met de Inlandsche Christenvrouw Mina,
            bij den doop genaamd Christina.
13/12—1917  Theodor Opheij met Hendrika Gerarda Burger.
20/12—1917  Johan Frederik Deibert met Paulina Marie Wilhelmina van
            der Valk.
21/12—1917  Willem Baars met Christine Frédérique Vosmaer.
22/12—1917  Hendrik Wilhelm Mosselman met Betsy Johannes.
22/12—1917  Valentijn Catharinus Marialdus Gerrits met Johanna ter Wal.
24/12—1917  Henry George Adena met Janke Augusta Fernande Françoise
            Schäffer.
24/12—1917  George Herman Alexander Hoedt met Sophie Cornélie Winkler
            Prins.
27/12—1917  Jelis Mulder met de Inlandsche vrouw Moerki.
29/12—1917  Jan Kornelis Lokker met de Chineesche vrouw Oen Soem Njong.
29/12—1917  Johan Henning Diederiksz Kim met Maria Roijers.
 2/ 1—1918  Johan Joseph Jacobs met Constantia Amalia Weber.
 2/ 1—1918  Johan Frederik Zick met Martha Dijkstra.
 2/ 1—1918  Martinus Johannes Schram met de Inlandsche vrouw Mina.
 2/ 1—1918  Ulrich Coldenhoff met Stephanie Albertine Blok.
 2/ 1—1918  Steven Thomas met Helena Elisabeth King.
 2/ 1—1918  Julius Marthinus Benjamins met Helena Jacoba Theodora
            Westhoff.
 3/ 1—1918  Karel Gustaaf Davans met Eugenie Hereman.
 3/ 1—1918  Dirk Berendsen met Dolly Keasberry.
```

**図 3-2　バタフィアの婚姻登録簿に記載された夫妻の氏名**

（出所）民事身分登録簿 [Burgerlijke stand 1919].

## 6. 内縁関係の一側面

　「異法婚」に関する検討を終える前に，東インドで広範に存在した内縁関係についても再度触れておこう．東インド会社の時代から 20 世紀初頭に至るまで，会社の幹部やキリスト教宣教師による度重なる非難にも関わらず，内縁関係は東インド社会において常態化していた[25]．その背景に，婚姻対象となる原住民キリスト教徒女性の数の問題があったことは既に触れたとおりである．他にも，内縁関係を通じてオランダ人男性の東インド定住を促すことも想定されていたようである．「ニャイ」と呼ばれた内縁相手は，東インドに移住してきた男性にとって，身の回りの世話をしてくれる相手というだけではなく，現地社会のインフォーマントとしての役割を担っていたと評価されている．

　近年のポスト・コロニアル研究は，こうした内縁関係の多様な側面に着目し，研究も進展している[26]．だが，極めて私的な「内縁」という形態による性質上，その実態を詳細に掘り下げることは容易ではないようである．東インドの内縁関係は，私法（婚姻法）の保護する私的領域の外部に位置しつつ，同時に社会

的に一般化 (顕在化) するという逆説的な現象として立ち現れてくる.

　ここで，内縁関係の一側面を 19 世紀の「平均的家庭」とされるブルヘメース
トレ家の系図をもとにたどってみよう [de Neve 2009：126-133：2010：11]．18 世
紀にゼーラント州から東インド会社の軍事要員として移住してきたディーデリ
ク＝クリスチアーン・ブルヘメーストレ (Diederik Christiaan Burgemeestre：1734-
1802) は，氏名不詳の華人女性との内縁関係より子をもうけている．クリスチ
アーン＝ジョージ (Christiaan George Burgemeestre：1777-1835) という名を与えら
れたこの子は，ディーデリク＝クリスチアーンにより認知されたこと，母にあ
たる華人女性については名前すら残されていないことがわかる．このクリスチ
アーン＝ジョージも，マニス (Manis) という名のジャワ女性との間に二人の子
をもうけている.

　内縁関係から子をもうけた場合，婚姻をする，内縁関係を継続する，あるい
は内縁相手を原住民の村に返すといった可能性が存在したようである．認知さ
れなかった子は，原住民とみなされたため，父による認知は内縁関係から生ま
れた子にとって極めて重要であった.

　クリスチアーン＝ジョージの孫にあたるヨハネス＝ジョージ (Johannes George
Burgemeestre：1855-1886) も，ラミラという名の原住民女性との内縁関係から四
人の子をもうけたが，四人目の子 (女子) が生まれる前にヨハネス＝ジョージ
は亡くなったため，この子を認知できなかった．ヨハネス＝ジョージの父ディ
ーデリクは，孫娘を娘婿の兄弟の養子とすることでこの子にヨーロッパ人の法
的地位を取得させた．だが，内縁関係から生まれた子が父から認知されたケー
スが常態であったわけではない．多くは遺棄され，原住民として現地社会で生
涯を過ごしたようである [Der Veur 1954：124].

　ブルヘメーストレ家の内縁関係は，ヨーロッパ人男性と原住民女性あるいは
華人女性との内縁関係であったが，植民地社会が最も懸念していた形の男女の
関係が，ヨーロッパ系女性と原住民男性あるいは華人男性との間の内縁関係で
あった．後者の内縁関係として当時の東インド社会で広く知られたものとして，
華人男性ラウ・テク・ロク (Lauw Tek Lok) とヨーロッパ女性フランシスカ・
ルイサ・ゼハ (Francisca Louisa Zecha) との内縁関係をあげることができる.

　二人の内縁関係を伝えた新聞記事 (Bataviaasch Nieuwsblad) によると，ラウ・
テク・ロクはメーステル・コルネリスのリュイテナント (Luitenant) の家系の
出であり，フランシスカ・ルイサ・ゼハの出自については触れられていない.[27)]

ラウ・テク・ロクにとってフランシスカ・ルイサ・ゼハは「中国の観点からは第二の地位の女性〔第二夫人〕とみなされ，ヨーロッパの観点からは内縁関係にある」と説明されていた[28].

　この内縁関係が広く知られることとなったきっかけは，1882年4月28日ラウ・テク・ロクが死去したことにより遺産相続が問題となったためであった．ラウ・テク・ロクは，遺言でフランシスカ・ルイサ・ゼハを第二夫人（tweede vrouw）と呼んでいたものの，相続については遺言を残さなかったようである[29]．記事によると「中国の法律」では第一・第二夫人の別なく男子には均等相続が認められ，女子には相続が認められていない．そのため，ラウ・テク・ロクと華人女性（第一夫人）との間に生まれた男子に加え，フランシスカ・ルイサ・ゼハとの間に生まれた男子も相続の権利を有するものとみなされた．相続における男女の子の間の不平等は，華人がヨーロッパ法の適用を受ける際に相続法を適用外とする主要な理由をなしており，ヨーロッパ人と華人の法的地位を分ける核のひとつとみなされていた［Fromberg 1903；Wertheim 1997：17-19］．

　記事は，「中国の理解に基づけば華人男性とヨーロッパ人女性の婚姻から生まれた子，オランダの考えによれば婚姻外から生まれた子は，華人集団に属すのか，あるいはヨーロッパ人集団に属すのか」と整理し，興味深いことに裁判所の判断が分かれたことを伝えている．バタフィアの地方裁判所（Raad van Justitie）がラウ・テク・ロクとフランシスカ・ルイサ・ゼハとの子を華人とみなしたのに対し，高等法院（Hooggerechtshof）はヨーロッパ人との判断を示していた．

　それぞれの判断がどのような根拠に基づいていたのか，記事は詳細を伝えていない．ただ，記事では子が出生時点で「ヨーロッパ法にしたがって民事身分登録をおこなっていた」ことが指摘されているものの，むしろその後に起こった子の後見をめぐる複雑な展開を追うのに記事の主眼は置かれていた．ラウ・テク・ロクとフランシスカ・ルイサ・ゼハとの子が出生時点からヨーロッパ法の適用を受けていた事実を高等法院は重視したことが想像できる．

　東インドにみられた内縁関係の存在は，異法婚規則によって婚姻したヨーロッパ女性と必ずしも無関係ではなかった．1930年代には本国のみならず東インドも舞台として，異法婚を望むヨーロッパ人女性に対する啓発活動が展開される．異法婚がもたらす婚姻生活の困難さ，内縁関係の受忍や簡便な離婚の危険性は，「法的，道徳的，社会的，宗教的，そして人種的理由により広範な

ヨーロッパ人団体」により訴えられるようになる [Locher-Scholten 2000 : 195].[30] ヨーロッパ人女性を一夫多妻制から保護するという目的を達するため，1937年にすべての住民集団を対象とする婚姻法法案が示されるものの，ムスリム諸団体からの強い反発に加え東インド政庁と本国植民地省との連携不足もあり，1938年に法案は撤廃されることとなった.[31]

## 7．オランダ人男性と「原住民」女性との「異法婚」の事例
### ——ワルラーフェンとイティ

　ここで比較的記録の残された「異法婚」の事例を二つ取り上げてみたい．異法婚の具体的な事例の検討からは，それぞれの婚姻の背後に潜む人種，ジェンダー，階級といった側面を浮かび上がらせてくれる.

　ウィレム・ワルラーフェン（Willem Walraven）は1887年にオランダのディルクスラントに生まれ，1943年に日本占領下ジャワの収容所で亡くなった．1915年にジャワへ移住した後，彼はオランダ本国の家族や知人に宛てて定期的に手紙を送っていた．1966年に編まれた彼の書簡集には，東インドでの生活のあらゆる側面についてワルラーフェンが見聞きし，考えたことが直截に記されている．とりわけ，彼が伴侶としたスンダ女性イティ（Iti）との生活をめぐる様々な記述からは，ワルラーフェンの「原住民」女性，ひいては東インドの原住民全般に対する率直な考えを読み取ることができる．さらに，二人の間に生まれた混血の子供に関する記述には，結果的にオランダ人と印欧人の相違に関する彼の考えが凝集した形で表れている.

　ワルラーフェンは，当初オランダからカナダ，次いでアメリカへの移住を試みていた．この移住に失敗し，オランダに一時帰国した後の1915年東インドに渡航する．軍務に2年間従事した後に，製油会社の会計補佐として働き始めた．後にはジャーナリスト，文筆家として生計を立てるようになる．彼は，軍役の間に知り合ったスンダ女性のイティと1918年に同棲を始め（内縁関係），翌年に娘をもうける．ワルラーフェンは，内縁関係から娘をもうけたことを職場の上司に報告した際に，彼から娘を認知するのではなく養子にするよう勧められたことを記している.

　　彼〔職場の上司〕によれば，今の時点では子供は原住民の子であり，私が守

護天使のように，誰のものともわからない原住民の子を憐れみ，養子に迎え，名前をあたえるのだ．自分はなんという善きサマリア人なのか．実の子を孤児あるいは捨て子のように引き取るなんて，いったい誰が思いついたのか［Walraven 1992：47］．

認知は子の血縁上の父親であることを前提としているが，養子であれば遺伝的つながりの有無は問わない．上司のアドバイスには，暗黙の前提として公の領域では原住民女性との微妙な社会的距離を保つことがあったのかもしれない．結局，ワルラーフェンは上司のアドバイスには従わず娘を認知し，イティと正式に婚姻をする．彼は，原住民の婚姻に対する考えについて，彼らが「民事身分登録などという考えを持っておらず，そのことに何の価値も見出していない」と指摘している．婚姻に対する「彼らの立場は純粋に自然なもの」とされている．

子には父と母がいて，そのどちらもが子どもの世話をしなければならない．これをしないのであれば，彼らはただ悪い〔親である〕．婚姻についての彼らの哲学は，これ以上のものでない［Walraven 1992：46］．

原住民の妻との生活から，彼はヨーロッパ人が感じる「愛」を彼らが感じていないという印象を抱いたらしい．イティがワルラーフェンに心を開くには相応の年月を要したと彼は記している．

「愛」は彼女がはるか後に学んだものだ．彼らはわれわれの呼ぶところの「愛」の意味についてほとんど知らない．彼らはそこにあるロマンティックな感情も，そこから生まれる幸せも知らない［Walraven 1992：354-355］．

彼らの婚姻は周囲にどのように受け止められていたのだろうか．イティとの婚姻はワルラーフェンにとって幸福とともに疎外感をもたらすものだった．彼は，自らの婚姻に対する東インドのヨーロッパ系社会の反応について書いている．

トトク（純血）として東インドで原住民女性と暮らしていくのはそう簡単ではない．あらゆる抵抗に出くわすし，いたるところで排除され，侮辱と屈辱を経験する．それも，公衆の最善の人たちからではなく，ごく普通の印欧人からなのだ．まずは東インドの白人，特に女性だ．なにも言わない

**図3-3　ワルラーフェンと家族**
（出所）ジャワのプリンビンで 1941 年撮影．向かって右から二人目が彼の妻
イティである．ライデン大学デジタルコレクション（KITLV114286）．

　が，そのような婚姻を大いに非難する人も多くいる．だから結婚のことが
話題になるととても敏感になり，不愉快になる［Walraven 1992 : 859-860］．

　ワルラーフェンは妻との間に 8 人の子をもうけた（図3-3）．しかし，彼は，
「子どもたちは外国人のようである」と，自分自身と子供の間に越えられない
溝が存在することを手紙に記している．ヨーロッパ人であるワルラーフェンと
印欧人である子の相違は，そのまま「ヨーロッパ人」と「印欧人」という社会
集団の相違として理解されていた．

　私の子は印欧人だ，われわれ「純血の（volbloed）」オランダ人のように生
　活を楽にしていくようなことをしない．私の子は私のようには決してなれ
　ない．私のように世間を渡り歩いたり，友人をつくり，人間関係を築いた
　りすることはできない．彼らは私のできるような仕事を決してできないだ
　ろう．彼らは真の西欧人（echte Westerlingen）でない，あらゆる点で遅れ
　ている．彼らはそのことで不平を言う．それは正しい場合も誤っている場
　合もある．だが，これらは事実であり，心にとどめておくべきことだ．そ
　のことを理解するためには東インドとその人々を知らねばならない．そう
　すれば，東インドが西欧の国民（Westersche natie）に治められている限り，

　　彼らは常に二流の立場（2de rangs）にあることを直ちに理解するだろう
　　［Walraven 1992：274-275］

　印欧人に対するワルラーフェンの見解は，自らの子を含めて容赦ない．「このばかげた植民地の暮らしの大きな悲劇は，とにもかくにも愚かな印欧人の存在である」といった発言には，印欧人から自らの婚姻を侮蔑されたことに対する強い反発が込められていたのかもしれない［Walraven 1992：638］．

　ワルラーフェンは印欧人がヨーロッパを訪ねたこともないのにほとんどの者が自らを「ヨーロッパ人」であると強調することを虚栄とみなしていた．彼は，これら印欧人の態度を「擬似ヨーロッパ人性（pseudo-Europeaanschap）」と呼んでいる．彼にとって「印欧人は両方の人種の悪い要素を混ぜたもの」と考えられていた［Okker 1993：87］．ワルラーフェンが法律家協会でのファン・デン・ベルフの発言を知っていた様子はうかがえない．だが，印欧人に対するワルラーフェンの見解は，ファン・デン・ベルフの印欧人に対する見解と見事なまでに一致する．

　現在の観点からすれば，原住民と印欧人に対するほとんど差別的とも言ってよい見解にも関わらず，彼個人はイティとの婚姻を幸福に感じていた．ワルラーフェンによりオランダ語をはじめとする読み書きを習得し，家計の切り盛りも上手にこなす彼女に満足感を示した箇所も書簡には多く見られる．同時に，ワルラーフェンのイティへの言及の背後に家父長制的な姿勢が見え隠れする点にも注意すべきだろう．

　ワルラーフェンとイティとの「異法婚」は，法とどのように係わっていただろうか．残された手紙には，彼らの挙式について触れられた箇所はない．だが，ワルラーフェンも異法婚規則にしたがっていずれかの市町村の婚姻委員会に婚姻届けを提出し，その記録が民事身分登録簿に記載されたはずである．書簡には，イティがキリスト教に改宗したことを示すような記述はないことから，登録簿にはワルラーフェンと原住民女性イティと簡潔に記載されたことだろう．

　婚姻の成立にともなって，イティの法律上の地位は夫にしたがうこととなった．この法律上の地位の変更は，東インド統治法により定められていた「ヨーロッパ人」と「原住民」という法的地位のみならず，オランダ国籍法の定める地位にも及んだ．イティは東インドにおいて「ヨーロッパ人」の法的地位を取得することとなり，同時に国籍法の定めるところによりオランダ国籍を取得し

たはずである.

ワララーフェンの結婚生活は, 日本軍によるジャワ占領により断ち切られてしまう. インドネシア独立後に寡婦となったイティが印欧人である子供とともに「オランダ人」としてオランダへ移住したことは, この婚姻にともなう法律上の地位の変更が前提となっていた.

## 8. オランダ人女性と華人 (外来東洋人) 男性との「異法婚」の事例
### ——エイダとホク

ワララーフェンとイティの婚姻は, 「純血 (トトク)」のヨーロッパ人男性と原住民女性との「異法婚」であり, 東インドではそれほど珍しくない婚姻であった. さらに, 「異法婚」規則制定時の議論で検討されたヨーロッパ人女性と原住民男性との「異法婚」は, 実際には東インド生まれの印欧人女性と原住民男性との婚姻が想定されていた. だが, 事例としては多くないものの, トトクのオランダ人女性と原住民男性との婚姻も確認できる.

ここで紹介する二つ目の事例は, タン・シン・ホク (Tan Sin Hok) とエイダ・スヘーペルス (Eida Schepers) 夫妻の婚姻である[32]. ホクは東インドに土着化した華人 (プラナカン) で, エイダはオランダ生まれオランダ育ちの純血 (純粋) のオランダ人, いわゆる「トトク」である. 彼らの婚姻についても, ワララーフェンと同じように, オランダ本国に住むエイダの家族に宛てた書簡が残されており, それらの書簡からは彼らの婚姻と関係する植民地社会の様々な面をうかがうことができる.

幼くして父を亡くしたホクは叔父に引き取られ養育される. 父の残した遺産を相続したことにより彼は 1919 年 17 歳の時にオランダ本国へ留学し, デルフト工科大学の前身となる教育機関で鉱物学を学び博士号を取得した. オランダへ留学する華人の数は, 20 世紀初頭は 50 名程度であったが, 第一次世界大戦後には約 150 名と急増する [Stutje 2015 : 521]. ホクもその一員であった. 1928 年, ホクは留学中に参加したパーティーでエイダ・スヘーペルスと出会い, 彼らは翌年結婚する (図3-4). 挙式から数日後, 2 人は東インドに向けて旅立った.

ワララーフェンの「異法婚」は, オランダ人である彼自身の法的地位の変更をともなわなかった. これとは対照的に, エイダの「異法婚」は彼女の法的身

**図 3-4　エイダとホクの挙式写真**

(出所) 1929 年撮影. リサ・タン・スヘーペル
氏提供.

分に及ぼす影響が大きく，夫であるホク
にも関係するところが大きかった．この
ことは，ホクとエイダの書簡にしばしば
法的地位をめぐる記述を確認できること
からも推察できる．

　東インドの華人は「外来東洋人」と呼
ばれる法的集団に区分されていた．エイ
ダはトトクでありながらこの婚姻を通じ
て，東インドにおいては外来東洋人とみ
なされることになる．夫が原住民の法的
地位に属する「異法婚」のケースでは，
婚姻にともない妻の法的地位が原住民に
移行することを避けるために内縁関係に
とどまる事例が存在したことはすでに指
摘したとおりである．

　他方，それとは異なり，婚姻前に原住
民男性がヨーロッパ人の法的地位を取得
することもわずかながら存在していた．
ヨーロッパ式の教育や生活様式にあることを示す書類を東インド総督に提出し，
申請が認められると官報に氏名が記載され以後は法律上ヨーロッパ人として同
等視される．このような手続を経てヨーロッパ人の地位を取得した人々は，
「官報上のヨーロッパ人」と呼ばれた[33]．

　ホクとエイダは東インド到着後の 1929 年 7 月に居住登録のためバンドゥン
の市役所を訪れている．エイダの手紙にはその時の様子が記されている．

　　ホクの名前の後に「戸主（"hoofd" van het gezin）」，私の名前の後に配偶者
　　（echtg.）と記入することはとても身が引き締まる感じだった．私は膨大な
　　書類に記入しなければならず，それにはホクがヨーロッパ人と同等視され
　　ているかどうかについての書類もあり，「同等視されている」にチェック
　　した．しかしホクは，それは違うと指摘した．とにかく，私はそのことが
　　大事に至るとは思わない[34]

　この手紙からは，エイダが東インドにおける法的住民区分について十分理解

した上でホクと婚姻を挙げたわけではないことがうかがい知れる．あるいは，婚姻に際してホクがこのことをエイダに詳しく説明していなかったことは確実である．だが，幼少の頃からオランダ人子弟を対象とする学校で教育を受け，デルフトで博士号を取得し，ケルンの研究所で勤務した経験を有するホクを，現実の法的地位は異なっていたとはいえ，ヨーロッパ人と同等視された者とみなすほうが自然だったのかもしれない．

　ワルラーフェンの婚姻が東インドのヨーロッパ人社会において好意的に受け止められていなかったのと同様の反応が2人の婚姻についても存在していた．

> 　彼女〔エイダの知人〕は初め私達の婚姻について悲観していたのだが，ホクが教育を受けていることを知って懸念も薄れたと言っていた．今や彼女たちの懸念もまったく和らいだと思う．なぜなら彼女は「あなたの夫はあなたをとても愛しているのよね．あなた達のことをあれこれ気にしている人たちのことをあなたどう思うの」と言っていたから[35]．

　ホクとエイダの婚姻は，ヨーロッパ式教育を受けた華人とオランダ人女性——エイダ自身ライデン大学で文学専攻の学生だった——との婚姻だったこともあり，東インドのヨーロッパ系社会の中でも比較的教養のある人物との交友関係の中で受容されていった．植民地社会の階級のなかで，彼らは上層に属す夫妻だったのである．そのことがワルラーフェンの婚姻とは異なる対応を周囲から引き出したことは容易に想像できる．

　オランダで高等教育を受けオランダ式の生活様式に馴染みながらも，ホクはヨーロッパ人の法的地位を取得すること（同等視）に対して当初強い関心がなかったようである．自らの生活に「東洋の要素（Oosterse element）」が強く残っていると彼は感じており，その出自にこだわりを持っていた．彼の生誕から成人までの時期は，東インドの華人の間で民族意識が高揚する時期と軌を一にしている．「ホクはオランダ人になることをまったく望んでおらず私はそのことをとても幸せに思っている」とエイダが手紙で記しているように，ホクはヨーロッパ人との同等視を望まず，エイダもその選択を肯定的にとらえていた[36]．

　だが，ホクは最終的にヨーロッパ人の法的地位を取得することになる．その理由は極めて実利的なものだった．バンドゥンの研究所で働くホクは，東インドの公務員として長期休暇（verlof）の制度を利用することができた．これは，3年から5年程度の勤務の後，オランダ本国での半年あるいは1年間の休暇を

| No. 439, 1936 | | 2 |
|---|---|---|
| Doorloopend nummer | Namen | Woonplaatsen |
| 9 | Leang San (Leunard) Tjia. | Amboina. |
| 10 | Leang Hoo (Herman) Tjia. | als voren. |
| 11 | Sien Tjo Kho. | Malang (Oost-Java). |
| 12 | Jenny Kho. | als voren. |
| 13 | Thing Nio Kho. | als voren. |
| 14 | Kiep Nio Kho. | als voren. |
| 15 | Poe Nio Kho. | als voren. |
| 16 | Siem Khway Kho. | als voren. |
| 17 | Siem Phan Kho. | als voren. |
| 18 | Siem Wat Kho. | als voren. |
| 19 | Hwat Bo Tan. | Bandoeng (West-Java). |
| 20 | Johan Albijn Panambunan. | Onderneming Laras (Oostkust van Sumatra). |
| 21 | Lientje Kegelmann. | Medan. |
| 22 | Tjin Sioe Be. | Garoet (West-Java). |
| 23 | Hanna Marliesa | Tenanggoeng (Midden-Java). |
| 24 | Jet Bong. | Batavia-Centrum. |
| 25 | Hok Gie Oh. | Blitar (Oost-Java). |
| 26 | Liang Seng Oh. | als voren. |
| 27 | Siong Nio Ada Ong. | als voren. |
| 28 | Kian Hian Jap. | Tjimahi (West-Java). |
| 29 | Elisse Jap. | als voren. |
| 30 | Lilian Jap. | als voren. |
| 31 | Giok San Nio Oey. | als voren. |
| 32 | Dr. Ir. Sin Hok Tan. | Bandoeng (West-Java). |
| 33 | Axel Siang Tjoen Tan. | als voren. |
| 34 | Lisa Hsi Ch'un Tan. | als voren. |
| 35 | Anna Johanna de Queljoe. | Amboina. |
| 36 | Piet Jantje Christoffel de Queljoe. | als voren. |
| 37 | Tjing Giam The. | Magelang (Midden-Java). |

| | 3 | 1936, No. 439 |
|---|---|---|
| Doorloopend nummer | Namen | Woonplaatsen |
| 38 | Sie Poo The. | Magelang (Midden-Java). |
| 39 | Sie Hoen The. | als voren. |
| 40 | Giok Hwa Nio The. | als voren. |
| 41 | Thiam Lok Nio Ong. | als voren. |
| 42 | Wilhelmina Tarumaselej. | Semarang. |
| 43 | Jan René Tarumaselej. | als voren. |
| 44 | Boen Kwie Liem. | Bandoeng (West-Java). |
| 45 | Phok Tong Theofilus Liem. | als voren. |
| 46 | Giok Tong Titus Liem. | als voren. |
| 47 | Tjin Tong Johannes Liem. | als voren. |
| 48 | Poo Tong Petrus Liem. | als voren. |
| 49 | Bwan Tong Alexander Liem. | als voren. |
| 50 | Tin Hoa Giam. | als voren. |
| 51 | Ping Hwie Tan. | als voren. |
| 52 | Wie Tee Kwee. | Batavia. |
| 53 | Lian Sin Tjho. | Tegal (Midden-Java). |
| 54 | Tek Lan alias Jan Dirk Gerrit Tjho. | als voren. |
| 55 | Tek Hoo alias Robert Oscar Tjho. | als voren. |
| 56 | Wie Lie Lim. | Palembang. |
| 57 | Ir. Sin Houw Tan. | Buitenzorg (West-Java). |
| 58 | Fa Nie Bong. | Batavia-Centrum. |
| 59 | Jozef Krijgsman. | Batavia-Centrum. |
| 60 | Koenraad Jellema. | Koeningan (West-Java). |
| 61 | Martinus Ferdinandus Pfaff | Jogjakarta. |
| 62 | Kang Soei Tan. | Soekaboemi (West-Java). |
| 63 | Jacob Sie. | Soerabaja. |
| 64 | Tek Seng Kwee. | Palembang. |
| 65 | Kek Beng Kwee. | als voren. |

**図 3-5　東インド官報 1936 年第 439 号**

（出所）通し番号，氏名，居住地の順に同等視の許可された人物が掲載されている．ホク（32 番），長男アクセル（33 番），長女リサ（34 番）．ホクの氏名には工学博士の略号（Dr. Ir.），アクセルとリサには中国名もあわせて記載されているのが確認できる．

取得できるものであった．その際，ヨーロッパ人の法的地位を有する者であれば家族分の往復の渡航費用を東インド政府が負担していた．これがホクにとって決め手となる．

　1936 年 8 月 24 日付の書簡でエイダは「ホクがちょうど同等視された」ことを記している．東インド官報 439 号には，1936 年 8 月 4 日総督令第 23 号に基づき，ヨーロッパ人へ同等視された者の氏名が掲載されており，ホクと 2 人の子アクセルとリサの氏名を見出すことができる（図 3-5）．

　ホクとエイダの婚姻は，外来東洋人男性とヨーロッパ人女性という法的身分に基づくものから，「官報上のヨーロッパ人」とヨーロッパ人女性という法的身分に移行した．官報にエイダの名は掲載されていないが，夫の法的身分の移行にともない彼女も婚姻前のヨーロッパ人の法的身分を回復（もしくはその身分に移行）したはずである．

　ワルラーフェン同様，ホクとエイダ一家も日本軍によるジャワ占領により収

容所での生活を余儀なくされる．終戦をむかえ一家は無事再会するが，ブルシアップ期の混乱のなか，1945 年 12 月 2 日，ホクは自宅に押し入った暴漢により射殺される．右腕に重症をおったエイダは赤十字の救援を受けアクセルとリサをともないオランダ本国に移送された．

　ホクはインドネシアの独立に好意的であり，独立国家インドネシアにおいて華人の果たすべき役割についても期待していたようである．終戦後の混乱が続く 1945 年 11 月 1 日，彼は華僑総会本部からエイダの身分証明書を受け取っている．そこには，エイダが華人の居住者であることが宣言されていた．亡くなるひと月前にホクの選びとったアイデンティティは，一家がヨーロッパ人としてではなく，華人として生きていくことにあった．[37)]

　ここまで，オランダ領東インドにおける婚姻規定の変遷をたどってきた．婚姻規定の検討から浮かび上がるいくつかの特徴を整理してみよう．まず，東インドの婚姻規定が連邦共和国時代を含めて本国の規定をかなりの程度踏襲していたことである．東インド会社時代には，キリスト教を基準とする婚姻規定が本国から導入された．同時に，ヨーロッパ人女性の数が極めて限られていた植民地において，キリスト教徒同士の婚姻を取り結ぶためには現地で改宗した者との婚姻が必要となり，結果として混血が常態化していく．

　オランダ本国と異なる植民地の社会環境は，本国での婚姻の世俗化を背景として東インド独自の婚姻規則を要請した．いわゆる「異法婚」をめぐる規則である．「異法婚」制定までの議論からは，それが「純粋な」ヨーロッパ人女性の保護を目的とし，混血のヨーロッパ人女性を原住民社会へと委ねる考えが支配的であったことを確認できる．他方，異法婚は，婚姻の基準に「異なる法」を採用することにより，異人種間婚姻を可能にする側面も有していた．異人種間婚姻を禁じることは混血が常態化している社会では困難であり，むしろ異人種間婚姻を可能にすることで，混血の印欧人女性を原住民社会に追いやり，それによって人種の純粋性を逆説的に担保しようとしたのである．

　しかし，「異法婚」は男性がその法的地位を変更せず，女性が常に夫の身分に従うというジェンダー不平等の側面も有していた．これは，異法婚規則の立法目的の貫徹には障害をなしていた．なぜなら，ワルラーフェンの婚姻にみるように，原住民女性と異法婚をおこなうヨーロッパ人男性は跡を絶たず，ヨーロッパ人男性と原住民女性との婚姻に対しては異法婚規則の婚姻障害（婚姻に

ともなうイスラム教への改宗）を取り除く修正すらおこなわれたのである．両者の婚姻から生まれる子は，印欧人以外の何者でもなく，植民地社会を構成する主要な集団であり続けた．

婚姻規定の原則は，1937年の婚姻法法案をめぐる争点を形成した［Locher-Scholten 2000：187-21］．この婚姻法法案は，東インド民法の婚姻規定をあらゆる住民集団に適用することを意図しており，ムスリム団体からの強い反発により頓挫してしまう．民法典の想定する一夫一婦制や年齢要件，さらには自由な意思に基づく同意の結果としての婚姻という考えは，イスラムの婚姻に許容されている一夫多妻や，離婚，児童婚と相容れないと受け止められた．婚姻の核となる一夫一婦制は，東インドの「ヨーロッパ人」と「原住民」とを区別する境界の核とみなされていたのである．

### 注

1）オランダ領東インドでの婚姻規定を対象とした研究としてLocher-Scholten［2000］，ストーラー［2010］，De Hart［2021］をここではあげておく．

2）カトリック教会法による婚姻が公に廃止されたわけではない．公共の場での典礼が禁止されたため，自邸内に礼拝所を建立して挙式する例もあった［Van Apeldoorn 1925：76-77］．

3）アントニン・ファン・ディーメン（Antonio van Diemen：1593-1645）．1618年東インドに到着後，東インド会社の要職を歴任，1636年から亡くなるまで総督を務めた．

4）オランダ東インド会社では高級吏員に家族の帯同を認めていた．しかし，家族の帯同には契約延長が義務付けられ，通常5年の滞在に対し，15年の滞在が課された．

5）講談社オランダ語辞典は，'gemengd'に対して「混じり合った；種々雑多な，寄せ集めの；混成の，男女混合の」という訳語をあてており，英訳として'mixed, miscellaneous, assorted'を載せている．'een gemengd huwelijk'が用例として記載されており，これは「国際結婚」と訳されている．「国際結婚」の他にも，'gemengde huwelijken'に対しては，異人種間婚姻を意味する「混血婚」という語がしばしば用いられることもある．しかしながら，オランダにおける婚姻の歴史を振り返ると，「国際結婚」あるいは「混血婚」という訳語は誤解を招くおそれがあるかもしれない．

6）オランダ語辞典研究所（INL）の提供するウェブサイトでの検索による（https://gtb.ivdnt.org/iWDB/search?actie=article&wdb=WNT&id=M018953&lemmodern=gemengd，2024年11月28日閲覧）．

7）ホンディウスの研究は，また，オランダ本国での異宗派間婚姻に対する抵抗感が1970年代まで残っていたこともあわせて指摘している．

8）Van der Chijs［1891：85］，s'Jacob［1982：5］，Niemeijer［2005：157-59］は，自

宅での「異法婚」の事例を紹介している.

9）この措置は 1669 年に緩和されたが，女性移民に 15 年の東インド滞在を義務づけた［Taylor 2009：29］.

10）東インド会社期のみならず 19 世紀以降の植民地における売買春に関する資料は少なく，研究も限られている．ひとまず代表的な論稿として Ingleson［1986：123-140］を参照のこと.

11）ここでの慣習法とは，ローマ法に対する現地慣習法を意味するものであり，オランダ法制史においては旧ホラント州法に代表される各州の法を指している.

12）例えば，1799 年 3 月 5 日のバタフィア共和国行政府布告は，1660 年からヘルデルラントにおいて効力を有していた「婚姻取消権（Echtordening）」を問題視していた．これは，婚姻当事者の同意にもかかわらず婚姻を取消す権利を親に与えていた．布告は，「婚姻取消権」が個人の自由および公共の利益に反するものであり，速やかに廃止されるべきであると議会に要請していた［Poll 1840：105］.

13）スホルテン・ファン・アウト＝ハーレム（Christiaan Jacobus Scholten van oud Haarlem：1794-1849）．オランダ本国各地の裁判所勤務の後，東インド高等法院長官に任じられる．東インドでの法典編纂実現に際して主要な役割を演じた.

14）デ・エーレンス（Dominique Jacques de Erens：1781-1840）．軍人としてスヒムルペニンク，ルイ・ナポレオン，ナポレオンに仕えた．1835 年に副総督として東インドに派遣され，翌 1836 年に総督に就任，スマトラ沖の海賊対策に注力する．在任中に逝去した．歴代総督のうち唯一のカトリック教徒である.

15）国務院の機能については，吉田［2013］を参照のこと.

16）ファン・デル・フィンネ（Jan van der Vinne：1793-1870）．原住民裁判所（landraad）所長，バタフィア州理事などを歴任，一時帰国中の 1844 年，東インドでの行政経験をかわれ国務院委員となる.

17）メルクス（Pieter Merkus：1787-1844）．1816 年のバタフィアを皮切りに，モルッカ，西スマトラなどでの勤務を経て 1839 年に東インド評議会委員，翌年副議長となる．在任中に亡くなった総督デ・エーレンスを引き継ぎ総督に就任した．メルクスの総督在任時は，パドリ戦争も終結，強制栽培制度による経済的利益を背景に比較的安定した時期を迎えた.

18）Koloniaal Verslag 1883, 56.

19）ファン・デン・ベルフ（Lodewijk Willem Christiaan van den Berg：1845-1927）．ライデン大学で法学を学びイスラム法の論文で学位を取得する．スヌック＝フルフローニェのひと世代前を代表するイスラム研究者．東インドに行政官として赴任，本国へ帰還後はデルフトの植民地官吏養成機関の教授に就任する（1887-1901）．その後デルフト市行政に関わる傍ら，植民地省顧問（1901-1908），南ホラント州議会議員を経て 1910 年から 10 年間デルフト市長を務めた．この間，1911 年に反革命党所属の第一院議員となり 1923 年まで議員．議員在任中は植民地問題について発言するとともに，女性参政

権に反対の立場をとっていた.

20) アベンダノン（Jacque Henri Abendanon 1852-1925）. 1852 年スリナムのパラマリ
ボ生まれ. 父は銀行家でユダヤ系である. 10 歳で教育のためオランダ本国に送られ,
1874 年にはライデン大学で法学の学位を取得, デルフトの植民地官吏養成機関での試
験を経て東インドに植民地官僚として赴任する. 1878 年にパティの原住民裁判所所長,
1881 年にはバタフィアの地方裁判所の判事に任命. 植民地法令の体系的な収集と整理,
法律専門誌の創刊など精力的に活動する. 1890 年には教育・宗教・産業局長, この間
東インドでの原住民初等教育, 女子の社会的地位改善に尽力する. 1894 年から 1900 年
まで東インド高等法院判事. 倫理政策を体現するような人物であり, 近年批判が寄せら
れているものの, カルティニの書簡集の編纂者としても名高い.

21) 委員会はこの他にヨーロッパ系女性の困窮を「異法婚」の生じる背景として指摘して
いた［Nederburg 1899］.

22) デ・ハルトは「異法婚規則」が「規則（reglement）」として制定され,「法律（wet）」
の形式を採らなかった点に注意を促している. 法律は議会において制定されるため, ヨ
ーロッパ人と原住民との婚姻をめぐり議会での審議が紛糾することをおそれた政府が
「規則」の形を採ったようである［De Hart 2001：78］.

23)「異法婚」によるジェンダー不平等性はここに見たとおりであるが, 他方, それぞれ
の住民集団に適用される法を婚姻基準としたことは, 人種を異にする当事者同士の婚姻
を可能にしていた側面もあることに注意する必要がある. デ・ハルトは, 当時異人種間
婚姻が禁じられていたアメリカ合衆国メリーランド州出身の米国籍男性とマレー女性と
の東インドでの婚姻が有効であるとの判断を示した事例を紹介している. また, オラン
ダ本国でニュルンベルク法が有効とされドイツ人の人種間婚姻に制限が設けられた後も,
東インドでは異法婚規則により異なる人種間の婚姻が有効であり続けた［De Hart
2019a：27］.

24) Burgerlijke stand：Aanhangsel behoorende bij het adresboek van geheel Ned-
Indië, Batavia：Landsdrukkerij, 1919.

25) 1622 年 7 月 20 日の布告［Van der Chijs 1885：99-102］.

26) オランダ領東インドの内縁関係を扱った代表的研究として Baay ［2008］の著作があ
る.

27) ラウ・テク・ロクは, 1854 年にメーステル・コルネリスに隣接するブカシのリュイ
テナントに任じられた. フランシスカ・ルイサ・ゼハの死亡記事は, 彼女の慈善活動家
としての活動を伝えている（Bataviaasch Nieuwsblad 2 Februari 1939）. ルイサ・ゼ
ハは, ラウ・テク・ロクとの死別後, 彼の秘書であった Sim Keng Koen と「再婚」し
ている. Sim Keng Koen 自身, 1892 年にスカブミのカピタンに任じられている. Tan
は, フランシスカ・ルイサ・ゼハはアルメニア系との伝聞を記録している［Tan 1963：
14］.

28) Java-Bode. 1886 年 5 月 26 日付.

29）記事はラウ・テク・ロクが遺言を残さずに亡くなったと伝えているが，フロムベルフ
　　の説明からは遺言は残したものの，財産に関してはなにも意思を示さなかったようであ
　　る［Fromberg 1926 : 275］．

30）当時首相であったコレインを筆頭に，著名な国際私法研究者コレウェイン，オランダ
　　および東インドの複数の女性団体が異法婚への懸念を示していた．1933 年には東イン
　　ドの親ファシスト系団体（Nederlandsch-Indische Fascisten Bond）も人種の純粋性と
　　いう観点から異法婚を否定していた．

31）1937 年の婚姻法案をめぐる展開については，Locher-Scholten［2000］，とりわけ第 6
　　章が詳しく説明している．

32）Tan Sin Hok : 1902-45，Eida Schepers : 1906-83

33）アブドゥル・ムイスにより 1928 年に刊行された小説『西洋かぶれ――教育を誤って』
　　は，ヨーロッパ系少女との恋愛を成就しようとする原住民青年を主人公に据えている．
　　作中ではヨーロッパ人との同等視により青年が「官報上のヨーロッパ人」となる過程が
　　描かれており，当時の社会で法的地位の移行がどのように受けとめられていたのかを窺
　　い知ることができる［ムイス 1982］．

34）Brieven Tan-Schepers : Brieven uit voormalig Nederlands-Indie, 1929-1946. 1929 年
　　7 月 14 日付書簡．以下，引用及び参照されているホクとアイダの書簡・資料は特設の
　　HP に掲載されている（http://www.brieven-tan-schepers.nl/, 2024 年 12 月 6 日閲覧）．

35）1929 年 6 月 3 日付書簡．

36）1932 年 10 月 18 日付書簡．

37）Identiteitsverklaring Eida Tan-Schepers - 1 november 1945（https://www.brieven-
　　tan-schepers.nl/index.php/documenten/item/696-identiteitsverklaring-eida-tan-
　　schepers, 2024 年 12 月 6 日閲覧）．なお，この証明書を掲載しているオンライン上の箇
　　所では，ホクとの婚姻によりエイダが外来東洋人の地位に移行し，したがって華人とし
　　て扱われていたと説明されているが，厳密にはホクのヨーロッパ人との同等視によりエ
　　イダもヨーロッパ人としての地位を回復していたと理解するのが適切であろう．

# 第4章　「日本人」は「ヨーロッパ人」か
## ――「日本人法」の成立と「文明」をめぐる議論

　第2章で整理したように，1854年に成立，翌年オランダ領東インドに施行された「統治法」は，本国での立憲主義の確立をうけ，植民地に対する「法の支配」の導入を企図していた．そのためには，植民地において法の適用される範囲を確定すること，すなわちどの住民集団にどの法律が適用されるべきかを定めることが必要となる．そこで統治法は，第109条においてオランダ領東インドの住民を「ヨーロッパ人」と「原住民」とに区分し，それぞれの住民集団のサブカテゴリーとして「同等視される者」という区分を設けた[1]．「ヨーロッパ人」に対してはオランダ本国同様の法律が適用される一方，「原住民」に対しては固有の「慣習法」が適用されることとなり，オランダの東インド統治は，「ヨーロッパ人」と「原住民」からなる二元主義を基本とすることとなる．統治法の審議で言及されていたように，両者を分かつ基準はそれまでの「宗教」から「人種」へと変わり，その背後には「文明」という考えが共有されていた．

　植民地統治におけるこの二元主義は，オランダの植民地支配が崩壊するまで続くことになる．このことは，むろん，統治法109条になんらの修正も加えられなかったことを意味するわけではない．事実，109条は何度か改正をされている．本章の扱う1899年の改正は，109条に対して加えられた最初の改正である．さらに，1906年には住民区分の基準を明確にするとともに，華人を主とする「外来東洋人」という住民区分をそれまでの「原住民と同等視される者」から「ヨーロッパ人」および「原住民」と並ぶ個別の集団へ変更した改正がおこなわれている[2]．1925年には統治法の全面改正にともない，109条は163条へと変更されている．これら一連の改正については，第7章で検討することになる．

　この章では，1899年におこなわれた統治法109条に対する最初の改正を検討する．この改正のための法律は，通称「日本人法（De Japanner Wet）」と呼ばれ，統治法による住民区分の根幹を揺るがす契機となった．「日本人法」は，それまで東インドにおいて「原住民と同等視される者」とみなされてきた日本

人の法的地位を「ヨーロッパ人と同等視される者」へ転換するものであったからである．植民地問題を専門とする雑誌 (Indische Gids) が，1898-1899 年の議会年度における代表的な審議事項のひとつに「日本人法」をとりあげていたことからも，この法律の有した重要性がうかがえる．「日本人法」により日本人は法律上オランダ人と同等の優遇措置を享受することとなり，東インドでの経済活動を有利に展開することが可能となったのである．

　他方，「日本人法」の成立は，東インドでの経済活動に中心的な役割を演じていた華人に強い影響を及ぼすこととなる．「人種」基準の維持が「日本人法」により困難になるとともに，法的住民区分を支える別の基準の明確化が求められるようになる．そこでは，かつて「宗教」（キリスト教）を基準にヨーロッパ人と同等の法的地位を付与されていた「原住民」キリスト教徒に対する法的地位の取り扱いも関わってくるのだが，これらの論点は後の章で検討することとなる．

　はじめに，「日本人法」以前に東インドで日本人のおかれていた状況を確認し，日本政府がオランダ政府との条約改正交渉の過程でその問題点を把握していく経緯を整理する．続いてオランダ議会での「日本人法」の立法過程に焦点をあて，これに検討を加えていく．「日本人法」法案の検討から，当時の議員たちが東インドの日本人に対しどのようなイメージを抱いていたのか．そこからさらに，政府が「文明」をどのように理解していたのか．「日本人法」に反対の立場をとった議員は，東インドの日本人に対してどのようなイメージを抱き，「文明」概念の背後になにを想定していたのか．これらの点を明らかにしていく．さらに，日本人をヨーロッパ人と同等視するうえで，なにが障害となり，最大の懸念事項とはなんであったのか．これらの点もあわせて検討していきたい．

## 1.「日本人法」前史

　「日本人法」とは通称であり，正式には「1899 年 5 月 19 日法律」（官報第 202 号・東インド官報第 121 号）として，同年東インドに施行された．アジア太平洋地域での日本の影響力拡大を背景として成立した法律である [d'Oliveira 2023 : 67]．
　「日本人法」の内容は，統治法 109 条を修正し，日本人の法律上の地位をヨーロッパ人と同等にするというものであった．日本人法が施行されるまで，東

インドにおける日本人の法的地位は,「原住民」に「同等視される者」として位置づけられていた. 日本人法は, 日本人のこのような法的地位に変更をもたらすこととなった. 109条による法的住民区分は, 当時どのように理解されていたのだろうか. 日本とオランダとの条約改正が両国間で交渉されつつあった1886年, 東インドの行政法を専門とするファン・デル・ケンプは法的な住民区分の相違が文明の発展度に応じて異なるという議論を展開していた.

> 国際関係は, 進歩の増大につれ, 文明化した諸民族 (beschaafde volken) の法的地位における相違を取り払いつつある. それゆえわれわれの法律も文明化した民族とあまり文明化していない民族との間の分割を認めている, すなわちヨーロッパ人と原住民という類型のようなものであり, また誰がそれぞれの範疇にいわゆる同等視されねばならないのかを定めている [Van der Kemp 1886 : 180]

このような認識は, 東インドにおけるオランダの統治政策の基調でもあった. オランダ政府は膨大な人口の「原住民」を支配するため, 東インドへの直接統治を導入するのではなく, 一方では「ヨーロッパ人」を対象とする西欧式の法制度に基づく統治を, 他方では「原住民」の慣習を温存した二元主義を統治の基本原則として採用したのであった. この点について, バタフィアの法科大学で教授を務めたのち, アムステルダム大学の植民地法講座の教授を務めたクレインチェス (Kleintjes)[4]は, 109条による住民区分の目的を次のように解説している.

> 東インド統治政策における最も重要な原則の一つは, 私法 (民法および商法) と同様, 公法 (憲法, 行政法, 刑法) に関しても, あらゆる立法を通じて, これら二つの集団の間に設けられた区分である. それにより, 法的地位の完全な相違が二つの住民集団の間に設けられるのである [Kleintjes 1927 : 91-92].

では, この統治政策における二元主義が必要とされた理由は, どこに求めることができるだろうか. クレインチェスによると, それは,「多様な人種 (rassen) から構成される社会の非常に異なる必要性は, 行政, 立法および司法の分野において規則を定める際に」, 住民区分を設けることによって「最善の検討がなされる」点にあった [Kleintjes 1927 : 92-93].

そもそも, なぜ日本人法は制定されねばならなかったのか. その理由は, 明

治政府の条約改正交渉に求めることができる．明治維新後の新政府が急務とした課題のひとつが，不平等条約の改正にあったことはいうまでもない［藤原2004］．日本とオランダとの条約改正交渉は，1873年3月に岩倉使節団がハーグを訪ねた際におこなわれている．オランダ政府は，交渉の席上日本に裁判所が存在しないことや，行政府と立法府が明確に分離していないこと，つまりは近代的な三権の確立と分立の不在を理由として，条約の改定に消極的な姿勢を示していた．この段階では，岩倉使節団が東インドにおける日本人の法的地位について認識していた形跡はなく，両者の間で日本人の法的地位に関する議論はなされなかったようである．

　その後1887年に在日本オランダ総領事が，日本政府から受け取った条約案をオランダ外務省へ提出，そのなかで東インドにおいて「原住民」の法的地位を付与されている日本人に対して，例外適用を東インド総督に要請するとともに，最恵国待遇を植民地に及ぼす意図がオランダ政府に存在しているか否かを打診していた．これに対して，植民地大臣は外務大臣宛に次のような回答をおこなっている．

　　条約をそこ〔日本政府案〕に書かれているように，オランダの植民地に適用することは難しい．オランダ領東インドにおける統治法は，東インドにおいてわれわれの行政組織の基盤を成している．その109条は，キリスト教徒でない限り日本人を他のヨーロッパの国民と同じには認めていない．それを日本人のために逸脱させることはできない．〔略〕植民地を持たず，それゆえわれわれにとって同等でない日本に対して植民地におけるあらゆる権利を認めることは承服しかねる［Lijnkamp 1938：50］

　ここでは，第一に，将来改定されるであろう条約から，オランダの植民地を適用対象外にすること．第二に，統治法109条を修正しないことが確認されている．統治法の修正を植民地大臣が拒んでいる理由は，興味深い．まず，宗教が理由として述べられている．植民地大臣の返答からは，日本人であってもキリスト教徒であれば，ヨーロッパ人と同等視される可能性があるかのように解釈ができる．

　1854年の統治法の成立過程では，それまで「宗教」を基準としてヨーロッパ人と同等視されてきた「原住民」キリスト教徒の法的地位が議会で論じられた．議会はキリスト教への偽装改宗が進むことで，「原住民」が税や賦役を逃

れる事態を懸念し，「原住民」キリスト教徒はキリスト教徒であっても「ヨーロッパ人」に同等視せず「原住民」の地位にとどまることとし，これが統治法109条には4項として条文化された．このことは，法的地位の基準が，「宗教」から「人種」へ移行したことを意味していた[5]．しかし，109条には2項で「宗教」基準が維持されており，2項と4項との関係をどのように解釈すればよいのか，問題を生み出すこととなる．「原住民キリスト教徒」に対する宗教上の「同胞意識」はオランダで一貫して存在し，この時期には東インドでの窮状が知られるようになり「倫理政策」が後に形成される要因ともなっていく．

宗教と並んでヨーロッパ人と同等の法的地位を付与する前提として挙げられているのが，植民地の領有である．1887年の段階で，日本は未だ植民地を領有していなかった．そのため，仮に条約によって相互の国民を自国民同様に扱う内国民待遇を認めた場合，オランダ本国と日本との関係においては相互にこの原則を適用できるので問題とはならない．だが，オランダにとっての東インドに相当する植民地を日本は領有していないため，植民地領有に関しては，非対称性が存在していた．

この問題は，日本が日清戦争の賠償として台湾を領有したことにより解決をみることとなる．さらに日清戦争の開戦直前，日本はイギリスとの間に治外法権の撤廃を盛り込んだ日英通商航海条約を締結し，西欧諸国との間ではじめての不平等条約改正をはたすこととなった．イギリスとの条約改正は，オランダを含む他の西欧列強諸国との条約改正にも影響を及ぼすこととなる．

このような状況の変化を受け，1895年4月27日に当時の植民地大臣ベルグスマ（Bergsma）は[6]，条約改正においては「条約の効力の範囲外に植民地をおく」，あるいは「法律の許す限り」という文言を条文に盛り込む2つの提案を表明した．「法律の許す限り」という留保は，日本とオランダとの条約改正に先立ち締結されていた日英通商航海条約中の文言を参照したものであった．

条約への反対意見は，東インドにおける「日本臣民（Japansche onderdanen）の地位」をめぐってなされた．日本人をヨーロッパ人と同等視することにより，華人を中心とする他の外来東洋人に関する法律や条令に変更が生じるのではないか，という懸念が表明されたのである．

こうした懸念を受け，植民地大臣の提起していた法律による留保が条約にも採用されることとなる．条約の効力を定めた17条は，条約の規定が「法律の許す限りオランダ国国王陛下のすべての植民地，ならびに海外領にも適用され

る」というものとなった[7]．東インドにおいて，それまでに施行された法律は，条約の締結によって変更を被るのか．この点について政府は，次のように議会に説明していた．

> 17条はすでに指摘したように，協定はオランダの植民地では「法律の許す限りにおいて」適用される，すなわち，植民地において現在効力のある法律や諸規定は条約の規定に抵触しないということである[8]．

政府のこの見解は困難な問題を生じさせることとなる．1896年9月8日に調印された日蘭通商航海条約19条は，1899年7月16日をもって条約の発効を規定していた．仮に東インドにおける日本人の法的地位に変更がなければ，この条約の発効以前に東インドに施行された法律では，日本人は「原住民」として法の適用を受けてしまう．他方，条約発効以後に施行される法律は，条約の内国民待遇の原則にしたがい，日本人を「ヨーロッパ人」として待遇することになる．このことは，条約の発効を境に，日本人が条約発効以前の法律では「原住民」と同等視され，条約発効後の法律では「ヨーロッパ人」と同等視されるという「ねじれ」が生じることを意味した．これに対し，日本側はそのような取り扱いには難色を示していたようである．

> 日本政府は，やはり，その臣民に対して商売，船舶，商品および関税といったあらゆるものに関し，植民地において最も有利な扱いが保証されることを迫ってきた[9]．

オランダ政府は，条約発効までに東インドにおける日本人の法的地位をなんらかの形で解決することを迫られる事態に直面せねばならなかった．条約発効を境にして，それ以前に施行された法律では日本人が「原住民」とみなされる一方，条約の発効後に施行される法律では，内国民待遇の適用を受け日本人が「ヨーロッパ人」とみなされる．このような事態は，「法の安定性（rechtszekerheid）」を揺るがすことにもなる．こうした問題を解決するためには，三つの可能性が存在していた［Lijnkamp 1938：66-68］．

第一に，統治法109条1項にある「反対の規定」を用いる解決策である．例えば，「原住民」に適用される法令を制定する場合，「日本人への適用除外」を明文化する文章を法令に盛り込むことである．これによって，日本人の法的地位に変更を生じさせず法律の適用外に置くことが可能となる．つまり，日本人

は法的地位のうえでは「原住民」と同等視されたまま，現実に適用される法からは条約の内国民待遇にしたがい除外される，という方策である．だが，この場合，オランダの植民地統治が続く限りそこに施行されるあらゆる法令に逐一日本人への適用除外条項を盛り込まねばならず，実務上煩雑極まりない事態が生じることが予測しうる．

第二に，統治法109条5項の総督令を用いる可能性がある．109条は，東インドにおける法的な住民区分を定めているが，5項において総督令による地位の変更を例外として認めていた．例えば，原住民キリスト教徒も，総督令によってその法的地位を「ヨーロッパ人と同等祝される者」へと変更することがこれにより可能であった[10]．

とはいえ，総督令によって日本人を「ヨーロッパ人」とみなすことには，障害が存在した．なぜなら，総督令による法的地位の変更は，個々の法的地位を対象とする個別の措置であり，特定の住民の法的範疇を集団として変更するものではなかったからである．

これら二つの可能性とその問題点を勘案すると，三つめの方策，すなわち統治法109条の規定自体を変更し，日本人に対してヨーロッパ人と同等の法的地位を付与することが他の選択肢よりも合理的なものとなる．オランダ政府は，最終的に，条約の「論理的な帰結」として東インドにおける日本人の法的地位を変更するという結論に達した．

## 2．「日本人法」成立以前のオランダ領東インドにおける 日本人の地位と法的制約

ここで視点を変え，「日本人」法成立以前の東インドにおいて，日本人の地位がどのように把握されていたのかを日本側の記録から検討していこう．東インドにおいて「日本人法」成立以前の日本人は，「原住民と同等視される者」という法的地位に分類されていた．この範疇には，華人やアラブ系住民など非ヨーロッパ系でかつ「原住民」に該当しない広範な住民集団が分類されており，これらの住民に対しては「外来東洋人」という呼称も用いられていた．

日本政府は，条約改正作業と並行して東インドにおける日本人の法的地位に加え，そのおかれた社会的状況についてシンガポール領事館を窓口として情報を収集していた．「原住民と同等視される者」という法的地位にともなう制約

としては，税制，居住移転の自由や借地権，さらに起業にも制約が課されていた．こうした状況を，当時のシンガポール2等領事藤田敏郎は外務次官であった小村寿太郎に宛てて次のように述べている．

　　和蘭植民地に居留する本邦人は欧州人と同一の待遇を受くるを得ず支那人
　　印度人等と共に冷遇を極め商業上社交上非常なる不幸の境遇に有之[11]

　藤田は，東インドにおける日本人が清国人として扱われ，華人居住区への居住を強いられ同じ税を課されていることや[12]，官憲に対する請願や申請が華人の「カピタン」をとおしてしか認められないこと[13]，さらには滞在許可申請を半年ごとに更新せねばならず，土地所有も認められていないことなどを指摘し，日本人の待遇の改善を訴えている．日本政府は109条の存在とその法的地位にともなう制約について，この時点で充分理解している様子はうかがえない[14]．
　日本側の認識が改められる契機となった情報が，本国外務省に宛てた藤田からの1897年5月20日付書簡「蘭領爪畦二於ケル本邦人待遇方二関シ『ガスタヴ・フキッシヤ』氏ノ意見」書である[15]．グスタフ・フィッシャー（Gustav Fischer）は当時スマトラのパレンバン在住の陸軍省元お雇い外国人であり，シンガポール領事宛の英文の意見書（1897年5月13日付）において東インドにおける司法の概要を説明するとともに，締結された日蘭通商航海条約について自らの見解を述べていた．

　　オランダ政府と合意に至った条約に目を通し，その17条に「法律の許す
　　限りにおいて」という文言を見つけ私は大変驚いている．こうした文言は，
　　オランダ領東インドに関して日本政府が得るところの利益をすべて無に帰
　　してしまうだろう．〔略〕
　　　私は，このいくつかの文言が条約に挿入された時点で，日本政府がオラ
　　ンダ本国とはまったく異なっているオランダ領東インドの規則や法につい
　　て不案内であったと思わざるを得ない．
　　　ここ東インドでは，二つの異なる法律が適用されている．ひとつはヨー
　　ロッパ人およびヨーロッパ人と法律上同等とされる者に対する法であり，
　　もうひとつが原住民（natives）および原住民と同等とみなされる者に対す
　　る法である．〔略〕彼ら〔ヨーロッパ人〕は，完全なる移動の自由を有し，全
　　土を旅行することが認められており，土地の所有と鉱業権を有し，好きな

　　土地で商売を始めることができる〔略〕

　引用箇所には下線が引かれ，受け取った日本側が書簡のどの点に注目したかが読み取れる．在シンガポール日本領事館による調査に基づき，日本政府は東インドでの日本人のおかれた状況について徐々に情報を蓄積していく．これらの情報は，オランダの赤羽四郎弁理公使をとおして同年 6 月 29 日に当時のオランダ外務大臣デ・ボーフォルト（De Beaufort）へ提出された[16]．これに対して，オランダ政府は 8 月 10 日付の書簡で反論を試みる．

　　前記の日本領事報告中錯誤の最も甚だしきものは蘭領印度に於ける日本国
　　臣民は欧州人よりも権利上劣等なる地位にありと証言したる一事に有之候
　　殖民地の法制上欧州人及び土人と欧州人並に土人に準せる外国人との間に
　　区別を立てたるは各人種の利益を謀りたるものにして甲の人種を顧みずし
　　て乙の人種にのみ特権を許与するを以て目的としたるものには無之現行の
　　殖民地法制度は凡て諸法律に関しては外国人をして強て和蘭国の意思に従
　　わしめざるを得策とすると云う原則に基きたるものに有之候新嘉披駐在の
　　日本国領事は右の如き立法者の意思を全く知らざりしものと存候[17]

　日本政府に対するオランダ側の回答は，植民地における司法の二元主義に関する立法の趣旨を説明することで日本側の理解を求める内容となっている．クレインチェスによる 109 条の立法目的の解説と同様，オランダ政府も統治政策の二元主義の理由として住民集団に応じた法的な区分が，差別的な取り扱いを目的としたものではなく，その反対に各住民集団に単一の法を強制しないことによって，集団個々の利益を確保するものであるとの説明をここで展開していた．
　こうした説明を日本政府は鵜呑みにしなかったようである．同年 8 月 20 日には，赤羽公使がオランダ外務大臣との会談においてフィッシャーの書簡を渡している．約二カ月後の 10 月 14 日，オランダ政府からの返答が代理公使堀口九高一宛にあった．

　　フィッシャー氏か蘭領印度に二種の法律ありて一は欧州人及び法律上欧州
　　人と同視せらる者に適用し他の一は土人及び土人と同様に見做さるる者に
　　適用すと確言するは大ひに事実と相違せり．欧州人と土人との間に裁判管
　　轄上の差異あるは事実なり何となれば土人は一般に其の制度及び宗教上の

慣習に依りて取扱われ欧州人には特別の法典あればなり〔略〕[18]

　オランダ政府は，「差別即平等」の論理をもって東インドにおける法的地位の相違を繰り返し正当化しようとしていた．だが，日本政府は東インドでの日本人の法的地位をヨーロッパ人と同等のものとするように要請し，オランダ政府も日本人法の成立へと方針を固めていくことになる．

## 3.「日本人法」法案審議

　「日本人法」の法案は，1898 年 9 月 13 日第二院へ提出された．法案は，統治法 109 条 2 項および 3 項を改正するものであった．2 項のヨーロッパ人条項にすべての日本人を加えたのが主要な改正点である．

　政府案の趣旨説明で植民地大臣クレーメル（Cremer）は法案の提案理由を次のように述べていた[19]．

　　〔日本は〕文明と進歩（beschaving en ontwikkeling）に関し，ヨーロッパの諸民族（Europeesche volken）とまったく異なるところはない．

　　このことは，形式的にも実質的にも日本で導入されている民法（商法）および刑法典が完全にヨーロッパ式のものであるという事実によって確かなのである[20]．

　不平等条約改正の前提としてオランダは日本に対して植民地を領有すること，さらにヨーロッパ式の司法制度の整備を求めていたことは，前述のとおりである．日本とオランダとの間で条約が改正されたことは，オランダ政府の求めていた条件を日本が達成したことを意味する．植民地大臣の法案提出理由は，こ

表 4-1　109 条対照表（日本人法）

| 1854 年統治法 109 条 | 1899 年統治法 109 条改正案 |
| --- | --- |
| 2 項：ヨーロッパ人と同等視される者は，すべてのキリスト教徒，およびその血統〔出自〕が次項に該当しない他のすべての者 | 2 項：ヨーロッパ人と同等視される者は，すべてのキリスト教徒，すべての日本人およびその血統〔出自〕が次項に該当しない他のすべての者 |
| 3 項：原住民と同等視される者は，アラブ人，モール人，華人，およびその他すべてのイスラム教徒と異教徒 | 3 項：原住民と同等視される者は，アラブ人，モール人，華人，および前項に該当しないその他すべてのイスラム教徒と異教徒 |

のことを認めたものであった．「日本人法」法案は，第二院議員から構成される法案検討委員会にまわされ，同年 10 月 18 日に委員会は議会に対して以下のような報告書を提出した．

　〔政府〕は，日本国が，文明と進歩に関して，その国にヨーロッパ式の法典を導入したことから明らかなように，ヨーロッパの諸民族とまったく異なるところがないと説明している．だが，この点について述べるなら，日本は宗教に関してはヨーロッパと同じではなく，アジアの諸民族とのみ同等視されるのであって，日本で主要な宗教とキリスト教との間には，儀礼や慣習の点で決定的な相違があるというのは必然的な帰結である．〔略〕さらに，数名の委員の考えるところでは，法案の可決が他の外来東洋人，とりわけ華人のヨーロッパ人との同等視に至ることは否定できない．[21]

　法案の検討委員会は，「文明」という概念を西欧法の継受のみに還元して理解するという政府の見解に異議を唱えた．「文明と進歩」は，「宗教」の基準によっても理解されねばならない．したがって，この報告書では，1854 年統治法では除外された原住民キリスト教徒の法的地位も問題として指摘されていた．

　加えて，委員会の見解として興味深いものが，華人に及ぼす影響に関する箇所である．委員会の報告書には，華人がヨーロッパ人と同等視された場合，具体的にどのような事態が生じることになるのかについて言及はない．だが，日蘭通商航海条約の締結に際しても，日本人の法的地位の変更にともない他の外来東洋人に及ぼす影響が懸念されていたことから，この点も法案に対する反対理由を成していたと推測することは可能だろう．事実，後の章でみるように「日本人法」は，東インドの華人の法的地位をめぐる動向に多大な影響を及ぼすこととなる．

　政府は，委員会報告書に対して同年 11 月 17 日付の回答書を提出，そのなかで委員会の懸念に対する回答を述べている．

　報告書のなかで指摘されていた宗教について日本がヨーロッパと同じではなく，アジアの諸民族とのみ同等視されるといった状況は，政府の見解ではここでは問題ではないと考える．〔略〕統治法 109 条に導入されている区分は，キリスト教およびそれと異なる基盤による信条との間に基づいているのではあるが，〔略〕原住民キリスト教徒の問題はここでは議論の対

象外である．なぜなら，彼らの存在は日本人をヨーロッパ人と同等視することの望ましさになんら影響を及ぼさないからである[22]．

　委員会の報告書において指摘されていた外来東洋人への法案の影響について，回答書はなんらの言及もしておらず，1899 年 2 月に法案は第二院で審議されることとなった．

　法案をめぐる政府と第二院議員との質疑応答は，いくつかの論点に整理することができる．とりわけ，法案への反対意見を検討すると，「日本人法」の審議においてなにが問題とされていたのかが鮮明に浮かびあがってくる．ここでは，「文明化」をめぐる議論および「台湾籍民」をめぐる議論を整理していく．

## 4．文明化をめぐって

　第二院に提出された法案に対し，強力な反対意見を展開したのが，のちに首相となるアブラハム・カイベル（Kuyper）である[23]．（図4-1）カイペルは，日蘭通商航海条約の発効が統治法 109 条の修正を必ずしも必要としないことを指摘したうえで，次のように述べた．

　　〔統治法の〕修正が義務ではなく，必要でもないとすれば，それでもなお自
　　発的にこの方策を採用するだけの十分な動機が存在するだろうか．そのと
　　おり．なぜなら，日本人ははるかに文明化し，非常に進歩した（zoo
　　beschaafd en zoo ontwikkeld）ので，完全にヨーロッパ人と同等であると政府
　　は述べているからである．政府はそれに対する証拠を出しているだろうか．
　　確かに．証拠として，現在日本で導入されている法典は，ヨーロッパでの
　　われわれの法典とほぼ同じものであると述べている．これはそのとおりだ
　　し，この事実は大変ありがたいものと思う．というのも，われわれの側で
　　もそのおかげで日本にいるオランダ人が利益を受けるからである．だが，
　　政府に問いただしたいのは，法典を導入したとして，それ自体がある民族
　　（volk）4 千万人の文明度に対する証左たりうるのであろうか．確かに，日
　　本での法典の導入は，そこでの領事裁判権を撤廃する根拠と権利を与えて
　　いるし，日本に住んでいるオランダ人が日本の司法に従うことは，なんら
　　恥ずべきことでもないし，都合の悪いことでもない．今やそこではわれわ
　　れのものとほぼ同様の法形式が適用されている．領事裁判権の撤廃に対し，

図 4-1　アブラハム・カイペル
（出所）撮影年代不明. Rijksmuseum 所蔵.

図 4-2　バタフィアの日本女性
（出所）Woodbury & Page による 1870 年頃の撮影. 東インドで撮影された最も古い時期に属す日本女性の肖像写真（Carte-de-visite）. 同時期に撮影されたと思われる日本人児童の写真も存在する. ライデン大学デジタルコレクション（KITLV30547）.

　この証明法はすばらしいものである.

　だが，それらを勘案したとても，国民（natie）自身まで高尚になるようなことはあるのだろうか. 東インドに来る日本人について言うならば，日本政府の官吏は問題ではない，むしろ個々の日本人男性や女性が問題となるのである.[24]（図 4-2）

　法案の趣旨説明でも展開されていたように，政府は「文明化」の基準を日本がヨーロッパ式の法典を編纂した事実に求めている. これに対してカイペルは，個々の日本人を念頭に置きながら「文明化」の議論を展開している. 彼にとって，日本政府の行政官は「文明化」の点で問題はない. しかし，東インドに渡航する一般の日本人に対しては疑念を示さざるを得ない. カイペルの反論は，第二院において，この法案に反対する議員の見解の基調をなした. 審議では，同様の意見が他の議員からも提出されている.

　ファン・カルネベーク（Van Karnebeek）議員は，カイペルの発言に続き次のように述べた.[25]

　われわれがヨーロッパで知り合うようになった者のように，文明化して尊敬に値する日本人が，ジャワに定住する意図をもって，しぶしぶそこに来るのだとする理由は，なんら存在しない．だが，徐々に相当の日本人移民が東インドの様々な地方に到来することはありうるし，それらの日本人はわれわれが知っているような文明化された類の者たちではなく，ほとんどが苦力なのだ[26]．

　東インドに到来する日本人の職業を問題視するファン・デ・フェルデ（Van de Verde）議員による反対意見もあった[27]．

　通商航海条約における不明確な表現の結果として誤った考えが普及してしまい，売春婦や女街，その類の者たちから大部分が構成されているある種の人たちに特権が与えられることになれば，どのような印象を他の住民に与えることになるのだろうか．売春婦に関する規則は，これまでは原住民のみを対象としてきた．
　　だが，売春婦とかかわりのある日本人に対し，彼らがヨーロッパ人と同等視されたなら，政府は〔彼らと〕どう関わるつもりだろうか[28]．

　東インドに在住する日本人女性が醜業に従事していることに対し，カイペルも政府への皮肉をこめて見解を述べている．

　さらに，わが植民地では，以前よりも新たな類の女性について耳にすることが多くなった．彼女たちは近年そこへつれ込まれた者であり，いわゆる芸者（de zoogenaamde Geisha's），日本の婦人である．彼女たちは文明や進歩，マナー，そしてその優美な振る舞いにおいて，オランダの教養ある女性をたいていしのいでしまう〔略〕109 条では日本の法典がヨーロッパ式であるかどうかを尋ねているのではなく，日本から東インドに到来する個々の男性や女性が，ヨーロッパ人と同等であるとするのに好ましい人物であるかどうかが問われているのである[29]．

　カイペルの発言には，一貫して政府への皮肉が底流にあるものの，彼の指摘には鋭いものが含まれていることは否めない．ヨーロッパ人への同等視は，その手続きにおいて確かに個々人の教育程度や生活水準，生活様式といった要素が判断の基準となっていた．ヨーロッパ式の教育を受け，日常の生活環境がヨ

ーロッパ的な環境に囲まれ，衣服や立ち居振る舞いがヨーロッパ人と同等であることが客観的に認められねばならなかった．

　これらの点が同等視において判断の基準となっていたことを想起するならば，カイペルの指摘は議場において説得的な響きを帯びていたと想像できる．

　　そのうえ，日本人をヨーロッパ人と同等視することは，〔芸者や教養のない者からなる移民を促す〕危険をもたらさないだろうか．この点について，わが植民地における日本人の数はまだごくわずかではあるのだが，大臣はよく存じているように，109条を修正することで東インドにおける日本人の地位をより心地よいものとし，彼らに導きの光を与えることになるのだ[30]．

　カイペルをはじめとして法案に反対する議員は，日本人に対する法的地位をヨーロッパ人と同等にすることが，ひいては東インドへの大量の日本人移民を引き起こすのではないかという懸念を共有していた．しかも，そこでの日本人は，特定の職業に従事する者たちであって，カイペルたちにとっては「文明化」の対極に位置する存在として受け止められていた．

　では，彼の言うところの「文明」の基準はなんであり，どのように判断されるのか．カイペルの発言は，その基準を示唆している．すなわち，オランダ人にとって「好ましい」日本人こそが文明化された者であり，なにをもって「好ましい」とするかは，結局のところ明確に提示されていないのである．

## 5．台湾籍民をめぐる問題──台湾人は「日本人」か

　「日本人法」の前提となる日蘭通商航海条約をめぐっては，当初日本の植民地領有が暗黙の前提とされていた．互恵性の原則を徹底させるには，オランダが植民地を領有するように日本の植民地領有という相互の対称性が問われたのである．だが，日本が台湾を植民地として領有し，条約改正をおこない，「日本人法」によりヨーロッパ人と同等の法的地位を獲得することが現実の可能性として問題になると，植民地領有はかえって議論の的となった．

　日本人の「文明化」でさえ疑わしいのに台湾人にいたってはどう理解すべきなのか．政府に対して，この点から法案の妥当性を疑問視したのもカイペルであった．

日本人はこれまではさほど多くの移民を出してこなかったのだが，最近では急激に移民を送り出し，年に2万4千人の男性と1万8千人の女性が移民として日本を出ている．日本には，今では台湾が属しており，その結果として，これらの台湾人にも日本人と同様，同等視に関する同じ法律が適用されることとなる．大臣〔クレーメル〕は東洋に関する豊かな知識と経験をもち，私よりも台湾人をよく評価することができる．そこで，尋ねたいのだが，あなたの知見によれば台湾人はその文明と進歩に関して，ヨーロッパ人とすでに同等であると確信しているのだろうか．日本人が穏やかな民族であるならば，私はこの脅威を過大視しないだろう．だが，日本人は現在，世界で最も乱暴な民族に属していることをわれわれは理解している．彼らは領土拡張の野心をもつようになって，アジア全体で強大な島嶼帝国になろうと望んでいる．この第一歩が台湾の領有によってすでになされたのである[31]．

　植民地領有は，条約改正に際し，互恵性の原則を徹底させるための前提条件とみなされていた．だが，ここではその前提自体を覆す趣旨の発言がカイペルによってなされている．相互の対称性を確保するための植民地領有という考えはもはや想起されず，後の南進論につらなる日本の脅威がここではすでに強調されている．

　台湾人の文明と進歩に関するカイペルの問いかけに対して，クレーメル植民地大臣は，次のように答弁した．

　台湾が日本によって併合されて日本国の一部を構成することとなった時点で，台湾人はすべての日本臣民（Japansche onderdanen）と同様に西欧式法律（Westersch recht）のもとに暮らすことになる．このことは，ヨーロッパの国々の〔植民地における〕原住民臣民（inlandsche onderdanen）の場合とは異なるのであり，彼らは大部分が東洋の法律（Oostersch recht）のもとで暮らしている．〔略〕すべての日本人をヨーロッパ人の集団に位置づけることは，なんら特権ではない．それはむしろ日本国民が完全に西欧式法律のもとで暮らし，西欧の文明度（Westerschen beschavingstrap）にあるという事実に基づいた分類なのである．台湾が併合された時点で，台湾人はヨーロッパ式の法律のもとで生きるのであり，われわれのところでと同じようにそこで暮らすのだ[32]．

　植民地大臣の答弁は，「日本人法」の法案の趣旨説明から一貫したものである．政府にとってはヨーロッパ式の法典が編纂され，司法制度が確立し，それがあらゆる者に適用されれば，それをもって「文明化」が果たされるという立場を堅持していた．だが，カイペルはたたみかけるように再度反論する．

> 大臣もまた台湾人を日本帝国の直接の臣民とみなしている．したがって，大臣が議会に対して提案していることの意味は，取るに足りないものではない．数十万の台湾人，彼らは山から下りてきた教養のない野蛮な人種（ongecultiveerde en woeste rassen）に属しているのだが，政府の見解ではヨーロッパ人と同等とせねばならないらしい．〔略〕台湾人は日本人に含まれるのだろうか.[33]

　すでにみたように，カイペルにとって「文明化」とは法制度といった形式に還元されるものではなく，あくまでも個々人の教養といった内実によって判断されるべきものであった．これに対し，植民地大臣は当初の説明を繰り返すにとどまった．

> 日本の憲法によれば台湾人は直接に日本の臣民であると考えられる．そして，彼らは日本の臣民として完全にヨーロッパ式の日本の法律のもとに暮らしている.[34]

　カイペルとクレーメル植民地大臣の議論は，平行線をたどったまま採決がおこなわれ，法案は過半数の賛成を経て可決された.[35]

　カイペルが繰り返し「文明」の内実を問いただしたのに対し，政府は一貫して法制度の整備といった形式的な面からの答弁に終始した．「文明」と個々人の教養との関係について政府がどのように考えていたのか，法案の趣旨説明や議会での答弁からは明確でない.[36]

　条約の改正交渉過程におけるオランダ政府の見解もあわせて検討する限り，「植民地の領有」と「ヨーロッパ式の法典」といった2点を指摘することはできるが，いずれも法案に対して反対の立場をとる議員を満足させるものではなかった．

　また，法案の検討委員会が報告しているように，「日本人法」の審議においては，東インドにおける「原住民」キリスト教徒の状態も議論されていた．この後1901年に首相となるカイペルのもと，オランダはキリスト教の普及や原

住民官吏養成，行政制度の分権化からなる「倫理政策」を進めることとなる．
そこでは，「原住民」キリスト教徒の地位改善は中心的な政策課題であった．

　だが，「日本人法」成立時の内閣は，オランダ中央銀行総裁も務めた経済学
者ピアソン（Pierson）の率いる自由主義内閣であり，植民地政策の重点は各種
の経済立法の確立にあった．加えて，19 世紀後半から宗派系政党との対立を
展開してきた自由主義系政治家にとって，宗教を政策の前面に押し出すことは
彼らの信条でもある政教分離に反するととらえていたこともあるだろう．その
ためか，「原住民」キリスト教徒の法的地位については，議会では主要な議題
とはならなかった．

## 6．「日本人法」をめぐる反応

　ここでは，「日本人法」に対する反応をいくつかの史料から検討していく．
新聞における反応，東インドを訪れた日本人の見聞録，そして植民地法の専門
家による見解をとりあげる．

　日本政府は法案の推移を注視しており，在シンガポール日本領事館を通じて
東インドの情報収集にあたらせていた．領事館が本省に送った情報のなかには，
東インドで発刊されていた新聞記事の抜粋が含まれている．すでに条約締結後
の 1897 年 8 月 6 日付バタフィアの新聞（Bataviaasch Nieuwsblad）は，日本人が
将来「外来西洋人（vreemde Westerlingen）」としてヨーロッパ人と同等視される
見通しを伝えていた．[37]

　この「外来西洋人」という表現は，日本人がそれまで位置づけられてきた
「外来東洋人」という範疇に対比して用いられていることは言うまでもない．
のみならず，「外来（vreemde）」というオランダ語には「奇妙な」という意味
が含まれていることを踏まえ日本人を揶揄した使い方がなされている．ただし，
記事の全体の論調としては，東インドに居住する日本人の数が少ないために，
ヨーロッパ人との同等視が実現したとしても東インド社会にあたえる影響はさ
ほど大きいものではないとするものだった．

　オランダ政府が第二院に日本人法案を提出した直後の 1898 年 9 月 1 日付の
新聞（The Straits Times）記事では，東インドにおいて「原住民と外来東洋人が
その低い文明度に見合った土着の法に服している」と述べ，日本人がこうした
「劣った人種を対象とする司法」の適用に異議を唱えたことや「日本国民が外

来東洋人の法的範疇から日本人を除外するに足るだけのヨーロッパの思想とヨーロッパの文明を備えた」と主張していることを伝えている[38].

さらに，この記事は『スラバヤ・クーラント (Soerabaja Courant)』紙の記事を引用して終わっている．そこでは，「日本人がヨーロッパの文明を単にうわべだけまねている」と伝えるとともに，「ジャワから日本人を追い出しておきたいのに，どうしてその門戸を開放せねばならないのか」と批判的な論調を引用していた．

同じくシンガポールで発行されていた別の新聞 (The Singapore Free Press) は，1898 年 9 月 3 日付の記事においてやや異なる視点から日本人のヨーロッパ人との同等視について論じていた．日蘭通商航海条約はその第 1 条で兵役の相互免除を定めているのだが，この点に着目したのである[39]．オランダ領東インドでは，他のヨーロッパ人およびそれと同等視される者たちは，領内の都市の治安維持に携わる自警団 (Schutterij) に参加する義務を負っていた．それもかかわらず，日本人のみがこの義務を免除され「ヨーロッパ人の地位と特権」を享受することを問題視していた[40]．

この懸念は，紙上の予想とは異なる形で顕在化する．1904 年，スラバヤ在住の三井物産社員林徳太郎他 1 名が，条約の規定にもかかわらず自警団に徴用される事態が生じたからである[41]．この件は，在シンガポール日本領事館が東インド政庁に抗議することにより解決したのだが，スラバヤの民兵委員会は 17 条の文言である「法律の許す限りにおいて」という留保を根拠として，1 条の相互免除規定の適用を除外したのであった．

オランダ本国では，第二院での法案可決後の 1899 年 4 月 15 日に，東インド事情を専門とする新聞 (Indische Mercuur) が日本人法の審議過程について，次のような論評をおこなっていた．

> わが議会が法案を拒否したならば，その帰結はどのようなものにならざるを得ないか想像できるだろうか．〔法案を〕提出する必要はない．イギリス人とロシア人によって彼らと同等に扱われていると考えているうぬぼれた日本人は，仮に小国オランダが彼らをアラブ人やクリンガレース (Klingalees) と同列に置くのであれば，甘んじてそれを受け入れるだろう[42]．

この記事が掲載された時点で，統治法改正案は第一院で審議されていた．ここまで検討したいくつかの新聞記事は，日本人に対して敵対的といわないまで

も，さほど好意的でない反応を示したものであることは確かである．東インド
の社会では，日本人をヨーロッパ人と同等視することについて，おおむね否定
的な見解が支配的であったと考えていいだろう．

　日本では「日本人法」はどのように受けとめられていたのだろうか．新聞紙
上で「日本人法」が報じられる最初の記事としては，明治 32（1899）年 3 月 7
日付東京朝日新聞の記事をあげることができる．「蘭國邦人優待の公報」と題
するわずか 4 行 66 字の短い記事では，「蘭國下院が同國領印度に於る日本人を
歐州人と同等に待遇するの法案を可決せる」と報じているのみで，法案の詳し
い内容については伝えていない．その後，同年 5 月 23 日付の東京朝日新聞と
読売新聞が，「日本人法」法案の第一院での可決を報じている．

　これら各紙の報道からは，法案に対する一般の関心はそれほど高いものでは
なかったと判断していいだろう．そもそも，日本政府からしてオランダ領東イ
ンドでの日本人の法的地位に関する情報を当初欠いており，東インドでの住民
の法的地位にどのような範疇が存在し，その地位にいかなる法的権利がともな
うのか把握するまでに相応の時間を要していた．新聞各社がどの程度法案の意
義を理解したうえで報じていたのかは疑問の残るところである．

　しかしながら，日本からオランダ領東インドへの人の移動が増加するにつれ
東インドでの日本人の法的地位に対する関心が寄せられるようになる．明治
38（1905）年 11 月 26 日付の朝日新聞は，「蘭領印度に於ける日清人」と題する
記事で東インドでの日本人の法的地位とそれに関する華人の動向を報じている．

　　蘭領印度に於ける日本人は日清戦役後其の地位を進めて欧州人と同等の権
　　利を得ることとなりしより，同地にある支那人も亦頗る覚醒する所ありて
　　日本人同等の権利を得んことに苦心し，中には台湾に於て若干の土地を買
　　い入れ之に依りて日本に帰化せりとの実を示し日本人と同一の待遇を得た
　　るものすらありしが，今回の日露戦争以来は日本人の声望　愈 高きに達し
　　支那人が之と同等の権利を得んとすること益切にして種々の方法を講じ
　　つ，あるより蘭国政府に於ても此際 寧 支那人にも日本人同一の権利を与
　　ふる方統治上便宜なりとなし其方針を取らん模様ありと云ふ

　この記事では，オランダ領東インドの華人が台湾での土地購入を通じて台湾
籍民（仮冒籍民）として登録されることにより日本臣民の地位を取得し，東イ
ンドでヨーロッパ人と同等の法的地位を得ようとする動向を伝えている．[43]

　こうした新聞記事以外に，日本人法が東インド社会に対してどのような効果をもたらしたのかを留めた記録もある[44]．引用した記事から 5 年後の 1910 年，竹越与三郎は前年の 1909 年に東インドを訪れた際の見聞を『南国記』と題して出版している．竹越は，「蘭領印度に居住し，居ながら日本に帰化すと云ふ，甚だ突飛なるか如くして，実は前例なきにあらず」として，東インドに居住している華人が「台湾籍」を取得することによって日本臣民の地位を取得し，その結果ヨーロッパ人と同等の法的地位を得ている状況を報告している［竹越 1910：179］．

　竹越が「前例なきにあらず」と述べている「前例」とは，シャム在住の華人に対しフランスが在バンコク領事館で自国民として登録していた事例を指している[45]．だが，竹越によれば日本政府はフランスの例を踏襲せず，東インドに居住する華人への台湾籍の付与に慎重な姿勢をとっていた．彼はその理由を，日本政府と東インド政庁との間に密約が存在するからではないか，と推測している．また，イギリスやフランス植民地統治下の「原住民」は東インドにおいてヨーロッパ人の法的地位を付与されていないことから，東インド政庁が台湾籍民の法的地位を「原住民」と同等の地位に変更しようとしているのではないか，とも考えていた［竹越 1910：180］．

　彼は，さらに，東インドにおいて「台湾臣民」のみが「欧州人と同一の待遇」を受けており，こうした事態が華人の台湾籍取得を促し，結果としてオランダの東インド統治に障害をもたらすのではないか，とも予想している［竹越 1910：179-181；中村 1980：75-76］．竹越の推論が必ずしも見当違いのものでないことは，法案審議時の議会で同様の懸念が表明されていたことからも理解できる．

　「日本人法」は，植民地法の専門家の間でもその重要性が強く意識されていた．自由主義的な植民地法の専門家が多数を占めるライデン大学に対抗する形で植民地官僚養成機関の設けられたユトレヒト大学において指導的な役割を演じていたネーデルブルフは，日本人が治外法権の撤廃を望んだだけでなく「外国においてももはや東洋人とみなされないこと」を望んでいた，と述べている．このような願望は，彼によると「理解できる」ものであり，それゆえに日本人法が成立にいたったのだと説明されている［Nederburgh1918：15］．

　だが，「日本人法」の成立は，統治法にとって重要な帰結をもたらしたことにネーデルブルフは注意を促している．彼は日本人法の成立した「1899 年に〔住民〕区分の基盤は完全に掘り崩された」と指摘していた．

　　なぜなら日本人がヨーロッパ人でなく，キリスト教徒でもないことはまっ
　たく明らかであるからだ．彼らは西洋人になる気はさらさらなく，「覚醒
　した」東洋の先頭に立とうとしている．彼らがヨーロッパ人と同等視され
　るのであれば，東洋人で地位の高い華人や原住民を除外しておく充分な根
　拠というのは存在するのであろうか [Nederburgh 1918：15].

　日本人をヨーロッパ人という法的地位に属す住民として分類することは，
1854 年統治法により導入された「人種」に基づく「ヨーロッパ人」と「原住
民」との法的区分を根底から揺るがす意義を有していた．人種基準の崩壊にも
かかわらず，華人をはじめとする他の外来東洋人，とりわけ「原住民」キリス
ト教徒を「劣った人種」として位置づけておくことは可能なのか．もし可能で
あるならば，その根拠はどこに求めることができるのか．ネーデルブルフは，
それを提示することはなかった．

　ここまで「日本人法」の立法過程および法案への反応を整理してきた．東イ
ンドに居住する者は，統治法 109 条によって「ヨーロッパ人」と「原住民」い
ずれかに区分され，適用される法律を異にしていた．「日本人法」は，オラン
ダと日本の条約改正にともない，東インドにおける日本人の法的地位を「原住
民」と同等の地位から「ヨーロッパ人」と同等の地位へと変更することを目的
として 1899 年に成立した．
　法案の審議に際しては，議会で日本人の法的地位の変更をめぐり議論が交わ
された．争点は，「日本の文明状態が〔ヨーロッパに〕等しいものであるか」と
いうものであった [Idema 1924：130]．政府は，西欧法の受容をもって日本が
「文明化」したものとみなし，東インドにおける日本人の法的地位の変更が必
要であると判断していた．これに対して，西欧法の継受即日本の「文明化」を
意味するのか，といった疑問，あるいは日本人や台湾人が「文明」に値する教
養を備えているのか，といった批判が法案に加えられた．新聞紙上でも日本人
に対して「ヨーロッパ人」の法的地位を付与することに懐疑的な論調が支配的
であった．
　「文明化」した社会が，オランダもその一員である西欧諸国のみを意味する
限りにおいては，「文明」概念の背後に想定されている「宗教」は基本的にキ
リスト教であり，その担い手は「ヨーロッパ人」である，という暗黙の前提が

存在していた．だが，統治法109条の制定過程において「宗教」が「文明」から切り離され，さらにオランダ人とはまったく異なる日本人の「人種」の位置づけをめぐり，「文明」から「人種」をも切り離さざるを得なくなる事態が生じる．ここにおいて，「文明」と「人種」との亀裂が露呈することとなった．議会において度々問題となった「文明」の内実をめぐる議論は，このことを象徴していたといえよう．同時に，日本人がヨーロッパ人と同等視されたことで，統治法成立後いったんは背景に退いたかにみえた「宗教」基準が再び注目され，「原住民」キリスト教徒の法的地位の問題があらためて関心の対象となっていく．

日本人にとって，「日本人法」の成立は，その後の東インドでの商業活動を展開するうえで有利に働いたことは確かである．その活動の具体的な内容を詳細に検討することは，本書の対象とするところではない．しかし，商業活動と密接に結びつく問題として，「日本人法」の成立は，竹越が直接見聞したように，台湾籍の取得による華人の日本臣民化という当初予期していなかった事態を生じさせた．

英領インドや仏領インドシナの「原住民」は，東インドにおいては統治法上ヨーロッパ人としては扱われず，「原住民」と同等視されていた．それにもかかわらず，竹越が指摘したように，台湾籍民のみ例外的に内地の日本国民と同等の法的地位を享受できた．[46] 第二院の法案審議において，カイペルが繰り返し政府に問いかけた疑問，すなわち台湾人は日本人なのかという問いが日本政府とオランダ政府につきつけられたのである．

「日本人法」を契機とする人種基準の崩壊が統治法の住民区分をどのように変容させていったのか．「日本人法」の成立は東インドにおける住民の法的地位，とりわけ華人の法的地位にどのように影響したのか．「宗教」や「人種」，さらに「文明」といった概念は東インドにおける住民の法的地位の変更にどのような影響を与え，同時にそれら諸概念にどのような意味が盛り込まれていったのだろうか．

注

1）1854年統治法109条は以下の5項からなる．1項：この規則および他のすべての法令の諸規定は，ヨーロッパ人と原住民との区分に関し反対の規定の定められない限り，それらと同等視される者に適用される．2項：ヨーロッパ人と同等視される者は，すべ

てのキリスト教徒，およびその血統〔出自〕が次項に該当しない他のすべての者．3
項：原住民と同等視される者は，アラブ人，モール人，華人，およびその他すべてのイ
スラム教徒と異教徒．4項：原住民キリスト教徒は原住民首長の権威に服属し続ける，
そして諸税，諸公課および賦役に関しては，中央，地方および自治体の諸規定と規則に
対して，キリスト教を信仰告白していない原住民同様に服すものとす．5項：総督は，
蘭印評議会との合意により，この条項に置かれた規則の適用に例外を設けることができ
る．統治法の制定，特に109条の沿革については，本書第2章を参照されたい．

2）「外来東洋人」という言葉は，1906年に法的範疇として統治法に採用される以前から存
在しており，1854年の統治法73条にこの語が使われていることを確認できる．また，19
世紀中葉までは「外来東洋人」とならんで「東洋外国人（Oostersche Vreemdelingen）」
という言葉も用いられているが，徐々に「外来東洋人」の呼称が一般的になったようで
ある［Oei Paylo 1867：141］．とはいえ，行政文書にもしばしば「東洋外国人」の名称
が用いられ続けた．

3）Indische Gids, 1899, 21（2）, p. 1373.

4）フィリップ・クレインチェスは横浜のオランダ領事館勤務の父と日本人の母のもと
1867年に生まれ，その後父の本国帰還にともないオランダで教育を受けた．東インド
での短い司法局勤務を経て1912年にフローニンゲン大学の国法学講座教授に就任，
1918年から1921年まで東インド評議会評議員，1921年から1938年に亡くなるまでア
ムステルダム大学の国際法・植民地法・行政法講座教授として教鞭をとった．自由主義
的な立場から植民地の法制度改革に携わり，東インドの自治に肯定的であった．クレイ
ンチェスの生涯については，Sicking［2019］を参照のこと．

5）第2章を参照．

6）ベルグスマ（Jacob Hendrik Bergsma：1838-1915）．東インドで司法行政の業務に従
事した後，総督官房（1884-1887），東インド評議会評議委員（1887-1893）と植民地行
政の要職を歴任．本国へ帰還後ロエル内閣で植民地大臣を務める（1894-1897）．

7）官報に掲載された条文の日本語訳は次のとおりである．「本條約ノ規定ハ法律ノ許ス
限リ和蘭国皇帝陛下ノ総テノ殖民地並ニ其ノ海外領地ニモ適用セラルヘキモノトス／但
シ前記和蘭國殖民地並ニ海外領地ニ於ケル日本國皇帝陛下ノ臣民ハ其ノ商業，船舶，商
品及輸出入ノ關税ニ關シテハ最恵国ニ許與シ若ハ將來許與セラルヘキモノト同一ノ権利，
特典，免除，便益並ニ特權ヲ享有スヘシ尤「イーストルン，アーキペラゴー」ノ各土邦
ニ其ノ航海ノ爲メ及蘭領東印度殖民地ヘ其ノ生産輸入ノ爲ニ附與シ若ハ附與セラルヘキ
特別ノ便益ハ此ノ限ニ在ラス」（官報第四二六五號明治三十年九月十七日）．

8）Bijlagen Handelingen Tweede Kamer1896-1897：1503．6.

9）Bijlagen Handelingen Tweede Kamer 1896-1897：1503．6.

10）総督令によって「ヨーロッパ人と同等」の法的地位を得た者は「官報上のヨーロッパ
人（Staatsblad Europeanen）」とも呼ばれた．本書第2章を参照．

11）蘭領印度在留邦人待遇一件1897年1月12日付書簡．

12）例えば，工藤［2017：151］では，事業所得税について華人の税率が4％，これに対してヨーロッパ人は2％と紹介している．植民地期をバタフィアに過ごした華人も，「税に関しては，華人はヨーロッパ人の倍支払わねばならなかった」と回想している［Kwee 1969：59］.

13）華人居住区を統轄する華人居住区長の称号．カピタン，マヨール，リュイテナントなど複数の称号が用いられた．詳しくは第6章の説明を参照のこと.

14）1896年の時点で，東インドに居住していた日本人は463名，うち女性が376名，男性87名としている［Claver 2021：232］.

15）蘭領印度在留邦人待遇一件1897年5月20日付書簡.

16）デ・ボーフォルト（Willem Hendrik de Beaufort：1845-1918）．通算で40年以上議員として活躍した自由主義系政治家．1897年から1901年までピアソン内閣の外務大臣を務めた．1899年に開催された万国平和会議の責任者．第二次ボーア戦争に対してウィルヘルミナ女王を含む国内世論に傾かずに中立を維持するなど在任時に困難な外交課題に対応した.

17）蘭領印度在留邦人待遇一件1897年10月15日付機密信第9号．オランダ政府の回答は外務省による日本語訳による.

18）蘭領印度在留邦人待遇一件1897年10月13日付覚書.

19）クレーメル（Jacob Theodoor Cremer：1847-1923）．ピアソン内閣で植民地大臣を務めた自由主義系政治家（1897-1901）．東インドでプランター，起業家として成功を収めた後政治家へ転出．議員として40年近く活動．植民地大臣在任中はファン・フォレンホーフェンを個人秘書としていた.

20）Handelingen Tweede Kamer 1897-1898：228.

21）Handelingen Tweede Kamer 1898-1899：67．1.

22）Handelingen Tweede Kamer 1898-1899：67．2.

23）カイペル（Abraham Kuyper：1837-1920）．プロテスタント系政党である反革命党（Anti-revolutionaire Partij）の創設者．1901年から1905年まで首相として政権を率いる．日刊紙De Standaard，アムステルダム自由大学の創設者でもある.

24）Handelingen Tweede Kamer 1898-1899：795-796.

25）ファン・カルネベーク（Abraham Pieter Cornelis van Karnebeek：1836-1925）．外交畑でのキャリアを経てゼーラント州知事，ヘームスケルク内閣の外務大臣（1885-1888），その後20年以上第二院議員を務めた無党派自由主義系政治家.

26）Handelingen Tweede Kamer 1898-1899：799-800.

27）ファン・デ・フェルデ（Henri Adolphe van de Velde：1855-1919）．反革命党を代表する政治家の一人．海軍士官の子として東インドに生まれライデン大学で法律学を修める．卒業後いくつかの市長職に就いた後，1890年より第二院議員となる．議員として通算25年以上活動した.

28）Handelingen Tweede Kamer 1898-1899：800．1909年にバタフィアの染谷領事から

外務大臣小村寿太郎に宛てた報告によるとバタフィア在留日本人は男子約 40 名，女子
約 50 名と見積もり，「此内女子ハ殆ド全部醜業婦ニ属シ」と述べている（明治四十二年
四月六日公信第一五號「バタビヤ在留日本人一般状況報告並ニ台湾人ニ関スル件」蘭領
印度ニ於ケル同地官憲本邦人取扱振雑件附台湾籍元清人取扱並旅券発給ニ関スル件）．

29）Handelingen Tweede Kamer 1898-1899：797.

30）Handelingen Tweede Kamer 1898-1899：795-796.

31）Handelingen Tweede Kamer 1898-1899：796-797.

32）Handelingen Tweede Kamer 1898-1899：814.

33）Handelingen Tweede Kmer 1898-1899：814.

34）Handelingen Tweede Kamer 1898-1899：814.

35）1899 年 3 月 1 日第二院での採決（48 対 38 で可決，カイペルによる動議は 47 対 39 で
否決）ののち，同年 4 月 5 日第一院で審議され，5 月 16 日第一院での採決（40 対 4 で
可決）を経て同月 19 日官報 21 号掲載．その後東インド官報 202 号に掲載され，「日本
人法」は 7 月 16 日の日蘭通商航海条約発効までに成立，施行された．

36）クレーメル植民地大臣は議会での答弁において議会開設や郵便制度，蒸気船の建造数，
工場の設置など日本が独自に成し遂げたことに言及しているが，こうした物質的指標が
議会で議論されることはなかった［Handelingen Tweede Kamer 1898-99：802］．

37）蘭領印度在留邦人待遇一件 1897 年 8 月 12 日機密信第 12 号．

38）蘭領印度在留邦人待遇一件 1898 年 10 月 3 日機密信第 1 号．

39）日蘭通商航海条約 1 条「両締結国の一方の臣民にして他の一方の版図内に住居する者
は陸軍，海軍，護国軍，民兵等に論なく総て強迫兵役を免れ且其の服役の代りとして取
立る所の一切の納金を免れ又一切の強募公債及軍事上の賦赦或は桐資を免れるへし」
［今西 1899］．

40）蘭領印度在留邦人待遇一件 1898 年 10 月 3 日機密信第 1 号．

41）蘭領印度在留邦人待遇一件 1904 年 5 月 9 日機密信第 5 号．

42）Indische Mercuur 1899 年 4 月 15 日付．なお，「クリンガレース」とは，ホングレイ
プによれば，元来インドのカリンガ，マラバルを出自とする住民を指す言葉であったが，
転じて英領インドの住民を総称するようになったという［Gonggryp 1992：659-660］．

43）この記事が伝えているように，台湾での土地購入を通じて台湾の戸口に登録され，台
湾籍民として日本の旅券を取得，東インドに渡航した後にヨーロッパ人に同等視される
プロセスについては東インドの新聞も伝えていた．東インドの華人による台湾籍民の地
位の取得（仮冒）については，Lohanda［2002：101］，Tjiook-Liem［2009：267-268］，
工藤［2017］，吉田［2019：32］を参照のこと．

44）ここでとりあげている竹越の資料以外にも，日本人と「原住民」との間での裁判の様
子を記録した［和田 1942：138-143］は，当時の蘭印における日本人の法的地位の具体
的様相を明らかにしている．

45）シャムでの外国領事館による華人の登録問題については川島［2004］を参照のこと．

　なお，本書の第5章では東インドからシャムに渡航した華人の登録問題に触れている．

46）Handelingen Tweede Kamer［1898-99：800］，竹越［1910：180］を参照のこと．
なお，フランス植民地における「原住民」の法的地位については，近年研究の進展がみられる［Saada 2002；2012］．

# 第5章 「包摂」と「排除」の新たな展開
## ——1892 年国籍法と 1910 年臣民籍法

　1850 年に制定された国籍法は，オランダという政治共同体において市民権を享受する主体が誰かを定めることを意図していた．この国籍法制定に中心的な役割を演じたトルベッケは，公の領域と私的領域の峻別を念頭に置きながら，すでに存在していた民法の国籍規定（5 条から 12 条まで）を修正することなく，公法の領域に適用される国籍規定として 1850 年国籍法を制定した．植民地住民のオランダ国籍に関しては，1850 年国籍法は本国——ヨーロッパの王国（het Rijk in Europe）——に定住する両親からの出生による国籍の取得に限定したこと，さらに市民権の享受に対する懸念が議会で示されたこともあり植民地には適用されず，民法典の国籍規定によるオランダ国籍がそのまま維持されることとなった．

　したがって 1850 年国籍法制定以降，二つの国籍規定が併存する事態が生じていたこととなる．両者が併存することへのトルベッケの見解は，第 1 章で検討したとおりである．彼自身は公法と私法という二つの領域で異なるオランダ国民の規定を維持できるものと考えていたが，1850 年国籍法制定直後から国籍規定の併存する事態は専門家から問題視された．早くも 1851 年には「二つの法律が併存することにより深刻な混乱と思わぬ事態が生じている．本来分割できない概念が分割されている」との指摘がなされ，「オランダ国籍に関して新たな規定を定めた法律により民法典の規定を失効」させ「単一の法律によるオランダ国籍の統一が望ましい」との見解も示されるようになっていた [Raedt van Oldenbarnevelt 1851 : 16]．トルベッケの意図とは異なり，国籍規定が併存する状態は当初から法的秩序の「不整合」と受け止められていたのである [Opzoomer 1865 : 34]．

　この章では，二つのオランダ国籍規定の「不整合」を解消するために 1892 年に制定された国籍法と，この国籍法によって生じた東インドの植民地住民に対する法的地位の問題に対応するため 1910 年に制定された「臣民籍」法をとりあげる．1850 年の国籍法を踏まえ，議会はオランダ国民であることとオラ

ンダ国家との結びつきをどのように定義していったのか．植民地の住民に対する国籍付与をめぐりどのような議論がかわされたのか．さらに，東インドの領外で展開された植民地住民の活動は，オランダと植民地住民との法的紐帯の必要性をどのように生じさせたのか．1892年国籍法と1910年臣民籍法の制定過程をたどりながら，これらの点について論じていく．

## 1．1892年国籍法制定の背景

1850年国籍法制定直後から国籍規定の併存状態を解消する必要性は唱えられていたものの，国籍法の改正はむしろ関連する憲法と民法の改正が検討される過程で実現していく．1880年2月28日，民法典改正準備のための委員会が設置される．委員会は，1882年に国王に提出した報告書のなかで，改正の方針を「民法典に存在している国籍規定を別の法律で規定することが現在の憲法上の概念により合致する」と述べていた．この方針は議会の外にも伝わっており「オランダ国籍に関する規定の統一が新たな法案の最初の結果になる」と報じられていた[1]．

1883年5月11日，ヘームスケルク内閣（1883-1888）によって憲法改正委員会が設置される[2]．委員会は当初，選挙権の拡大を検討する予定であったが，帰化についてもあわせて検討された．1848年憲法7条は，帰化は法律によってのみおこなわれると定めていたものの，帰化の効力が申請者（夫）の配偶者（妻）と未成年の子にどのように及ぶのか定めはなかった．1850年国籍法制定時にも，トルベッケは帰化の効力がその配偶者と未成年の子に及ぶのはあまりにも自明のことであるとみなし，個別に規定を設ける必要性を感じていなかった．

しかし，1868年以降，政府は夫の帰化は妻と未成年の子には及ばないとの解釈を採用していた．すなわち，父の帰化の効力が家族に及ばず，その結果として家族内で国籍を異にする状況が現実に生じていたのである．委員会では，帰化の効力について法律で定めることが議論され，この点は改正憲法に反映されることとなった[3]．

1885年3月18日，政府は第二院に憲法改正案を提出する．改正の焦点となっていた憲法7条は「誰がオランダ国民であり誰が居住者であるかは法律がこれを定める．法律は外国人の帰化について定める」というものであった．改

正案では「誰がオランダ国民であり誰が居住者であるかは法律がこれを定める. 外国人は法律によってのみ帰化できる. 帰化した者の配偶者および未成年の子に対する帰化の効力は法律が定める」とされた. それまでの条文に帰化の効力に関する文言が追加されたことがわかる.

改正案は, 第二院の第一読会において 59 対 14 で採択された後, 第一院に送られた. 第一院では無投票で採択され, 改正案は再び第二院に送られ第二読会で審議, 1887 年 10 月 12 日に 69 対 13 で可決された. 第一院では 11 月 5 日再び無投票で可決された.

1888 年 10 月 26 日, 改正された憲法 7 条を受け, マカイ内閣 (1888-1891) は,[4] 帰化法案を議会に提出した. この法案は帰化した者の配偶者および未成年の子が申告によりオランダ国籍を取得できるという内容であり, 帰化の効力を配偶者と未成年の子に自動的に及ぼすというものではなかった.

法案が審議されていた 1889 年 5 月 17 日, デ・サフォルニン・ローマン (De Savornin Lohman) による動議が議会で可決された.[5] この動議は, 帰化に関する法案の審議を中断し, 単一の法律によるオランダ国籍の制定を優先させるものであった. 帰化に関する規定がすでに民法および国籍法において存在するなか, 新たな帰化法をそこへ加えることにより生じる複雑な状況が議会で望まれなかったことが動議の背景には存在していた. 加えて, すでに 1882 年に民法改正委員会によって国籍規定の統一が要望されていたことも, この動議が採択される要因をなしていた.

1892 年 2 月ファン・ティーンホーフェン (Van Tienhoven) 内閣の内務大臣であったタク・ファン・ポールトフリート (Tak van Poortvliet) は,[6] 新たな国籍法法案を議会に提出した. 同年 10 月 18 日から 20 日にかけて第二院で国籍法法案は審議され, 同月 25 日に採択された後, 国籍法法案は第一院へ送られた. 第一院では 12 月 10 日に審議および採決がおこなわれて賛成 36, 反対 1 という結果で可決, 改正国籍法が成立した. 新たな国籍法は翌 1893 年 7 月 1 日に施行されるとともに, その日をもって民法の国籍規定と 1850 年国籍法は効力を失うこととなった.

改正された国籍法は「オランダ国籍および居住資格に関する法律」(1892 年 12 月 12 日法律, 官報 268 号) と呼ばれ 1985 年の改正まで効力を有することになる. 1892 年国籍法の特徴として, 出生による国籍取得の原則としての血統主義, 配偶者と未成年の子に及ぼす帰化の効力, そして植民地の「原住民および

それと同等視される者」の国籍法上の扱い，という三点をあげることができる．ここでは血統主義への統一と植民地住民の国籍法との関わりに主な焦点をあて，国籍法制定に携わった議員の間でどのような見解が交わされたのか議会資料を確認していく．

## 2. 国籍取得の原則をめぐって——生地主義と血統主義

　新たな国籍法で採用された血統主義については，改正以前から議論の対象となっていた．民法改正委員会が提出した報告書に収められた国籍法改正の草案では，民法典の国籍規定に維持されている生地主義は，オランダ国内に居住するドイツ人の二重国籍をもたらしており，これを可能な限り避けることが言及されていた［Heijs 1995 : 63-64］．

　国籍法に関する代表的な専門家であったスロイデル（Schreuder）も，「1850年7月28日公布の法律（官報第44号）〔1850年国籍法〕を改正する場合，オランダ国籍に関する限り，オランダ人の地位を取得する方法は二つしかないという原則を適用することが望ましい．私としてはオランダ人の地位を有している父母のもとに生まれた者」と「法律で認められた帰化によってオランダ国籍を取得した者のみがオランダ人と呼ばれるべきである」という見解を述べていた［Schreuder 1881 : 7］．ここで言及されている「オランダ人の地位を有している父母のもとに生まれ」るという表現が，血統主義にもとづく国籍取得を意味していることは言うまでもない．

　生地主義に対する批判的な見解は，帰化に関する法案が審議されていた時点から議会でも共有されていた．議員のファルンコム・サンダース（Farncombe Sanders）[7] は，生地主義の原則をフランス革命以前の封建主義的な考えの残滓として批判している．彼は1889年の帰化法案の審議中，封建主義下での生地主義を次のように説明していた．

　　1789年以前にヨーロッパ全体に及んで存在していた考えとはどのようなものだったのか．

　　　それは，種族や親族の法は，封建領主の法によって完全に支配されるというものである．

　　　ヨーロッパ全土でこの原則が受け入れられていた．ただ旅行しているだ

　　けだとしても，その土地で母が子を生んだとすれば，その子はその土地の
　　領主の支配におかれるのだ[8]

　1789 年という年号がフランス革命を念頭に置かれたものであることは言う
までもないだろう[9]．「種族や親族の法 (het recht van stam en verwantschap)」と
は血統主義に相当し，「封建領主の法 (het recht van den feudalen heer)」は生地
主義に対応している．ファルンコム・サンダースによれば，民法の国籍規定が
生地主義に基づいているのは，法典の起草者たちが「旧来の封建主義的な法の
原則 (het beginsel van het oude leenrecht) に染まって」いたからにほかならな
かった[10]．
　議事録からは，生地主義をめぐり議会内で様々な見解が存在しており，これ
を擁護する見解も存在していたことが記されている．生地主義による国籍取得
に好意的な議員は，国籍取得の原則を血統主義に依拠した場合，結果としてオ
ランダ国内で外国人のコロニーが生じることを懸念していた．オランダ国内に
居住する外国人としてはベルギー人，フランス人なども言及されていたが，政
府の念頭に置かれていたのは先に述べたようにドイツ人であった[11]．
　当時，オランダ本国でのドイツ人の在留者数は 4 万を超えると推計されてい
た[12]．血統主義を導入することにより，オランダに居住するドイツ人はドイツ帝
国の国民（臣民）としてとどまり続ける．むろん，彼らには帰化によってオラ
ンダ国籍を取得する可能性は開かれているものの，帰化に要する費用や手続き
を考慮すると，あえてオランダ国籍を取得する理由はそれほど強くない．むし
ろ生地主義による国籍取得を維持することで，オランダ国内に居住する外国人
をオランダ国民とすることが可能となる．生地主義の特徴としてしばしば指摘
される包摂の機能がここでも意識されていた．
　政府が第二院に提出した報告書では，生地主義にともなう利点が存在するこ
とは認めつつも，国籍付与の原則として血統主義の採用が方針として示されて
いた．生地主義を退ける最大の根拠として政府が主張したのは，「オランダに
居住する外国人がオランダで生まれたというだけでは，その人物がなんらかの
絆によってわが国に特別の愛着を感じ，それゆえにわが国の国籍を持つに値す
るという保証にはならない」というものであった[13]．
　興味深いのは，政府が生地主義を退ける際に示した論拠として，オランダが
「商業と海運の国」である点に求めていることである．「移動がますます容易に

なっている現代」において「骨の髄も血もオランダ人 (Nederlanders in merg en bloed)」である者が，生地主義を採用する他国に定住した結果として「その出生により直ちに私達から断絶されること」がオランダにとって利点となるだろうか，と問いかける[14]．生地主義は，オランダ人が「愛着」によりオランダ国家と結びついている「絆」を分断するものでしかなく，否定的に受け止められていた．

　他方，血統主義の採用はオランダ国外に長期間滞在し，その結果として事実上オランダとのつながりが希薄になっているオランダ人に対しても国籍の保持を可能にしてしまう．国外に長期滞在するオランダ人の国籍については，第1章でも検討したように，民法の国籍規定および1850年国籍法も無条件の国籍維持は認めていなかった．民法9条1項は外国への帰化により，9条2項は国王の承認を経ずに外国で兵役に就く，あるいは公務員となることを理由とした国籍の喪失を定めており，これらに加えて9条3項では，オランダへの明白な帰国の意思なく国外に居住することが国籍喪失の要件とされていた[15]．民法の国籍喪失要件である外国への帰化あるいは公務就任は1850年国籍法10条にも踏襲されており，さらに10条3項では明白な帰国の意思なく国外に継続して5年間居住する事によってオランダ国籍を喪失するものとされた．

　1892年国籍法でも，国籍喪失の要件は踏襲されていた．だが，それまでとは異なり，「帰国の意思」をどのように確認するのかという点をめぐって，政府と議会では見解を異にしていた．政府案は，植民地を除く国外に居住するオランダ人が5年の滞在の後，関係当局が帰還の意図を有していないことを証明できる場合に限りオランダ国籍を喪失するとしていた．これに対しては反論が寄せられた．

　　わが国のような貿易国において，5年の国外滞在が祖国とのつながりを断ち切るものとみなされることは認められない．〔略〕しかし，それゆえにこそ，国外に居住しているという事実に加えて，「帰国の意思なく (sans esprit de retour)」が国籍を喪失する際の要件とされたのである．しかし，どれほど長い期間外国に居住していても，帰らないという意思が示されない限りオランダ国籍を保持することを認めようという見解に同意することはできない．さらに言えば，単なる不作為によって，わが国とのつながりや内面的な関係が断ち切られたことを示すような行動や事実があったとし

ても，オランダ国籍は常に保持されることになる．これはまったくありえないことだ．

　ここでは，オランダという政治共同体とオランダ国民との「内的な結びつき」が血統によって無条件に維持されるという前提は退けられている．議会にとっても海外に長期間居住するオランダ人が，オランダ国家の成員であることを自ら表明することが望ましいと考えられていた．しかし，この法案に対しては議会審議中から在外オランダ人からの反対が寄せられた．ロンドンやパリのオランダ商工会議所は各国に所在するオランダ商工会議所へ呼びかけて議会への請願を重ねた結果，5 年の期間が 10 年に延ばされるとともに，「帰国の意思」ではなくオランダ国籍の保持の宣言が盛り込まれることとなった．[16)]

　国籍喪失規定は 7 条におかれ，海外での居住を理由とするものは 7 条 1 項 5 において「〔オランダ国籍は〕公務によるものを除き 10 年という期間，王国およびその植民地もしくは世界の他の地域の属領外での居住によって喪失する．その期間の満了以前にその者が王国，植民地もしくは世界の他の地域の属領における最後の居住地の市長，自治体長，もしくはその者が居住する国のオランダ国大使あるいは領事に対してオランダ国籍の保持を表明する場合はこの限りではない」と定められた．

　法案には，当時の国籍法をめぐる国際的な潮流が反映していることに政府は言及しており，

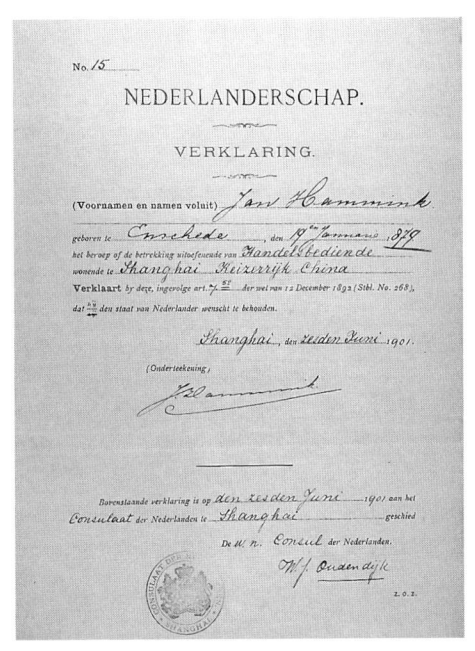

**図 5-1　国籍保持宣言証**

（出所）オランダ国籍保持宣言証．オランダ国立公文書館蔵（2.05.03 401 A.177c：1895-1904）．1879 年 1 月 19 日エンスヘデ生の貿易商ヤン・ハミンクによる国籍保持宣言．「1892 年 12 月 12 日の法律 7 条 5 項によりオランダ人の地位を保持することを望む」とある．1901 年 6 月 6 日付．当時の上海領事館員アウデンデイクの署名と領事館印が下部に確認できる．

血統主義はその潮流の先端に位置する原則と理解されていた．議会審議でも，ドイツやフランス，イタリアなど各国の状況が参照され，国籍の取得と喪失に関する規定は，欧州各国によって異なっているものの，将来的には諸国家間で統一されることが望ましいとも政府は述べている．そのためには「文明化した諸国（de beschaafde Staten）が国内で採用している最も一般的な制度を遵守し，少なくともわが国の国内法が，他国で最も一般的でますます遵守されるようになっているもの〔制度〕に逆らわないようにするのが第一の条件である」と述べていた．オランダ政府にとっては，封建主義の残滓である生地主義より血統主義の原則が国際的な潮流であり，血統主義による国籍法こそが「文明諸国」の歩む方向性を指し示していたのである．

## 3．植民地住民のオランダ国籍をめぐって
### ——レフィスソーン・ノーマン修正の衝撃

　1892 年国籍法のもたらした重大な変更は，植民地住民の法的地位であった．政府が当初提出した法案では，植民地住民にもオランダ国籍が認められていたものの，最終的には東インドの植民地住民へ国籍が付与されることはなかった．

　国籍法法案の経過規定 1 項は，「本法施行時にオランダ国民の地位を有する者は，本法によりその地位を失うまで，その地位を保持する」と定めていた[17]．政府は議会に対して「現在の法律においてオランダ国民である者は，新たな法律が施行されてもオランダ国民であり続ける」と説明し，この方針に明確な説明は必要ないとの立場を取っていた．

　経過規定には「オランダ国民の地位を有する者」とある．この「オランダ国民の地位を有する者」が民法典の国籍規定によるオランダ国民を指すのか，1850 年国籍法によるオランダ国民を指すのか，あるいは双方を含む意味でのオランダ国民を指すのかは条文そのものには明示されていない．民法典の国籍規定は，生地主義を採用していることに加え，出生地に植民地を含めていたことからも，1850 年国籍法と比べてオランダ国籍が付与される対象を広く想定していた．民法典の国籍規定あるいは 1850 年国籍法，どちらの立場をとるかによって「結果は大きく異なってくる」と，第二院の委員会報告書は指摘していた［Shreuder 1894：267］．

　政府は 1850 年国籍法と民法 5 条 1 項によりオランダ国籍を付与される者す

べてをここでの「オランダ国民の地位を有する者」とみなすことを説明しており，その結果として，「東インドおよび西インド諸島のすべての原住民および華人がオランダ国民に格上げされる」と述べていた．「格上げ（verheffen）」という表現が意味するのは，「完全なオランダ国籍（het volle Nederlanderschap）」を植民地の「原住民および華人」に認めるということである．

　「完全なオランダ国籍」の付与をめぐっては，委員会内部でも議論がかわされた．そもそも，「原住民および華人」へ国籍を付与すること自体，「多かれ少なかれ奇妙な印象をあたえる」ことは政府も認識していた．委員会では，新たな国籍法が民法の国籍規定によりオランダ国籍を保持する者へオランダ国籍を認めるとしても，あくまでも民事上の権利のみが付随するのに限定されるのであって，公務就任権は付随しないという見解も示されていた．

　この見解は政府により退けられた．国籍法法案は，二つのオランダ国籍が併存する状況を解消することを目的として提出されており，民事上の権利の享有のみに限定されたオランダ国民の存在を認めてしまっては，結果的に二種類のオランダ国民を維持することとなり，法案の本来の趣旨に反するためである．政府は「オランダ国民の地位を有する者」は，「民法典のオランダ国民と1850年法によるオランダ国民の双方を意味すると解すべき」であると改めて説明し，審議中の法案が成立した暁には，「オランダ国籍はただ一つ」となり，二つのオランダ国籍が併存する状況は解消することを強調した．

　法案に関する委員会と政府報告を経て，法案は第二院での逐条審議に移った．経過規定の審議では，数名の議員から植民地住民への国籍付与に関する質疑が寄せられた．

　東インドで25年以上植民地官僚として要職を歴任した経歴を有し，議会きっての東インド通と目されていたレフィスソーン・ノーマン（Levyssohn Norman）議員は，経過規定に対する修正案を提出した（図5-2）．彼は，1850年国籍法審議時のトルベッケによる議会答弁を引用して，植民地住民へ国籍を付与することは，「予期せぬ結果をもたらす（waarvan de gevolgen niet zijn te overzien）」こととなり，オランダを「法あるいは民族性を欠いた名ばかりの共同体（gemeenschap van naam zonder eenige gemeenschap van recht of volkswezen）」にしてしまうと政府案を批判した．

　さらに，政府案によって「原住民や外来東洋人」が「言葉の完全な意味でのオランダ国民」となることからもたらされる実務上の問題点を指摘する．東イ

**図 5-2　アンリ・D. レフィスソーン・ノーマン (1836-1892)**

（出所）1870年頃ジャワで撮影されたものと思われる．ライデン大学デジタルコレクション（KITVL28665）．

ンドの統治法では，公務就任権を 1850 年国籍法に基づきオランダ国籍を保持するオランダ人に制限していた．たとえば統治法第 2 条，第 4 条および第 8 条は，東インド政庁の総督および副総督，東インド評議会の副議長（議長は総督が兼ねる）および評議員の資格をオランダ人に限定しているが[20]，そこでのオランダ人とは 1850 年国籍法によるオランダ人の定義に依拠していた．

　レフィスソーン・ノーマン議員によれば，政府の提出している国籍法改正案が成立した場合，これら東インド行政の最重要職に「原住民」が就く可能性を開いてしまう．同様に「外来東洋人」も東インドで公務に就くことができるようになる[21]．東インド評議会の評議員を務めたこともあるレフィスソーン・ノーマンの指摘は具体的であり，政府案の支持者にとっても説得的に響いた可能性も否めない [d'Oliveira 2023：92]．事実，植民地統治が自治を許容する方向へ転換するにともない，「原住民」の公務就任は重要な検討課題となるのである．

　植民地の「原住民や外来東洋人」へのオランダ国籍の付与に慎重なレフィスソーン・ノーマン議員の見解は，生地主義を原則とする民法典の国籍規定を除外することに関心があるようにも解釈できる．それは，あたかも国籍法法案審議の際，議会に一貫してみられていた血統主義への関心を彼も共有していたかのようである．しかし，議事録からは，彼の関心の所在が本来どこにあったのかをうかがえる発言が残されている．東インドで生まれた「原住民」あるいは「外来東洋人」への「完全なオランダ国籍」付与に懸念を示す一方，レフィスソーン・ノーマン議員は，東インドに定住した父母から生まれるヨーロッパ系住民への国籍付与は積極的に認めるのである．政府案の経過規定によってオランダ人になる別のカテゴリーがあることを彼は指摘する．それは，

　　オランダ人ではない，あるいはオランダ人であることを証明できないヨー

　　ロッパ人，さらにヨーロッパ人として扱われ，オランダまたは植民地に定
　　住した父母から生まれた人たちである．彼らに関する限り，私はこの経過
　　規定が多くの人々の疑わしい立場に終止符を打つという事実に両手を上げ
　　て歓迎したい．最近，フローニンゲン出身のダウエス夫妻の間に生まれた
　　ケース・ダウエスに起こったことを思い出す．誰も彼のオランダ国籍に疑
　　いを挟む者はいなかったのだが，それでも〔オランダ国籍取得のため〕帰化が
　　必要とされた．

　ここに言及されているケース・ダウエスとは，この国籍法法案審議に先立つ
同年 8 月 11 日に帰化が認められオランダ国籍を取得した人物である（1892 年官
報第 193 号）．該当する帰化法案を確認すると，ケース（コルネリス）・ダウエス
（Cees 'Cornelis' Douwes）は 1865 年 1 月 21 日にオランダ領東インドのデンゴク
（Dengok）に生まれ，申請当時はスラバヤに居住していた．無職と記録されて
いる．

　コルネリスは，帰化申請に先立ち彼の祖父が 1796 年フローニンゲン生まれ
であることを当局に申し立てていたようである．祖父の出生証明書を確認でき
れば，コルネリスのオランダ国籍は帰化を必要とせず認められたのであるが，
フローニンゲンの市当局に照会したところ祖父の記録を確認できず，したがっ
て出生証明書を提出できなかったことが帰化法案には記されている．そのため，
コルネリスはオランダ国籍を取得するため帰化申請をおこなわざるをえなかっ
た．

　東インド会社時代から東インドにはオランダのみならず，ヨーロッパの様々
な地域を出自とする者が到来していた．こうしたヨーロッパ系住民が世代を重
ねて定住するにつれ，本来の出身国とのつながりは希薄になり，東インドのヨ
ーロッパ人として生活の拠点を確立していく．その状況をレフィスソーン・ノ
ーマンは把握していたものと思われる．さらに植民地経済の自由化にともない
貿易を主な理由とするヨーロッパ各国からの移住も背景に存在していた．こう
したヨーロッパ人をオランダ人として受け入れることは，彼においては許容さ
れるのである．

　レフィスソーン・ノーマン議員は，政府に対して経過規定 1 項に新たな文言
を加えるよう要求した．それは次のようなものだった．

　　植民地および世界の他の地域での属領における原住民およびそれらの者と

同等視される者を除き〔Schreuder 1894：272〕[22].

　司法大臣のスミット（Smidt）は経過規定修正の必要を認めつつ[23]，第1項については次のような修正案を議会に提出した．

　　1854年9月2日法律（官報第129号）〔1854年統治法〕に基づきオランダ領東インドにおいて原住民およびそれらの者と同等視される者を除き，本法施行時にオランダ国民である者は本法に基づきオランダ国籍を喪失するまで本法にいうオランダ国民である．その時点で，王国およびその植民地または世界の他の地域にある属領の外に住所を有する者については，第7条5項にいう10年の期間は，前述の時点から開始する[24]．

　この経過規定修正案を検討した第一院の委員会は，司法大臣の提出した経過規定修正案がレフィスソーン・ノーマン議員の案よりも限定的になっていることに言及していた．スミットによる修正案では，地理的な対象が東インドに限定されており，西インド植民地であるスリナムとキュラソーが除外されていたからである．第一院の委員会は，「西インドに定住している原住民から生まれた子は，現在の法律〔民法5条1項〕によると民事上の権利を有するオランダ国民であり，今後はすべての政治的権利を享受することになる」と指摘していた[25]．

　これに対して，政府はレフィスソーン・ノーマンの修正案の文言は，「オランダ領東インドの原住民およびそれらの者と同等視される者」を念頭においていたのであり，政府の修正案はその意図をより明確にしたものにすぎないと回答した．他方，スリナムとキュラソーの法律には「原住民およびそれらの者と同等視される者」という住民区分は存在せず，この住民区分は東インドにおいてのみ存在することが説明されていた．

　さらに，西インドの状況が東インドとは異なる点を政府は指摘する．

　　スリナムとキュラソーではヨーロッパ系あるいはそれ以外の出自に関わりなくすべての居住者に同じ法律が適用されている[26]．この経過規定の前段にある例外規定は，東インドの法制度に適合するものである．

と説明していた[27]．

　修正案が採択された結果，新たな国籍法の成立時にオランダ国民とみなされたのは，1850年国籍法によるオランダ国民，民法典の国籍規定によるオラン

ダ国民から，東インドの「原住民およびそれらの者と同等視される者」を除いた者となった．東インドとは異なり，西インドの住民は1892年国籍法により「完全なオランダ国籍」を付与されたのである．

東インドとは異なり，西インドの住民に「完全なオランダ国籍（het volle Nederlanderschap）」が認められた理由はどこにあったのだろうか．政府の説明はすでにみたように，西インドにおいては東インドの統治法が定めるような「ヨーロッパ人」と「原住民」という法的区分が存在していないという点にあった．さらに西インドでは1936年に至るまで選挙が導入されておらず，当時公職の任命は総督によっておこなわれており，この時点で「完全なオランダ国籍」を認めても実際の行使には至らなかったことも理由のひとつだろう．司法大臣のスミットが，直前までスリナム総督の地位にあったことも西インドの状況に対する政府の理解に役立っていたかもしれない．加えて，西インド植民地の人口が僅少であったことを指摘する研究者もいる[28]．

そもそも司法大臣はレフィスソーン・ノーマンの修正案をなぜ認めたのか，その明確な理由についてスミット大臣は説明していない．政府内部でも東インドの「原住民およびそれらの者と同等視される者」への国籍付与をめぐっては様々な見解が存在していたという言及はあるものの，スミット大臣はレフィスソーン・ノーマンによる経過規定修正案に対する大きな反対も賛成もみられなかったと述べていた．その後の歴史が示すのは，この修正案こそ1892年国籍法に「予期せぬ結果をもたらす（*waarvan de gevolgen niet zijn te overzien*）」ことになるのだが，議会でそのことを予期した者は誰もいなかった．

1892年に成立，翌年施行された「オランダ国籍および居住資格に関する法律」は第1条で「出生によるオランダ人とは嫡出子，準正，あるいは父により認知された非嫡出子で，出生の時点において父がオランダ人の地位を有している者」と規定している．さらに，第12条は「この法律によりオランダ国籍を保持しないすべての者は外国人である」と定めていた[29]．経過規定1項の修正を受けて1892年国籍法では，東インドの「原住民および外来東洋人」に対するオランダ国籍は認められなかった．では，第12条と経過規定1項との関係は，どのように理解すればよいのだろうか．

逐条審議の際に12条は議会の第一院ならびに第二院のいずれにおいても議論がかわされることはなく，政府案が修正されることなく採択された．経過規定の議会審議でも，経過規定1項と12条との関係をどう理解するのか質疑応

答はなかった。つまり，両者の関係に対する政府の解釈は示されなかったのである。

1892 年国籍法制定の翌年には，新たな国籍法を主題とする博士論文が刊行されている。著者のトマスは経過規定について論じた箇所で，政府の提出した当初の法案が採択されていれば「植民地の原住民」は，「完全なオランダ国籍」を取得していたはずであると結論づけている。植民地住民に市民権の享受をともなう国籍を付与することは，

> 純粋に理論的な見地からすれば，私には正しい制度であるように思える。誰もがどこかの国家との結びつきを持たなければならない。〔略〕国際法は国家のみを法的主体（rechtssubjecten）と認め，個人には認めていない。したがって，この世界で活動するためには，誰にとってもいずれかの国家の一員であることが不可欠な条件となり，その場合，わが国の植民地の原住民は，わが国の領域内に属すものとして，オランダ国家との結びつきを得ることは当然のことである〔Thomas 1893 : 155-156〕.

植民地法の専門家であるデ・ラウテル（De Louter）は，1895 年に刊行した著書において「これらの原住民およびそれらの者と同等視される者は，したがって今や疑いなく外国人に属する」と指摘し，1892 年国籍法が「数百万の臣民（onderdanen）を国家との結びつきから排除し，原住民とヨーロッパ人支配者との溝を不必要に深め」たことに言及している〔de Louter 1895 : 123-124〕. 彼は，さらにこのような事態のきっかけをオランダ国籍から植民地住民を排除したトルベッケに求め，彼の対応を「厳しく非難されるべき」ものであるとさえ記していた。

新たな国籍法施行後，東インドの植民地住民とオランダとの法的紐帯が失われた今，両者の関係をどのように調停するのか。東インドをめぐる国際環境は，植民地住民の帰属をめぐり政府および東インド政庁に対応を迫ることになる。オランダ政府は 1910 年に新たな法律を制定することで植民地の「原住民および華人」の法的地位の問題に解決をはかろうとする。それが 1910 年 2 月 10 日法律（官報 55 号）であり，いわゆる「非オランダ人のオランダ臣民籍の規則に関する法律（Wet houdende regeling van het Nederlandsch onderdaanschap van niet-Nederlanders）」と呼ばれる法律であった（これ以後「臣民籍法」とする）. 次にこの法律の制定過程を検討していく。

## 4．1910 年臣民籍法の沿革

1892 年国籍法制定によって東インドの植民地住民の国籍が認められなくなったことで，どのような問題が現実には生じていたのだろうか．臣民籍法の制定過程を検討する前に，オランダ政府が統治下の植民地住民の国籍について認識していた課題についてひとまず確認しておきたい．

植民地住民の法的地位が不明確になったことによって生じたのが，オランダ領東インドの領外にいる植民地住民の外交的保護であった．1895 年に植民地大臣が議会に提出した植民地報告のなかに，1892 年国籍法施行後にオランダ国籍から排除された植民地住民への対応が言及されている．

> 3．1876 年，オランダ政府はシャム政府から，シャムで生まれ，またはシャムに定住し，シャムの司法権に服する華人がオランダ国籍を主張してその司法権を逃れようとしているという事実に注意を喚起された．これにともないオランダ政府はシャム側に対し，シャムに居住する華人のうち，パスポートの注意書きにオランダ領東インドで生まれ，パスポート申請前 6 年間そこに居住していたことが明記されている者に限り，1860 年 12 月 17 日の条約（1862 年官報 198 号）にいうオランダ臣民とみなすと通知した．オランダ領東インド総督が 1877 年 5 月 19 日付の総督令第 26 号（オランダ東インド官報付属資料第 3190 号）により，オランダ領東インドから出国するすべての華人に対する一般的な規則を制定したのは，この方針によるものであった．
>
> オランダ領東インドから到来する華人に与えられるべき保護について，中国と香港のわが国の代表からの質問に対して，東インド政府は 1892 年にオランダ領東インドで生まれたという基準は失効し，オランダ領東インドに 6 年間居住した者はオランダの臣民（Nederlandsche onderdanen）とみなされるという判断を下した．わが国の政府の求めによって出生および 6 年の居住という基準はシャムとの関係では維持されるものとする．1876 年にシャム政府へはそのような方針を伝えている[30]．

この植民地報告前半の段落では，オランダ政府とシャム政府との間で当時外交交渉の主要な課題となっていた，シャムに在住する東インド華人の法的地位

をめぐるオランダ政府の対応が示されている．後半の段落に述べられている「1892 年にオランダ領東インドで生まれたという基準は失効」したというのは，1892 年国籍法の制定により生地主義にもとづく民法の国籍規定が効力を失ったことを指しているのは明らかである．代わって，東インドでの 6 年間の継続的な居住を「オランダの臣民」の要件とみなす対応をとっていたことがここからはうかがえる．

この報告は，その後に成立する臣民籍法の重要な背景に触れている．シャムにおける華人の領事館登録の問題は，東インドからシャムに渡航し居住する華人がどの国家に帰属しているのかという問題を引き起こしていた．これは，後に「華人問題」として呼ばれるようになる問題のひとつをなした[31]．1892 年国籍法が東インドの原住民および外来東洋人に対してもたらした問題について，トマスが国際社会での活動には「いずれかの国家の一員であることが不可欠」であると指摘していたが，この指摘はすでに現実の問題となっていたのである．

オランダとシャムとの間には，1860 年 12 月 17 日に通商航海条約（1862 年官報 198 号，1863 年発効）が締結され，広範な経済的自由を「オランダ臣民」に認める内容をともなっていた．条約の 4 条は「シャム王国に居住を望むオランダ臣民（Nederlandsche onderdanen/Netherlands' subjects）は，オランダ領事館で登録し，登録証の写し一部をシャム当局へ提出せねばならない」と定めていた．ここでは，条約においてオランダ国民（Nederlander）という表現が用いられず，「オランダ臣民」という言葉が用いられていること，さらに領事館での登録義務が定められたことに留意しておきたい[32]．

領事館での登録は，オランダ政府にとってはシャム政府に対する自国の権利であり，華人にとって領事館登録は，自らの帰属，したがってどの国家との法的紐帯を有しているのか証明することを意味していた．東インド到来の華人として登録されオランダ臣民とみなされることは，オランダ・シャム通商航海条約で認められた経済的自由を享受する前提でもあった．

シャムとの通商航海条約の締結を経て自国民を領事館登録する措置は，オランダに限られたことではなかった．東南アジアに植民地を領有していた英仏といった国々に加え，台湾領有後の日本も自国民／臣民の領事館登録を進めていた[33]．シャム政府からの報告として植民地報告が引用しているように，領事館での登録を申請する華人の国籍確認をシャム政府は問題視していた．特に 1890 年代後半から 1904 年にかけて一定の登録料を前提に，領事館で華人を登録す

る措置をフランスが積極的に展開したこともあり，相当数のシャム在住の華人が英仏蘭日いずれかの国の登録民となることを試みた．シャム政府はこうした動きを人頭税逃れの行為とみなし神経をとがらせていたのである［川島 2004：378-381］．同時に，華人の領事館登録の問題はシャム以外の地，香港やマカオ，廈門など各地で報告されており，清政府にとって国籍法を制定する要因のひとつともなっていく［マックネヤ 1945：107-114；村上 2009］。[34]

　華人の領事館登録については，日本側でも記録が残されている．在バンコク弁理公使であった稲垣満次郎は 1899 年 12 月 30 日に外務大臣青木周蔵への報告（機密第 66 号）において，「支那人登録問題ハ暹羅王国ヲ腐ラスヘキ亜片ナリ」と記していた．[35]事実，シャム政府は日本に対して「支那人登録問題ハ暹羅国ノ死活問題ニシテ国家存亡ノ係ル処ナリ」と稲垣に伝えていたのである．領事館を開設している西欧諸国に対するシャム政府の立場は一貫していた．

　シャム政府からの要請を受け，東インド政府は，1876 年にシャムとの協議を経て「オランダ臣民」としての登録に必要な要件を明確にしていく．オランダ領事館での登録を申請する華人は，植民地報告にあるように東インドでの出生および 6 年の居住が要件とされた．東インド政府は同年 12 月，地方自治体長へあてて，「外来東洋人が居住許可証を乱用している」ことに触れたうえで，旅券に東インドでの居住期間および出生地を記載するよう通達している．[36]居住許可証は，旅券の申請に必要な書類であったが，それを不正に入手した華人が旅券を詐取しているという懸念が背景に存在していたことが推測できる．[37]

　東インド政庁は，さらに 1877 年 5 月 19 日付で，バンコクの領事館に対して華人の領事館登録の際は即時に登録せず，提出された書類を精査し，東インドの関係当局に身元の照会を要請するとともに，照会先となる地方自治体長に対しては，申請者の出生の事実と居住年数を確認するよう通達した．[38]身元確認の措置は追って詳細となり，翌 1878 年 9 月 22 日の決議では，外来東洋人の領外への旅券申請に際しては書類の慎重な検討の後に，裸足で測定した身長，体格，推定年齢，身体欠損の有無，特徴を記録することとされた．[39]（図 5-3）．

　これらの措置にも関わらず，オランダ領東インドからシャムに到来する外来東洋人を通商航海条約の趣旨にのっとりどの程度「オランダ臣民」とみなすことができるのか，シャム政府は疑問を呈していた．1894 年，オランダ政府はシャムでの蘭印華人の状況を調査するため英領インド視察途上にあった元植民地大臣のファン・デデム（van Dedem）をシャムに派遣することを決定したも

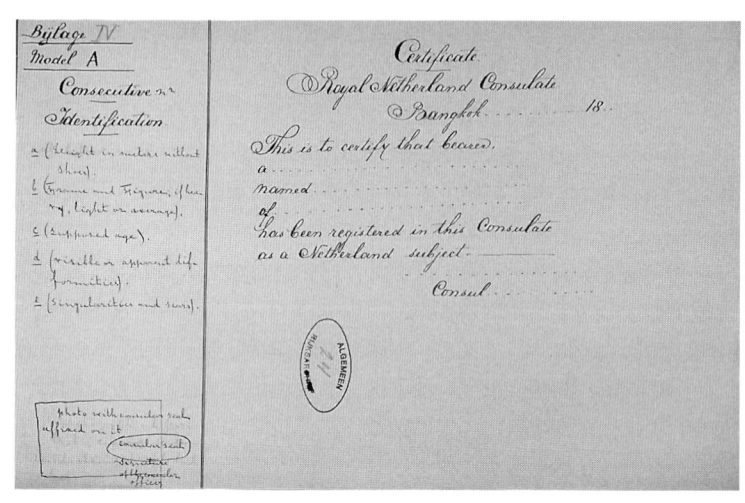

**図 5-3　領事館登録証様式 A**

（出所）バンコクのオランダ領事館で作成された東インド住民の領事館登録用に定められた様式. オ
ランダ国立公文書館蔵（2.05.03 A.29: Ned. onderdaanschap in de Koloniën. Siam;
1877-1896）.
　　　縦罫線向かって左は身体的特徴記載欄となっており, a. 裸足で測定した身長, b. 外形的
特徴, c. 推定年齢, d. 身体的欠損, e. 目立つ外傷, の順で項目が設けられている. 右は,
上から証明書, オランダ王国バンコク領事館年月日, 職業, 氏名, 居住地の順に記載項目が
続き, オランダ臣民として（上記該当人物）領事館に登録, 領事署名欄となっている.

のの, ファン・デデムは途中で寄港したコルカタで病没してしまい, 華人の登
録問題の解決は後回しになる. オランダ側の対応に不満をつのらせたシャム政
府は 1899 年には在バンコクのオランダ総領事の召還をオランダ外務省に要求
し, 召還を実現させている.

　オランダ領東インドの域外における東インド住民の外交的保護が問題となっ
たのは, 地域的にはシャムに限らず, その対象も華人に限定されていたわけで
はなかった. エリック・ヘイスは, メッカ巡礼の途上で何らかのトラブルに巻
き込まれた原住民に対して, オランダ領事館が充分に保護できなかった事実を
指摘している [Heijs 1995 : 70]. 実際, 東インド政庁は, 様々な通達を関係機関
に発し, 東インド領外で巡礼者がトラブルにあわないよう注意を促していた[40].
東インドの植民地住民はオランダ政府の実効支配に服しており, このことに異
議を唱える西欧列強はなかった. それにもかかわらず, 原住民および外来東洋
人は, 東インドの領外では国際法上その帰属が曖昧な存在となり, 無国籍とみ
なされることで外交的保護から除外されたのである[41].

　東インド植民地住民の法的地位への対応は，1900年に議会へ提出された植民地報告のなかで初めて言及されている．

　1860年12月17日のシャムとの条約第4条（1862年官報198号，1863年東インド官報20号参照）に関して，オランダ国民でないオランダまたはその海外属領もしくは植民地からシャムに定住する者を，バンコクのわが領事館の登録簿に登録する目的でオランダ臣民とみなすかどうかという問題に対するシャム政府との「合意案」について，わが領事は昨年4月に指示を受けた．シャムと合意に達した場合，この問題の予備的解決は，この国で準備中のオランダ国籍に関する一般的解決と関連することが望ましい．[42]

　「この国で準備中のオランダ国籍に関する一般的解決」が東インド住民の法的地位に関するなんらかの対応を意味することは明らかであるものの，その詳細は明らかではない．その後1903年にもオランダ政府は法案を準備したものの，関係する植民地省，司法省，外務省の間で見解が一致しなかったため廃案となっている［Heijs 1995：70］．しかし，東インドの住民の法的地位に対するなんらかの立法の必要性は政府内では共有され，草案に向けた作業は継続される．

　1905年に設置された憲法改正委員会の報告書では，「1892年12月12日オランダ国籍法（官報268号）の経過規定により，統治法にしたがい原住民およびそれらの者と同等視される者は，民法の規定に基づいて保持していたオランダ国籍を喪失した」ことを指摘し，「オランダ国籍法12条の規定」にもとづきこれらの住民が「外国人である」と述べている．憲法改正委員会は，「このような法的状況は，特に国際的な分野において大きな困難をもたらす可能性があり，法律による規定が必要である」と提言し，東インドの住民の法的地位に対する立法措置を求めていた．[43]

　これらの検討を経て，1909年4月に臣民籍法法案が議会へ提出された．ヘームスケルク内閣は，議会に対する法案説明で「オランダ領東インド固有の住民がオランダの臣民に属しておらず，法律によって定められたオランダ国籍の要件を満たさない者すべてを外国人と呼ぶような誤った結論をオランダ国籍に関する法律から導き出しかねない」，と述べた．1892年国籍法12条の解釈については，先に触れたように研究者は東インドの「原住民」は外国人とみなされると解釈していたが，これを「誤った結論」と呼び，懸念を示したのである．オランダ政府にとって，東インドの住民がオランダに属することは「オランダ

領東インドにおけるオランダ支配の帰結」であり，当然の事実と理解されていた．では，東インドの住民とオランダ領東インドは，どのような法的紐帯によって結びつけられるのか．その紐帯こそが政府によると「オランダ臣民籍（Nederlandsch-onderdaanschap）」という概念であった．

ところが「わが国の立法府はオランダ領東インド固有の住民のオランダ臣民籍について充分に検討して」こなかったため，「そのようなオランダ臣民籍の要件は法律によって定められて」いない．したがって，「オランダ領東インド出身者のオランダ臣民籍の要件を法律で定め，さまざまな法律の文言をそのようなオランダ臣民籍に関連付ける必要」のあることが法案の目的であると政府は説明していた．

臣民籍法1条は「オランダ国籍および居住資格に関する法律によりオランダ人ではない者は，オランダ臣民である」とし，1項で「オランダ領東インドに定住している父母からそこで生まれた者であり，父が不明の時にはそこに定住している母から生まれた者」としていた．また，1条4項は「この条文による臣民のオランダ領東インド領外において生まれた子で，未婚かつ成年に達していない者」と定めている．政府の説明によると，「オランダ領東インドの領外に居住する者とその子によるオランダ臣民籍の取得と喪失に関する規定には特別な注意が払われて」おり，その理由として「オランダ領東インドから近隣の東洋諸国（Oostersche landen）に移住するわが国の臣民の領事館保護に関連して」いることがあげられていた．

第1条5項には，「この条文による臣民の父母からオランダ領東インド領外において生まれた子で，婚姻の後もしくは18歳の年齢に達した後，王国に定住または定住する場合，〔略〕とある．」．ここでは「オランダ領東インド」ではなく「王国（het Koninklijk）」での定住に言及している．その理由について政府は「ジャワ移民からスリナムで生まれ，婚姻の後または18歳に達した後も同植民地に留まる子のことを考慮した」と説明している[44]．

1909年11月3日，政府による臣民籍法法案を検討した議会委員会は，政府法案に対する委員会報告書を提出した[45]．委員会報告書では，まず法案への反対意見を整理，紹介している．若干の議員により提示された反対意見の主な理由として紹介されていたのが，「臣民籍」という概念に対する懸念であった．いかなる権利および義務が「臣民籍」という概念に付随しているのかが不明であること，さらにオランダ憲法もしくは他の法律においても，「臣民」という表

現は用いられておらず，国籍に関わる範疇としては，「オランダ人，外国人もしくは居住者としか言及されていない」というのが，法案への反対理由であった．

　反対意見を表明した委員の念頭にあった考えは，法案が提出されるのであれば，それは「1892 年に制定されたオランダ国籍法が，特にオランダ領東インドに関してなんらの規定も設けないまま，民法の特定の条項を廃止したことによって生じた溝（de leemte）を埋めるべき」ものでなければならない，というものだった．この「溝」は，ではどのように埋められるべきであると想定されていたのだろうか．

　それは 1892 年国籍法制定後に一部の専門家が主張していたような「完全なオランダ国籍」を東インドの住民に付与することにより「溝」を埋めるのではなく，あくまでも「限定的なオランダ国籍（een beperkt Nederlanderschap）をインドの住民のために設けること」によって「溝」を埋めることが想定されていた．この「限定的なオランダ国籍」を付与される者に対しては，「臣民」ではなく「帰属（aanhoorigheid）によるオランダ人」もしくは「東インド系オランダ人（Oost-Indische Nederlanders）」という名称があたえられていた．さらに「限定的なオランダ国籍」とは，「完全なオランダ国籍」に付随する権利のうち「市民権（burgerschapsrechten）もしくはそれと密接に関連するものを除」いた権利をともなうと想定されていた[47]．

　委員会報告書は，しかし大多数の委員が政府案に賛成していたと述べている．委員会では法案の目的が「オランダ領東インドの住民にすでに適用されていることを特別な法律で正しく説明し，制定することにほかならない」ことが理解された，と結論づけていた．

　報告書を受けて政府が提出した覚書では，1892 年国籍法によって生み出された「溝」が存在することを認めつつ，国籍法の趣旨はオランダ領東インドの住民をオランダ人一般とみなすことにはなく，臣民籍法案は国籍法の趣旨を踏襲していることを明確に述べていた．言い換えれば，臣民籍法の趣旨は植民地の住民を含めすべての住民をオランダ国民とみなすのではなく，東インド植民地の「原住民および外来東洋人」に及ぼしているオランダの実効支配に対して法的な地位の枠組みをあたえる点にあった．1892 年国籍法によるオランダ人の定義は変更せずに「原住民および外来東洋人」をオランダ国籍から排除したまま，しかしオランダ国家と「原住民および外来東洋人」との間の法的紐帯を

創り出すのである.

## 5.「臣民籍」法案の議会審議——「臣民」とは誰か

　1909 年 12 月 22 日，政府案は第二院での審議にかけられた．主要な論点を形成したのは，「臣民」という概念がどの住民を対象とするのか，臣民籍法法案での植民地住民の政治的権利の位置づけであった．最初に発言した議員，ファン・イドシンガ（Van Idsinga）[48] は，政府案への修正案を提出するとともに，長い反対意見を展開した．彼の主張は「臣民」という概念を導入することなく 1892 年国籍法の問題点を自らの修正案により是正するというものであった．

　まず，ファン・イドシンガは，植民地住民の国籍をめぐる「主要な課題そのものについては政府と自らの見解が一致」していると述べる．それは，「オランダ領東インドの住民，少なくともその住民の大部分とオランダという法的共同体（憲法の言葉にしたがえばオランダ国家）との間に法的な紐帯を再び作り出す」ところにある．だが，そこから先の対応について，両者は異なる方向を目指している．

　政府は，「臣民」という概念を導入して関連する法律の改正を検討しているが，彼によると「臣民」という概念は「誤った表現」であり，「概念や言葉」に大きな混乱をもたらすと考えられている．ファン・イドシンガによれば，「臣民籍」という言葉は，「主権者に対する人の関係，すなわち権力に服従する関係」を示しており，ある国家において主権者に服する者を「臣民」とみなすことは当然のことであると述べる．

　そこから彼は「臣民」という概念には「主権が行使される領域にいる外国人」も含まれることを指摘する．彼にとって「外国人」とは，ある国家の領域内にいて「その権威に服す臣民」であり，「これらすべての人のうちある範疇にのみ臣民の名称をあたえ，それ以外の人々を排除することは適切ではない．これは言葉の倒錯した誤用」である，と理解されている．ファン・イドシンガにとって，オランダ領内の「原住民，オランダ人，外国人，すべての住民が女王の臣民」であり，その一部を「臣民」と限定することは適切ではないのである[49].

　それでは，どのような対応が必要なのか．ファン・イドシンガは，1892 年国籍法制定時のレフィスゾーン・ノーマンによる修正について改めて注意を喚

起する．植民地法の専門家の見解を引用しながら，彼はこの修正案は「過ち」と呼ぶべきであり，1892年国籍法制定時に「本来の意図に反して持ち込まれた過ちを修正する」ことが政府および議会の取るべき対応である，と述べる．

> 議長，オランダ領東インドの住民にオランダ国籍を付与することが，法制度と矛盾するというのは馬鹿げたことである．この法制度はスリナムのボスネーヘル（de Boschnegers van Suriname）に〔オランダ国民の〕地位を付与しているのである[50]．われわれは1892年の法律の過ちを正すのみならず，西の黒い同胞（onze zwarte broeders in het Westen）へためらわずに付与したものを，東の褐色の同胞（onze bruine broeders in het Oosten）から剝奪したことで，オランダ領東インドの住民に不利益をもたらしたのである．むろん，オランダ国家における彼らの共同成員資格（medelidmaatschap）をわれわれは評価するものの，インスリンデ〔東インド〕の住民に対して，文明という点では〔西インドの住民は〕対等というわけではない[51]．

ファン・イドシンガは，「臣民」という呼称はオランダ国民のみならず外国人も含むものであり，オランダの植民地住民に対して用いるには適切ではないことを繰り返し主張する．それでは，植民地住民にとってどのような呼称が「臣民」に代わるものと考えられていたのか．

彼は，「スリナムの黒人の同胞に付与されている名誉ある称号」と同じ称号を東インドの住民に与えることを提唱する．その称号とは「オランダ国家という偉大な法的共同体の成員資格」，すなわち「オランダ国籍」であり「西の文明と東の文明を調和ある全体へと融合させようとする偉大な帝国において，たとえごくささやかな規模であったとしても，彼らを仲間として，協力者として認めるものである」と考えていた（図5-4）．

ファン・イドシンガのこの発言は，東インドの植民地住民へ政治的権利を認めるよう政府に求めている印象をあたえる．だが，彼の真の意図は必ずしもそこにはなかった．彼は「この問題は解決を急ぐ必要のない問題であり，来るべき憲法改正審議まで待ったほうがよい」と主張する．なぜなら「オランダ領東インド諸島の人々を政治的権利から排除するかどうかという問題は，通常の法律案を審議する場よりも憲法改正を審議する場で検討するほうがはるかに適切」であるというのが彼の真意であった．

ファン・イドシンガに続き発言した議員のコレイン（Colijn）は，1893年か

**図5-4 ニコラース・ファン・デル・ワーイ（Nicolaas van der Waay）による「黄金馬車」側面画**

(出所) 1898年制作. アムステルダム市公文書館蔵.「黄金馬車」は国王専用の馬車で特別な機会に使用される. 上図は馬車右側面の画, 下図は左側面の画となる. 上図はヨーロッパのオランダ王国を表わし中央にオランダを擬人化した女性が座る. 百合の花を捧げる少年は若きオランダの象徴で, 周囲の人物はオランダ社会を擬人化したものである. 下図は東西両インドをしたがえるオランダ帝国を表している. オランダを擬人化した女性は, 剣と船があしらわれた盾を両手に持ち, 向かって左は西インドの産物（サトウキビと果物）を捧げる植民地住民が描かれている. 白人男性が黒人少年に本を与える図案は, 植民地住民に知識と文明を授ける意味が込められている. 右は東インド植民地の住民が描かれている. 女性の足下には捧げられた供物が置かれ, 水牛の頭も混じっている. この図案は露骨な植民地主義を表すとして近年激しい批判にさらされ,「黄金馬車」は現在使用が見合わされている.

ら16年間を東インドで過ごし, そのうち10年を軍人としてロンボクさらにはアチェでの戦闘に従事し,「原住民」の抵抗を容赦なく鎮圧した経験をもつ東インドの事情に通じた人物であった. 1909年にオランダ本国に帰国して間もなく彼は第二院の議員となり, その後も主要閣僚を歴任した後, 2度首相を務めた戦間期を代表する政治家である.「臣民籍」法案が審議されていた12月時点で, 議員に当選してからまだひと月しか経っていなかった.

　コレインは, ファン・イドシンガによる修正案に賛成の意を表明しつつ, 1892年国籍法の問題点をレフィスソーン・ノーマンの修正案に求める. 1892年に国籍法改正が審議された時の政府は, 東インド植民地住民へのオランダ国籍付与に対する抵抗感を抱いておらず, 議場の雰囲気も容認の方向が大勢であった, とコレインは指摘する. 彼によれば,「17年後にレフィスソーン・ノーマン氏の主張を改めて読み返してみると, その当時とられた排除を〔現在の〕

政府が尊重するのは，確かな根拠があるとは到底思えない」のである．

　そして 17 年が過ぎ，植民地政治の分野におけるわれわれの洞察のみなら
ず，原住民社会の解放（de emancipatie van de inlandsche maatschappij）につい
ても，当時はそれほど重要ではなかったようなことが現在では望まれてい
る．すなわち，ここにあるような規定が原住民の心の中（in de hoofden en
de harten van de inlandsche bevolking）にあるものを充分に説明するものと
なっているのか，ということをわれわれは自らに問いかけねばならない．
現状において善き植民地政策にとって必要なもの（de eischen van goede
koloniale politiek）を検討する一方，1892 年のオランダ国籍の排除がいかに
偶然の産物であったかを考えてみると，この混乱を解消するための提案を
政府が出すことを期待すべきでなかったのか否かは，疑問の余地はほとん
どないだろう．しかし，いずれにせよきちんとした説明もなく，まったく
もって不必要な排除がなされ，オランダ領東インドの原住民にあたえられ
るべきものが，ファン・イドシンガ氏が正しく指摘したように，スリナム
のボスネーヘルに付与されているのである．それこそが，オランダ国家の
成員資格（het lidmaatschap van den Nederlandschen Staat）である．

　　政府がこうしたことをおこなわなかったことは，善き植民地政策の観点
から遺憾であると私は考える[52]．

　コレインによれば「臣民籍」法案では「東インドの原住民」にオランダ国籍
が付与されておらず，それにより「この政府は最も教養のある原住民（de best
ontwikkelde inlanders）によって大いに感謝されたはずの好機を逸した」と指摘
されていた．オランダ国籍をめぐるこのような見解は，1850 年国籍法の審議
において「東インドの原住民」に対してオランダ国籍を付与することが彼らに
特権を付与することを意味すると主張したスホーネフェルトの発言と共通する
ものといえる．

　東インドから帰国した直後ということもあり，現地で「臣民」という語が用
いられている状況を踏まえながら，コレインは法案に対する反対意見を展開す
る．彼は，東インドでは「臣民」という語は非常に特殊な意味で用いられてい
ることに注意を促す．植民地政府と東インドの原住民自治行政（de inlandsche
zelfbesturen）との間に結ばれている政治的合意では，オランダ政府の「臣民」
と自治行政の「臣民」との区別がなされている．コレインは，「臣民籍法」が

成立すれば，「原住民首長がこの法律による微妙な区別を理解できるとは到底思えない」と指摘し，法案がこの区別に混乱をもたらすことを危惧していた．ファン・イドシンガが「臣民」という用語の包括性に注意を向けていたのに対して，コレインはその具体的用法に注目していたと対比できる．

　しかしながら，コレインはファン・イドシンガ議員の提出した修正案が採択されない場合は，政府案に反対しない立場をあわせて表明していた．その理由について，彼は「いずれにせよ，この法案は本来定められるべきことを制定するものであるから」と説明するとともに，「東アジアの状況は急速に変化しており，この種の規定を早急に導入することが求められる方向に変化している」と国際環境の変化を指摘していた．

　コレインに続いて発言を求めたのは1892年国籍法の審議にも臨んでいたデ・サフォルニン・ローマンであった．彼も「1892年にレフィスソーン・ノーマンの修正案を採択して大きな過ちを犯した」ことを最初に認める．しかし，ファン・イドシンガの修正案に対しては，これを採択することは1892年の過ちを再び犯すことになるとして反対していた．

　彼は「臣民籍」法案の意図している「臣民」が，どの住民集団を対象としているか確認していく．

> 国家の領土内にいる者はすべて臣民である．オランダではオランダ国民と外国人（Nederlanders en vreemdelingen）である．東インドでも，現在，オランダ国民と外国人となる．オランダ国民とは1892年法により定められている者である．その他の者は外国人である．これはわれわれの東インド植民地にも該当する．問題となるのは，オランダ人でない者がすべて外国人の概念に括られていることである．
>
> 　この法案の趣旨は，それらの外国人を二つに区分する点にある．あるいは，そのうちのある者を外国人とし，オランダ領東インドの原住民をオランダ臣民と呼ぶ点にある．
>
> 　東インドでは，三種類の住民が政治的な意味で存在している，オランダ人，オランダ臣民および外国人であり，それらは三種類の女王の臣民である[53]．

　デ・サフォルニン・ローマンは，「われわれはこの法案を成立させるため，ある種の政治的必要性に迫られている」と発言し，ファン・イドシンガに修正

案の撤回を求めるとともに法案の早期成立を主張した．

　オランダ領東インドのスラバヤ出身で議会きっての東インド問題の専門家と目されていた議員のボハールト（Bogaardt）は[54]，法案の規定がオランダ本国の住民の利益を目的とするのではなく，オランダ領東インドの住民全体を対象としていることに注意を促す．さらに，東インドの住民に対しては，政治権力との関係で二種類の規定が存在することを指摘する．第一の規定は，植民地においてオランダ国家を代表するオランダ領東インド政府と東インドの住民との関係であり，第二の規定はオランダ国家と東インドの住民との関係である．ボハールトは，東インドの住民の法的地位に関わる規定が，住民と権力主体との関係に応じて異なることに注意を向ける．

　第一の関係性を律するのが統治法であり，第2章で詳しく検討した住民の法的地位に関する 106 条と 109 条である．106 条はオランダ領東インドの居住者に関する規定であり，109 条は東インドの住民を「原住民」，「外来東洋人およびヨーロッパ人」に区分している．ボハールトは，興味深い発言をする．彼は，東インドでは，「オランダ人と言うことはほとんどなく，むしろヨーロッパ人」という表現が一般的であることに注意を促す[55]．ボハールトによれば「ヨーロッパ人に関しては，私のみるところでは，彼らの国籍に関して見解の相違はない．日本人はヨーロッパ人に同等視されており，オランダ領東インドに居住しているドイツ人，フランス人およびアメリカ人も同様にオランダ人ではない」ものの，ヨーロッパ人である．東インドの領内では国籍よりも統治法による住民区分がより重要なことを彼は指摘する[56]．

　第二の規定が国籍法であり，東インド住民へ政治的権利をともなうオランダ国籍を認めるコレインの発言をボハールトは否定する．彼によれば「臣民籍」法案は「原住民への政治的権利の付与」とは「無関係」であるという．その理由は，「オランダ領東インドの住民に政治的権利を認めたいのであれば，統治法 111 条を改正することで果たせるのであって，この法案とはまったく関係がない」と説明する[57]．

　コレインの提案のように，オランダ領東インドの住民を単にオランダ人と呼ぶことは，大きな混乱を惹き起こすことになる，とボハールトは述べる．

　　官報にそのような法律が掲載されたなら，オランダ領東インドには 6 万のヨーロッパ人がいて，そのうちオランダ人はおそらく 4 万程度であるが，

> オランダ領東インドが突如として4千万の人口を抱えることとなり，500
> 万の人口を抱えるオランダが4千万のオランダ人を支配する奇妙な事態が
> 生じるだろう[58]．

　ボハールトは，東インド住民の政治的権利はこの法案審議では対象ではないこ
とを指摘し，政府案の成立を促した．
　植民地大臣のデ・ワール・マレフェイト（De Waal Malefijt）[59] は，議員たちの
発言を受けて政府による法案を養護する立場から議論を展開していく．他の議
員同様，彼も臣民籍法法案の目的を「レフィスソーン・ノーマン氏の修正案が
採択された結果，わが国の法律に生じてしまった溝を埋めることにほかならな
い」と最初に確認したうえで，この「溝」は，「オランダ国民でない者はすべ
て外国人とみなす国籍法12条との関連で東インドにおいて非常に特殊な状況
を」もたらしたことを認める．
　他方，それにもかかわらず，「わが群島に居住する4千万の人々，たとえ
1892年法の12条に照らして外国人とみなされてしまう者であっても，オラン
ダの臣民であることを疑う者はいない」と述べ，「あの者たちは女王の権威の
もとで暮らしている．法律は女王の名で施行され，諸民族（volken）は，間接
統治ではあるものの，女王を彼らの君主として認めている」と，東インドの住
民が国籍法上は外国人と解釈されても，政治的にはオランダの実効支配下にあ
る住民であることを強調する[60]．
　「臣民籍」法は，植民地に定住している父母からの出生を要件としており，
これも東インドの実態を反映したものと説明される．1892年国籍法の最終規
定は犯罪人引渡に関する規定であり，そこで言及されているオランダ人は国籍
法によりオランダ国籍を有する者に加えて，民法典の国籍規定を維持し植民地
に定住する父母から生まれた者もオランダ人として明記されていた．デ・ワー
ル・マレフェイトは，1903年に「バンコクと香港の領事から〔略〕誰をオラン
ダ臣民と見なすべきかという質問」が寄せられた際に，この最終規定にもとづ
く回答がなされたことに注意を促し，「臣民籍」法案の「臣民」の要件も，犯
罪人引渡におけるオランダ人に関して実施されていた既存の解釈を立法化する
に過ぎないと説明した．
　デ・ワール・マレフェイトは，1892年国籍法の改正という選択肢について
は，改正に要する時間と手間を考慮すると検討の範囲外にあると述べ，コレイ

ンによる東インド住民への政治的権利を付与する要望を退けた.

　最後にデ・ワール・マレフェイトは「臣民」という語をこの法律で採用した理由についても説明している. 彼によれば,「臣民」とは「1892 年前後に締結されたさまざまな条約で常用されている表現であって, 条約において明確な意味を持つことからこの用語が盛り込まれた」と説明する. 彼は, その例として「1892 年以前では 1875 年のポルトガルとの条約において第 1 条, 第 6 条および第 7 条に『オランダ臣民』という語があらわれ, 1892 年以降では 1897 年の日本との条約でも第 1 条, 第 2 条および第 16 条に『オランダ臣民』という語が用いられている」ことを指摘する[61].

　植民地大臣のこの答弁は, 法案の審議を議会外から注視していたファン・フォレンホーフェンが新聞紙上に寄稿した法案へのコメントとも呼応するものであった. ファン・フォレンホーフェンは条約で用いられている「臣民」という語が「オランダ国民」を意味してきたこと, オランダが他国と結んだ犯罪人引渡条約でも「臣民」という語が使われていることに触れたうえで,「長年わが政府と外国の政府は『オランダ臣民』を『オランダ国民』として理解してきており, 1892 年のオランダ国籍法より広くその意味を理解してきた」ことを指摘し, 政府の解釈を肯定していた [Van Vollenhoven 1935 : 11-18]. 彼はこれを「臣民籍」という語に備わる両義性であると述べ, 英国, 日本, オランダなどの君主国の国民を「臣民」と呼び, 共和制国家の国民を「市民」と呼ぶことは国際法の慣習であると説明していた.

　デ・ワール・マレフェイトはオランダが他国と結んでいる条約では「オランダの臣民」という表現が用いられており, 実務の場でも領事が日常的に接していることから「国内での使用というよりも外国での使用を目的」とした側面があることを明かしていた. コレインやデ・サフォルニン・ローマンも, この法案の必要性が生じた背景に国際環境の動向を指摘しており,「臣民籍」法案がどの方向を向いて作られたのかをうかがい知ることができる.

　加えて, デ・ワール・マレフェイトは「臣民」という語は「オランダ国籍の識別記号（de kenteekenen van het Nederlanderschap）」でしかない, と述べ,

　　オランダ人は東インドの人々（een Indiër）とは異なっている.

　　　もちろん, それゆえに後者が劣っているというわけでは決してない. どちらもオランダの臣民なのだが, オランダ領東インドの住民にあたえるも

　　のとしてオランダ人という語がもっとも適切だと考えるのであれば，それ
　　は非常に不適切な意味をはらむだろう[62].

との見解を示した.

　国外に対しては東インド住民のオランダ国家への帰属を明らかにする一方，
国内に対してはオランダ国籍保持者との間に線引きされた周縁部に留まる存在
として植民地の住民を位置づける姿勢がここからは浮かび上がってくる.「臣
民籍」法が1892年国籍法によるオランダ人の定義に変更を加えることなく植
民地住民の国際法上の帰属を確定するための「識別記号」として制定されたこ
とは，植民地の「原住民や外来東洋人」が建前上オランダ人に劣るものではな
いとしても，その内部においてはオランダ人から排除され続けねばならない状
況を覆い隠す役割が期待されていた.

　ファン・イドシンガの修正案に対して植民地大臣が検討を加えた後，彼の修
正案は撤回された. 法案は字句の修正を経て，無投票で可決された.

　民法と国籍法において定められた二種類の国籍規定が併存する状況は，1892
年に国籍法が改正されることで解消した. 血統主義に統一された国籍取得の原
則は，オランダ国内で生まれた外国人の二重国籍状態を解消することとなった.
しかし，血統主義はオランダ国家とオランダ人との結びつきを無条件に保証す
るものとはみなされなかった. 海外に長期間在住するオランダ人に対しては，
オランダ国家との精神的な結びつきを証明するための宣言が求められたのであ
る. とはいえ，血統主義は西欧の文明国家の採用する方向性と一致しており，
生地主義はあくまでも封建主義時代の原則として排された.

　こうして1892年国籍法は国籍をめぐる法秩序に安定をもたらし，誰がオラ
ンダ国民であるかに関する疑問が生じ得ない環境を整えたはずであった. だが，
不安定な状況を解消したはずの新たな国籍法が，別の不安定な状況をもたらす
こととなる. それが植民地住民をめぐる国籍法上の地位であった.

　1892年国籍法の当初の法案では，植民地の「原住民およびそれらの者と同
等視される者」および「外来東洋人」へも政治的権利をともなうオランダ国籍
は付与されるはずであった. 法案を提出した政府部内でも特に反対はみられず，
特権としてのオランダ国籍を付与することで，植民地住民をオランダ国民に
「格上げ」することが示されていた. しかし，議会審議においてレフィスソー

ン・ノーマンの修正案が採択されたことにより，法案の趣旨は大きく変わることとなる．

　1850 年国籍法制定時にオランダ国籍の植民地住民への適用に対して強く反対したトルベッケの発言を引用し，彼は植民地住民へのオランダ国籍の付与がオランダ国家を「法あるいは民族性を欠いた名ばかりの共同体」にしてしまうと批判した．しかし，彼にとってその共同体は，血統主義を基盤とする共同体ではなかった．東インドに居住するヨーロッパ系住民に対して，彼は国籍法の適用を認めるのである．レフィスソーン・ノーマンにとって重要なのは，あくまでも「ヨーロッパ人」と「原住民」との区別であり，両者の区分の維持であった．彼にとって「原住民」へオランダ国籍を付与することは，この区分の解体を意味していたのである．

　レフィスソーン・ノーマンの修正案を受け，国籍法法案からは「原住民」および「外来東洋人」が適用除外されることとなった．さらに国籍法 12 条がオランダ国籍を保持しない者を「外国人」と定めたことから，東インド植民地の住民は外国人あるいは無国籍とみなされる状況が生じてしまう．加えて，スミット司法大臣の個人的な意向が影響していたかは定かではないものの，西インド植民地の住民には国籍法が適用されることとなり，東インドの植民地住民とは異なる国籍法上の法的地位のねじれが生み出されてしまった．

　交通機関の発達を背景とした経済活動の展開あるいは巡礼といった理由によりオランダ国籍から排除された「原住民および華人」がオランダ領東インドの領外で活動する機会が増すにつれ，在外オランダ領事館での保護が課題として浮上する．しかしながら，これらの植民地住民の帰属が明確でないことから，適切な外交的保護をいかに実現するかが政府により検討されるようになった．そこで植民地住民の国籍を確定する意図のもと制定されたのが「臣民籍」法であった．

　ただし，「臣民」という法的地位は，「完全なオランダ国籍」に基づく「国民」ではなかった．選挙権や公務就任権といった権利を享受するためのオランダ国籍は，1892 年国籍法が適用される者に限られていた．東インドの原住民は，あくまでも 1892 年国籍法の適用外とされ，東インド植民地とそこに居住する「原住民および華人」との間に国籍に代わる法的紐帯を創り出すことが求められた．それが，「臣民籍」である．植民地大臣が端的に形容したように，「臣民籍」は，あくまでも「オランダ国籍の識別記号」としての役割を果たせ

ば十分だった．では，植民地大臣の意図した通り，「臣民籍」という概念は，
オランダ領東インドをとりまく国際環境のなかで効果的に機能したのだろうか．

## 注

1）1882 年 7 月 27 日付 De Grondwet の記事は，民法改正委員会の最初の提案として，国籍規定の統一が国王に進言されたことを報じている（De Grondwet 27-07-1882）.

2）ヘームスケルク（Jan Heemskerk Azn.：1818-1897）．1860 年から死去するまでの間，第二院議員，首相，国務院委員などを歴任．内務大臣を 3 度務め，19 世紀オランダ政治の重要人物と評される．彼のもとでおこなわれた憲法改正は，男子普通選挙権への道を開いたものと評価されている．

3）エリック・ヘイスは，こうした点以外にも帰化の効力を法律で定める必要性が存在したことを指摘している．憲法改正委員会設置の翌 1884 年，王位継承者である皇太子アレクサンダーの逝去にともない継承が当時 4 歳のウィルヘルミナに移ったことからウィレム三世の皇后であるエンマが摂政になる可能性が浮上した（1890 年から摂政）．このことはかつて側近の外国人に対して帰化を恣意的に認めたウィレム一世時代の帰化行政を議員の間に想起させたため，帰化を法律とすることで議会の監督を維持する方針がとられたとされる [Heijs 1995：61].

4）マカイ（Æneas Mackay：1838-1909）．30 年以上に渡り第二院議員として活動し，その間第二院議長，首相を務め，議員引退後は国務院の委員として政務にあたった．

5）デ・サフォルニン・ローマン（Alexander Frederik de Savornin Lohman：1837-1924）は，プロテスタント系の政治家で主に反革命党に所属．40 年以上第二院の議員として活動した後（1879-1921），第一院議員となる．マカイ内閣で内務大臣を務めた．1883 年にヘームスケルク内閣のもとに設置された憲法改正委員会委員．

6）ファン・ティーンホーフェン（Gijsbert van Tienhoven：1841-1914）．自由主義系政治家として市議会，州議会，アムステルダム市長を歴任し，第二院および第一院の議員ならびに首相（1891-1894）を務めた．地方と国政の豊富な政治経験から摂政エンマの信任が厚かった．タク・ファン・ポールトフリート（Johannes Pieter Roetert Tak van Poortvliet：1839-1904）．自由主義系政治家として第一院，第二院の議員を長年務める．ファン・ティーンホーフェン内閣の内務大臣として選挙権拡大を推進するものの抵抗にあい議会を解散し選挙による打開を試みた．1894 年の議会選挙は，タク派（Takkian）か反タク派かの二択になり反タク派が議会の過半数を占めた．

7）ファルンコム・サンダース（Antoine Jacob Willem Farncombe Sanders：1833-1896）．自由主義系の自由連合所属の第二院議員（1886-1896）．教育問題を専門とする急進自由主義者で，選挙権拡大論者でもあった．ヘームスケルク内閣の憲法改正委員会委員を務める．

8）Handelingen Tweede Kamer, 1888-1889, 17 mei 1889, 1239.

9）ただしパトリック・ヴェイユによればフランス革命の時点では国籍概念は揺籃期にあり，1803 年の民法典により近代国籍法のはじまりとみなすのが適切な理解とされる［ヴェイユ 2019：22］．とはいえ，大革命を発端とする一連の国籍概念の形成過程のうえに民法典の成立を位置づけることができ，これにより「アンシアン・レジームの「封建的」アプローチからの決別」がなされたとするならば，フランス革命以前の状況に対するファルンコム・サンダースの理解は的確であったものといえる．

10）Handelingen Tweede Kamer, 1888-1889, 17 mei 1889, 1239.

11）Bijlagen Handelingen Tweede Kamer, 1891-1892, 130 3, 3.

12）ファルンコム・サンダースによれば，この時点でヨーロッパのオランダ国内に居住する外国人は，ドイツ 4 万 2000 名，ベルギー 1 万 8800 名，英国 1600 名，スイスおよびイタリアが 5300 名とされている（Handelingen Tweede Kamer, 1888-1889, 17 mei 1889, 1240）．この居住者数の根拠については不明．なお，戦前を代表する指揮者のウィレム・メンゲルベルクは，ケルン出身で教会建築家の父がオランダに定住した 10 年後の 1871 年にユトレヒトで生まれている．メンゲルベルクに関する大部の伝記を著した Frits Zwart によれば，民法第 5 条によりメンゲルベルクはオランダでの出生によりオランダ国籍を自動的に取得したとある［Zwart 1999：26］．ドイツ人の両親から生まれたメンゲルベルクが血統に基づきドイツ国籍を取得していたかについては残念ながら言及がない．

13）ただし，法案では例外的に生地主義による国籍取得が定められている条項が存在している（いわゆる補充的生地主義）．第 1 条 c のオランダ国内で出生した非嫡出子および遺棄された子に関する規定，さらに 5 条 1 項 e の帰国する意志を持たない者に関する規定である．血統主義に反対する議員からは，これを根拠として改正法案は血統主義と生地主義の混合制度であるとの見解が示されていた．政府は，しかし，これは許容される逸脱であるとして混合制度という批判を退けている．

14）Bijlagen Handelingen Tweede Kamer, 1891-1892, 130 5, 17.

15）外国での公務・軍務の実例として，新聞（De Maasbode 9-4-1878）は，教皇のズアーブ兵となることによりオランダ国籍を喪失した者の帰化による国籍回復の様子を伝えている．この他にも第一次世界大戦時に外国軍隊（英）への従軍による国籍喪失例などが伝えられている（Algemeen Handelsblad 21-06-1915）．

16）ロンドン商工会議所が中心となって議会へ送った請願書には，パリ，ケープタウン，ダーバン，ロアンダ，マニラ，セントルイス，シカゴ，サンクト・ペテルブルグ，ジュネーヴ，ブリュッセル，フランクフルト，ベルリン，ハンブルク，ローマ，アントワープ，スミルナ，ペルー，ワルシャワ，トリポリといった都市に拠点を置くオランダ商工会議所も賛同の意を表明していた．1892 年国籍法改正後も政府に意見書を提出するなど，商工会議所は活発に請願をおこなっていた．

17）オランダ語原文は，‘Zij die op het tijdstip waarop deze wet in werking treedt den staat van Nederlander bezitten, behouden dien totdat zij dien volgens deze wet verliezen.' 第二院での委員会報告を経て，経過規定1項は修正された．「この法律が施行された時点で，この法律の意味においてオランダ国民である者は，この法律に従ってオランダ国籍を失うまでオランダ国民である．その時点で王国およびその植民地または海外所領の外に住所を有する者については，第7条第5項にいう10年の期間は，その時点から開始する．」

18) Bijlagen Handelingen Tweede Kamer, 1891-1892, 130 4, 14.

19) レフィスソーン・ノーマン（Henry David Levyssohn Norman：1836-1892）．1857年に英国統治下のジャワに関する論文でライデン大学を卒業，翌年東インドで行政官としての経歴を始める．1877年から通算5年間オランダ領東インド評議会評議員を務めるなど，植民地官僚として要職を歴任した．1884年にオランダへ戻り，1888年からロッテルダム選挙区選出の第二院議員．議会では自由主義系政党の自由連合に所属した．この国籍法法案成立直前の1892年12月7日に議員在職のまま急逝した．

20) 1854年統治法第2条は「総督はオランダ人でなければならず，30歳に達していなければならない」とする．副総督（第4条），評議会（第8条）もオランダ人であることを要件と定めている．

21) レフィスソーン・ノーマンは，古いことわざをひいて次のような発言をしている「ローマ市民である，それゆえ官吏にもなれる civis romanus sum, dus ik kan officier en ambtenaar worden」[Schreuder 1894：271].

22) オランダ語原文は次のとおりである．"met uitzondering van de inlanders en de met hen gelijkgestelden in de kolonien en bezittingen in andere werelddeelen."

23) スミット（Hendrik Jan Smidt：1831-1917）．フローニンゲン大学で法学を修めた後，弁護士として活動．1871年に第二院議員となる．トルベッケと交流のあった自由主義系政治家．1877年から2年間司法大臣に就任．1885年から1888年までスリナム総督となる．その後，1891年から1894年までファン・ティーンホーフェン内閣の司法大臣．

24) 経過規定修正案2項「この法律が施行された時点で，オランダ王国に居住していない父母のもとにオランダ王国で生まれ，24歳に達していない者は，その届け出の日から1年以内に，またはオランダ法にいう未成年者である場合は成年に達した日から1年以内に，引き続きオランダ王国に居住する意思を居住地の市長に届け出ることにより，オランダ国民の地位を取得する」，および3項「この法律が施行された時点で民法第8条を遵守している外国人については，民法および1849年8月13日法律（官報第39号）第19条（1875年4月6日法律（官報第66号）により改正）が適用される限り，彼らが引き続き王国に居住する限り，オランダ国民との平等待遇が維持されるものとする」，と当初の法案に未成年の子，民法の内外人平等原則が加えられた．

25) Handelingen Eerste Kamer 1892-1893, 90.

26)「スリナム植民地政府の政策に関する規則」（1865年官報第55号，1884年官報第90号）の第7条，および「キュラソー植民地に関する規則」（1865年官報第56号，1884年官報第91号）では，「王国憲法第7条に規定される法律の意味におけるオランダ国民

ならびにその父母が居住していた西インド植民地のいずれかで生まれた者は，国王が指定する公職に任命されることができる」と規定しており，土着の住民の公務就任権を認めていた．キュラソー植民地に関する規則68条は植民地評議会の評議員の資格として「居住者」および「居住者とみなされる者」をあげ，「任命に先立つ過去6ヶ月間植民地に居住していた場合」および「王国憲法第7条で言及されている法律上のオランダ国民」と定めていた．このように西インドでは居住資格には国籍に相当する権利が認められていた．詳しくは，Reelfs［1867：32-33］を参照．

27）Handelingen Eerste Kamer 1892-1893, 90.

28）ユッスルン・ドリフェイラは，Fernandes Mendes と Eric Heijs らの研究を引用しつつ，この点に言及している．ちなみに彼が引用している統計によれば，1900年のキュラソーの人口は5万2109人で1880年のスリナムの人口が4万9309人としている［d'Oliveira 2023：115-116］．

29）オランダ語の原文は次のとおりである．"Allen die volgens deze wet den staat van Nederlander niet bezitten, zijn vreemdelingen."

30）Handelingen Tweede Kamer 1894-1895, Eindverslag tot vaststelling van de koloniale huishoudelijke begrooting van Suriname voor het dienstjaar 1895. [166].

31）オランダ語で，'de Chineesch quaestie, het Chinezen probleem' などと呼ばれた．

32）Besluit van den 11den December1862, bepalende de plaatsing in het Staatsblad van het tractaat van vriendschap, handel en scheep vaart, tusschen Nederland en het Rijk van Siam gesloten, Staatsblad 1862, No. 198.

33）シャムでの蘭印華人の領事館登録問題については，Tjiook-Liem［2009］が公文書館資料を用いて詳細に説明している．フランスを中心とする保護民については，飯島［1976：71-98］．川島［2004：378-381；2011：175-198］．

34）Tsai はポルトガルによるマカオでの領事館登録について触れ，領事館からの帰化証明書を入手した華人が領事裁判権を濫用していると指摘している［Tsai 1910：405-406］．

35）外務省外交史料館，「機密第六十六号在暹羅清国人登録ニ関シ清電訓ノ件」明治三十二年十二月三十日．

36）Bijblad Staatsblad van Nederlandsch-Indië Nr. 3380. REISPASSEN AAN VREEMDE OOSTERLINGEN. Op de Reispassen te vermelden de duur van hun verblijf in Nederlandsch-lndië dan wel hun geboorteplaats. CIRCULAIRE aan de hoofden van gewestelijk bestuur. N°. 2990. Batavia, 22 December 1876.

37）オランダ領東インドで発給されていた旅券には時代と住民区分に応じて異なる様式が存在している．東インドでの旅券は，19世紀の大半を通じて 'zee-pas' という名称の渡航証が旅券として用いられていた．植民地旅券の種類ならびにその変遷については，吉田［2018］を参照．

38）Bijblad Staatsblad van Nederlandsch-Indië Nr. 3190. NEDERLANDSCHE

ONDERDANEN. Vreemde Oosterlingen, uit Nederlandsch-lndië afkomstig. No. 26. BUITENZORG, 19 Mei 1877.

39）Bijblad Staatsblad van Nederlandsch-Indië Nr. 3268. REISPASSEN. Vreemde oosterlingen, signalement. BESLUIT. N° 1. Buitenzorg, 22 September 1878.

40）トラブルの原因としては，巡礼旅券の不携帯，巡礼途上での旅費の枯渇，プランテーション労働力として拘束される事例が報告されており，東インド政庁は旅券発給の業務を担っていた地方官庁を通じてたびたび巡礼者への注意喚起を促している．1923 年には当時のジェッダ領事ファン・デル・プラスが外務大臣に宛てて巡礼中止を検討することを要請している．

41）これには巡礼に必要なパス，いわゆるメッカ・パスを申請せずに渡航する巡礼者，パスを紛失，詐取される巡礼者など，自らの帰属を証明する公的書類を携帯しない者の存在も大きかった．メッカ・パスによる巡礼の制度化については，吉田［2024］を参照のこと．

42）Koloniaal verslag van 1900. [Nederlandsch（Oost-）Indie], [5. 1-2.].

43）Verslag der Staatscommissie, ingesteld bij Koninklijk Besluit van 23 october 1905, no. 56, tot het onderzoek der vraag, welke andere wijzigingen dan die van de artikelen 80, 127 en 143 nog in de Grondwet moeten worden gebracht（Den Haag 1907), p. 3.

44）Bijlagen Tweede Kamer [266. 3-4] Memorie van Toelichting.

45）Bijlagen Tweede Kamer [50. 1.] Voorlopig Verslag, Regeling van en wijz. van wetten betreff. het Nederlandsch-onderdaanschap van hen, die herkomstig zijn uit Ned.-Indië.

46）‘aanhoorigheid’ という語は，「なにかに属すること」，あるいは「付属していること」という意味のオランダ語である．

47）どのような権利が該当するのか，具体的に列挙されている．すなわち，市町村議会，州議会および第二院の選挙権，これら議会，第一院議員の被選挙権，議員を除く公務就任権，民兵の義務，帰化，統治法109条は，これら「帰属によるオランダ人」には適用されない．

48）ファン・イドシンガ（Johan Willem Herman Meyert van Idsinga：1854-1921）は内務官僚出身の保守的なキリスト教系政党に属した政治家．オランダ領アンティル諸島（当時の行政単位としてはオランダ領キュラソー）のシント・ユースタシウス島出身．

49）Handelingen Tweede Kamer, 1909-1910, 22 december 1909, 1264-1265.

50）‘Boschneger’ とは，文字通りには「森の黒人」．スリナムで奴隷制が存在していた時代に，プランテーションから逃れてアマゾン奥地で独自の共同体を形成した逃亡奴隷を指す表現でもある．現在では，マルーンとして知られている．

51）Handelingen Tweede Kamer, 1909-1910, 22 december 1909, 1266.

52）Handelingen Tweede Kamer, 1909-1910, 22 december 1909, 1267.

53）Handelingen Tweede Kamer, 1909-1910, 22 december 1909, 1269.

54）ボハールト（Willem Hendrik Bogaardt：1862-1918），スラバヤ生の東インド通と目
　　された政治家．カトリック系政党に所属．オランダ領東インドで郵便電信局の監査官と
　　して20年務めた後，1906年から亡くなるまで第二院議員．彼の郵便電信局員時代に東
　　インド全域に電信網が整備された．

55）東インドで「オランダ人」よりも「ヨーロッパ人」という表現が人々の間で一般に用
　　いられているという事実は，他にも指摘されている［Gouda 2005：3］．

56）Handelingen Tweede Kamer, 1909-1910, 22 december 1909, 1270.

57）統治法111条は，公共の秩序を脅かす恐れのある政治的性格を有する結社および集会
　　を禁じるものであった．

58）Handelingen Tweede Kamer, 1909-1910, 22 december 1909, 1271.

59）ヤン・ヘンドリク・デ・ワール・マレフェイト（Jan Hendrik de Waal Malefijt：
　　1852-1931）．市長職，州議員を経て1897年から1909年まで第二院議員，1909年から
　　1913年まで植民地大臣．イデンブルフの後任であったことも影響して，植民地大臣と
　　しては特筆すべき政策を残さなかったと評価される．大臣辞職後は再び地方政治を経験
　　した後に第一院議員となる．反革命党所属．

60）Handelingen Tweede Kamer, 1909-1910, 22 december 1909, 1271-1272.

61）1875年にオランダとポルトガルとの間で結ばれた蘭葡通商航海条約1条には，"Les
　　sujets respectifs des deux Hautes Parties" とあり，6条7条にも 'sujets' がみられ
　　る．Staatsblad voor het Koningrijk der Nederlanden, 1875, No. 65. WET van den
　　6den April 1875, houdende goedkeuring van eenige artikelen van het tusschen
　　Nederland en Portugal op 9 Januarij 1875 te Lissabon gesloten verdrag van handel
　　en scheepvaart. 1897年にオランダと日本との間で結ばれた日蘭通商航海条約1条は，
　　"The subjects of each of the two High Contracting Parties shall have full liberty to
　　enter, travel or reside in any part of the dominions and possessions of the other
　　Contracting Party, and shall enjoy full and perfect protection for their persons and
　　property." と定めている．2条および16条でも "The subjects of each of the
　　Contracting Parties"，と，「臣民」という語が用いられている．両条約ともに植民地大
　　臣が述べているような「オランダ臣民」という表現ではないものの，いずれにせよ
　　「臣民」が用いられていることは答弁の通りである．Staatsblad voor Nederlandsch-
　　Indië, 1897, No. 185. TRACTATEN. Goedkeuring van het tusschen Nederland en
　　Japan gesloten tractaat van handel en scheepvaart, met daarbij behoorend protocol.

62）Handelingen Tweede Kamer, 1909-1910, 22 december 1909, 1272.

# 第6章　世紀転換期の東インド華人をめぐる状況

## 1.「華人問題」の登場

　19世紀末から20世紀に入ると東インドの華人の置かれた状況は「華人（中国）問題（Chineesche kwestie）」として東インドで広く論じられるようになる．では，世紀転換期から東インド社会が認識するようになった「華人問題」とは，なにを意味していたのだろうか．1910年に「東インドの華人（De Chineezen in Indie）」という見出しの記事が新聞に掲載された[1]．この記事では，前年に刊行されたファン・サンディック（Van Sandick）による大部の著書，『中国領外の華人（Chineezen buiten China）』に依拠しながら「華人問題（Chineezenvraagstuk）」を次の四点に整理していた．

　第一に，中国移民の入国許可に関する問題．第二に，オランダ領東インドに定住している華人の国家との関係に関する規則．第三に，通行許可証居住区制度にみられる華人を制約する既存の規則．第四に，華人の教育．

　ここであげられた問題点のうち，清およびオランダ政府にとっては「とりわけ第二と第三で述べられた点に今日特別な注意を要する」と指摘されていた．同時に，第二の点についてはオランダ本国での「臣民籍法」の法案審議の様子を伝え，「臣民籍」がオランダ国籍とは区別されたことを紹介している．清が「臣民籍」の導入によってオランダ政府が東インドの華人を強制的に帰化させようとしているという主張は，両者を混同したものであると記事は整理していた．この第二の点こそ，華人の法的地位をめぐる問題を構成していた．

　ファンデンボッシュは，「華人問題」の背景に1900年を境とする華人を取り巻く内外の環境の変化をあげている［Vandenbosch 1930：1007］．東インドにおいては，華人によるアヘン請負が禁止され政府の専売に移行し，官営質屋，あるいは原住民向け融資を低利でおこなう金融機関の設置など華人の経済的利益に直接影響する一連の政策が政庁によって導入された[2]．対外的には清による在外

華人の保護が進むにつれて，東インド在住の華人との関係が深まり，華人からも清に対して保護を求める請願が出されるようになる．

　オランダ領東インドと清との関係に加え東アジアをとりまく国際環境の変化も「華人問題」の背景をなした．とりわけ，日本の及ぼした影響には軽視できないものがある．日本がオランダとの条約改正を果たした結果，オランダ政府は 1899 年に統治法 109 条を改正し，東インドにおける日本人の法的地位は「外来東洋人」から「ヨーロッパ人と同等視される者」へと移行した（「日本人法」）．これにより華人に対しては経済活動の制約が課されたまま，日本人に対してはオランダ人同様の経済活動の自由が保障されることとなった．さらに 1908 年 4 月にはオランダ政府と日本政府が日蘭領事職務条約を締結し，バタフィアに日本領事館を開設する．東インドでの日本をめぐる動向は，華人社会のみならず清政府をも刺激した．

　「華人問題」の第二の点，すなわち華人の法的地位に対しては，マクネアはこれら一連の動向が「二重の効果」をもたらしたことを指摘している［マックネヤ 1945：101-102：MacNair 1925：107］．第一に，「日本人法」の成立によってオランダ領東インドでアジア人がはじめてヨーロッパ人と同等に扱われることになり，「オランダ人が「東洋外国人」と土着民とを一括せる法律により，ヨーロッパ人をこれと別個の法律により統治してきた所の，かの幾世紀にも亘る公式は崩壊し始めた」点．第二に，「日本人と華僑との差別待遇により，後者の側に羨望と強硬な批判とが喚び起こされた」点，である［マックネヤ 1939：101］．東インドの華人は，20 世紀にはいると自らの法的地位の改善を求め，さまざまな手段を講じるようになる[3]．その展開を検討する前に，ひとまず東インドの華人がおかれていた社会状況を概観しよう．

## 2. 東インドにおける華人の社会的状況

　オランダ領東インドの華人は長きにわたり植民地社会において独自の地位を占めてきた．華人はオランダによる東インド進出のはるか以前から東インド各地で定住を進めており，東インド会社はその拠点を築くにあたって華人を現地社会との接点・媒介として早くから積極的に活用していた．その役割については，当時から「華人ほどわれわれによく仕えてくれる者は他に世界にはいない」と評されるほどであった[4]．華人の担った商業活動は，会社による植民地経

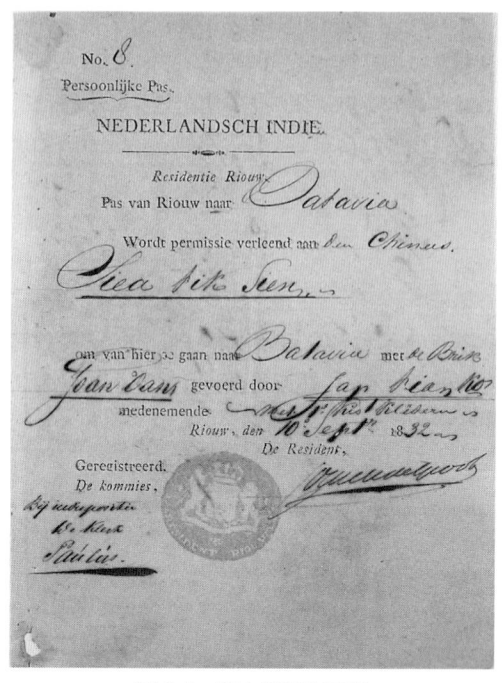

**図 6-1　華人通行許可証**

(出所) 1838 年華人 Siea Tin Sien に発給された通行許可証（9 月 10 日付）. Persoonlijke Pas [10 Sep 1832], British Library, EAP153/3/12, https://eap.bl.uk/archive-file/ EAP153-3-12
　　リアウからバタフィア行の許可証である. 乗船する船名 (Goan Oan), 船長の氏名が記載され, リアウ州理事の署名が記入されている.

営から国家による植民地統治へと統治の性格が変遷するなかでも植民地社会において継承されることとなる.

　他方, 華人に対してはさまざまな制約が東インド会社時代から制度的に設けられており, これらの制約も継承されていた. とりわけ大きな制約として受け止められていたのが,「華人問題」でも指摘されていた居住移転の自由に対する制約である. 統治法 73 条は, 外来東洋人が「可能な限り個別の地区に集められ, 各地区の長の指揮の下に」おかれることを定めていた. 華人は指定区域への居住しか認められず, 陸上, 海上いずれの経路をとる場合でも居住区外への移動の際には通行許可証の携帯が義務付けられていた (**図6-1**). これは「通行

許可証居住区制度（Passen- en Wijkenstelsel）」と呼ばれ，商業活動を主とする華人にとって障壁をなしていた．

　通行許可証の様式は居住する自治体で定められており，1904 年以降有効期間は 1 年とされた．ただし，通行許可証は公共の秩序（openbare rust）を理由として発給を拒否されることもあった．申請は，居住区の長を通しておこない，理事官もしくは副理事官が通行許可証を発給した．申請料金は，50 セントから 1 ギルダーであり，最低でも 1 日前に申請することが通例だったようである．通行許可証による移動が認められたとしても，指定の日に移動せねばならず，ひと月を超える居住区外の滞在については別途許可を必要とした．移動に際しては，到着後直ちに訪問地の自治体長もしくは警察に届け出，査証を受けることが義務付けられたのみならず，滞在も華人用の

**図 6-2　スラバヤの華人カピタン**
（出所）1880 年頃，J. B. Jasper 撮影（Carte-de-visite）．ライデン大学デジタルコレクション（KITLV105650）．

宿泊施設を利用せねばならなかった．華人はヨーロッパ人の泊まる施設には滞在を許されなかった．通行許可証の不携帯が明らかになると，25 ギルダーの罰金もしくは労役に課せられた[6]．ジャワ・マドゥラの領内でも，スラカルタやジョクジャカルタといった王侯領の移動にはさらに制限が加えられ，外領の移動についても地域により規則が定められていた．

　華人居住区では，総督令により華人の長が任命され，その者のもとで居住区は管理運営された[7]（図 6-2）．任命された華人の長にはカピタン（Kapitein），リュイテナント（Luitenant），マヨール（Majoor）といった軍階級にちなんだ称号があたえられ，しばしば昇進により称号が変更，あるいは世襲によってその地位は継承された[8]．これらは正式な階級ではなく，名誉称号である．華人居住区の長は，居住区内の華人から出される政庁への請願や通行許可証申請の取次，徴税あるいは警察権限などを付与され，東インド政庁と一般の華人をつなぐ媒介としての役割を担っていた[9]．彼らは居住区の長であるとともに，政庁の代理者

としての半官的地位にあったといえる.

　19世紀末の華人行政について論じたメイエルは，この地位に就く華人は財産と居住区の運営能力のみならず品行も考慮されて任命されていたと解説している [Meijer 1893：13]．彼らはいわゆる名望家層から選ばれていたが，現実には必ずしも高邁な人物ばかりではなかったようである．初期オランダ中国学の代表的人物でもあるアンリ・ボレル（Henri Borel）は，マカッサルで親しく交流のあった華人居住区のリュイテナントで，その後カピタンを務め（ウィルヘルミナ女王即位の日に任命された）1899年に亡くなったジョ・ホヮエ・ギオク（Jo Hoae Giok）の追悼文を新聞に寄稿している．「ある著名な華人（Een bekend Chinees）」と題する追悼文のなかで，ボレルは外領の華人居住区の長は，「その大半が読み書きのできない，教育のない苦力あがり」であると指摘する一方，ジョ・ホヮエ・ギオクを例外的に礼儀正しく教養ある紳士（gentleman）であったとして故人を偲んでいる[10]．

　通行許可証居住区制度とならび華人にとって大きな制約となっていたのが，特殊な司法であった．華人の裁判は「原住民裁判所（Landraad）」と呼ばれる原住民向けの裁判所でおこなわれることが定められていた[11]．しかし，軽犯罪については「警察司法官（Politierol）」と呼ばれる行政官（文字通り警察 politie の役割 rol を担う）が単独で対応することが常態化しており，警察司法官が認めた場合に限り原住民裁判所での裁判がおこなわれた[12]．警察司法官を担うのは専門的な法学教育を受けていないヨーロッパ人もしくは原住民官吏であり，彼らが捜査から刑の言い渡しまで一人でこなしていた．いわば，警察官と検察官と裁判官を一人で兼ねるようなものである．担当者の恣意的な対応に委ねられる度合いの非常に高い警察司法官は，華人の生活に深く浸透し，彼らの嫌悪の対象となっていた[13] [Vandenbosch 1930：1005；Tjiook-Liem 2009：383]．

　「通行許可証居住区制度」と警察司法官の制度が定められた背景には，華人の活動に制約を課すことによって「原住民」の困窮化を防ぎ，華人を警察司法官による継続的な監視のもとにおくという理由が指摘されていた [Han 1919b：939]．これらの制約の根底に存在していたのが，「外来東洋人」という華人の法的地位であった．

## 3．統治法における華人の法的地位と法適用の変遷

　オランダ領東インドの華人は統治法 109 条において「原住民と同等視される者」という法的地位を付与され，アラブ系住民を含め「外来東洋人」という範疇に区分されていた[14]．「外来東洋人」としての華人は統治法の定めるところにより「原住民」同様ヨーロッパ法の適用から除外され，華人の法慣習（より正確には統治法 75 条 3 項に述べられている「宗教上の法，規則と慣習」）を適用されていた．しかし，華人の法的地位に関するこれまでの研究が指摘するように，華人に対して適用された法は時代によって変遷をたどっており，必ずしも華人固有の法慣習が一貫して適用されていたわけではないことに注意する必要がある[15]．

　東インド会社時代にはヨーロッパ法（ローマ＝ホラント州法）を華人に適用することが一般的であったようである．バタフィア法令集では，1642 年，1690年，1693 年，1717 年，1720 年，1766 年，1769 年の決議により華人に対する個別規定が設けられ，ヨーロッパ法が適用されていた[16]．商業活動が存在意義でもある東インド会社にとって，華人との取引に自らが慣れ親しんだヨーロッパ法を用いるのは極めて自然なことだった．

　植民地統治がオランダ王国によって担われるようになってからは，東インド官報 1824 年第 4 号により，オランダ領東インドの華人に適用すべき刑法および民法は華人の法によるものと定められている[17]．1846 年に制定された「オランダ領東インドに対する立法の一般規定」（施行 1848 年）は，東インドの居住者を「ヨーロッパ人および同等視される者」と「原住民および同等視される者」に区分し（第 6 条），「原住民」に同等視される者として，「アラブ人，モール人，華人およびすべてのイスラム教徒あるいは異教徒」を列挙していた（第 8 条）．

　この住民区分は 1854 年統治法 109 条に踏襲され，華人は「原住民に同等視される者」に分類されるとともに自らの法慣習にしたがうものとされた．だが，東インド会社時代から長期にわたってヨーロッパ系住民も華人の経済活動に依存していたこともあり，1855 年に至って家族法と相続法を除いてはオランダ民法を「原住民に同等視される者（外来東洋人）」へ適用するとした（東インド官報 1855 年第 79 号[18]）．

　したがって，1824 年から 1855 年まで華人は固有の法慣習のもとにおかれていたものの，1855 年からは段階的にヨーロッパ法が適用されるようになり，

その対象も拡大していく．同時に，ヨーロッパ法の適用から除外された家族法・相続法については，長期の定住の結果，本国とは変容しており，華人の法慣習の実態をめぐり議論が展開された[19]．華人に対するこのような法適用の変遷は，東インド行政官の間でも混乱の原因となっていたようであり，1885 年には華人の法律上の地位に関する覚書が作成され関係機関に送られている[20]．他方，この時代になると，オランダ本国において中国法を専門とする人材の育成も徐々に進み，東インドでの華人の法的地位あるいは中国家族法および相続法を対象とした研究もみられるようになってきた[21]．

　1918 年の改正刑法は，東インドのすべての住民集団に適用される統一された刑法として施行され，翌 1919 年にはジャワ・マドゥラに「華人の私法状況に関する規則（Regeling van den privaatrechtelijken toestand der Chineezen）」（東インド官報 1917 年第 129 号）が施行されることで家族法および相続法についても華人に対してヨーロッパ法（東インド民法）が適用されていった．これにともない，それまではヨーロッパ人のみを対象としていた民事身分登録も導入されている．「華人の私法状況に関する規則」は，1925 年には外領を含むオランダ領東インド全域に適用されるようになる．

　しかしながら，ヨーロッパ（オランダ）の法律，民商法および刑法が東インドの華人に適用されることは，華人が統治法における「ヨーロッパ人」の法的地位を享受するようになったことを意味していたわけではない．華人は統治法においてはあくまでも「外来東洋人」という法的地位にとどめられたままであり，ヨーロッパ法の適用は，一方で華人をヨーロッパ人「相当」として実質的に取り扱いながらも，他方，統治法においては彼らの法的地位を「外来東洋人」として維持し続けることで，華人の置かれた状況をかえって複雑にすることとなった．華人の間から法的地位の改善要求が現れるようになると，ヨーロッパ法と独自の慣習との間でたびたび適用が変更される不安定な状況を，彼らは皮肉を込めてピンポンと呼ぶようになる［Han 1919b：937-938］．

## 4．オランダ人に「なる」こと——帰化によるオランダ国籍の取得

　華人が「外来東洋人」の法的地位から「ヨーロッパ人」の法的地位に変更する手段としては，すでに第 2 章で説明した「同等視」が存在していた．しかし，さらに根本的な手段として，極めて限られた例となるものの，帰化によるオラ

ンダ国籍の取得という手段が存在していた．ただし，帰化要件には，オランダ本国での一定年数の居住歴，オランダ語能力，教育歴，オランダ（西欧）風の生活様式（ここにはキリスト教の信仰が含まれることもあった）などが設けられていたこともあり，華人にとってオランダ国籍の取得は一層障壁が高かったといえる．

　ここでは，限られた帰化の事例を検討することから，議会において華人の帰化そのものがどのように受け止められていたのか．さらに，帰化が認められた事例から帰化要件の具体的な内容を明らかにしていく．前章でも言及したように，この当時，帰化は法律として議会で審議されており，議会での審議を検討することからオランダ側，少なくとも帰化法案を審議した議員たちの華人の帰化に対する考えが浮かびあがってくる．

　帰化による華人のオランダ国籍取得を当時の議員はどのように受けとめていたのだろうか．東インド通の議員ボハールトは 1906 年の議会で次のように述べていた．

> 何年にもわたって，華人はヨーロッパ人と同等視されたいという強い願望を抱いてきた．それは税制の重荷から逃れるためというだけでなく，主にヨーロッパ人であるということが華人の眼にはなにか特別なものであったからである．ヨーロッパ人に適用されるあらゆる規則を彼らに適用するだけでは，その願望を満たさない．彼らは帰化を望んでおり，それはこれまで存在してきたヨーロッパ人との同等視という願望よりも大きな困難をもたらしている．[22]

　東インドに通算 30 年以上の滞在経験を持つボハールトは，華人の願望が「同等視」にとどまらないことを見通していた．ヨーロッパ法を華人に適用するのみでは，華人は統治法の「外来東洋人」にとどまり続け，法的地位の変更という彼らの願望を満たすには十分ではないのである．帰化は，この枠組みから離脱してその法的地位を根底から変える唯一の手段であった．

　ファン・フォレンホーフェンは，1909 年に寄稿した「臣民籍」法案を検討する新聞論説のなかで，帰化を「2 等オランダ人（原住民および華人）から 1 等オランダ人へ（van Nederlanders-tweede-klas (inlanders en Chineezen) tot Nederlanders-eerste-klas)」なること，と表現している [Van Vollenhoven 1935：11-18]．ファン・フォレンホーフェンの帰化に関する表現は，おそらく皮肉を込めたものと

思われるものの，ボハールトの発言で言及されていた華人の帰化に対する願望を端的に表しているといえる．同時に，この表現は当時のオランダ人の間にも共有されていた考えであった．

では，現実に認められた華人の帰化にはどのような例が存在したのだろうか．数少ない華人の帰化例は，その要件の具体的な内実のみならず当時のオランダ社会が華人に対して抱いていたイメージを理解するための興味深い材料を提供している．

記録に残されている最初の華人の帰化としては，ウイ・ヤン・リー（Oei Jan Lee）による帰化が知られている．ウイ・ヤン・リーは，ヨハン・リー（Johan Lee）の名前で帰化の請願書を提出し，1892 年 12 月 16 日彼の帰化法案が第二院で審議可決された[23]．国籍法改正と同じ年である．彼の帰化が認められるまでの過程を検討することから，帰化要件で触れられているオランダ語の能力，教育歴，オランダ風の生活様式といった項目に対する実態を具体的に確認することができる．

1863 年にバンダ・ネイラで華人名望家の家庭に生まれた彼はバタフィアのオランダ人向け中等学校（Hogere Burgerschool：HBS）で教育を受け 1882 年にオランダ本国へ渡航，ライデンのギムナジウムを 1884 年に卒業した後ライデン大学で法律学を専攻した［Tjiook-Liem 2017：1-23］．1889 年には博士論文を提出［Oei 1889］，同年にオランダ人女性（Christina Johann van der Wijk）と結婚する．挙式の少し前，ライデンで発行されていた新聞（Leidsch Dagblad）にはウイに関する記事が掲載された．そこでは「われわれの大学で法律学の博士号を取得する最初の華人」であり，「博士論文のタイトルからも明らかなように，われわれの言葉に通じている」と指摘したうえで，「数日以内に純粋のオランダ女性（een volbloed Hollandsch meisje）と式をあげる」予定であることを紹介していた[24]．

記事は，ウイ・ヤン・リーが博士論文提出の 3 年前，したがって 1886 年には帰化をすでに申請していたことに触れており，「ここでは身元の定かでない半分だけのヨーロッパ人であるような者たち（lieden van onzekere half-Europeesche geboorte）に〔帰化が〕認められているのに，オランダの教育を受けただけでなく，オランダの高等教育機関で学んだ華人がそのような要望〔帰化申請〕を拒否されたのであれば公平ではない」という見解もあわせて掲載していた．

挙式の後，妻をともない東インドに帰還した翌 1890 年には，ウイ・ヤン・

リーがヨーロッパ人との同等視を総督に求めていることが新聞紙上で報道されるとともに，同等視の要件を満たすためキリスト教に改宗したこと，ヨハン・リーという名前を選択したこと，さらには華人社会がもはや彼を華人とはみなしていないという事実があわせて記載されている．この同等視が認められた後，1892 年に彼の帰化法案は議会で認められヨハン・リーはオランダ国籍を取得した．途中の同等視をはさみながら申請から約 6 年かけて彼の帰化が最終的に認められたことになる．

ウイ・ヤン・リーの帰化に 6 年という年数がかかったのは，植民地大臣と東インド評議会のどちらもがウイ・ヤン・リーの帰化に慎重だったことが背景にある．申請の時点で彼の帰化を認めてしまうと，東インドでは原住民と同等の外来東洋人でありながらオランダ国籍を有するオランダ人となることが懸念されたためであった [Tjiook-Liem 2009 : 277]．帰化の前に同等視を経て東インドでの法的地位をヨーロッパ人へと変更することで，ウイ・ヤン・リーことヨハン・リーの帰化申請は前進することとなったのである．彼は帰化の認められた同年にはオランダ領東インド高等法院に任官しており，議会では特に言及されていなかったものの，東インドでの公務就任の要件となる国籍条項を満たすために帰化が最終的に認められたものと思われる．

ウイ・ヤン・リーに続く華人の帰化としては，1906 年のタン・トゥワン・スン（Tan Thwan Soen）による帰化の事案が存在する．この時期は，後に検討するように清が在外華人の保護に取り組みつつ国籍法制定の必要性を認識していた頃と重なる．タン・トゥワン・スンの帰化法案を検討した委員会は，帰化によるオランダ国籍の取得により，清国籍との二重国籍の生じる可能性について懸念を示し，調査の必要性を強調していた．

この点についてファン・ラールテ（Van Raalte）司法大臣は，タン・トゥワン・スンの帰化が清国籍の喪失をともなうか否かは把握していないことを明らかにするとともに，清の帰化制度を調査する必要性も認めなかった．続けて，政府が清の帰化制度を把握していないことは，タン・トゥワン・スンの帰化を認めない理由にはならないと述べる．ファン・ラールテは，「該当の人物は，オランダ領東インドの居住者として，すでにオランダ国家〔Staatsverband──文字通りには「国家との結びつき」〕にほぼ完全に属しており，オランダ人としての彼の帰化はヨーロッパ人向けの法律を彼に適用する程度であり，その法的状況を変更するに過ぎない」と説明していた．

　タン・トゥワン・スンは実質的にオランダ人と同化しており，帰化はその事実を追認するのみにすぎない，というのが法案を提出した司法大臣の認識であった．議会資料からは，タン・トゥワン・スンが帰化法案の審議時点でハーグに滞在していたことが分かるのみで，オランダ語能力，教育歴や職業などは詳らかではない．ウイ・ヤン・リーほどではないにしても，おそらくはタン・トゥワン・スンもオランダ語による教育を幼少から受け，生活様式もオランダ社会に馴染み，もはや中国のそれとは異なっていたのだろう．オランダ国家との結びつきという表現が具体的になにを意味するのかはこの議会での発言だけからは明らかではないものの，華人社会よりもヨーロッパ人社会に自らの存在する場所を見出していたのかもしれない．

　1908年には，カウ・ウン・ギョク（Khouw Oen Giok）とウイ・チャン・フイ（Oey Tiang Hoei）という2名の華人の帰化が認められている．議会審議では，カウ・ウン・ギョクが5世代にわたり東インドに定住していること，ウイ・チャン・フイも3世代にわたり東インドに定住していることが説明され，「二人ともヨーロッパ人子弟向けの初等学校に通い」，ネイティブほどではないにしても，「二人ともオランダ語で意思疎通でき，会話も書くこともオランダ語でできる．社会的に相当の地位にあり，財産も蓄えている」ことが指摘されていた[27]．

　これら2名の華人の帰化法案に関しては，その賛否をめぐって議員の見解が活発に交わされた．ヨーロッパ系住民の帰化法案に対して討議がおこなわれることはあまりみられない一方，両名の帰化をめぐり討議がおこなわれたことによって議会でなにが問題とされていたのかが示されることとなった．

　1907年12月11日司法大臣のファン・ラールテは，第二院に提出した法案の説明書で申請者の帰化を認める必要性を次のように説明していた．

　　中国では，西洋の文明諸国と同じく，公民権（staatsburgerschap）は法律上の特徴による法的概念というよりは，人種の問題（eene quaestie van ras）である[28]．華人として生まれた者は，生涯にわたって華人のままである．それゆえ，ある国の国籍（nationaliteit）を取得した後も，華人は華人の国籍を保持し続ける．二重国籍は一般的に望ましくない状況であることに疑いはなく，できる限り奨励されるべきではない〔略〕東インドの華人のうちオランダ国家の成員資格を取得したいと望む善良な人々の帰化に，法律に

基づかないあらゆる類の障壁を課すのは誤っている．その結果として，彼らはわが政府に惹きつけられるどころか，そこから排除されてしまう．〔略〕したがって，私はこの法案を推薦する十分な理由があるものと考える[29]．

　ファン・ラールテの発言では，「国籍」という用語が法的概念としてのみならず，「人種」的属性としても用いられているため，一見すると混乱を生じかねない．しかしながら，その原因は国籍の取得と喪失を定めた国籍法がこの時点で清に存在していなかったことが背景にある．

　審議に加わっていたファン・デフェンテル議員も，「中国においては，『公民権（Staatsburgerschap）』という観念は存在」しておらず「公民権について語る場合，中国の国籍（nationaliteit）は法的概念としてではなく，民族的概念（ethnologisch begrip）としてみなす必要がある」ことに触れていた[30]．オランダ国籍は法的概念であり，中国には同様の法的概念，すなわち国籍法は存在しない．したがって，法案を提出した司法大臣さらにファン・デフェンテルも両名に帰化を認めることで二重国籍の問題は生じないという立場であった．

　外務大臣経験者のデ・ボーフォルトは，二人の帰化に反対の立場を表明した．彼は，中国の国籍の観念が「民族的概念である」ことに同意したうえで，次のように続けた．

　　中国政府の視点からは，それでも法的概念なのである．中国政府は中国に滞在している者で中国人の出自を持つものは中国人であるという立場をとっている．

　　その者が，あるいはその祖先が何年海外にいようと中国人なのである．〔略〕このことから将来を考えて私は大いに〔帰化に〕反対する．この者たちが残りの人生をジャワで過ごすと仮定するのは喜ばしいことだ．だが，彼らが帰化をすると，その妻達と子らもオランダ人となる．いつか彼らが中国に戻って，問題が生じたとする．中国のように領事裁判権のある治外法権の国では，そういった問題は非常に懸念すべきであり，難しい複雑な問題をもたらすだろう．

　　したがって，この帰化を承認するまえに議会はもう一度熟慮すべきではないだろうか[31]．

　外務大臣在任時に東インドでの清の領事館開設をめぐる交渉の当事者でも
あったデ・ボーフォルトは，二重国籍が生じる懸念に加えて外国籍を取得した
華人が中国本土での治外法権を利用する事態を把握していたようである．彼は
「このような事態を想定すると，しばらくのあいだこれらの華人の帰化を認め
ないことは安全ではないだろうか」と問いかけた．彼の他にも帰化の承認に慎
重な議員からは，両名の帰化を認めない場合，彼らが日本人として帰化した後
に東インドへ帰還し，ヨーロッパ人として同等視されるのではないか，という
懸念が示されていた．

　それでは，華人が帰化の後も「生涯にわたって華人のまま」であり続けるの
であれば，帰化は認められないのだろうか．むしろ，司法大臣のファン・ラー
ルテは二重国籍の生じる可能性を理由に帰化を認めない姿勢に対して反対の立
場をとった．彼は，この法案が東インド評議会と総督の支持を得ていることに
も言及しており，両名の帰化を認めることによって「善良な」華人をオランダ
国家の一員として包摂する姿勢を明確に示していた．

　これらの帰化の例からは，オランダ国籍は「なにか特別なもの」として華人
のみならずオランダ側にも理解されていたことがうかがえる．帰化によるオラ
ンダ国籍の取得は，「なにか特別な」成員資格を意味しており，その資格を得
るためには，華人社会からも華人とはみなされないようになるほどのオランダ
語能力，教育，生活様式を身につけることが必要であった．そこで求められた
ヨーロッパ人との同一化は，「身元の定かでない半分だけのヨーロッパ人であ
るような者たち」をしのぐ程度に達していなければならなかったのである．

　帰化はあくまでもオランダ本国に限られていたが，東インドにおいてみられ
た「同等視」の場合はどのように受け止められていたのだろうか．同等視は帰
化のように法律によらず総督令に基づいていたため，その審査がどのような過
程でおこなわれ，どのような議論が担当の部局内でかわされたのかを明らかに
する史料は確認できていない．ただし，同等視の基準としては，1884 年から地
方自治体宛に通達が数回出され，キリスト教の信仰告白，オランダ語もしくは
他のヨーロッパ言語の十分な会話と読み書き能力，ヨーロッパ式の生活環境で
の育成，ウイ・ヤン・リーの帰化の際にも指摘されていたように，申請者がも
はやその出自とする民族からは一員とみなされず，ヨーロッパ社会の一員とみ
なされている現状，などがあげられていた．ここでは，1906 年 12 月 4 日付の新
聞（Bataviaasch Nieuwsblad）記事をもとに，法律家で華人問題にも通じていたフ

ロムベルフ（Fromberg）によって指摘された同等視の問題点を確認しておきたい[32]．

　フロムベルフは，「オランダ語を流暢に話し，書くことのできる2名の華人リュイテナント」が「ヨーロッパ人との同等視の申請に対する肯定的な回答を1年以上待ち」続けていることに言及する．こうした例は，彼によれば「数多くあるうちのひとつ」であり，その原因を「同等視に関しては，すべてがルール化されておらず，限りない混乱がある」ためとする．フロムベルフが例としてあげるのは，同等視の効果が子に及ばず，結果的に家族が異なる法を適用される状況が存在しているという点である．これは，オランダ本国でも帰化について当初みられたもののであり，その後1892年の国籍法改正時に是正されたことを想起させる．

　彼は同等視が「単なる恩恵（gunst）」にすぎず，「ヨーロッパ社会（まるで閉鎖的なソサエティ（besloten sociëteit）であるかのように）にふさわしいかどうかという漠然とした基準（vage criterium）を満たすか否かに依存し」ていると批判する．フロムベルフによれば，問題は手続きが不透明であるというだけでなかった．華人にとっては「恩恵によってヨーロッパ人集団に移行することにあるのではなく，東洋人として（als Oosterling）より良い法的地位を得ることこそが問題」なのである，と述べていた．

　華人は帰化によりオランダ国籍を取得しオランダ人となることを切望しているとボハールトが本国議会で指摘した同じ年，東インドではフロムベルフが「恩恵」によらず，集団としての華人の法的地位の改正こそ華人の望むものであると指摘していた．

## 5．日本人法の余波

　帰化は，その要件によって華人のうちごく限られた者のみが申請可能であり，さらに議会での帰化法案審議を経て認められた者のみにオランダ国籍が付与された．東インドの華人社会の間で，帰化要件の厳しさがどの程度共有されていたかは定かではない．しかしながら，帰化が自らの法的地位を変更する手段であることは，一部の華人の間では確かに理解されていた．その一部の華人がオランダではなく，日本政府に帰化の請願を送っていたことが史料に残されている．1899年に成立した「日本人法」は，日本国籍保持者を「原住民と同等視

される者」から「ヨーロッパ人と同等視される者」へと変更した．このことが
華人社会の間でインパクトをもって受け止められ，日露戦争後は日本国籍の取
得を望む者も顕著になってくる[33]．

　スマランに在住し印刷会社を経営する陳秀林（Tan Sioe Liem）という人物は，
1905 年 10 月 9 日付の請願書を日本外務省に送り日本政府に対して帰化を求め
ている[34]．英文の請願書に記された帰化を望む理由は，陳が「商売のため，とて
も多くの旅をする必要」があり，事業の展開のために東インドの領外である日
本，中国，ヨーロッパへの渡航が必要であることと説明されていた．ところが，
東インドの規則では「華人として，パスの発給なしには，領内でさえ旅行する
ことが許されない」という状態にあり「旅行をすることは極めて困難」である
ことを訴えていた．陳の言及している移動に対する制約こそ東インドの華人に
とって最大の制約とされた「通行許可証居住区制度」であった．

　陳は東インド政府の発給する「署名入りのパスを取得するには，多くの時間
を要し，多大な困難をともないます．なぜなら東インドの華人はそこでは原住
民として扱われている」からと述べ，華人の法的地位にともなう制約に言及す
る．これに対して「日本人であることは『ヨーロッパ人』と同等であり，何ら
の障害も置かれていないことを意味しています．『ヨーロッパ人』は許可なく
自由に旅行でき，どこに行くのも阻まれていません」，と日本への帰化を望む
理由を説明していた[35]．

　史料には対応した外務省通商局による陳への回答の下書きが残っており，そ
こでは，日本の国籍法による帰化規定は日本での継続する 5 年以上の居住を要
件としているため，陳の帰化は認められないと書かれていた[36]．

　陳秀林の帰化の結果はともあれ，彼の請願はオランダ領東インドに居住する
華人が，自らの法的地位にともなう制約についてどのように受け止めていたの
かを明瞭に示している．同時に，日本人の法的地位が東インドでなにを意味す
るかを正しく把握していたことが，この請願からはうかがえる．

　陳の請願から 4 年後の 1909 年，当時のオランダ領東インドを訪問した竹越
与三郎は，東インド滞在中に遭遇したある華人兄弟について『南国記』のなか
で印象深く描いている．

　　余が南方スウラバヤより中部ジョクジャカルタに入るや，茲（ここ）に李の一姓あ
　　り．兄は清国人にして福州の民と称し，弟は台湾人にして，日本帝国の臣

民たり．余の歴遊を聞知し，日本人を介して，其の家に宿泊せんことを求む．余が到るや一族友人，相会して余を迎う．聞く所によれば兄弟等しく三十万の財産あり．而して兄は清国人なるがため三千円の租税を徴収せられ，弟は日本人なるが為め，一千五百円に止ると云う．斯の如くして支那人の間に生ずる問題は，何故に同一人種にして，一人は痛苦あり，一人は幸福なるかと云うにあり．而して此問題の解決として彼等は日本に帰化して，日本臣民たるを以て捷径(しょうけい)なりと信ずるもの少なからさるに至りしが如し［竹越 1910：178］[37]．

竹越の東インド訪問から2年後の1911年，当時の「バタビヤ」領事染谷成章は外務大臣小村寿太郎に宛てて「爪哇事情報告書」を提出している．そこでは，「台湾人及朝鮮人ノ状況」という項目が設けられ，ジャワ島在住の台湾籍民の数が50名程度と指摘されるとともに重要人物の居住地，氏名および職業が記されている．

染谷は「是等数人ノ主ナル台湾人ト雖モ一家全員台湾ニ籍ヲ有スル者ハ〔略〕薛允瑞一名ニシテ」と報告していた．このような状況を念頭におけば，華人兄弟の間で日清の国籍の相違によって東インドでの法的地位が異なることについて彼らが疑問をいだいたとしても不思議ではなく，その解決のために日本国籍の取得を検討するのはごく自然なことであったかもしれない．

スマラン在住の陳秀林が外務省宛てに請願を送った同じ年の1905年10月6日の新聞記事は，スマランに在住する華人数百名が東インド政庁に対してヨーロッパ人との同等視を求める請願を提出したことを報じていた．さらにスマランでの同等視を求める請願とならんで，ジョクジャカルタでは，若干の華人富裕層が日本人として帰化することによりヨーロッパ人と同等視されようとしており，目的を達成した者もすでに存在すると記事は伝えている[38]．陳の請願はこの3日後の10月9日付となっており，新聞報道の伝える一連の動きのなかで準備され，日本に送られたものであろう．

日本政府に対する陳の請願が受理された形跡はない．では，記事が言及している若干の華人富裕層が日本人として帰化したという報道はなにを意味していたのだろうか．それは，台湾籍民の地位を得ることによって東インドで日本臣民とみなされ，その結果として「ヨーロッパ人」の地位を獲得することを意味していた．華人にとっては，「日本人」が「ヨーロッパ人」の法的地位を得た

という事実に加えて，なによりもその「日本人」に日本国籍を付与された台湾
人（台湾籍民）が含まれていたことが大きなインパクトをもっていた[39]．

　このような動向を把握した東インド総督府は，日本の外務省に対して日本国
籍の証明と旅券管理の徹底を重ねて要請している[40]．一方では日本政府の極めて
抑制的な帰化政策方針があり，他方では東インド政府から日本政府への偽装籍
民取り締まりの要請が存在していたこともあり，東インドの華人にとって台湾
籍民の地位を得ることによる日本国籍の取得は困難になっていった．加えて，
帰化という手段はあくまでも個人を対象としており，集団としての華人の法的
地位の改善をもたらさなかった．このような状況で，一方では「外来東洋人」
という法的地位の改善を求める見解がみられるようになってくる．他方，華人
のなかからは華人としての存在をそのまま承認した法的地位を求める動きが出
てくる．その動きと呼応する形で制定されていくのが清の国籍法であった．

## 6．清国籍法と臣民籍

　臣民籍法がオランダ議会で審議されていたとき，アダット法学の権威であっ
たファン・フォレンホーフェンは，新聞紙上で法案の問題点と植民地住民の国
籍をめぐる方向性について議論を提起していた．5回にわたるファン・フォレ
ンホーフェンの論説の第1回は，1909年4月22日の紙上に掲載された．彼は，
そこで「臣民籍」法案の背後に存在する問題を次のように指摘していた．

　　わが国の女王を支配者として承認している4600万人の〔東インドの〕住民
　　のうちオランダ国籍を疑いなく保持しているのはわずか600万人（「オラン
　　ダ人」）であり，この溝は東アジアとジェッダの領事にとって常に問題と
　　なっている．〔略〕華人問題（Chineezenvraagstuk）が東では一層困難になり
　　つつある．なぜならオランダ領東インドのどの華人をオランダ人とみなし，
　　どの華人を中国の臣民（Chineesche onderdanen）とみなすかについて誰も確
　　実なことを言えないからである．この問題を中国の領事に持ち出されたら，
　　大変なことになるだろう［Van Vollenhoven 1935：11-18］．

　ファン・フォレンホーフェンの指摘は，植民地住民，とりわけ華人の国籍を
めぐる問題の核心をついていた．これまで検討してきたように植民地住民の国
籍はオランダ本国での国籍規定の変遷にともない変化してきた．オランダ国籍

法により国籍を保持している「オランダ人」と，オランダの実行的支配のもとに暮らしながら，1892年国籍法の制定によって植民地住民の多くがオランダ国籍を保持しない状況が生じたことによる乖離を彼はここで「溝」と呼んでいた．東インドの領外において，この「溝」により生み出された問題が各地のオランダ領事館にとって対応すべき困難な課題を形作っていたのである．

　前章で整理したようにシャムの華人をめぐる対応は，必ずしもオランダのみに限られたわけではなかったものの，領事館での華人の登録はまさに東インドを出自とする華人の国籍が問われた事例であった．他方，ジェッダのオランダ領事にとっての問題とは，領事館によって保護の対象となるべき多くの「原住民」巡礼者とは，どの政治権力に服す住民集団なのかを，どのような基準によりどのような手段で明らかにしていくかであった．メッカ巡礼の途上には広大な英領植民地が横たわり，イギリスやオランダの船舶を利用して多くの者が巡礼に出ていた．

　臣民籍法の成立は，これらの外交課題，とりわけ東インド領外での「原住民」の帰属をめぐる問いに対しては一定の解決の目処を立てたといえる[41]．だが，ファン・フォレンホーフェンの指摘したように「どの華人を中国の臣民とみなすか」は，臣民籍法によってのみ解決される問題ではなく，清の国籍法によって，ひいては清との外交交渉により解決されねばならない問題であった．同様の見解は，他にもみられた．「臣民籍」法案審議に先立つ1909年12月9日，アベンダノンは東インド協会（Indisch Genootschap）で「臣民籍」法案をとりあげた講演をおこなっている．彼は，「華人に対する結論は今すぐ出せるということではなく，中国政府との協議の後に確かになる」と述べたうえで，「中国政府の協力なしには，華人のオランダ臣民籍というのは問題にさえならない」と結論づけていた［Abendanon 1909：49］．

　1860年の北京条約により海外渡航の禁を解いた清は，1880年代から在外華人の保護を明確に意識するようになり，領事館開設に加えて国籍法の制定に向けて動いていた．この時期にはオランダ領東インドに居住する華人の数もプランテーションや鉱山開発にともなう労働移民の到来により増加し[42]，「新客」と称された彼らの保護は清にとっても重要な外交課題として受け止められていた．1891年には清政府はオランダ領東インドへの領事派遣をオランダ側と交渉したものの，結論は先送りされていた．

　日本が東インドに領事館を開設した1908年には，東インドの華人の法的地

位に関する情報を収集するため，ハーグ駐在参賛の王広圻がジャワを視察し本国外務部に情報を伝えている．この年は，スマランの商会を中心にオランダ商社に対するボイコットがおこなわれ，東インド政庁に大きな衝撃をあたえた年でもあった．スラバヤでは東インド各地の中華総務商会代表が集まり，領事の派遣，清による国籍法制定といった要求が王広圻に伝えられた．駐オランダ公使の陸徴祥は 12 月 6 日に中華商会に宛てた書簡を送り，清政府による国籍法制定作業を明らかにするとともに問題解決に向けた取り組みを伝えている ［閻 2012：290］．これを受けたスラバヤの商会は年末に集会を開催し，農工商部および陸徴祥に宛てて国籍法の早期制定を求める電報を送った．

　翌 1909 年 2 月には国籍法草案はほぼ確定し，部局間の調整を経て 3 月 9 日に「大清国籍条例」草案が上奏された．同月に刊行された雑誌『東方雑誌』は，上奏された草案全文を掲載し，説明文を加えていた．そこでは「オランダ国は最近華僑を国籍に編入させる予定である．ジャワやスラバヤの商会は集会を開催しそれに抵抗していた．また清国へ電報を送って国籍法を速定しようと請願した．そこで華僑らを慰めるためにこの草案を掲載する」と記されていた[43]．

　「大清国籍条例」は，3 月 28 日に公布された ［川島 2004：103-106；マックネヤ 1945：115-119］[44]．制定翌年の 1910 年，アメリカの国際法雑誌に掲載された「大清国籍条例」の概要を紹介した論文では，国籍法制定の目的として，二つの点が指摘されていた ［Tsai 1910：404］．第一に，国籍取得の要件を定めること．第二に，清に地理的に近い諸外国の植民地に適用されている広範な帰化に関する法律の濫用を最小限に抑えること，である．ややわかりにくい表現であるが，この二点目は外国領事館登録による華人の外国籍編入の排除を意図していた．

　大清国籍条例は，第 1 条で「父を華人とする者は清国国籍を有し，清国における出生の有無は問わない」とし血統主義による国籍取得の原則を示している．11 条では「外国国籍の取得を望む者は初めに清国国籍の離脱を申請せねばならない」と定めていた．帰化の前提となる国籍離脱の条件は厳しく，申請時に民事刑事問わず係争中の裁判がないこと，兵役義務がないこと，滞納税がないこと，公務に就いておらず，位階のない場合とされていた．婚姻による女性の国籍変更については，外国人女性は，華人男性との婚姻により清国籍を取得することとなった．華人女性の外国人男性との婚姻は，清国籍の喪失をともなっていた．また，夫との死別や離婚を理由とする華人女性の国籍回復は申請により認められた．

　清の国籍法が国籍取得の要件として父系血統主義を採用し「清国における出生の有無は問わない」としたことは，1910年に成立した臣民籍法との関係で東インドに居住する華人の法的地位をめぐる問題を生じさせた．臣民籍法は，疑似国籍とはいえ東インド住民の法的帰属を対外的に明確にするとともに，領外に滞在する住民を外交的に保護する意図のもと制定された．同時に，臣民籍法は，出生における臣民籍の取得要件に生地主義を採用したため，清国籍法との抵触が生じることとなった．清が血統主義による国籍法を施行し，これを清国外に居住する華人にも遡及適用したことにより東インドに居住する華人にも清国籍が付与されることとなった．そのため，清と東インド政府は華人の「二重国籍」問題に対応する必要性に迫られることとなる．

　この二重国籍問題は，両国政府による協議を経て北京で締結された清とオランダの領事条約（1911年5月8日）により暫定的に解決が図られた［Beukelaer 1979；Tjiook-Liem 2009：471-525］．東インド領内では，華人は臣民籍法の適用を受けオランダ臣民とみなされたものの，東インド領外においてオランダもしくは中国いずれの国の外交的保護下におかれるかが双方の懸案となっていた．領事条約の調印の際にオランダと清が交わした合意は，条約「適用の際に『中国臣民』および『オランダ臣民』という表現に疑問の生じた際」には，「清に居住するオランダ臣民——そこには華人の血を引く者も含む——は，東インド官報1910年第296号第2条4項に定めるところに反しない限り，オランダの臣民とみなす」という総督府第一書記からの通達が東インド各地の自治体宛てに送られた．

　東インド官報1910年第296号とは，臣民籍法の掲載された官報を指す．その第2条は臣民籍の喪失にかかわる条項であり，2条4項は「外国に居住する際，到着後3ヶ月以内に当該国のオランダ領事館員への報告を怠り，引き続き居住する場合」にはオランダ臣民籍を喪失することを定めていた．すなわち，オランダ臣民籍を有する華人が，中国へ渡航して現地でオランダ臣民籍を維持したいのであれば，到着後3ヶ月以内に現地のオランダ領事館に出向き領事館での登録をすることによりオランダ臣民として清政府からも認められる，という内容であった[45]．この登録を怠ると，その者は清国籍を選択したものと両政府からみなされ，以後オランダ臣民籍を喪失したものとして扱われた．また，臣民籍を保持する華人女性は中国籍の男性との婚姻により臣民籍を喪失することとなった．オランダ領東インドおよび清以外の第3国へ渡航する際は，本人の

選択に委ねることとされた.

　臣民籍を付与されることとなった東インドの華人からは,否定的な対応がみられた.臣民籍を認める限り,東インドの華人はオランダの統治に服すこととなり,そこに中国政府が影響力を行使できる範囲も限定されてしまうことになる.これは,東インドの華人にとっても清政府にとっても不満となる点であった.さらに,第一次世界大戦を契機として,東インド政庁がオランダ領東インド軍 (KNIL) の増員を検討する過程で,華人を含む原住民を動員する方針が本国に伝えられる.これらの要因を背景に,臣民籍を拒否して中華民国国籍を保持する選択を求める主張が強まっていく.華人による新聞,『新報』はそのような主張を積極的に展開した [Tjiook-Liem 2009:53].[46]

　1917年にはスマランで大規模な集会が開催され,オランダ臣民籍を拒絶し中華民国国籍を保持することが表明された.さらに第一次世界大戦の終結を受け,パリ講和会議の場で中華民国代表団がこの問題を提起することに期待が寄せられる.講和会議開催中の1919年6月4日の新聞記事 (Nieuwe Rotterdamsch Courant) は,「華人とオランダ臣民籍」との見出しをつけて東インドの新聞記事を引用する形で『新報』によるキャンペーンの結果を報じている.それによると,『新報』はオランダ臣民籍を拒否して中華民国国籍を望む華人世帯の登録をおこない,約2万9千世帯が登録,300にのぼる団体が臣民籍に抗議を表明したと報じていた.[47]

　しかしながら,東インドの華人による臣民籍ボイコットキャンペーンは,パリ講話会議の結果を受けて収束していく.山東問題を中心とする中華民国の主張は会議で受け入れられず,東インドの華人問題は議題にすらあがらなかった.華人にとっては期待に比例して落胆も大きかったようで,これをきっかけとして東インドの華人の間にはオランダ臣民籍の拒絶という主張が議題となることはみられなくなっていく [Suryadinata 1981:29-31; Tjiook-Liem 2009:53].これ以降,東インドの華人は1918年に開設されたフォルクスラート (Volksraad) を通じて法的地位の改善を主張するようになっていく.

### 7.華人の法的地位をめぐって──異なる見解

　19世紀末から中国語と社会事情に通じた人材の育成がオランダ本国で進むにつれ,行政官の間に「中国通」とでも言うべき層が形成される.同時に大学

**図 6-3　第一次世界大戦中の風刺画**

（出所）雑誌あるいは新聞からの切抜で 1918 年 6 月 17 日の日付が裏面に記入されている.
INSULINDE は東インドの別称. 下に短いキャプションがあり, 左は「オランダ領東インド
が守られていない様子」, 右は「オランダ領東インドが守られている様子」とある. 日本と
中国が東インドを虎視眈々と狙っている状況を, 海軍（水兵）によってオランダが東インド
（の原住民）を脅威から守るという内容である. 華人は日本人とともに東インドにとって脅
威と位置づけられていることに注意. 当時のコレイン内閣は東アジア情勢を念頭に海軍増強
計画を明らかにしていた. ライデン大学デジタルコレクション（KITLV46429）.

での専門課程の整備も進んでいき, 中国法の専門家も育成されていった. これ
らの教育を受けた人材からは東インドの華人の法的地位について中国研究の専
門誌のみならず, 植民地政策一般を扱う雑誌への論稿を通じて自らの見解を表
明する者もみられるようになる.

　華人の法的地位が「華人問題」として東インド社会で認識されるようになる
時期は, 倫理政策にもとづく植民地政策が基調をなしていた時期であった. し
かし, 華人の法的地位に対しては, オランダ人の間でも見解は分かれていた.
倫理政策は「原住民」, とりわけ原住民キリスト教徒の福祉向上を明確な目標
としていたこともあり, 「華人問題」の解決が目的ではなかった［Vandenbosch
1930：1006］. むしろ, 華人は「原住民」にとって対立する存在として位置づけ
られていた（図6-3）. 1900 年を境に導入された華人を対象とする一連の政策は,
華人から原住民を保護するという倫理政策が背景に存在しており, 中国問題の
専門家からは批判的な見解も出されていた[48].

　こうした対立は，華人に対する見解に反映していた．1904 年 11 月 16 日付の Algemeen Dagblad は，「東インドの華人 (Chineezen in Indië)」と題する記事を掲載している．「われわれは東インドでの法律が華人を他の住民集団から隔離してきた事実に繰り返し注意を促してきた」という冒頭の一文から始まるこの記事は，オランダ本国においてもフランス，ドイツ，英国起源の者が世代を経てオランダ国民と化しているのに対して，東インドの華人は「『外来（外国の）』東洋人 ("vreemde" Oosterlingen) のまま」であると指摘する．この記事では，オランダの国籍法が，居住資格を有する者から生まれた者をオランダ国民とみなすように，同じ規則を東インドにも適用することを提唱していた．東インド社会に「外国人〔華人〕のコロニーが維持され，住民〔原住民〕にとけ込まないのはわれわれの利益とならない」と述べ，「東インドで生まれた華人の子孫はすべて原住民である」と強調して記事は締めくくられていた[49]．

　華人を原住民集団にとけ込ませることを主張した Algemeen Dagblad の記事は，反響を呼んだようである．Java-Bode にイニシャル入りの反論記事が掲載され，両紙の内容を 1905 年 2 月 16 日付の Deli Courant が整理しつつ紹介している．Java-Bode の反論記事は，Algemeen Dagblad の論じるように外来東洋人の規定があるために華人が固定化されている，というのではなく，むしろ華人が華人であり続けるがゆえに外来東洋人の規定が定められたと論じる．さらに増加する華人移民を念頭に，スマトラでの通行許可証居住区制度を廃止し，華人の土地所有を可能にして，結果として経済活動の活性化につなげることを提唱する．ジャワ人よりも安い労働力として華人移民を厳格に管理下に置けば「華人とその子孫は最高の植民地臣民である」と結論付けていた[50]．華人を積極的に経済活動の手段として活用する意図を明確に示すとともに，植民地統治の効果的な媒介としての華人という歴史的な役割を確認した主旨であったといえる．

　原住民集団への同化か，もしくは経済活動および統治の道具としての華人か，という対立する見方に対し，華人の要求に沿う主張もみられた．1905 年 10 月 6 日付新聞（Algemeen Handelsblad）記事は，台湾での日本国籍取得を試みる華人の動向について報じるとともに，ヨーロッパ人との同等視を望む華人の要望に東インド政府が応えることを提案していた．記事は，東インドで華人が被る不利益を考慮すると，日本臣民への帰化を通して自らの地位を向上させようと試みる華人の行動に理解を示しながら，「華人が日本人に帰化するように強い

ることはなんら得るところはなく，むしろその反対である．彼らをオランダ臣民にするほうが日本臣民にするよりもましである」と論じていた．

**図 6-4　アウデンデイク**
(出所) 1910 年雑誌 De Prins からの切抜. Collectie Veenhuijzen, Centraal Bureau voor Genealogie, Den Haag. The Memory Database より. https://resolver.kb.nl/resolve?urn=urn:gvn:CBG01:26628

> とりわけジャワでは，文明の点でヨーロッパ人に劣らない華人が多くいる．古い規則にこだわることはもはや正当化できない．東インドに定住した外国人の子孫が，個別の，外国の民族性 (vreemde nationaliteit) を形成するのではなく東インドの社会に統合されることこそわれわれの利益となる．進歩の力が増すにつれて，東インドの異なる人種の間を分断するようにそびえる壁はできる限り壊されねばならない．東インドの華人はわれわれの友人であることを確認しよう．それは時代の要請なのであって，時間は限られている[51]．

　華人の視点に立って住民区分のあるべき姿を提示したのが外交官のアウデンデイク (Oudendijk) である[52]．彼はオランダと清の領事条約締結時，北京のオランダ公使館に駐在し清との交渉にあたり，その後 1913 年にオランダ領東インド政府の華人行政改革のアドバイザーとなる．この任命の背景には，前年の 1912 年に生じた一連の出来事が背景にあった．中華民国の成立からその要請による東インド華人代表の選出と領事館開設（8 月），ジャワ人にアラブ系商工業者が加わり華人との間で生じた衝突（8 月），急増する中国大陸からの移民規制を目的とする移民局の設置（11 月）といった東インドでの華人をめぐる動向が急激に展開しており，トトクとプラナカンといった華人間での緊張関係も顕在化していた．

　緊迫する状況を背景にアウデンデイクは 1914 年，雑誌『植民地研究 (*Koloniaal Studiën*)』に「不平等 (ongelijkheid)」と題する論説を掲載し，東インド政庁による華人政策の抱える課題を指摘するとともにオランダ領東インドの

法的住民区分に対する今後の展望について議論を展開した．彼は，オランダ領東インドでの法的な住民区分が中国でも知られるようになり，オランダに対する感情が悪化していることを指摘する．さらに，「オランダ領東インドの土着の住民も自らの人種に対する劣等視がいかに憂うべきものであるかを理解するようになり始めている」，と東インドでの法的住民区分に対する不満が華人のみならず「原住民」の間にも生じていることに注意を促す．さまざまな住民への異なる法の適用を統治の基本としてきた東インドにとって，「その体制は疑いなく過去には大きな利点を有していた」が，今や「この体制は『ヨーロッパ人』の道徳的権威を高めるものではない」とアウデンデイクは評価する．

10 年以上の北京での駐在経験をもとに，彼は「東アジアを席巻している偉大で強力な精神的潮流はわが国の島々の住民の多くにも及んでいる」と，辛亥革命による中華民国の建国を念頭に置きつつ，東アジアの国際環境が急激な変化の途上にあることを指摘する．こうした国際関係の変化から東インドも逃れることはできず，「東アジアにおいてオランダの小さな力によって支えられている『ヨーロッパ人』は，長期的にはもはや法的特権という台座の上に立つことはできない」，とその変化が法的住民区分にも及ぶであろうとの認識を示していた［Oudendijk 1914：753］．

それでは，どのような対応が考えられるのか．彼は，「誰にとっても，何よりもまず，正義を手に入れる可能性がある」と述べ，「厳格な正義によって，その威信を守る」ことが東インドでのオランダの支配を可能にすると訴えかける．

> 東アジアの全域で，差別的待遇，二種類の正義，不平等な課税，一方的な圧力，要するにある者を法的により高いレベルに置き，もう一方を劣ったものとして責めるといったことのすべては，もはや終わりをむかえたというのが，私の確固たる考えである［Oudendijk 1914：753］

これまで，ヨーロッパ人子弟向けの学校で教育を受けた教養ある華人が植民地社会での階梯を昇る手段としては，わずかな例外としての帰化を除けば，総督令によるヨーロッパ人との同等視が存在していた．だが，アウデンデイクは，フロムベルフの批判と呼応するかのように，同等視が問題の解決にならないことを指摘する．彼は「『同等視』という言葉は偽りの徴（valsche banier）」であると呼び，「日本人の『同等視』が証明したように，『同等視』は一方の他方に

対する優越を意味し，その対象にならなかった者からの不満を惹き起こす」ことに注意を促す．同等視とは，あくまでも「ヨーロッパ人」と「原住民」という法的住民区分を前提とする措置に過ぎない．この手段に頼る限り，華人はいずれにせよ「外来東洋人」として分類され続けるのである．

　アウデンデイクは「オランダ領東インドがひとつの社会，ひとつの行政により統治され，ひとつの司法機関により裁判がおこなわれ，ひとつの税制，すべての人に同じ移動の自由があり，すべての人に同じ教育を受ける権利がある社会」になるべきである，と訴える．そこでは，「あらゆる肌の色（huidskleurschakeeringen）の『ヨーロッパ人』や日本人が一方に立ち，原住民や華人が他方に立たされ見下されることがない」状態が存在するのである［Oudendijk 1914 : 754］．[53] ここで彼が「あらゆる肌の色」と言及しているのは，東インドの「ヨーロッパ人」が必ずしも「白人」を意味するものでない，すなわち印欧人から多数がなる現状を示唆したものだろう．

　華人は，東インドの他の住民とともに日本人の例に倣うのではなく「すべてが一緒になってひとつの集団を形成すること」を目指し「オランダ領東インドの住民（bevolking van Nederlandsch-Indië）」となるのである［Oudendijk 1914 : 755］．

> わが国の植民地にとって最も重要なことはわが国が植民地を公正かつ人道的に統治するという評判を得ることである．東インド人に対しては公正に，すべてのアジア人，ヨーロッパ系外国人に対しても別け隔てなく公正に，そして，日本以外の国から来たアジア人を他の外国人よりも低くみることなく，すべての人種，すべての国，国民とそうでない者たちの平等を導入するために要する努力はわずかである［Oudendijk 1914 : 757］

　それでは，法的な住民区分を統一し，法の前の平等を東インドで実現するためには，具体的にどのような対応が求められるのか．アウデンデイクが特に注意を払うのは，移動の自由，司法制度，および税制であり，これら三つの課題は華人のみならず東インド全体に関わるものと捉えられていた．これらを改善することで東インドの華人問題も相当程度改善するというのがアウデンデイクの考えであった．

　事実，居住移転の自由を制約していた通行許可証居住区制度については，1910 年に移動が緩和され，1914 年にジャワとマドゥラでの華人に対する通行許可証制度が撤廃される（東インド官報 1914 年第 760 号）．[54] 居住区については 1915

年の総督令（東インド官報 1915 年第 679 号）によって，華人の居住区および華人以外の外来東洋人の居住区も，まずジャワとマドゥラにおいて制限が撤廃された（東インド官報 1915 年第 679 号）．これにより 19 の理事州に存在していた 214 の居住区が廃止，華人以外の外来東洋人の居住区も 4 つの理事州の 7 居住区が廃止された．翌 1916 年には，原住民の村落であるデサへの外来東洋人の居住が許可された（東インド官報 1916 年第 264 号）．

　この一連の措置により，華人を含む外来東洋人の居住移転の自由が認められることとなり，1918 年には統治法 73 条で定められていた華人居住区での居住義務も削除された（東インド官報 1918 年第 794 号）[Han 1919b：946；Van Mastenbroek 1934：103-104；Tjiook-Liem 2009：377]．外領では 1918 年に移動の自由が実現し，1926 年には居住区制度が廃止されている．これにより東インドで長きにわたり華人を制約してきた通行許可証居住区制度が撤廃されたのである．

　司法制度については，1914 年に警察司法官が廃止され，原住民裁判所での裁判に統一された（図 6-5）．1918 年には東インドのあらゆる住民集団に統一された刑法が施行される．1921 年には税制も統一されていく（東インド官報 1921 年第 312 号）．1914 年の時点でアウデンデイクが指摘した華人に対する制約は段階的に撤廃された．また，すでに指摘したように華人に対しては家族法相続法を含むヨーロッパ法が適用されたことで，華人をヨーロッパ人に区分するための課題はほぼ解決されたようにみえる．だが，華人が理解していた問題の根幹は未解決のまま残っていた．

　1919 年にハーグで開催された中華会総会で演台に立った議長のウィ・キアウ・ピク（Oei Kiauw Pik）は，オランダからインドネシアはなにを期待できるのかという主旨の講演で第一次世界大戦後の東インドと中華民国との間の経済関係の展望について講演した．講演のなかで華人に対する制約がオランダの統治政策の改善により解消しつつあることに言及しながらも，彼はそれを「善意の押し付け」[55] と表現した．

> 華人は，その法的地位を定めた 109 条が変更されないうちは，善意の押し付けには満足できない．感謝すれども満足はしない．東インドの華人が最低の類の日本の売春婦よりも法的権利に劣る状態が続くかぎり，感謝すれども満足はしないのである [Oei 1919：16][56]．

　東インドの植民地統治の根幹を形成していた統治法による住民区分を撤廃し，

**図 6-5　パティの原住民裁判所（Landraad）**

（出所）Woodbury & Page により作成された「ジャワ：バタフィア，バイテンゾルフ，スマラン」と題するアルバムに収められた一枚．撮影は 1870 年から 80 年の間と推定される．中央にオランダ人裁判官，周囲を原住民判事が取り囲む．向かって左端の椅子に座っている人物は華人（カピタン）である．アベンダノンも植民地司法官僚としての経歴の初期にパティの原住民裁判所所長を務めている．ライデン大学デジタルコレクション（KITLV110162）．

すべての住民集団を平等に扱う．それによりヨーロッパ人，華人，あるいは原住民といった住民集団のいずれでもなく，「オランダ領東インドの住民」という単位が醸成されることをアウデンデイクは強い期待を込めて論じていた．他方，ウィ・キアウ・ピクは，109 条による法的地位が変更されない限り華人は満足しないと述べていた．「ヨーロッパ人」，「原住民」，「外来東洋人」という法的地位の根源である統治法 109 条に対しては，ではどのような改正がおこなわれたのだろうか．

注

1 ）'Chineezen in Indië', De Sumatra Post, 13 September 1910. なお，この記事はひと月前の 8 月 13 日付 Algemeen Handelsblad の記事に言及している．

2 ）金融制度は 1900 年，官営質屋は 1903 年．華人の請け負った事業として，時代によって変遷があるものの，他に市場税請負，酒精飲料販売請負，人頭税請負，煙草請負，魚類販売請負，漁業請負，遊興税請負，屠殺税請負，ワヤン請負，橋梁請負，塩などが

あったようである［福田 1939：234-236；南満州鉄道東亜経済調査局 1940：29］．阿片
と塩の専売規則は 1902 年制定である．

3）ロハンダは，日本人法の成立が華人のナショナリズムを惹起したみているが［Lohanda
2002：100-101］，他方，永積は東インドでの日本人の法的地位の変更以前から華人のナ
ショナリズムが醸成される要因が存在していたという見解を述べている［永積 1972：
45-46］．

4）発言は，ヤン・ピーテルスゾーン・クーン（Jan Pieterszoon Coon）によるものとさ
れる［Vandenbosch 1930：1001］．もちろん，オランダ東インド会社と華人との関係は
常に良好とは限らなかった．クラーフェルは，1655 年に起きた華人によるボイコット
について言及している．東インド会社の商取引の慣行に不満を持った華人によるこのボ
イコットは，不発に終わっている［Claver 2021：235］．また 1740 年には悪名高い華人
に対する大規模な虐殺が起こっている．この事件については，Blusse［2023］に詳しい．

5）居住区制は，東インド会社時代の 1619 年 10 月 11 日布告までさかのぼることができ
る．

6）この点につき日本人法施行以前の三井物産社員と東京精製糖社員による蘭印訪問の記
録が参考になる．外交史料館所蔵史料「四月廿日接受公第十九號蘭領爪哇ニ於ケル本邦
人取扱ノ件」および第 4 章を参照．また，Kwee［1969：58］は，通行許可証居住区制
度を華人の立場から説明しており，この制度の非合理性に対して華人が実際にどのよう
な感情を抱いていたかを理解するのに有益である．通行許可証について取締をおこなう
のは，警察司法官であった．

7）1854 年統治法第 73 条および Staatsblad van Ned.-Indië 1855 nr. 10. なお，居住区を
形成するほどの人口を満たしていないところでは，華人は原住民首長の監督を受けるこ
ととなっていた．華人居住区については，近年研究が進んでいる．例えば，Chen
［2011］を参照．なお，「外来東洋人」に分類されていたアラブ系住民も自らの長により
居住区の運営が担われていた．

8）華人居住区の編成とその長の任命は，東インド会社時代にさかのぼり，1620 年（文
献によっては 1619 とするものもあり）ヤン・ピーテルスゾーン・クーンがバタフィア
の華人，蘇明光をカピタンに任命したのを嚆矢とする．その後，1633 年にリュイテナ
ント，1837 年にマヨールの称号が設けられたという［マックネヤ 1945：100；MacNair
1925：105］．

9）華人居住区の長の実態については，Lohanda［1996］あるいは Buiskool［2019］に詳
しい．統治法第 73 条第 2 項は，総督が華人居住区長の権限について別途定めるとして
いたが，具体的にその内容が定められることはなかった．中間的役割としての華人居住
区長については，原住民と政庁との媒介としての役割を備えていたジャワのデサ首長と
の類似性も指摘しておく．

10）オリジナルは Java Bode に掲載されている．ここでは 1899 年 5 月 3 日付 De
Telegraaf によっている．ボレルは，興味深いことに大陸の華人に比べて東インドの華

人が「退化」していると考えていた．大陸の「純粋な」華人対東インドの「退化した」
華人という対抗関係については，ボレルを取り扱ったヘインスの博士論文に詳しく説明
されている [Heijns 2016]．類似の傾向として Kwee [1969] では，プラナカンが世代
を経るにつれ雑多な要素が加えられた中国由来の各種儀礼を「純化」していくという回
想がみられる．

11）Landraad に つ い て は，Seneviratne-Rupesinghe [2016] を 参 照 の こ と．ま た，
　　 Vandenbosch [1930：1005-1006]，司法省秘書課 [1945：1-42]．Landraad は過去の文
　　 献では「原住民（土民）裁判所」あるいは「地方裁判所」とも訳されてきた．和田民治
　　 は，『蘭印生活二〇年』と題する回顧録のなかで，牛泥棒の被害にあった際に受けた裁
　　 判の様子を書き記している [和田 1942：138-143]．

12）警察司法官（Politierol）は 1848 年に正式に導入されるが，それ以前から存在してい
　　 た．軽犯罪に対する刑として，原住民および華人の多くは労役を申し渡された．政庁に
　　 とっては強制栽培に原住民を徴用するために有益な手段を構成し，華人に対しては通行
　　 許可証制度を維持する効果的な手段として機能した [Tjiook-Liem 2009：422-423]．労
　　 役では草刈りや汚物の処理などをひと月程度おこなったようである [Kwee 1969：58]．

13）Tjiook-Liem は，バタフィアのパサール・スネン中古品商店主 Loa Joe Djin の事例を
　　 紹介している．1909 年 1 月 16 日に SP 盤（grammofoonplaten）数枚の窃盗に問われた
　　 彼は，警察司法官の判決により 90 日間の労役に服した．盗難にあった SP 盤にはカル
　　 ーソーの SP が含まれており，これが決め手になったという．Loa は服役後，マレー語
　　 新聞に記事を寄稿したのみならず，北京の清政府外務大臣，ハーグ駐在の陸徴祥大使に
　　 電報を送り判決の不当性を訴えて広く注目を浴びた．この事件はオランダ語日刊紙に取
　　 り上げられ政庁の知る所となる．他方，陸大使のオランダ外務大臣への抗議によって，
　　 この事件は外交問題化していき，警察司法官制度改革の契機となったといわれる
　　 [Tjiook-Liem 2011：117-138]．他にも日常化していた予防拘禁も華人にとって大きな
　　 不満となっていたことが指摘されている [Han 1919b：939]．

14）「外来東洋人」は，オランダ語 'Vreemde Oosterlingen' の日本語訳である．当時の
　　 法令でも「東洋外国人」（Ooster Vreemdelingen）とするものもある．ここでは統治法
　　 109 条において採用されている用語である 'Vreemde Oosterlingen' を採用し，引用文
　　 中に 'Ooster Vreemdelingen' とある場合は原文を尊重し「東洋外国人」の訳語をあ
　　 てた．なお，外来東洋人のなかで華人についで重要な存在であったアラブ人の実態につ
　　 いては，山口 [2018] を参照のこと．

15）華人の法的地位については，Tjiook-Liem [2009] による業績が重要である．公文書
　　 館所蔵の華人関係史料をほぼ網羅した包括的な研究である．

16）ここでのヨーロッパ法とは，具体的には連邦共和国時代のホラント州で施行されてい
　　 たローマ＝ホラント州法を指す．ちなみに，1761 年には華人の慣習を編纂する試みも
　　 Pieter Haksteen によってなされたものの，導入はされなかった [Twerda 1940]．

17）Publicatie van den 27sten Januarij 1824, waarbij het Reglement op de administratie der politie en der Criminele en Civile regtsvordering onder den Inlander, binnen de jurisdictiën der steden Batavia, Samarang en Soerabaija, onder eenige wijzigingen wordt ingevoerd. Stb. 1824, No. 4.

18) Bepalingen, houdende toepasselijk verklaring van de europesche wetgeving op de met de inlandsche gelijkgestelde bevolking（Vreemde oosterlingen）. Stb. 1855, No. 79. 華人に対するヨーロッパ法の適用がオランダ商人と華人の双方にとって，どのような利益が存在していたのかについては，Claver［2021：225-230］を参照．

19) 1900 年のバタフィア中華会館開設の沿革を扱った文章では，数世代にわたるジャワでの原住民女性との婚姻を通じて現地慣習の影響を受けた婚姻や葬祭を「純化」していく様子が描かれている［Kwee 1969］.

20) 1885 Bijb. No. 4017. CHINEEZEN. Staatsrechterlijke toestand der CHINEEZEN in Nederlandsch-Indië. NOTA omtrent den staatsrechterlijken toestand der Chineezen in Nederlandsch-Indië, samengesteld door den Heer J. E. Albrecht, President der Weeskamer te Batavia. アルブレヒトの覚書は，5 年後にマレー語でも出版されたようである．

21) 例えば，ジャワ・マドゥラでの外来東洋人の私法上の地位についての研究［Cordes 1887］，あるいは外来東洋人の公法上の地位について整理した Zorab［1890］が代表的な研究である．オランダでの中国法研究の生成と展開を整理した研究としては，西［2015：2018］がある．

22) Bijlagen Tweede Kamer 1906-1907, 8. 1-2.

23) 彼の帰化は当時から注目されており，新聞や雑誌などで多く紹介されている．たとえば，議会において法案への反対がなく帰化が認められたことに加え，Oei の出自となる華人側でも，もはや彼を華人とはみなしていないことに言及されていた．Tijdschrift voor Nederlandsche Indië, 22（2），1893：77

24) Leidsch Dagblad, 21 Januari, 1889. なお，この婚姻からは，1890 年に長女，1892 年に長男が生まれている．Oei Jan Lee は，1918 年 1 月 31 日にハーグで没している．

25) Leidsche Courant, 8 april, 1890, pagina 2. 記事は Java-Bode の記事を引用した報道である．帰化に際しては，華人社会で生活し交流することを難しく感じているという趣旨の発言が求められたという［Kwik 1969：59］.なお，最初の華人の同等視は，バタフィアに居住する Frederik Jacob Abrahams に対して 1886 年に認められている．名前から想像できるように，キリスト教徒華人（Christen-Chinees）であった［Tjiook-Liem 2009：238］.

26) Handelingen Eerste Kamer 1906-1907. Eindverslagen der Commissiën van Rapporteurs betreffende de wetsontwerpen nos. 103 en 110, 41-42.

27) Handelingen Tweede Kamer 1907-1908, 17 juni 1908, 2127.

28) 議会に提出した説明書のなかで，司法大臣は「中国の国籍は，民族的な概念（ethnologisch begrip）である」とも述べている．ファン・デフェンテルの発言とあわ

せると当時「人種」と「民族」が互換的に用いられていることがわかる．Naturalisatie van H. B. A. Sack en acht anderen；MEMORIE VAN ANTWOORD, 28-01-1908.

29）Bijlagen Tweede Kamer 214. 1-5. 11 December 1907

30）Handelingen Tweede Kamer 1907-1908, 17 juni 1908, 2127. ファン・デフェンテル議員による発言.

31）Handelingen Tweede Kamer 1907-1908, 17 juni 1908, 2126-2127.

32）フロムベルフ（Pieter Hendrik Fromberg：1857-1924）は，ライデン大学で法律学を専攻，1882 年から東インド各地での原住民裁判所勤務の後，スマランおよびマカッサル地方裁判所勤務，1896 年には東インド評議会の評議員に任命され 1903 年から 1908 年まで高等法院の判事を務める［Kuiper 2017：805］．フロムベルフは華人の法的地位改善の必要性を認める立場から，中国法の専門家として華人の慣習の編纂作業などさまざまな任務に携わった．華人からは「華人の友」と呼ばれ，没後彼の残した論考や講演録が選集として中華会により 1926 年に編まれている．

33）すでに日露戦争前の 1901 年に 6 万を数えるジャワの華人が日本政府に日本臣民への帰化を申請したという誤報が本国に届いていたという［Tjiook-Liem 2009：274］．日露戦争後に生じた日本への帰化願望については，第 4 章で引用した朝日新聞記事を参照のこと.

34）請願書はシンガポール製の紙に英語で理由が記されている．「明治三十九年二月爪哇ソマランク住陳秀林ナル者日本ニ帰化出願ノ件」『内外人帰化関係雑件第一巻』外務省外交史料館．なお，『内外人帰化関係雑件第一巻』には，陳の請願の他にもパレンバン（巨港）居住の華人柯榮慶による宮内省宛請願（明治三十九年正月廿八日）も収められている．ちなみに冒頭の「榮」が末尾の署名では「永」と記されており，請願はおそらく代筆の手になるものと思われる.

35）「明治三十九年二月爪哇ソマランク住陳秀林ナル者日本ニ帰化出願ノ件」『内外人帰化関係雑件第一巻』外務省外交史料館．オランダ側でも華人の移動の制約を撤廃する主張は存在していた．臣民籍法が成立した後，法案審議で臣民への政治的権利の付与を主張していたコレインは，「華人がオランダ臣民であるならば，彼らに完全な移動の自由があたえられるべき」であると議会で主張している［Handelingen Tweede Kamer 1910-1911：227］.

36）明治 32 年制定国籍法第 7 条は帰化について定めており，第 1 項に「引続キ五年以上日本ニ住所ヲ有スルコト」とある.

37）竹越は華人の通行許可証制度とその理由についても同書で触れている．「支那人のみは蘭領の一の地方より，他の地方に旅行するに，また別個の旅行免状を要す．是れ支那人の至る處，土人の利益を吸収すること，恰かも猶太人がバルカン半島の如き未開の地に入るが如く，殆んど土人の利益を枯渇せしむるものあるがためなり」（下線原文）［竹越 1910：176］.

38）1905 年 10 月 6 日付 Algemeen Handelsblad 'Chinezen in Indie'

39) 台湾籍民については，中村［1980］．1907 年 10 月 19 日の De Locomotief と同年同月 22 日付 Java-Bode は，スマランに上陸した日本旅券を持つ 15 名の新客について報じ，日本人であることの特権について解説していた［Tjiook-Liem 2009：267］．台湾籍の取得については，第 4 章で引用の新聞記事，さらに Lohanda［2002：101］を参照．1916 年時点で 500 円相当の土地の取得により台湾の戸口に編入できたとの報告がある．同様の内容は，東インドの新聞でも報道されていた．東インドでの台湾籍民をめぐる日蘭の交渉については，Tjiook-Liem［2009］，工藤［2017］，吉田［2019］を参照．

40) オランダ領東インドにおける台湾籍民の国籍証明問題に関しては，吉田［2019］を参照．

41) むろん，誰を領事館による保護の対象とするかといったそもそもの前提とは別に，巡礼者の保護については様々な問題が現実には存在していた．巡礼旅券の不携帯，資金不足，窃盗や傷害の被害，感染症などジェッダの領事館業務は多忙を極めていた．とりわけ 1923 年にジェッダのオランダ領事ファン・デル・プラス（Van der Plas）が外務大臣のファン・カルネベーク（Van Karnebeek）に送った報告は，メッカおよびメディナで東インドから巡礼で滞在している「原住民」が受けている様々な被害を指摘するとともに，政府による巡礼の禁止を検討することにも触れていた．

42) 1860 年に約 22 万人を数えた華人人口は，1880 年に 34 万人，1900 年には 53 万人，国籍法制定に向けた動きがみられる直前の 1905 年には 56 万人を数えている［Ong 1943：15-44；満鉄東亞経済調査局 1940：91］．なお，典拠としている Ong および満鉄の調査報告書（『蘭領印度に於ける華僑』）の該当部分は 1930 年に東インドで実施された人口調査の統計資料をもとに整理しており 19 世紀後半から 20 世紀初頭の蘭印華人の人口動態を把握するうえで現在も有益である．

43) 引用は閻［2012：292］による．

44) なお，閻によれば「大清国籍条例」制定にあたっては日本人法律専門家（志田鉀太郎）の果たした役割も少なくないと指摘されている［閻 2012：293-294］．

45) Bijblad op het Staatsblad van Nederlandsch-Indië, 1912, no. 7489.

46) 在「バタビヤ」領事浮田郷次は 1912 年 11 月に外務省に宛てた爪哇報告のなかで，領事館開設直後の東インド華人の高揚した様子を「支那人ノ傲慢」との見出しを付けて次のように描写している．「革命以来支那人ノ意気軒昂當ル可ラス其態度頗ル放懶ヲ極メ共和ノ虚名ヲ以テ自ラ一等国ノ班ニ列シタルノ概ヲ有セリ彼レ等其斬髪ニヨリ新国旗ノ制定ニヨリ中華學堂ノ設立ニヨリ新ニ総領事ヲ得タルニヨリ列強ト対等ノモノト信セリ」「在爪哇各人種相互関係略説」『各国事情関係雑篇蘭領印度』．

47) 'De Chineezen en het Nederlandsch onderdaanschap,' Nieuwe Rotterdamsch Courant 4 Juni 1919.

48) フロムベルフは，倫理政策を担う行政官が，「華人にいやがらせをすることが原住民を保護することと考えている」と批判している［Fromberg 1911：3］．

49) "Chineezen in Indie," Algemeen Handelsblad 16 November 1904, 9. 外国人は，オラ

ンダ語で vreemdelingen であり，もちろん外来東洋人の「外来（vreemde）」とかけて
いることは言うまでもない．

50）"Chineezen in Indie," Deli Courant 16 Februari 1905. この発言はヤン・ピーテルス
ゾーン・クーンの発言を想起させる．

51）"De Chineezen in Indië," Algemeen Handelsblad 06 October 1905.

52）アウデンデイク（Willem Jacob Oudendijk：1874-1953）．1894 年に北京のオランダ
領事館での業務に従事．ロシアでの勤務（1907-1908）をはさみ，1910 年まで北京勤務．
その後テヘラン総領事を経て 1913 年に華人行政改革に関するオランダ領東インド政府
のアドバイザーを務める．1919 年に大使として北京に戻り，1931 年まで駐在．

53）ここで「あらゆる肌の色」とされているのは，法的地位としての「ヨーロッパ人」が
「白人」を意味するものでないことを示唆しているためである．白人＝ヨーロッパ人と
いう前提がある．

54）アウデンデイクは華人行政改革のアドバイザーとして 1913 年に通行許可証居住区制
度の全面廃止を提案していた［Tijook-Liem：374］．

55）オランダ語の直訳では「押し付けられた譲歩（afgedwongen concessie's）」となる．

56）日本人売春婦の存在を指摘することで日本人のヨーロッパ人との同等視を疑問視する
見解は，すでに検討した「日本人法」法案審議の場でもみられたとおりである．法律の
施行から 20 年を経過してもウイの演説に聞かれるようなクリシェは繰り返されていた．
ただし，それが根拠のない言いがかりかというと，必ずしもそうではなかったのも事実
である．たとえば，1916 年（大正 5 年）にジャワを訪ねた京都大学法学部教授の市村
光恵は，大阪毎日新聞に寄せた記事のなかで次のような印象的な光景を記している．
「八時五十分汽車はソロ（スラカルタの別名）の停車場に着いた，此所も爪哇の独立国
の首都である，停車場から市街迄は少し隔たって居る，馬車に乗ってホテルスリーアに
向う，途中看護服の如き白衣を着けた束髪の日本婦人が二人馬車に乗ってスレ違うた，
後から聞けば蘭人の洋妾であるとの事だ，一体日本の婦人は羅紗牝としては西洋人の間
に非常に評判がよい，善く働いて倹約で貞節であるとは余が屢々白人から聞いた讃辞で
ある，中には日本人の商館に出て来て妾の周旋を頼む者がある相である，而して日本人
を妾にして居る白人は大抵日本人贔屓である，スマトラのメダン当りには沢山此種の洋
妾が居ると聞いた，日本人は自己の品性を衒うが為に往々醜業婦や洋妾を痛罵する者が
あるが彼等にも亦存在の理由がある余は寧ろ彼等に同情する」（大阪毎日新聞）．この頃
新聞紙上に掲載された日本人（男性）の東インド訪問記事にはこの種のエピソードに事
欠かない．ちなみに，ここで演説しているウイは，13 年後の 1932 年 10 月 25 日に同等
視の適用宣言を受けている．

# 第7章　法的住民区分の改正と挫折

## 1．統治法 109 条の改正——1906 年改正と新たな基準の導入

　東インド統治の根幹をなす統治法に対しては，オランダの植民地統治が終焉を迎えるまで，数回の改正が加えられている[1]．ここでは，そのなかでも統治法 109 条を対象とする改正に焦点をしぼり検討していく．1899 年の「日本人法」成立以降，統治法 109 条は，1906 年，1919 年，1925 年に改正されている．1925 年の改正は，統治法の全面改正によるものであり，それにともない 109 条も 163 条へと変更している．

　1854 年統治法により，東インドの住民を区分する基準は宗教から人種へと替わった．宗教基準は依然 109 条に残されていたとはいえ（2 項），原住民キリスト教徒の法的地位をめぐり明らかとなったように，優先的な基準は人種（当時は landaard と呼ばれる種族籍）であった．住民区分の基準をめぐり，109 条の改正過程でどのような議論が交わされたのか．人種基準を根底から揺るがす意義を有した「日本人法」の成立，あるいは「日本人」の存在そのものは，その後の 109 条の改正にどのような影響を及ぼしたのだろうか．

　統治法 109 条は，東インドの住民を「ヨーロッパ人」と「原住民」に区分し，さらにそれぞれの住民集団の下位に「ヨーロッパ人と同等視される者」および「原住民と同等視される者」に区分していた[2]．109 条最初の改正となったのが第 4 章で検討した 1899 年の「日本人法」によるものであり，東インドでの日本人の法的地位を「原住民と同等視される者（外来東洋人）」から「ヨーロッパ人と同等視される者」へ変更した．日本人をヨーロッパ人と同等視するに際して，オランダ政府は，日本がヨーロッパの法律と同様の法律を国内で施行している事実を理由として説明していた．

　「日本人法」の成立から 2 年後の 1901 年 9 月 17 日，ウィルヘルミナ女王は新たな年度の議会開会演説で，「オランダは，キリスト教の国家として，東イ

**図7-1　ミナハサの原住民キリスト教徒**

（出所）Jean Demmeni 撮影．1913年頃．民族学博物館．[A5-1-21]．Kerncollectie Fotografie, Museum Volkenkunde. https://resolver.kb.nl/resolve?urn=urn:gvn:VKM01:A5-1-21 余白下部には「正装のキリスト教徒原住民．ミナハサ（北セレベス）」とある．竹製の祝祭門を背景に中央にオランダ国旗を持つ人物が立つ.

ンドの原住民キリスト教徒の法的地位を改善する責務があり，オランダはこれらの地域の住民に対して果たすべき道徳的使命を担っているという認識をすべての政策に浸透させる」ことを宣言した[3]．議会の開会演説は，その年度に取り組む政策課題を表明する機会であり，女王の演説は，その後の植民地統治の基調をなす「倫理政策」の起点に位置づけられるものとして歴史に刻まれることとなる.

　この演説に示されているように，道徳的使命の第一にあげられていたのが，「原住民キリスト教徒の法的地位（rechtspositie der inlandsche Christenen）」であった．東インドの原住民キリスト教徒に対する関心の高まりは，1890年10月雑誌（De Gids）に掲載されたファン・デン・ベルフによる「三日月に対する十字架（Het Kruis tegenover de Halve Maan）」と題する論説をきっかけとしていた.

そこでは，キリスト教徒でありながら，統治法 109 条 4 項によって「原住民」の法的地位に区分された結果，自らの信仰の対象でない宗教上の法（戒律）や慣習にしたがわねばならない原住民キリスト教徒のおかれた状況が「法律によるナンセンス」と批判されていた［Van den Berg 1890］．統治法 109 条の改正は「原住民キリスト教徒の法的地位」の改善を「道徳的使命」としておこなわれることとなったのである．

　109 条の改正は，1904 年 11 月 15 日に法案が第二院に提出され 1906 年 10 月に両院で可決された（1906 年 12 月 31 日の法律，1920 年 1 月 1 日施行）．倫理政策を背景としておこなわれたこの改正の主要な点としては，第一に「原住民キリスト教徒」の法的地位改善であり，第二に住民区分のためのより確かな基準の導入であった．109 条は 4 項で原住民キリスト教徒が「原住民」として区分されることを定めていたものの，2 項にキリスト教徒を「ヨーロッパ人」とみなす宗教基準が残されていたことから宗教基準と人種基準との関係は 1854 年以降たびたび問題視されていたのである．

　改正法案は，75 条の改正とあわせて議会へ提出されている．住民区分を定めた 109 条は，どの住民集団にどの法令を適用するかを定めた 75 条と密接に関連しているため，同時に審議する必要性を政府は説明していた．添付された資料の作成日（1903 年 1 月 1 日）からは，植民地省での法案作成は 1902 年頃から進められていたことが推測できる[4]．109 条の改正法案の解説文書は，冒頭で「オランダ領東インドの統治法において，東インド国法学の研究者の間で 109 条ほど見解のわかれるものはない」と述べた後，改正の必要性についていくつかの具体例をあげていた．

　ヨーロッパ人との同等視では，その家族に及ぼす効果が不明であること．あるいは 109 条が「原住民キリスト教徒をイスラム教徒あるいは異教徒の原住民と無条件に同等視しており，原住民キリスト教徒の精神的，社会および経済的な必要性に応じた法的地位を定めるのに障害を成して」いることなどが指摘され「法律はこれまでよりも正確に誰がヨーロッパ人，原住民および外来東洋人の法的地位にあるのか，さらに血統により受け継いだヨーロッパ人，原住民および外来東洋人の地位が，いつ他の地位に変わるのかを決めないといけない」と改正の意図を説明していた[5]．

　誰がどの集団に属すのか．法案は，住民区分の基準として人種，言語，宗教，さらには外的要素として衣服や食事などを例にあげ検討している．法案の解説

では人種も含め，どれも絶対的な基準たりえないと指摘された．その例として
あげられていたのが，東インド社会で常態化していた混血の印欧人である．印
欧人の多くは認知されず，原住民として生きていくことが一般的であった．ヨ
ーロッパ人の血を引く者が容易に原住民社会に融け込んでいく現象は「融解」
と呼ばれ東インド社会では珍しいものではなく，ひとつの住民集団から他の住
民集団へ移行していく現実を考慮すれば人種が絶対的な基準とはいえないこと
が指摘されていた．<sup>6)</sup>

　では，どのような基準がのぞましいのか．新たな基準を検討するにあたり参
考とされたのが「日本人法」であった．「日本人法」では，日本人をヨーロッ
パ人と同等視する根拠として，日本がヨーロッパ式法律を継受し，国内に施行
していることが理由とされていた．ここでは，その方向性をさらに進め，ヨー
ロッパ人の基準として「家族法の原則」を採用することが示された．<sup>7)</sup>

　誰がヨーロッパ人で，誰が原住民であるか．1906年改正法は，ヨーロッパ
人として，次のような規定をもうけた．

　　1．すべてのオランダ人
　　2．オランダ以外のヨーロッパを出自とする者
　　3．すべての日本人および第1，第2に該当しない者のうちオランダのそ
　　　　れと同様の原則に基づく家族法が施行されている国を出自とする者

日本人であるからヨーロッパ人である，という理由ではなく，家族法の原則
という基準によって日本人にはヨーロッパ人に対する法令が適用される，とい
うことになる．原住民はヨーロッパ人および外来東洋人の区分に該当しない者
とされた．

　1906年の改正案では住民集団の定義を条文で説明するのではなく，現実に
存在する異なった住民集団の存在を前提としたうえで，それぞれの住民集団に
どの法令が適用されるのか，という方針で改正にのぞんでいた．さらに，どの
法令が適用されるべきか判断が明らかでない場合，その判断は裁判所によるも
のとされた．例としては住民集団の間を移行する印欧人あるいは原住民に同等
視されるような華人があげられていた．

　1906年の改正に対する関心は議会内にとどまらず1909年10月には東イン
ド法の専門家による提言『東インド法に関する24の試案』（以下，試案）が作成
され植民地大臣に提出された．<sup>8)</sup>『試案』は，1906年改正法案の文言の検討を一

方でおこないつつ，他方，独自の改正案を提示していた．109条についても同様で，二つの提案をおこなっている．第一案は1906年改正に基づき文言を整理した案（A案）であり，「技術的な修正」と説明されている．第二案は，独自の案（B案）であり，東インドの住民を以下のように区分していた．

a. 原住民とはオランダ領東インドの土着住民（inheemsche bevolking）に属するすべての者

b. 外来東洋人とはアジアもしくはオーストラリアあるいはアフリカの地域の土着住民に属するすべての者で，すべてのユダヤ人，アルメニア人，およびすべての日本臣民を除いた者

c. ヨーロッパ人とは，aもしくはbに属さないすべての者［Carpentier Alting 1909：11-13］

この区分で目を引くのは，これまでの住民区分が「ヨーロッパ人」の項目から始めているのに対して，ここでは「原住民」の区分を最初に提示していることである．aは「原住民」によってオランダ領東インドのどの住民集団がその範疇に含まれるかをまず確認している．

続くbは外来東洋人の定義で，地理的には特定の地域を出自とする住民集団を示した後，そこから特定の住民集団，すなわちユダヤ人，アルメニア人，日本臣民を除外していく複雑な内容となっている．ユダヤ人については，1854年統治法第109条の審議でも「ヨーロッパ人」に含めるか「異教徒」に含めるかが検討されていた．その経緯を踏まえてのことかは定かではないが，この案では「ユダヤ人」を明記している．アルメニア系住民は地理的には小アジア出身とされるものの東インド，特にジャワ島に長く定住しており，キリスト教を奉じていることからも「ヨーロッパ人」とみなされた．

「日本臣民（Japansche onderdanen）」という表現がここで用いられているのは，「日本人法」制定時に台湾人の帰属が議会で問題となっていたことが背景にある．当時の政府は，第4章で検討したように台湾にも日本の法律が施行されていることを根拠に台湾人も日本人とみなし，したがってヨーロッパ人と同等視される者と判断していた．だが，台湾人は日本人かという疑問は，東インドでの華人による台湾籍取得をめぐる動向もあいまってオランダ政府の継続的な関心の対象であった．

『試案』公表に先立つ同年5月，東京のオランダ公使館から本国外務省宛に

送られた調査報告書では「台湾では大半の住民は，そのなかにはかつての華人
も含まれるのだが，日本人として登録されている」ことが示されるとともに，
「日本にとっていくつかの戦争で獲得した植民地，台湾，澎湖諸島，サハリン
それに遼東半島のうち，最後の〔遼東半島〕住民だけが日本人とはみなされて
いない」という調査結果が伝えられていた[9]．

　『試案』作成に携わった専門家たちが準備段階で東京からの情報を得ていた
かは定かではないものの，この情報は外務省と植民地省との間で共有されたよ
うである．『試案』作成に参加していたファン・フォレンホーフェンは，1901
年にライデン大学へ転出するまで当時の植民地大臣であったクレーメルの個人
秘書を務めており，「日本人法」審議にはクレーメルが植民地大臣として深く
関与していた．この時期はファン・フォレンホーフェンがクレーメルの秘書を
務めていた時と重なり，「日本人法」の審議とそこで議論されていた問題点を
ファン・フォレンホーフェンが把握していなかったと考えるほうが難しい．彼
はライデン大学転出後も植民地省との関係を維持しており，植民地省経由で東
京からの情報を得ていた可能性も否定できず，それが「日本臣民」という文言
に反映したと推測することもできる．

　このB案では，ヨーロッパ人に同等視された者でcに該当しない者は，施
行後3年の経過期間を設け，その間はヨーロッパ人としてみなすものとされた．
このカテゴリーに該当する者としては，官報上のヨーロッパ人あるいはキリス
ト教徒アフリカ人などが例としてあげられている．彼らは3年以内にオランダ
人に帰化することでヨーロッパ人の集団にとどまるものとされた［Van
Mastenbroek 1934：84-86］．

　B案は，1906年改正案とは正反対の原則にたち，「ヨーロッパ人」，そして
「原住民」とは「誰か」を定義するという前提から構想されたものである．『試
案』は，当時の植民地大臣デ・ワール・マレフェイトに提出された．ただし，
『試案』がその後の109条の改正に影響を及ぼした様子はうかがえない．しか
しながら，東インド法の専門家による提言は，109条の問題点および改善点を
議会内外に知らしめるという点で重要な意義を有していた．1906年の統治法
109条改正法案は，政府案通り議会で成立したものの75条の関係で施行は
1920年まで待たねばならなかった．その間，植民地統治をめぐる環境は激変
していくのである．

## 2. 東インド統治の転換——カルペンティエール・アルティング委員会

　東インドでの自治を見据え，総督の諮問機関として開設されたフォルクスラート最初の会議が召集された1918年は，東インド統治の転換点に位置している．第一次世界大戦の勃発に際してオランダは中立を宣言，大戦の当事国になることはかろうじて免れたものの，その影響はオランダにも及ぶこととなった．1918年11月のドイツ革命を受けて，オランダでは11月11日に社会民主労働党のトルールストラ（Troelstra）がロッテルダムでの党大会で労働者への権力の集中を呼びかけ，労働者と兵士の協議会の設置に言及していた[10]．彼は，翌日に第二院で同様の主張を展開したものの，当時の首相ライス・デ・ベーレンブルック（Ruij de Beerenbrouck）は主要な改革の必要性は認めつつも革命的手段は認めなかった[11]．

　オランダ本国での革命の可能性が東インドで報じられると，ファン・リンブルフ・スティルム（Van Limburg Stirum）総督は植民地大臣イデンブルフ（Idenburg）の同意を待たず，11月18日にフォルクスラートで東インドの政治改革を表明した[12]．これは「11月宣言」と称される．約ひと月後の12月17日，総督の声明を受け委員会が設置される．委員会の任務は，統治法および関連する規則の修正を検討し，オランダ領東インドの統治機構の根本的な改正に関する答申をおこなうこととされた．東インド高等法院裁判長を務めていたカルペンティエール・アルティングが委員長を務めたことにちなみ「カルペンティエール・アルティング委員会」とも称される[13]．約30名を数えた委員には，オランダ人のみならずジャヤディニングラット（Djajadiningrat）やホク・フイ・カン（H. H. Kan）といった「原住民」および華人も加わり，委員の職種もフォルクスラート議員から行政官，医師やジャーナリストといった幅広い職種から構成されていた．

　委員会は，1920年6月30日に605ページにも及ぶ『オランダ領東インド国家組織改正委員会報告書』を総督に提出した[14]．報告書は第1部概説で東インド統治の現状と問題点を整理し，第2部で改正案を提示，第3部で本国憲法の修正について検討していた．委員会は，東インドの自治を認める方向での改正を基本に，統治法の改正案にとどまらず，オランダ本国の憲法改正にも踏み込んだのである．しかしながら，報告書を貫く全体としての基調は漸進主義的なも

のであり，東インドの完全な自治実現のためには十分な条件が整っていないというのが委員会の基本的な見解であった．1905年に導入され各地で運営されてきた地方議会での経験に加え，導入されたばかりのフォルクスラートの経験を積み重ねていくことで段階的に完全な自治への条件が整うことを委員会は期待していた[15]．

　委員会は，統治法109条の根底にある「人種の相違（Rasverschil）」についても第1部で項目を設け検討している．東インドでの人種による住民区分が，1906年の統治法109条改正を経て三つの集団に区分されたことを確認し，それぞれの住民集団にとっての法的必要性を新たな基準として採用したことを評価する．委員会も「ヨーロッパ人」「原住民」「外来東洋人」という人種による区分は，異なる住民が混在している東インド社会の現実に基づいているという見解をとる一方，「近年では華人，さらに原住民から，人種基準がある人種の他の人種に対する特権となってはいけない」という声が高まっていると指摘していた［Commissie 1920：39；43］．

　報告書は，委員を務めていたリツェマ・ファン・エック（S. Ritsema van Eck）の著書に言及し，その一節を引用している．

　　諸々の権利が人種あるいは時によって宗教に依存するような原則というのは廃止したほうがいい．人種あるいは宗教は統合ではなく分離の原理である．そこには将来はない．人種と宗教の相違に関わるあらゆる問題は高度に刺激的な性格を有しており，この点では人はほとんど寛容になれない［Commissie 1920：44］．

　報告書は，この引用に続いて「20世紀の議員たちは東インドの統治を宗教的相違に依拠し続ける考えをもっているのだろうか．それは違うだろう．では，人種あるいは種族（landaard）の相違に基づくことは受け入れられるのだろうか」と問いかける．委員会は個人と共同体との関係が，それまでの「人種あるいは宗教に基づく要因」から，「個人の経済力，知的発展，道徳的重要性」により重きを置く方向に変わっていることを指摘し，「東インドの社会全体に関して言えば，三つの集団のどれに属しているかはさほど関係がなくなってきている」と指摘していた［Commissie 1920：40］．人種や宗教的属性によるのではなく，人格，あるいは能力に基づく主体として個人を重視する姿勢を明確に打ち出したものといえる．

　しかしながら，報告書の全般的な基調が漸進主義的であると評されるように，109 条の即時全面廃止が提言されていたわけではなかった．109 条に関するカルペンティエール・アルティング委員会の結論は，人種基準の廃止を部分的におこなうというものだった．報告書は主に三つの領域に限定して廃止を提言している．公務就任，政治的権利，税である．他の領域，とりわけ私法に関わる領域についてはこれまでの運用に変更はないものとされた[16]．

　1905 年までオランダ国籍者に制限されてきた東インド住民の公務就任権は，この間徐々に拡大していた．1909 年バタフィアに法律学校が開校したことで，司法官の養成機関が整備されたことに加え，1910 年の臣民籍法に基づき，1913 年には高位の官職を除き公務員の要件はオランダ臣民籍に変わっていった．総督に次ぐ重要な機関である東インド評議会も 1926 年に国籍要件を臣民籍に変更し，1930 年には 2 名の原住民が評議員に任命されるようになる．

　部分的とはいえ，委員会が人種基準の廃止を明確に提言したことは，この問題に対する議論を活性化させた．これは，「法典統一論争」とも呼ばれる．カルペンティエール・アルティング自身が，東インドの住民区分を廃止してすべての住民に対して統一された法の適用を主張したことに対しては反論が寄せられた．

　東インドで司法局長官を務めた後，ロッテルダムで植民地史を講じていたスティッベ (Stibbe) は，東インドでの法の統一には慎重な立場だった．彼は，委員会の報告書を取り上げた講演のなかで，人種に基づく区別を二種類に分ける．自然な区別と不自然な区別である [Stibbe 1921 : 34-35]．スティッベは，自然に根ざしていない人工的な人種基準の廃止には賛成していた．住民集団のなかで正当化できない特権あるいは不利益をもたらすような人種基準の廃止は，むしろ歓迎される．華人の強いられた通行許可証居住区制度や，それにともなう警察司法官などを例として彼は指摘する．これに対して自然に根ざした区別，例えばアダットと密接に関連している土地制度，華人の間にみられる養子制度などは，当該住民集団にとって有益なため維持されるべきとする．これらの有益な例は，人種区分から生じたのではなく，現実に根ざした必要性から発していると彼は評価するのである．統治法 109 条は，異なる住民集団の異なる性質を考慮に入れる必要性のために人種による区別をもうけたのであって，区別そのもののためではない．このようにスティッベは述べていた．

　東インドの全住民集団に単一の法を適用することに対して強力に反対したの

がファン・フォレンホーフェンであった. 彼にとって, 東インドでの法の統一は, あくまでも「ヨーロッパ人に適用される法律による平等であり, アジア人, インドネシア人によるもの」ではなかった. 東インド社会には現実にさまざまな地域に異なる人種（種族）が存在しており, それぞれの人種が自らの必要性に応じたルールを形成し各共同体を維持してきた. そのルールこそが, 慣習, いわゆるアダットなのである. したがって, 法の下の平等という標語のもと, 東インドのあらゆる住民集団に同じ法律を適用することは, 各地域の種族の共同体そのものの崩壊をもたらすと受け止められていた.

## 3. さらなる改正──1919 年と 1925 年

カルペンティエール・アルティング委員会がその任務に従事していた 1919 年には, 施行前の 1906 年改正法に改正がおこなわれている. 改正は, 5 項が対象であった（東インド官報 1919 年第 622 号）. 5 項は「同等視」に関する規定であるが, この「同等視」という表現を廃止して, 「適用宣言 (toepasselijkverklaring)」に置き換える修正をここでおこなっている. この改正により, 総督は, ヨーロッパ人に属さない者に対して, ヨーロッパ人向けの法令が適用される旨を宣言するという表現になった.

「同等視」は, 対象となる人物を特定の住民集団から別の住民集団に移行させる行為として理解されてきた. 1906 年改正法案の説明では, 住民集団があって法が適用されるのではなく, 社会的必要がどの住民集団にいかなる法, ヨーロッパ法か, あるいは外来東洋人, 原住民の慣習を適用するかを決める, とされていた. 原住民キリスト教徒の例にあるように, 人種基準により原住民に区分され, 原住民（ムスリム）の慣習を適用されてきた状況を変更し, キリスト教徒としての社会的必要性に応じて, 人種的には原住民に属するもののキリスト教徒に適用される, すなわちヨーロッパ人集団に適用される法が適用される, ということである. その中核に位置していたのが一夫一婦制の婚姻規則であり, 出生から婚姻, 死亡に至るまでの身分変動の登録であった. 1919 年の 5 項の改正は, この原則を「同等視」にも徹底させたことになる.

なお, この改正により, 宣言が適用された者の子孫にも「適用宣言」の効力が及ぶものとされ, 同等視の効力に関して定めのなかった問題点を解消した. フロムベルフが「同等視」を痛烈に批判した 1906 年は統治法 109 条改正の年

でもあったが，1919 年に至りようやく彼の指摘した問題点が解消されたことになる．この 5 項の改正は，1925 年に改正される東インド国家規則 163 条 5 項にそのまま継承される．

　1922 年にはオランダ憲法が改正された．1918 年 11 月に生じたオランダ本国での政治危機の後，本国ではライス・デ・ベーレンブルック首相兼内務大臣を議長とする憲法改正検討委員会が 12 月 20 日に設置された．オランダ本国と東インドでほぼ時を同じくして，憲法と統治法を検討する委員会が活動をはじめたことになる．1920 年 10 月 27 日に提出された憲法改正検討委員会の改正案では，植民地関係条文の改正は領土規定の「植民地および属領」という文言から「属領」を削除するというものにすぎなかった[21]．オランダ国籍を定めた第 6 条については，わずかに帰化に関する条文の文言にある「外国人」を「非オランダ人」へ修正する改正にとどまっていた．

　1921 年 3 月 22 日，政府は第二院に憲法改正案を提出する．4 月 3 日に第二院は植民地に関係する条文の審議をフォルクスラートに要請[22]．これを受けてフォルクスラートでは 3 名の議員からなる法案の検討委員会を設置し，委員会は同月 11 日に報告書を提出した[23]．4 月 24 日には委員会報告に対する東インド政府の回答が示された後，26 日から集中審議に入り 29 日にはフォルクスラート案が採択され，第二院に送られた．

　オランダ国民の定義に関する憲法第 6 条について委員会は，本国政府案が「臣民籍についてなんらの言及もして」おらず，その説明もない点を指摘していた．委員の間には，オランダ国籍が東インドの土着の住民にも適用されるべきであるとの見解も表明されており，なんらかの形で憲法に臣民籍についての言及が必要と考える委員もいた．カルペンティエール・アルティング委員会の報告に沿って，「中途半端な臣民籍」の廃止が望ましいという意見も委員会では出されていた [Heinsius 1937a : 15-16]．

　東インド政府は，本国政府がオランダ臣民籍に関してなんらの言及もしてない理由は，オランダ臣民籍という概念による法的紐帯を廃止すべきかの検討を将来に委ねたためであると回答した．同時に，今回の改正で憲法に臣民籍を言及しなかった本国政府の意図については把握していないと加えていた．しかしながら，東インド政府としては 1910 年の臣民籍法導入時にみられた困難を想起すれば，今回の改正で臣民籍を憲法に明記する必然性を認めず，そのための適切な時期でもないという判断を示した [Heinsius 1937a : 23-24]．

　集中審議では第1条の領土規定，60条の国王の権限が主要な議題として論じられ，6条のオランダ国籍については一部の議員が若干の発言をした程度であった．とはいえ，各議員の発言からは，オランダ国民であること，植民地住民とオランダ国家との関係，東インドの土着の住民にとってあるべき法的紐帯はなにか，といった重要な論点をうかがうことができる．

　フォルクスラートでの最後の任期を迎えていたアブドゥル・ムイス（Abdoel Moeis）は，長い発言をおこなっている[24]．彼は，東インドの将来を検討するうえで「原住民のヨーロッパ人に対する感情」を考慮する重要性に言及したうえで，「この感情が，愛情や友情，さらには信頼によるものでないことは，当然だろう」と述べる[Heinsius 1937a : 38]．「ヨーロッパ人と東インド人との間，東インドとオランダとの間」の関係が将来も継続するのであれば，「その関係は現在あるようなものとはまったく違ったものでなければならない」と指摘しつつ政府の示した1条の改正案に「植民地」という文言が残っている点に触れ次のように続けた．

　　東インドはオランダという家族に属している．それは確かだ．だが，東インドはその家族のなかでただひとりの養子なのだ．しかも本人の意志に関わらず養子になったのだ．しかしながら，養子にむかえることが東インドのためであるなら，その本来の名を失う必要はないはずだ．したがって，私はオランダ領東インドという名称ではなくインドネシアという名称を採用する考えを強く支持したい．東インドがオランダの一部であるというのは不自然だ．実際，東インドが属領であるという考えの核にはオランダによる征服という考えがある．たとえそれが過去には事実であったとしても未来は異なった方向にあらねばならない．過去を憲法のなかに祀り上げるのはまちがっている．過去ではない．未来を憲法の中に書き込まねばならないのだ．未来はこのように表現するのがより良いと思う．オランダ王国はオランダ，インドネシア，スリナムおよびキュラソーの領土からなる[Heinsius 1937a : 42-43]．

　ここで彼がオランダ領東インドを「ただひとりの養子」と呼んでいる理由は明らかではない．おそらくは，スリナムおよびキュラソーという名称に「オランダ領」という形容詞がないことを念頭に発言しているものと思われる．西インドの植民地には国籍法が施行される一方，東インドは臣民籍の適用を受けて

いる状態も含めたうえで「ただひとり」と表現していたのか，アブドゥル・ムイスがそこまで考えて発言していたかは不明である．

彼は，憲法改正は東インドの将来の完全な自治を妨げていない，すなわちその可能性が開かれていることを指摘しながら，急激な変化がもたらす混乱は避けるべきであると述べ，将来は東インドの連邦制への移行が目的であると発言していた．１条の領土規定に対する長い発言に比して，彼はオランダ国民を定める６条と臣民籍との関係については極めて短い発言しか残さなかった．

> この憲法改正でオランダ臣民籍を廃止するのか否かについてはなにも定められていない．政府は原則として決定したくないだろう．というのもこの問題は多くの困難をともなうからだ．それについては特に不満はない．今や東インド公民権（Indisch staatsburgerschap）を定める可能性が開けたからだ［Heinsius 1937a：43］．

「東インド公民権」の詳しい内容について，アブドゥル・ムイスはなにも語っていない．彼は自らの議論の主要な点を「東インドがオランダの所有物であることを示すようなすべての表現を憲法から取り除く」ことにあると明らかにし，そのために「憲法改正の機会」があると述べていた．それが実現するのであれば，「政府にとって欠くことのできない東インドの住民の信頼」を獲得できるとさえ述べていた［Heinsius 1937a：43］．植民地住民に対するオランダ国籍の問題は，彼にとっては東インドの自治，あるいは独立にともない検討される課題であって，この憲法改正で実現すべき課題とは位置づけられていなかったのである．

植民地住民のオランダ国籍について最も積極的に発言していたのは，フォルクスラートの設置した改正案検討委員会のメンバーであり，かつ６条に対する修正案を他の議員と共同提出していたオランダ人議員のシャーコブ（'s Jacob）であった．[25]

臣民籍にともなう問題点を彼は二点指摘する．第一に，臣民籍に憲法上の根拠が存在しない点であり，このことは諸外国との関係，特に外交的保護をめぐって問題となる．第二に，政府が臣民籍の維持を望んでいる点をシャーコブは問題視していた．シャーコブの考えでは，オランダ領東インドをオランダ王国の統合された一部とすることは，オランダ領東インドの土着の住民（原住民）をヨーロッパ本国の土着の住民（オランダ人）に対して平等な関係に置くことを

意味していた．したがって6条の定めるオランダ人と居住者という区分は，東インドにも適用されねばならない．すなわち東インドの住民にオランダ国籍を付与せねばならないという考えであった [Heinsius 1937a : 46-47]．

　シャーコブとともに委員会のメンバーを務めたファン・ヒンローペン・ラベルトン（Van Hinloopen Labberton）議員は，シャーコブの6条修正案に対して「この地で生まれたインドネシア人（Indonesiërs）が出生により「オランダ人」となることを意味しているのなら，賛成できない」と述べ，以下のように続けた．

　　　われわれはオランダ領東インドの居住者，生まれながらのインドネシア人（autochthone Indonesiërs）のいくばくかの者がオランダ国民と同等の法の前の平等を望んでいることを理解している．また別のインドネシア人で帰化を申請し，実際にオランダ人となった者もいる．だが，その数はごくわずかであること，さらにインドネシア人の大多数，例えばジャワ人などは，帰化も，オランダ人との同等視も望んでいないことをわれわれは知っている．われわれの法律の二元主義のおかげで同等視によって大きな経済的法的な利益を得ることができるというのに，だ．〔こうした恩恵にも関わらず〕彼らは同等視を望んでいない．したがってすべての住民を「オランダ人」と宣言することは，間違っているように思える [Heinsius 1937a : 59]．

　この発言からは，彼がオランダ臣民籍を維持して東インドでの現行の法的住民区分を容認しているように受け取れる．しかし，彼の真意はそこにはなかった．ファン・ヒンローペン・ラベルトンは，自らの提案について説明を続けていく．

　　　私自身はオランダ公民権（Nederlandsch staatsburgerschap）を導入し，すべての者がオランダの公民（Nederlandsch staatsburger）となるような形を望んでいる．それはオランダ国家が，ヨーロッパの王国の居住者にあたえているのと同等の保護と支援を該当する者に保障することを意味している．王国の居住者の間にはなんらの区別も存在せず，オランダ市民として同じ保護を要求できるのである．

　　　アブドゥル・ムイス氏は，それに対して東インド公民権を望んでいる．東インド公民権とは連邦国家となった場合，あるいは東インド国家

（Indischen staat）となった場合にすべての意味を持つ．現時点では東イン
ド公民権が議題となるとは考えていない．

　提案者〔シャーコブ〕が「オランダ人（Nederlander）」を「オランダの公民
（Nederlandsch staatsburger）」に替えるというのであれば，私には結構なこと
である．だが，すべてのインドネシア人が単純にオランダ人（Nederlander）
となるだけなら，間違っている．なぜなら，それはインドネシア人の民族
感情（de nationale gevoelens der Indonesiërs）を見誤っているからである
［Heinsius 1937a：59-60］．

　民族主義団体のブディ・ウトモやサレカット・イスラムの指導者たちと交流
のあったファン・ヒンローペン・ラベルトンは，オランダ国籍を東インドの住
民に認めることは単純な解決とならないと考えていた．他方，交流のあったア
ブドゥル・ムイスによる「東インド公民権」についても，この時点では検討課
題とみなしていなかった．しかし，両者には共通する姿勢も垣間見られた．そ
れは，どちらもが「インドネシア人」の感情を重視していたことである．
　議員のベルフメイエル（Bergmeijer）[27]は，オランダ臣民籍について検討する際
に東インドに居住する相当数の外国人の存在に注意を促した．その外国人とは
華人のことであり，彼によれば「わが中国の同胞はオランダ人になることを頑
なに拒絶し，華人のままでいたい」とみなされていた．ベルフメイエルはこれ
にとどまらずさらに注意を促していく．

　東インドのすべての住民をオランダ人と呼ぶことには原住民の側からも強
い反対があることを忘れてはならない〔略〕．オランダ人という言葉は政
治的関係をあらわす言葉であるとはいえ，トルベッケはジャワ人やマレー
人などをオランダ人と呼ぶ提案に当時強く反対していた．あの当時は，お
そらく現在よりも血統概念（afstammingsbegrip）が前面に出ていたのだ．だ
が，オランダ人という言葉が単に政治的意味しか持たないとしても，心の
底からのジャワあるいはマレーといった人たちがそう呼ばれることに反対
するのは理解できる．日常的な使い方としてもオランダ人という語には，
政治的意味に限らないより広い意味があるのだ［Heinsius 1937a：84］．

　ベルフメイエル議員は華人と原住民からの反対を理由として，彼らへのオラ
ンダ国籍の付与に慎重な姿勢を示している．しかし，彼の真意はむしろオラン

ダ人という定義をこれまでの解釈にとどめておくことにあったと理解すべきだ
ろう．一見，華人と原住民の感情に配慮しているかのごとく論を進めながら，
1892年国籍法法案審議でのレフィスソーン・ノーマンを繰り返すかのように，
実際には原住民と華人をオランダ人の定義から除外する意図をもってトルベッ
ケに言及していることに注意する必要がある．

　第6条に関する修正案への発言が一巡したところでシャーコブに再度発言の
機会がめぐってきた．彼は「第1条の領土規定の変更は別の帰結をもたらす．
法的共同体とその成員との関係である．オランダの場合，それはオランダ王国
であり，その法的紐帯がオランダ国籍である」と述べ，領土規定の変更がオラ
ンダ国民の定義に関する6条と不可分であることを指摘する．続けて，

　　オランダ国籍をオランダ領東インドに認めることは，〔略〕原住民の存在
　　を否定するわけではない．オランダ王国と呼ばれる法的共同体の憲法によ
　　り作られた法的紐帯に属すという法的事実を認めるに過ぎないのだ．別の
　　言葉では，憲法におけるオランダ人 (Nederlander) の成員資格は法技術的
　　な概念にすぎず，〔略〕憲法の観点からは感情に重きを置いたものではな
　　い [Heinsius 1937a：127].

と述べて，「原住民」へのオランダ国籍付与に対する懸念を払拭しようと試み
た．

　シャーコブにとっては，国籍は「個人的感情」に根ざしておらず，アブドゥ
ル・ムイスやファン・ヒンローペン・ラベルトンが重視するように感情の入る
余地はないものと考えられていた．オランダ国籍の付与は，彼によれば「原住
民」の公務就任を可能にする実際の利点も備えていた．現在の東インドに導入
されている「人為的に設けられた臣民籍は批判的な検討に耐えることができ」
ず，「問題の源」になると指摘する．国家と国民との結びつきには，民族性や
感情などは必要ではなく，あくまでも即物的な関係，法技術的な問題として理
解すべきというのが彼の結論であった [Heinsius 1937a：127].

　審議の推移を見守っていた華人議員のカウ・キム・アン (Khouw Kim An) は，[28]
他の議員による6条の修正案，「臣民籍」を「公民権 (staatsburgerschap)」あ
るいは「オランダ国籍 (Nederlanderschap)」に置き換える提案に対して賛意を示
しながら，以下のような懸念を表明した．

ここに住む華人の大半は〔シャーコブの〕修正案の意図を良く思わないだろう．それは華人の間に別の誤解を生み出すに違いない．ご存じの通り，1910 年のオランダ臣民籍法の成立は華人の間に混乱をもたらした．民兵の創設が常に華人の念頭にある．

　私がラベルトン氏の提案，「オランダ臣民 (Nederlandsch onderdaan)」から「公民 (staatsburger)」に賛成する理由も，それである．華人にとって，もちろんそのことを理解できる者に限るのだが，政府の側からの平等な取り扱いの保障を意味するだけであるならば，「オランダ臣民籍，オランダ国籍および公民権」といった言葉はおそらくどれも同じである．

　教養のある華人は，「オランダ臣民籍 (Nederlandsch onderdaanschap)」あるいは「公民権 (staatsburgerschap)」の確立は，彼らの国籍 (nationaliteit) 喪失をともなわないことをよく理解している [Heinsius 1937a : 188-189]．

カウ・キム・アンは，シャーコブの説明に対して「私はオランダ臣民籍に，華人として好意的であるものだが，あなたの説明を教養のない華人が判断することは大変困難だろう」と短い発言を返した [Heinsius 1937a : 189-191]．

　植民地政府の担当は，1 条の領土規定に対するフォルクスラートでの議論を受け，「フォルクスラートが反対の姿勢を明確に示すのであれば，本国はここでの雰囲気がどのようなものかを理解するだろう」と述べ，憲法の領土規定から「植民地」という文言を削除する明確な意思を本国議会へ伝えることは十分可能であるという見解を示した．他方，オランダ国籍と臣民籍との関係を今回の改正に反映させるには，あまりにも見解の相違が大きいことを指摘していた [Heinsius 1937a : 191]．

　憲法改正案のフォルクスラート審議は，オランダ国籍とオランダ臣民籍との関係が解決困難な状況にあることを示す機会ともなった．オランダ人，原住民，華人どの立場からこの問題を理解するかによって異なる見解が示されていた．見解の相違は，オランダ人と華人および原住民との間に限定されていたわけではなく，オランダ人の間でも，また教養のある華人と一般の華人の間にも存在するものだった．総じて原住民側の反応はどちらかといえば消極的であり，法的地位の変更よりも東インド自体の自治，あるいは独立の実現により強い関心が寄せられていた．他方，この議論の影響を最も受けるのは華人であり，それは「オランダ人」という名称を避け，「公民」という語を慎重に選択する姿勢

にも現れていたのである.

　憲法改正検討委員会の設置からほぼ 1 年後の 1921 年 12 月 22 日, 第二院は政府提出の改正案について一部を除き採択, 4 月 20 日第一院での審議に付された. 1922 年 4 月 26 日, 第一院での検討を経て修正された改正案が第二院および第一院に提出され, 1922 年 5 月に採択された. 第二読会では特に修正はなく改正案は 11 月 30 日に可決. 12 月 29 日に改正憲法は公布された.<sup>29)</sup>

　1922 年憲法の要点としてあげられるのは, ウィルヘルミナ女王の直系の子孫に王位を制限した継承規定, 第一院の構成と任期, 女性参政権である. 改正は第一次世界大戦後の民主主義の進展および反植民地主義という国際社会の大きな転換を背景としており, 植民地規定にもその流れは反映されていた. 1922 年憲法は, 第 1 条の領土規定で, それまで用いられていた「植民地および属領」という文言を削除し, オランダ王国の領土が「オランダ, オランダ領東インド, スリナムおよびキュラソー」からなると修正した.<sup>30)</sup> ヨーロッパの王国(本国)に付属する地位から, 本国と東西両インドを併記することで旧植民地が本国と対等な関係にあることを示す意図が改正にはあった.

　1922 年憲法公布後の 1923 年 9 月 20 日, 政府は第二院に統治法改正案を提出する. 改正案は 11 月に各委員会での検討に付され, 翌年の 1924 年 2 月 7 日には政府に報告書が送られた. 5 月 10 日, 政府から報告書への回答が議会に提出され, 追加報告を踏まえて法案への修正が加えられた. 1925 年 2 月 17 日から第二院での審議が始まり, 6 月 6 日に賛成多数で可決(賛 51 否 19). 第一院では 6 月 11 日に採決がおこなわれ, 可決(賛 27 否 10), 統治法改正法案は 6 月 23 日に成立し, 1926 年 1 月 1 日に施行された(1925 年 6 月 23 日法律オランダ王国官報 1925 年第 234・235 号, 東インド官報 1925 年第 415・416 号). 新たな統治法は「オランダ領東インド国家組織に関する法律(Wet op de staatsinrichting van Nederlandsch-Indië)」と名称を変えた.<sup>31)</sup> 第 187 条は, 「東インド国家規則(Indische Staatsregeling)」と略称することを定めている.

　旧統治法 109 条は, 東インド国家規則に 163 条として継承された. 条文は次のとおりである.

　東インド国家規則第 163 条
　(1) この法律及び一般またはその他の条例, 規則, 警察規則ならびに行政
　　　規則の規定がヨーロッパ人, 原住民およびその他の外来東洋人との間

に区別を設ける時は，その適用に関して次のように定める

(2) ヨーロッパ人に対する規定の適用を受ける者は，

1．すべてのオランダ人

2．第1に含まれない者でヨーロッパを出自とする者

3．すべての日本人および第1，第2に該当しない者のうちオランダのそれと同様の原則に基づく家族法が施行されている国を出自とする者

4．オランダ領東インドにおいて出生した嫡出または法律によって認知された子および第2第3に該当する者の子孫

(3) 総督令により定められる原住民キリスト教徒の法的地位に関する規定を除き，原住民に対する規定の適用を受ける者は以下のすべての者である．オランダ領東インドの土着の住民に属し，原住民以外の住民集団に移行していない者，原住民以外の住民集団に属していたものの，土着の住民に融け込み原住民とみなされる者

(4) 総督令によって定められるキリスト教を信仰する者の法的地位に関する規定を除き，外来東洋人に対する規定の適用を受ける者は，本条第2項，第3項に該当しない者

(5) 総督はオランダ領東インド評議会の同意を経た後，その適用を受けない者に対してヨーロッパ人に対する規定を適用する旨宣言する権限を有する．本適用の宣言は法律上よりしてその嫡出子 又は法律により認知された子および当該人の子孫に対しても効力を有するものとする（東インド官報 1883 年第 192 号）

(6) 各人は総督令の定める規定に基き自らがどの範疇に属するのかについて裁判官の判断をあおぐことができる[32]

　163 条の住民区分は，すでに述べたように 1906 年および 1919 年の改正を継承したものであり，1925 年の統治法全面改正時には「ほぼ修正されずに採用された」こともあり，ほとんど審議の対象とならなかった［Wetheim 1997：5］．ここでは，東インドの住民を三つの集団，ヨーロッパ人（第2項），原住民（第3項）および外来東洋人（第4項）に区分している．「ヨーロッパ人」に該当するものとしては，(2)-1 の，オランダ人であり，オランダ人の定義は 1892 年

国籍法による. (2)-2 は, オランダ以外の「ヨーロッパを出自とする (uit Europa afkomstig)」者である. ここでの「出自」とは, 出生および血統が想定されている. フランス人, 英国人, ドイツ人などが該当する. (2)-3 が日本人および (2)-1, (2)-2 には該当しないものの, オランダと同様の家族法 (一夫一婦制) を施行する国の国民である. 日本人とは「日本臣民」を意味している. (2)-4 は, 東インドで出生した嫡出子, 非嫡出子およびその子孫である. 嫡出非嫡出の相違は, (2)-3 で言及されている家族法に基づく.

　家族法原則は, 163 条が 1906 年改正法 (と 1919 年改正) から継承した基準であり, 日本人のヨーロッパ人との同等視がきっかけとなっている. 家族法原則の採用それ自体に対しては, 研究者の間でも疑問は提示されていなかった. しかし, 「オランダのそれと同様の原則に基づく家族法が施行されている国」という表現のなかで「国 (land)」の解釈が問題とされた. 東インド法専門家のクレインチェスは, 「国」が国籍を有する国家を意味するのか, あるいは長期間居住 (定住) している国を意味するのかが明確ではないと指摘していた [Kleintjes 1932 : 111]. まさに, この点をめぐり, フォルクスラートでその解釈が問題視されるのである.

## 4. 家族法原則とヨーロッパ人——国際環境の変化

　1924 年, フォルクスラート議員のハン・チャウ・チョン (Han Tiauw Tjong) は, 家族法原則における「国」の解釈について東インド政府に疑問を呈している[33]. この時までに, 東インドの華人に対しては, オランダの家族法が適用されていた (東インド官報 1917 年第 129 号, 1919 年 5 月 1 日施行). 加えて 1910 年の臣民籍法は, 東インドに居住する華人を「オランダ臣民」としていた. 家族法原則の「国」が, 東インドを意味するのであれば, 華人にはすでにオランダ家族法が適用されているために, ヨーロッパ人とみなされるべきである, というのが彼の主張であった.

　東インド政庁の担当者は彼の疑問に対して, 刑事手続の適用に関してのみ華人はヨーロッパ人と異なるという主旨の回答をあたえたのみで, 「国」の解釈については明確な回答をおこなわなかった. 仮に「国」が東インドを意味するのであれば, 家族法原則に基づき華人はヨーロッパ人とみなされることになる. 他方, 「国」がはるか以前にその地を離れた中国を意味するのであれば, 東イ

ンドの華人は中華民国での民法改正を待つことになる．1906年の109条改正
時には家族法原則の導入が人種基準の矛盾を解決するものであり，華人はあく
までも外来東洋人の区分にとどまるものという想定が，東インドでの状況の変
化により当時の立法者の意図を超えた事態に至ったといえる．

　状況の変化は，東インド領内にとどまるものではなかった．オランダ本国と
トルコの間で交渉中であった通商航海条約が，新たな課題として浮上したので
ある．フォルクスラートでの議論がかわされていた同じ年，オランダ政府とト
ルコ政府との間では，通商航海条約の改定に向けた交渉が進んでおり，オラン
ダ政府は最恵国待遇条項を東インドにも適用するかが問われていた．「日本人
法」制定の際と同じ構図であり，東インドのトルコ人をヨーロッパ人と同等視
すべきかが問われていたのである．トルコについては，それまで地理的な基準
が援用されており，トルコのヨーロッパ部分（ボスボラス海峡が境界とみなされた）
を出自とする者はヨーロッパ人と同等視し，トルコのアジア地区出身者は外来
東洋人とみなす見解をオランダ政府は採用していた [Tjiook-Liem 2009：556]．[34]

　植民地大臣と東インド政庁は，トルコ人を「ヨーロッパ人」とみなすのに慎
重な姿勢であった．フォック総督は東インドを条約の対象外に置く見解をとっ
ていた一方，[35]東インド評議会はトルコの近代化に向けた取り組みを考慮すると
東インドを条約の対象から除外するのは困難であると考えていた．この問題は，
1926年にトルコが家族法を改正したことにより決着がつき，トルコ国民は日
本人同様に東インドでヨーロッパ人とみなされることになった．

　東インドでの住民区分，「ヨーロッパ人」，「原住民」，「外来東洋人」という
法的区分を維持すべきか，あるいは撤廃すべきか．統治法改正後も政庁内部で
は見解が分かれていた．現状維持の立場は，技術的な理由を根拠としていた．
163条（旧109条）を廃止して東インドの全住民に同じ法令を適用する場合の最
大の障害は，法学教育を受けた司法官の不足にあると理解されていた［島田
2017]．事実，この時点までに民法は実定法のみならず訴訟法も華人に対する
適用には目処がたち，刑法の統一も1918年に実現していた．問題は，刑事訴
訟法であった．専門的法律家を養成し，裁判所を統一し東インド全域で整備し
ていくには物理的な時間と予算が課題であることは，住民区分の現状維持派お
よび撤廃派双方の共通認識となっていた．

　他方，家族法原則を基準とした住民区分は，もはや東インド内の華人の法的
地位を無視できる状況ではなくなっていた．1927年には法的住民区分の検討

を命じられていたスフリーケ（Schrieke）の報告が提出される[36]．彼は 163 条を廃止して国籍に基づく住民区分（nationaliteitsstelsel）を新たに提言していた．スフリーケの案では，オランダ領東インドの住民は以下のように区分されていた．

　a. オランダ人のオランダ臣民（Nederlandsche onderdanen-Nederlanders）
　b. 非オランダ人のオランダ臣民（Nederlandsche onderdanen-niet-Nederlanders）
　　b. 1. 土着の出自の者（die van inheemsche afkomst）
　　b. 2. 外来の出自の者（die van uitheemsche afkomst）

「オランダ人のオランダ臣民」とは，オランダ国籍保持者を指している．「非オランダ人のオランダ臣民」は，1910 年の臣民籍法の対象となる者を意味している．さらに，それは二つのカテゴリーに下位区分されていた．「土着の出自の者」とは「原住民」に相当するカテゴリーであり，「外来の出自の者」は，それ以外の者を意味していた．

　スフリーケの新たな区分の方針は，すでに 1922 年には固まっていた．当時の総督フォックに宛てた 9 月 22 日付の書簡で，彼は統治法の住民区分が家族法原則を採用した後も，分権化令あるいは統治法 132 条 4 項および 6 項のフォルクスラートの議席配分を定めた条文に人種区分が残存していることを指摘し，国籍に基づく住民区分を導入する必要性について自らの方針を詳しく説明していた［Van der Wal 1965：534-539］．

　それまでの法的住民区分にみられた「ヨーロッパ人」，「原住民」および「外来東洋人」という区分は，彼の案では人種基準に基づくカテゴリーとして退けられている．代わって，オランダ国籍およびオランダ臣民籍を基準とする住民区分のカテゴリーが設定されている．「ヨーロッパ人」という区分を削除することは，スフリーケにとっては二つの点で意義があった．

　第一に，華人から出されていた「ヨーロッパ人」への法的地位の移行という要求をおさえることが意図されていた．国籍基準によれば，それまでヨーロッパ人に該当していた集団もオランダ国籍を保持しない者は「b. 非オランダ人のオランダ臣民」の「b. 2. 外来の出自の者」に区分される[37]．これにより，スフリーケのあげていた例では，英国人と華人は同じカテゴリーに区分されることになる．書簡のなかで彼は「中国の民族主義者から出される不平にはしつこいものがあります」と不満を漏らしていた．

　第二に，東インドという植民地で根幹をなす住民集団を明確に示すことが意

図されていた．スフリーケは，フォックに宛てて次のように説明している．

> オランダ領東インド諸島の政治，経済さらには西欧風の知的生活といった
> ほとんどすべては，正確に特定できる集団によって維持されています．オ
> ランダ人です．もし，この集団を社会から取り除いてしまったら，政府，
> 行政官および司法官，官僚，技術者とそのスタッフ，教授，教師，ヨー
> ロッパ人教員，大規模な貿易会社，銀行，そして文化といったすべてが消
> え去ってしまうことになるでしょう．
>
> 　この特別な政治的地位は，オランダ人だから与えられるのではなくオラ
> ンダの権威や利益のために与えられるものでもないことは，いくら強調し
> てもしすぎることはありません．その根拠は，東インド諸島自体の利益に
> ほかならないのです．東インド諸島は，社会の指導的集団が代表として指
> 導的地位を占めることを要求しているのです．
>
> 　指導的な住民集団はオランダ人からなるのであって，「ヨーロッパ人」
> ではありません．ギリシャ人，ブルガリア人，あるいはスロヴァキア人な
> どはわれわれの群島の生活とは関係がないのです [Van der Wal 1965：535-
> 536]．

　国籍基準による住民区分については東インド評議会も提言を肯定的に受け止
めたことから，法的住民区分の撤廃は現実の課題になるかと思われた．しかし，
1928 年になると中華民国での家族法改正が検討されているという情報が東イ
ンド当局に伝わり，スフリーケの提言に基づく改革は頓挫することとなる．

　東インド政庁は，当時南京に駐在していたアウデンデイクに状況を調査する
よう命じるとともに，中華民国の民法典編纂が実現した場合の対応策の検討を
急いだ．1930 年 1 月 1 日施行を目指して編纂作業が進んでいるという情報を
受け，1929-1930 年議会年度のフォルクスラート開会演説でも東インド政庁が
華人のヨーロッパ人との同等視の用意があることを表明しており，華人問題部
局では，華人の法的地位を外来東洋人からヨーロッパ人へ移行することも内部
で検討されていた．この時期，東インド政庁は中華民国の家族法改正にともな
い東インドの華人の法的地位がヨーロッパ人へと移行することを想定して司法
関係の人員を増員させている．しかし，華人のヨーロッパ人との同等視は棚上
げとなる．それにはいくつかの要因が存在していた．

　第一に，1929 年末には，中華民国の民法典編纂作業が目標とした 1930 年 1

月1日までの親続編および相続編施行は間に合わないことが判明したこと（同年12月26日公布，1931年5月5日施行）．第二に，世界恐慌の余波を受け植民地の予算では司法制度の改革が不可能となったこと．第三に，1931年5月に施行された中華民国民法は，一夫一婦制にもとづいていたものの，非嫡出子にも均等相続を認めるといった内容が残されていたことに加え，広大な中国で新たな民法が適切に運用されるのかといった懸念が示されていた［Wertheim 1997：22-23］．さらに，この時期になると，華人の法的地位を「ヨーロッパ人」へ移行させることに対して「原住民」側からの反発がみられるようになっていた．

　1938年2月1日には通商航海条約がシャム政府との間に調印された（11月2日発効）．条約はオランダ領東インドのみならず西インドを含む植民地全域に適用された．シャム国民もオランダ本国と同様の原則に基づく家族法をその国内で施行しているとみなされ，「オランダ領東インドのシャム国民は「ヨーロッパ人」に対する法令および司法に服す」ことが確認され，東インドにおいて「ヨーロッパ人」とみなされることになった．他方，東インド内部での法的住民区分をめぐる膠着した状況は解消されることなく，日本軍によるジャワ侵攻をむかえることとなった．

　1940年9月14日，ロンドンの亡命政権の指示により東インドの統治形態の改革を検討する委員会（以下，統治改革委員会）が設置された[38]．この統治改革委員会は，東インド国家規則163条の住民区分も検討の対象としていた．日本軍のジャワ侵攻を受け1942年に避難先のニューヨークで刊行された報告書では，「原住民（inlander）」および「原住民の（inlandsche）」という名称にも検討を加えており，東インドの知識層にとって「原住民」という言葉が「侮蔑的感情を惹き起こす名称（denigeerend gevoelde benaming）」であることを指摘していた［Visman 1942：145］．

　報告書は，「原住民」および「原住民の」という用語に代えて，より中立的な意味合いをもつ「土着住民（inheemsche bevolking）」および「土着の（inheemsch）」もしくは「インドネシア人（Indonesiër）」および「インドネシアの（Indonesisch）」という用語の採用を検討するとともに，将来的には法律から「原住民」および「原住民の」という用語を削除することを提言していた［Visman 1942：145-146］[39]．

　「インドネシア」という呼称の起源は，1850年にさかのぼる［Avé：1989：永積 1980：174-175］．しかし，この呼称に政治的意味が付与されて用いられたのは1917年4月オランダにおいてとされる．1908年に東インドからの留学生が

オランダで設立した団体である「東インド協会（Indische Vereniging）」が1916年から発行していた雑誌「ヒンディア・プトラ（Hindia Poetra）」に「インドネシア（Indonesië）」と「インドネシア人（Indonesiër）」という用語が掲載されたのが最初の用例とされる［Nagazumi 1978；永積 1980：178-179］.

　「ヒンディア・プトラ」は，1917年に東インドからオランダ本国を訪問していたスルヨ・プトロ（Soerjo Poetro）のおこなった演説を掲載した．演説では「インドネシア人」という用語が使われており，これは東インドの住民を指していた．だが，彼の用いた「インドネシア人」という語が「原住民」を念頭に置いていたのか，ヨーロッパ人を含む東インドの全住民を意味していたのかは明確ではなかった.

　同じ年の11月に東インド協会のメンバーがライデンの「東インド研究者団体（Indologenbond）」においておこなった演説でも「インドネシア人」という用語が使われている．ここでは，「インドネシア人」は東インドの「原住民」を指していた．1922年に東インド協会は「インドネシア協会（Indonesische Vereniging）」へとその名称を変更し，さらに1925年にはオランダ語の名称を放棄しインドネシア語表記に協会の名称を変更していった（Perhimpuan Indonesia）.「ヒンディア・プトラ」も2年後の1924年に「インドネシア・ムルデカ（Indonesia Merdeka）」に名称を変えている.

　1920年代に「インドネシア」という用語には，政治的意味が付与されていく．1921年にはオランダ議会およびフォルクスラートにおいて，東インドに替わる呼称として「インドネシア」の採用が一部議員より提起されている．また，1924年の「インドネシア」共産党設立，翌25年にはタン・マラカによる『インドネシア共和国への道』の出版など，「インドネシア」という用語の政治化が急速に進んでいくのである［Avé 1989：226］.

　このような動向に対して学問的見地から疑義を表明したのが，ファン・フォレンホーフェンである．彼は1928年に出版された『アダット法の発見』のなかで「インドネシア」という用語がオランダ領東インドのみならず，他の領土を含むより広範な地域を含む領域概念であるとして，あくまでも「東インド」という用語の使用に固執した．この用語の生みの親のひとりと目されるバスティアンが念頭に置いていたように，東インドのみではなく，フィリピン，英領マラヤおよびマダガスカルを含む広範な概念であることをファン・フォレンホーフェンも意識していたものと思われる［永積 1980：172-177］.[40]

　統治改革委員会も「インドネシア人」および「インドネシアの」という用語の採用にともなう技術的問題について注意をうながしていた.「原住民共同体」や「原住民行政」,あるいは「原住民司法」といった行政および法律用語は,その表現の前提に「ヨーロッパ人」による共同体や行政,司法といった対概念が暗黙のうちに措定されている.東インド社会は,人種にもとづき差異化／構造化された社会であるため,「インドネシアの」という表現を採用した際にその対象となる住民が人種により区分された集団(「原住民」)を指すのか,領域内に居住する全住民(居住者に相当)を指すのか,いずれであるのかを明確に特定することができない.この課題はファン・フォレンホーフェンによりすでに指摘されていたが,こういった技術的問題の解決が「インドネシア人」および「インドネシアの」という用語の採用にあたっては不可欠であると統治改革委員会は指摘したのである〔Visman 1942: 146-147〕.

　委員会の指摘は,しかしながら,第二次世界大戦後のオランダによる東インド統治の継続を前提としたものであった.163 条の住民区分についても,東インド社会の現実が異なる人種集団の存在を前提としているため,163 条の撤廃は困難であるとしていたのである.華人の委員から強く示されていた人種による住民区分の撤廃に対して,他の委員(原住民委員)から難色が示されていることが報告書では言及されていた.そこでは,大戦前と同様にオランダ人が引き続き東インドの統治権を有する主体であることが前提とされていたのである.

　しかし,第二次世界大戦が終結すると,統治法における法的住民区分の撤廃,あるいは華人のヨーロッパ人との同等視といったそれまでの植民地政策上の重要事項はもはや意味を持たなくなっていた.オランダ領東インドからヨーロッパ人を排除し,「原住民」を主体とする「インドネシア人」を実体化する過程が戦後の脱植民地化にともない急速に進んでいく.オランダ政府とインドネシア政府両者によるこの作業は,1949 年の主権移譲にともないおこなわれることとなる.

### 注

　1 )主要な改正としては,1870 年の土地法,1899 年の「日本人法」による改正に続き,1903 年の地方分権・自治体制度,1915 年の集会結社の自由,1916 年のフォルクスラート,1917 年の兵役,1918 年治水委員会,1919 年の司法制度に関する改正がある.さらに全面的な改正に及んだ 1925 年改正が続く.

　2 )研究者によっては,「ヨーロッパ人」と「原住民」の 2 区分とするものと Tjiook-

Liem［2009］，それぞれの範疇の下位区分としての「同等視される者」を加えて4区分と整理するもの［Van Mastenbroek 1934］とがある．

3）引用は，Van Deventer［1905：24］による．

4）添付された資料には，東インド会社時代からの住民区分の変遷，諸外国の植民地での法的住民区分，ボスニア・ヘルツェゴヴィナ，さらにはロシアでのイスラム教徒に対する法的地位などが含まれ，住民の法的地位の歴史的検討および比較検討がおこなわれている．Bijlagen Tweede Kamer 1904-1905, nr. 121：35-48.

5）法的地位の移行は，ヨーロッパ人と原住民との間での事例が主な関心であった．ヨーロッパ人あるいは外来東洋人の子孫で，時の経過にともない原住民の言語，生活様式，習慣および信仰を受け入れていった数多くの例が存在していたことを指摘している．あるいはその逆に原住民もしくは外来東洋人でヨーロッパ人に同化していくも存在していたことが指摘されている．Bijlagen Tweede Kamer 1904-1905, nr. 121：57.

6）Bijlagen Tweede Kamer 1904-1905, nr. 121：57.

7）この改正時に導入された家族法原則について，ウェルトハイムはそれを端的に「一夫一婦制原則（de monogame beginselen）」と呼んでいる［Wertheim 1997：5］．

8）オランダ語の名称は，Vierentwintig Ontwerpen Over Indisch Recht: Artikelen 75, 109 en 124 Regeringsreglement met uitwerking.「24の試案」は，当時ライデン大学教授であったカルペンティエール・アルティング（後に東インド高等法院裁判長に転出），ハーグのオランダ領東インド行政学院講師（後にアムステルダム大学に転出）フィリップ・クレインチェス，ライデン大学教授ファン・フォレンホーフェン，元東インド高等法院裁判長ウィンケルといった名だたる専門家の手になり，スヌック＝フルフローニェも提出前の試案に目を通している．

9）J. H. van Royen から本国外務省宛報告．Gezant te Tokio J. H. van Royen-MBZ 04.05.1909-377/52, 14.05.1909-422/56, V. 09.07.1909-19/inv. 657. なお，引用箇所は Tjiook-Liem［2009：269］によった．しかし，ファン・ロイエンの報告は，日本国籍のもとになる戸籍が内地と外地で登録を別にしていたことには触れていない．この点については，吉田［2019］を参照．サハリンの住民に対する日本国籍付与をめぐっては加藤［2022］を参照のこと．当然ではあるが，オランダ政府はニヴフやウイルタといった集団への日本政府の対応は把握していなかったと思われる．

10）トルールストラ（Pieter Jelles Troelstra：1860-1930）．社会労働党の議員として1897年から短い無議席の期間を挟みつつ1925年まで第二院議員を務めた．

11）ライス・デ・ベーレンブルック（Charles Joseph Marie Ruijs de Beerenbrouck：1873-1936）．リンブルフ出身のカトリック系政治家．首相と第二院議長をそれぞれ二度務めた有力政治家．1905年に第二院議員に当選してから1918年9月に首相兼内務大臣に就任（1922年まで），その後1929年に再度首相となる（1933年まで）．

12）ファン・リンブルフ・スティルム（Johan Paul van Limburg Stirum：1873-1948）．1916年から1921年までオランダ領東インド総督を務める．外交官出身，中国とスウェ

ーデン大使を務める．コルト・ファン・デル・リンデン内閣時，アジア情勢に通じている ことを理由として総督に任命される．植民地大臣であったイデンブルフとの関係は良 好であったが，後任のデ・フラーフとの関係は難しいものであった．総督離任後は，エ ジプト，ドイツ，英国での駐在を歴任する．イデンブルフ（Alexander Willem Frederik Idenburg：1861-1935）．反革命党所属の有力政治家であり，倫理政策の推進 役でもあった．1896 年から 5 年間，軍務の一環で東インドに滞在する．オランダ本国 帰国後の 1901 年に第二院議員に当選，翌 1902 年 9 月には植民地大臣に就任する（1905 年まで）．この間，ファン・ヒュッツを東インド総督に任命し，東インドの分権化法， 会計法といった重要法案を成立させている．1905 年から 1908 年までスリナム総督， 1908 年から 1909 年二度目の植民地大臣，1909 年から 1916 年までオランダ領東イン ド総督と，植民地関係の重要ポストを歴任．1918 年から 1919 年まで三度目となる植民地 大臣を務めた後は，第一院に転出した（1920-1924 年）．議員引退後は，国務院委員を 1925 年から 1935 年まで 10 年間務めた．

13）正式名称は，Commissie tot herziening van de grondslagen der Staatsinrichting van Nederlandsch-Indië．

14）報告書の原題は次のとおりである．'Verslag van de Commissie tot Herziening van de Staatsinrichting van Nederlandsch-Indië'

15）カルペンティエール・アルティング委員会報告書の概要として，Efthymiou［2005： 538-543］を参照のこと．また，カルペンティエール・アルティング委員会の設置前に ファン・リンブルフ・スティルム総督により設置された私的な委員会であるソンネフェ ルト（Sonneveld）委員会による統治法 109 条の検討内容については，Tjiook-Liem ［2009：541-543］を参照．ただし，ソンネフェルト委員会の報告がどのようにその後の 109 条改正に影響したのかは詳らかではない．

16）1905 年までオランダ国籍者に制限されてきた東インド住民の公務就任権は，その後 徐々に拡大していた．1909 年バタフィアに法律学校が開校したことで，司法行政官の 養成機関が整備されたことに加え，1910 年の臣民籍法成立に基づき，1913 年には高位 の官職を除いてオランダ臣民籍を要件とするものに変わっていった．総督に次ぐ重要な 機関である東インド評議会も 1926 年に国籍要件を臣民籍に変更し，1930 年には 2 名の 原住民が評議員に任命された．こうした「原住民」官吏登用の影で，印欧人の置かれた 立場は困難になっていく．この点については［村松 1942］が触れている．東インドで の印欧人の歴史については Bosma［2006］，日本語で読める資料としては，ブルンベル ヘル［1996］が有益である．

17）ファン・フォレンホーフェンのアダットに対する実践のもたらしたアポリアについて は，Fasseur［1992a］が詳しい．法典統一論争については，島田［2009］も参照．

18）ファスールによると「アダット」という用語は 1893 年に刊行された『アチェ人』の なかでスヌック＝フルフローニェがはじめて用いたとされる［Fasseur 1992a：239］．

19）5 項の条文は，次のとおりである．「総督はオランダ領東インド評議会の同意を経た

後，その適用を受けない者に対してヨーロッパ人に対する規定を適用する旨宣言する権限を有する．適用宣言は，法の運用により嫡出子または法律により認知された子および当該人の子孫に対しても効力を有するものとする」．Bijlagen Tweede Kamer 1918-1919, nr. 11：1-2.

20）この改正により，正式には「同等視」という行為は廃止されたにもかかわらず，1930年になっても「同等視」という表現が通用していると指摘されている［Van Mastenbroek 1934：96］．「同等視」という用語が東インド社会にどれだけ深く浸透していたかがうかがわれる．

21）改正委員会による修正1条は「オランダ王国は，オランダ，オランダ領東インド，スリナムおよびキュラソーの領土を含むものとする．憲法にいうところの植民地とは，以下を意味する．オランダ領東インド，スリナムおよびキュラソー」．

22）該当する改正条文は，1（領土），2（適用），6（オランダ国籍），61（植民地に対する国王の権限・統治法），62（議会報告），164の各条であった．

23）委員の構成は，Galestein，'s Jacob，Van Hinloopen Labberton である．

24）この時点でアブドゥル・ムイスはジョグジャカルタでの暴動を扇動したとして3年間の幽閉を直前に控えていた．

25）シャーコプ（H. s' Jacob：1855-1932）．オランダ領東インド最古の貿易会社のひとつ Firma Reynst en Vinju の代表を務めた後，1918年から1931年までフォルクスラート議員．会社の簡単な歴史については［Claver 2014：32］を参照．

26）ディルク・ファン・ヒンローペン・ラベルトン（Dirk van Hinloopen Labberton：1874-1961）．1893年に HBS 修了後東インドへ渡航する．パスルアンの砂糖工場での研修後，1895年に東ジャワの砂糖工場の分析官となる．東インド滞在中マレー語およびジャワ語を学び，東インドの地理と民族学にも関心を示した．1898年には文官試験に合格し，行政官となる．同時に研究も続け，1904年から1913年までバタフィアのウィレム3世校でジャワ語，後にはマレー語の教鞭をとる．この間，サンスクリットの研究にも着手し，翻訳もおこなった．神智学への傾倒から，後のブディ・ウトモ，サレカット・イスラムのメンバーとも交流し，インドネシア人とヨーロッパ人の媒介者として存在感を示した．アブドゥル・ムイスとともに東インドの民兵運動を提唱，東インドの民主化を支持した．1923年から1925年までオランダ政府の招聘により東京外語学校でオランダ語，マレー語，ジャワ語さらにサンスクリットを教授した．1936年に家庭の事情でアメリカに移住，戦中は日本語資料の翻訳によって FBI やオランダ領事館で活動した．

27）ピーテル・ベルフメイエル（Pieter Bergmeijer：1874-1940）．教育関係の仕事を経て1903年に東インドへ移住する．バタフィアでも教育関係の業務に従事する傍ら，政治活動を展開．1918年から1924年まで反革命党所属の議員として活動する．本国の第二院選挙に二度立候補するものの落選．1926年から亡くなるまで二つの地方都市の市長を務めた．

28) カウ・キム・アン（Khouw Kim An：1875-1945）．華人名望家一族に生まれ1910年から1918年までバタフィアの第5代マヨール．1921年から1931年までフォルクスラートの任命議員を務める．オランダ政府との良好な関係を最後まで維持した．第6章で帰化によりオランダ国籍を取得したカウ・ウン・ギョクは彼のいとこにあたる．

29) オランダ憲法の改正手続きについては，国立国会図書館調査及び立法考査局［2013：15］を参照のこと．

30) 1922年憲法第1条，「オランダ王国は，オランダ，オランダ領東インド，スリナムおよびキュラソーの領土を含むものとする（Het Koninkrijk der Nederlanden omvat het grondgebied van Nederland, Nederlandsch-Indië, Suriname en Curaçao）」．

31) 東インド国家規定は，全12章187条，および最終規定からなる．最初の6つの章は東インド統治機構の構成と権限に関わり，第1章総督，東インド評議会，第2章フォルクスラート，第3章立法と中心的な規定が続く．第4章は予算，第5章会計検査院，第6章地方行政である．住民区分を定めた第109条は第8章住民の第163条におかれている．旧統治法の第75条は第7章司法の第131条にみられる．新たに改正された東インド国家規則の性格については，東インドにとっての「憲法」として自治への方向に舵を切ったとして評価する研究者［Kleintjes 1923］に対して1854年統治法と実質的には相当似通っているとの評価も存在する［Eftymiou 2005］．

32) 163条の日本語訳は，台湾総督官房課［1928］による訳に修正を加えたものである．

33) ハン・チャウ・チョン（Han Tiauw Tjong：1894-1940）．フォルクスラート議員を通算2期務めた植民地期華人を代表する政治家．オランダ国籍と臣民籍を歴史的に整理した論稿は，華人による理解として最も体系的なものと評価できる［Han 1919b］．

34) トルコ人をヨーロッパ人とみなすか否かは，1905年にアジア系トルコ人の東インド入国に際してトルコ領事館と政庁との間で問題となったのが端緒のようである．トルコとオランダとの間には1862年に条約が結ばれ，東インドでのトルコ人に対する最恵国待遇を認めていたものの［Tjiook-Liem 2009：351］，1906年の109条改正によって導入された家族法基準を理由に，トルコ人を東インドでヨーロッパ人として認めないことが在バタフィアのトルコ領事館により問題視されたとのことである．

35) フォック（Dirk Fock：1858-1941）．20世紀最初の四半世紀を代表する自由主義系政治家．1901年にロッテルダム選挙区から第二院議員に当選した後，1905年から1908年まで植民地大臣，引き続き前任者イデンブルフの後任としてスリナム総督を1911年まで務める．1913年から1920年まで第二院議員を務める間，議長に就任（1917-1920年）．1921年から1926年まで東インド総督を務めた後は第一院に転出し，1935年まで議員を務めた．1906年統治法75条および109条改正時の法案提出者である．他にも植民地での教育政策を推進した．

36) ヤープ・スフリーケ（Jacobus Johannes Schrieke：1884-1976）．1909年にファン・フォレンホーフェンの下で学位を取得，同年東インドで司法官僚となる．1929年には『東インド政治』を著し倫理政策を批判的に考察した．同じ年，司法局長官に任命され

る．1934 年にはライデン大学の憲法行政学担当教員，翌年には教授となり師のファン・フォレンホーフェンの講座を引き継いだ．親ナチス団体の NSB に入党し，占領下では司法官僚としてナチスに協力した．戦後死刑判決を受けるも後に減刑され，1965 年には健康上の理由で釈放された．永積［1980：266-269］には，彼の著書に関する言及がある．

37）フォック総督への書簡のなかで，スフリーケは「非オランダ人のオランダ臣民」という表現がネガティブに響くことを指摘し，あくまでも東インドの自治に向けた初期段階での表現であると留保する．彼は続けて，「自律的な民族共同体 volksgemeenschap の一部を構成することはポジティブな徴を必要とする．そのための名称として考えられる唯一のものは，東インド籍（Indiërschap）」であると書いている［Van der Wal 1965：538］．

38）委員会は，東インド評議会委員のフィスマンを委員長に，司法局長官のエントホーフェン（K. L. J. Enthoven），フォルクスラート議員ムリア（Todoeng Gelar Soetan Goenoeng Moelia），東ジャワ州議会執行部員オン・スワン・ユウ（Ong Swan Yoe），東インド評議会委員スジョノ（R. A. A. Soejono），バタフィア法科大学アダット法教授スポモ（R. Soepomo），バタフィア法科大学教授ウェルトハイム（W. F. Wertheim）の 7 名から構成された．

39）報告書のこのセクションは，戦後アムステルダム大学の教授としてオランダ植民地統治の特徴を人種主義として批判したウェルトハイムの手になるものである．

40）戦前に刊行された『蘭領印度民族史』のなかでも，短いものではあるが民族主義運動の展開のなかにインドネシアという用語を位置づけて説明している［日本国際協會 1936：138-139］．この説明が東インドでのインドネシアという用語をめぐる議論を前提としているのは確かだが，どの程度詳しく理解していてのものかは不明である．

# 終　章　インドネシア国籍法の制定
## ──「原住民」から「インドネシア人」へ

　日本軍によるジャワ侵攻直前，統治法 109 条（1925 年改正後は 163 条）による住民区分をめぐっては，二つの大きな懸案が存在していた．第一に，「外来東洋人」を構成していた華人の法的地位の問題，第二に統治法による法的住民区分そのものの撤廃である．東インド政府による検討にもかかわらず，そのいずれもが実現しなかったことは，前章で整理したとおりである．

　第二次世界大戦の勃発を受けて，東インドの植民地統治の改革を検討した統治改革委員会は，統治法の住民区分について，「原住民」という名称を「インドネシア人」に変更することを提言したものの，統治法の住民区分それ自体の撤廃は採用せず，将来の検討課題としていた．しかし，その「将来」が到来することはなかった．統治法の住民区分のみならず，統治法そのものの終焉を，第二次世界大戦はもたらしたのである．第二次世界大戦後の東インド情勢は，オランダ政府の思惑を超えインドネシア独立に向けて急展開する．

　終章では，インドネシアの独立にともない，統治法により「ヨーロッパ人」「原住民」「外来東洋人」に区分されていた植民地住民の法的地位をめぐるインドネシアとオランダの間の交渉を概観する．最後に，全体を振り返りながら簡単な考察を加えていく．

## 1．1949 年主権移譲と分割協定──インドネシア国民の定義

　1942 年 12 月，ウィルヘルミナ女王は亡命先のロンドンからおこなったラジオ演説において，大戦終結後の東西両インドでの広範な自治を検討する会議の開催を提唱した．しかしながら，この呼びかけは実現せず，1945 年 8 月 17 日のスカルノによる独立宣言に続き，インドネシアの独立戦争が勃発する．二度に渡って展開したオランダの「警察行動」を経て，最終的にオランダからインドネシアへの主権移譲が 1949 年におこなわれることとなった．この主権移譲について協議するため 8 月から 11 月にかけてハーグで開催された会議，通称

ハーグ円卓会議（Rondetafelconferentie）において，両国政府代表は東インドに居住する住民の分割について協議を重ね，1949 年 12 月 21 日のインドネシア主権移譲法に「分割協定（Toescheidingsovereenkomst）」がもりこまれることとなった[1]．

　分割協定における基本方針は，交渉時点でのオランダ国籍保持者をオランダ国民とみなし，臣民籍の対象者をインドネシア国民とみなす点にあった．この基本方針はインドネシア，オランダ両政府によって共有されていた．1892 年国籍法によりオランダ国籍を取得している「オランダ人のオランダ臣民」と，1910 年の臣民籍法が適用される「非オランダ人のオランダ臣民」との間に両国民を分割する境界線を引く．これが公民分割の基準として機能した[2]．スフリーケによって提案された国籍に基づく住民区分は，この段階になりようやく陽の目をみることになったが，もはやそれは東インドを効果的に統治するためではなく，植民地を解体するための基準として参照されたのである．

　この基本方針に加え，オランダ政府の交渉団は一定の「原住民」（原住民キリスト教徒）に対するオランダ国籍の選択権を提案したが，インドネシア代表団はこれに反対した．「インドネシアの血（Indonesischen bloed）が流れている者」に対する選択権を認めることは，国民形成にとって障害をなすと彼らは考えていた[3]．

　分割協定では，「非オランダ人のオランダ臣民」は，「非オランダ人の土着オランダ臣民（inheemse Nederlandse onderdanen niet-Nederlanders）」および「非オランダ人の外来オランダ臣民（uitheemse Nederlandse onderdanen niet-Nederlanders）」という二つの集団にさらに細分化され，それぞれに国籍取得の要件が定められていった．

　　分割協定時の公民（Staatsburgers）の区分
　　オランダ人のオランダ臣民
　　　・オランダ国籍保持者
　　　　→オランダ国民

　　非オランダ人のオランダ臣民
　　　・非オランダ人の土着オランダ臣民
　　　　・原住民
　　　　　→インドネシア国民

- 非オランダ人の外来オランダ臣民
  - ヨーロッパ人（除オランダ国籍保持者）
    →各自の国籍による
  - 外来東洋人
    →インドネシア国籍（選択権あり）

　「非オランダ人の土着オランダ臣民」とは，統治法による「原住民」を指しており，分割協定を掲載した官報では「土着住民（inheemse bevolking）」という表現が用いられていた．この「土着住民」という言葉には，括弧書きで（orang² jang asli）というインドネシア語があてられており，インドネシア国民の実体を形成する住民が誰であるかを明示していた[4]．1940 年に設置された統治改革委員会の報告書でも指摘されていたように，それまで一般的に用いられていた「原住民」という用語は，もはや差別的な意味を含む表現として分割協定では用いられなくなっていた．

　「非オランダ人の土着オランダ臣民」は，協定によりオランダ臣民籍を自動的に喪失し，インドネシア国籍を取得することとされた（分割協定第4条1項）．これらの「土着住民」に対しては，オランダ国籍を取得する可能性は当初よりあたえられなかった．ここにおいてかつて「原住民」という呼称をあたえられていた「土着住民（inheemse bevolking/orang² jang asli）」が「インドネシア人」の実体を成す住民集団であることが両政府によって確認された．

　しかしながら，分割協定における唯一の例外が20 世紀初頭にスリナムへ契約労働者として移住したジャワ人であった．彼らはオランダ国籍を選択する権利を協定で認められた（分割協定第4条2項a）．この例外をインドネシア代表団が認めた理由は詳らかではない．だが，オランダ政府にとっては，奴隷制廃止以後恒常的な労働力不足に直面する西インドにおける労働力を維持するため，国籍選択権を通してジャワ移民のスリナム定住を図る狙いがあり，この例外規定は望ましいものであった．

　「非オランダ人の外来オランダ臣民」は，統治法による「外来東洋人」およびオランダ国籍保持者を除く東インド生まれのヨーロッパ系住民を意味していた[5]．円卓会議においては，外国籍を有するヨーロッパ系住民は対象外となり，外来東洋人の処遇が議論された．華人を主体とする外来東洋人は，オランダ国民とも「土着の」インドネシア国民ともみなされず，中間のカテゴリーとして

扱われた．分割協定の第5条は外来東洋人を想定した規定であり，彼らはインドネシア国籍を取得するものの，2年の期間内（1951年12月27日まで）にインドネシア国籍を放棄（＝オランダ国籍を選択）できるものとされた[6].

　円卓会議ではインドネシアに居住する「オランダ人のオランダ臣民」，すなわちオランダ国籍保持者についても協議されている[7]．主権移譲の頃までにインドネシアにはおよそ25万のオランダ国籍保持者がいたと見積られていた．これらオランダ国籍保持者に対しては，2年以内のインドネシア国籍選択権が認められた．選択の要件は，インドネシアに生まれたか，あるいは最低半年間インドネシアに居住していれば国籍取得が可能とされた（分割協定第3条）.

　オランダ国籍保持者に対して選択権が認められた理由は，オランダ人と「原住民」との婚姻から生まれた印欧人の存在にあった．すでに述べたように，オランダ東インド会社の時代からヨーロッパ系社会の構成員として中心的な位置を占めていた印欧人は，第二次世界大戦後においてもインドネシアに居住するオランダ国籍保持者の6割から7割を構成していた［Heijs 1995：122］．オランダ政府は，国籍の選択権を彼らに認めることによって，インドネシアでの定住を期待していた．こうしたオランダ政府の方針の背景には，大戦により疲弊した本国社会に流入する大量の移民を避けたいという経済的理由に加え，印欧人はオランダ本国の社会に同化できないという想定に基づく社会的理由が存在していた．

　このような印欧人に対する見解は，分割協定の協議にオランダ政府代表として参加していた著名な国際私法学者であるコレウェイン（Kollewijn）にも見ることができる．彼は印欧人がオランダ社会に適応することが困難であることを指摘し，印欧人はインドネシアに留まることが最善の選択であると述べていた［Kollewijn 1947：112］．かつてファン・デン・ベルフは「純粋の」ヨーロッパ人女性の保護を唱え，印欧人女性を原住民社会へと委ねる意図で「異法婚」規則の制定に道を開いたが，ここでは「純粋の」オランダ人の本国帰還を確保する一方，印欧人を独立国家インドネシアへ委ねる意図が明確に示されていた．

　1949年の円卓会議では，西ニューギニアの帰属についてオランダとインドネシア政府は合意に達しなかった．そのため，協定の発効後1年を経過期間とし，その間に西ニューギニアの帰属について協議するものとした．1910年の臣民籍法は，オランダの東インド植民地として残された西ニューギニアに居住する住民に引き続き適用された．1951年にオランダ国籍法が改正された後も，

西ニューギニアへ国籍法は適用されず，そこに居住する土着の住民は「非オランダ人のオランダ臣民」の法的地位にとどまったのである［De Groot 1994 : 203］.

## ２．分割協定の境界線上に位置する人々

1949 年の主権移譲にともなう分割協定は，新たな独立国家インドネシアを構成する「インドネシア人」を創造する分岐点であった．だが，分割協定では「土着住民」としてインドネシア国籍の対象となる集団に該当していながら，インドネシア国籍を拒絶する動きも存在していた．主権移譲後，モルッカ諸島の旧「オランダ領東インド軍（Koninklijk Nederlands-Indisch Leger: KNIL）」は，武装解除をするかインドネシア軍に編入されるかの選択を迫られた．インドネシア共和国の支配下に移行することを望まなかった者を主体に，南モルッカ（マルク）共和国の独立が 1950 年 4 月 25 日に宣言された.

オランダ政府によるアンボンやニューギニアへの移送，あるいはセラムでの武装解除といった試みは，インドネシア政府の反対のみならず南モルッカ共和国の指導者たちからの抵抗もあり挫折する[8]．この間，南モルッカ共和国の指導者はオランダへ出向き武装解除をめぐる訴訟をおこしていた．ハーグの高裁に続き最高裁は 1951 年 3 月オランダ政府に対してインドネシア共和国領内での彼らの武装解除を禁じる判断を示した［Heijs 1995 : 124-125］．オランダ政府はこの判断により，彼らをオランダに移送した後に武装解除させる他に手段がなくなった.

インドネシア政府がこれらのモルッカ人をインドネシアに引き渡すよう求めたことを受けて，オランダ政府は彼らの移送に対する最終的な判断をくだし，1951 年 3 月から 6 月の期間，約 1 万 2500 名のモルッカ人が家族とともにオランダに到着した．彼らはインドネシア国籍を拒否する一方，オランダ国籍の取得も望まず 1970 年代半ばまで無国籍状態にとどまった[9].

1951 年 12 月は分割協定によって設けられた国籍選択の期間が満了する時であった．これはインドネシアに居住するオランダ人にとってもオランダ国籍を維持するか，インドネシア国籍を選択するかが迫られることを意味した．結果として 1 万 3600 名がインドネシア国籍を選択し，その配偶者および子約 3 万 1000 名の国籍取得に影響した.

分割協定により設けられた国籍の選択期間が経過した後も，国籍の確定をめ

ぐるいくつかの動きがみられた．1952 年，ハーグの高裁はヨーロッパ人と同等視された者に関する判断をくだした．判決は，ヨーロッパ人と同等視された者のうち，「原住民／土着住民」でヨーロッパ人と同等視された者が対象であった．1892 年国籍法の施行後，「原住民」でヨーロッパ人と同等視された者は，分割協定における「非オランダ人の外来オランダ臣民」に該当するか否かが争われた．仮にヨーロッパ人と同等視された「原住民」が「非オランダ人の外来オランダ臣民」に該当するのであれば，分割協定の 5 条に基づき国籍の選択権が生じることになる．1892 年国籍法施行時から 1949 年まで，統治法の規定に基づく総督令によってヨーロッパ人と同等視された「原住民」は約 1 万6000 人存在していた<sup>10)</sup>．同等視によるヨーロッパ人の地位は子に継承されるため，「インドネシアの血が流れている者」としてインドネシア国籍を自動的に付与された者の中にも，ヨーロッパ人と同等視されていた者は存在していた．

　オランダ政府は，ヨーロッパ人と同等視された「原住民」について，彼らが「非オランダ人の外来オランダ臣民」には該当しないとする狭義の解釈を採用し，ハーグ高裁もこれを支持する判断をくだした．その結果，ヨーロッパ人と同等視された「原住民」は，あくまでも「土着住民」とみなされ，インドネシア国籍を変更する可能性をあたえられなかった．1854 年統治法 109 条の審議の際に原住民キリスト教徒が原住民に区分されたことを想起させる判断である．

　分割協定には未成年の国籍に関する規定はない．未成年の法的身分は 1892年国籍法の 7 条に基づき，父の国籍にしたがうという原則が分割協定では採用されていた．主権移譲後にオランダ国籍を有する父がインドネシア国籍を選択した場合，自動的にオランダ国籍を放棄したものとみなされ，その効果は子に及ぶとされた．しかしながら，国籍法では成年に達した後の国籍の回復に関する規定がある一方（10 条），分割協定には国籍回復に関する規定が設けられていなかった．1959 年に司法大臣は国籍法の規定を類推適用することにより，対象となる者が成年に達した時点で，オランダ国籍の選択権を認めることを明らかにした．

　分割協定に基づきオランダ国籍を放棄し，インドネシア国籍を選択した者に対しても国籍の回復措置が講じられた．とりわけ西ニューギニアをめぐるインドネシア政府とオランダ政府の外交関係の悪化や，インドネシア政府によるオランダ系資本の国有化を契機に，オランダへの「帰還（repatriëring）」が数万の単位で生じたこともあり，オランダへの入国と国籍の再取得に関する例外的な

措置が導入された．国籍の再取得に際しては，帰化を申請する形式をとったが，通常の帰化申請が要件とする 5 年の居住期間は必要とされなかった．この措置は 1956 年から 1964 年まで講じられ，対象となった者は「選択を後悔した者 (spijtoptanten)」と呼ばれた[11]．

1962 年に開催された西ニューギニア帰属問題をめぐるインドネシアとオランダ両政府の協議では，1949 年の状況とは異なり，住民の国籍を確定するための分割協定は締結されなかった．インドネシア政府にとっては，西ニューギニアの住民はインドネシア国籍を保持するインドネシア国民であることは自明視されており，この前提はオランダ政府によっても共有されていた．両政府の見解は，締結された条約の名称にも現れていた．そこでは，「主権移譲」という文言は用いられておらず，単に「行政移管」という名称が用いられていた．

オランダ政府は，西ニューギニアの統治権が国際連合に移管された時点で，パプア人のオランダ臣民籍が喪失するという立場を採用した．さらに，パプア人に対する国籍の選択権をオランダ政府は認めなかった．オランダ国籍は，すでにオランダ国内に居住しているパプア人に対してのみ認められ，法的にはオランダ臣民とみなされていた西ニューギニアのパプア人は，自動的にインドネシア国籍に編入されたのである．

## 3．インドネシア国籍法の沿革——1958 年国籍法制定まで

1949 年の分割協定は，1958 年に制定されたインドネシア国籍法の起点を形成している．しかしながら，インドネシアの独立宣言からハーグ円卓会議に至る期間，国籍に関わる立法が存在していなかったわけではない．1945 年の独立宣言後の 8 月 18 日に公布されたインドネシア共和国憲法は，第 26 条でインドネシア国民に関する規定を設けていた．26 条 1 項はインドネシア国民を「土着のインドネシア民族 (orang-orang bangsa Indonesia asli) および国民に関する法律により承認された他の民族」と定めていた[12]．

誰が「土着のインドネシア民族」とみなされたのか，憲法はそれを明示していない．しかし，憲法公布に際して官報に記載された逐条注解からは，「土着のインドネシア民族」の範疇を間接的に把握することができる［Gautama 1987：108；島田 2003：64］．そこでは，法律によりインドネシア国民とみなされる「他の民族」として，「プラナカン・オランダ (peranakan Belanda)」，「プラ

ナカン・華人（peranakan Tionghoa）」，「プラナカン・アラブ（peranakan Arab)」
が列挙されていた．ここに列挙されている住民のカテゴリーは，統治法による
「ヨーロッパ人」および「外来東洋人」という住民区分を前提としており，統
治法において「原住民」に分類された住民が「土着のインドネシア民族」を構
成することは自明視されていた．

　1945 年憲法 26 条 2 項は「国籍に関する要件は法律によりこれを定める」と
しており，この規定を受けて 1946 年法律第 3 号が制定された（4 月 10 日施行）．
法律第 3 号は，「インドネシア共和国の国籍および居住資格に関する法律」と
称され，国籍取得を広範に認めていた．1 条 a 項は，出生による国籍取得の要
件として血統主義を採用し，インドネシア国民を「インドネシア国家の領内に
居住する土着の者」とした．

　1 条 b 項は，血統主義と生地主義が混在している規定であり，（ア）「土着
の者」の血統にある者（＝混血）で，かつインドネシア領内に生まれ居住して
いる者，もしくは，（イ）いずれの範疇にも属さない住民で，かつインドネシ
ア領内に 5 年間継続的に居住している 21 歳以上の者，あるいは既婚者に該当
する場合もインドネシア共和国国民とみなしていた[13]．ただし，b 項はこれらに
該当する者であっても，他国の国籍を保持している事実に基づき共和国国籍を
放棄することを認めていた．

　他国の国籍保持を要件とする共和国国籍の放棄は，主として植民地期に端を
発する華人の二重国籍状態の解消を意図すべく設けられた規定である．1 条 b
項における国籍放棄に関わる文言は，翌 1947 年 3 月の一部改正により 1 条 b
項から独立し，3 条 a 項として定められた（1947 年法律第 6 号）．国籍放棄の期
間については，当初 1947 年 4 月 10 日が期限として設定されていたが，その後
1 年延長され（法律第 8 号），最終的には 1948 年 8 月 17 日を国籍放棄の期日と
定めた（法律第 11 号）．

　しかしながら，1946 年の法律第 3 号は，独立戦争のただ中に公布された法
律であったことに加え，オランダ政府が東インドにおける国籍規定として
1892 年国籍法および 1910 年臣民籍法のみに効力を認め，法律第 3 号を認めな
かったこともあり，実際の効力は極めて限定的であった［De Haas-Engel 1993：
111-137；Merz 1976：35].

　1949 年の分割協定を受けて同年に公布されたインドネシア連邦共和国憲法
における国籍規定は，インドネシア共和国とオランダ政府との合意を反映して

いた．国籍に関する規定は，第4章「国籍と国の住民」の第5条，6条におかれ，5条1項は，連邦共和国の国民の要件が法律により定められること，同条2項は，帰化の詳細を法律により定めることとしていた．5条1項に基づく国籍法成立まで，連邦共和国憲法の経過規定194条1項にしたがい，インドネシア連邦共和国の国籍は分割協定に基づき付与されるものとされ，既に述べたように1946年の法律第3号はその効力を認められなかった．

　政治的実体を欠くインドネシア連邦共和国は，オランダの撤退後にインドネシア共和国に併合されていく．連邦制から単一国家への移行にともない公布された1950年の暫定憲法は，1949年連邦共和国憲法の国籍規定をほぼ踏襲しており，連邦共和国憲法と同じく5条1項，同条2項に国籍規定をおいていた．暫定憲法の経過規定144条は，1946年法律第3号も国籍法制定までの期間効力を有するものと定めたが，国籍実務に携わる現場では混乱が生じていた [Manan 2009：7-8；Merz 1976：37；Willmott 1961：30]．

　このような経緯を背景に1953年に成立したアリ・サストロアミジョヨ内閣は，国籍法制定を内閣の課題ととらえ，翌1954年に国籍法法案を議会に提出した．この法案は1946年法律第3号に依拠しており「土着のインドネシア民族」をインドネシア国民とみなす方針が踏襲されていた．「土着のインドネシア民族」以外の集団に対しては，国籍法法案第4条がインドネシア国籍取得に関して三つの要件を課していた．(1) インドネシアで出生し定住している者，(2) 父（非嫡出子においては母）がインドネシアで出生し，かつ子の出生時に10年以上居住している者，(3) 18歳以上に達した時点で，1年以内に居住地の地方裁判所において，インドネシア国籍を選択し，他国の国籍を放棄する旨の公的な宣誓をおこなう，というものである．

　法案第4条に定める三つの要件は，「土着のインドネシア民族」以外の住民集団をインドネシア国民に統合する強い意図のもとに設けられていた．インドネシア国籍の選択にともなう他国の国籍放棄の宣言は，華人の法的地位に直接の影響を及ぼすことが明らかであることから，委員会での法案審議において，華人の団体であるバプルキをはじめ，主要政党からも反対意見が表明され，最終的に法案は撤回に至った[14]．

　1955年4月には，中華人民共和国政府との間で二重国籍に関する条約が署名された [日本国際問題研究所 1972：362-365, 446]．1957年12月にはジュアンダ内閣のもと国籍法法案が議会に提出され，翌1958年7月に法案は可決された．

国籍法法案の審議期間中，中国との二重国籍に関する条約も議会で批准された（1958 年法律第 2 号）．1954 年の法案で焦点となった国籍選択における忠誠宣言は，1958 年の国籍法からは削除された．二重国籍の防止に関しては，中国との条約に基づき条約の発効後 2 年以内の選択期間を新たに設けることとしていた．

1958 年に成立したインドネシア国籍法の基本原則は，家族の一体性，無国籍の防止および重国籍の抑制にある［Van der Weg 1959 : 1］．1945 年 8 月 17 日の独立宣言以降施行された国籍に関する条約，法律および規則（具体的には 1946 年法律第 3 号および分割協定）はその効力を認められた．これらいずれかを根拠としてインドネシア国籍を取得した者の国籍に変更が生じないことを国籍法は確認しており，1949 年 12 月 27 日の分割協定発効時点まで遡及適用された．

出生によるインドネシア国籍取得の主要な要件は，血統主義（父系血統主義）を基本とした．国籍法の第 1 条 b，c，d，e の各項が血統による国籍取得を定めており，b および c 項は父系血統主義，d および e 項は，非嫡出あるいは父の国籍が不明の場合に母の国籍を子が取得することを定めている．生地主義による国籍の取得は，例外的な状況において認められた（1 条 f，g，h，i の各項および 4 条）．さらに，養子，選択，帰化および婚姻による国籍取得も定められた［De Haas-Engel 1993 : 161 ; Van der Weg 1959 : 2-3］．

## 4．インドネシア独立にともなう華人の国籍問題

インドネシア国籍法において最大の争点を形成したのが，華人をめぐる二重国籍問題である．華人の法的地位は，インドネシア共和国の立法に関わる国内問題のみならず，中国の国籍政策にも関わるとともに，インドネシア同様国内に居住する華人を抱える東南アジアの諸国家にとっても解決が必要とされる多国間の国際問題という性格も有していた．さらに，華人という集団が長期の定住を経て現地化した「プラナカン」と，19 世紀末から移住してきた「トトク」に分類されるのに加え，中国政府が共産党と国民党との間で分裂していたこともこの問題を一層複雑にしていた．ここでは，1958 年国籍法制定前後の状況について簡単に整理するにとどめたい[15]．

ここまで検討してきたように，植民地期の華人は，統治法上は「外来東洋人」として位置づけられ，国籍法上は臣民籍法により「非オランダ人のオラン

ダ臣民」という疑似国籍が付与されていた．華人は，1909 年の清国国籍法制定によりオランダ臣民籍との「二重国籍状態」に置かれ，清とオランダ政府は 1911 年の領事条約締結の際に，法域に応じてその法的地位を取り扱うことで合意していた．臣民籍法の対象となる華人は，東インド領内ではオランダ臣民とみなされ，領外では清国国民とみなすという妥協策である．

インドネシア独立後の華人に対しては，1946 年法律第 3 号の第 1 条 b 項および／もしくは分割協定第 5 条を根拠としてインドネシア国籍が付与された．ただし，法律第 3 号および分割協定双方ともに，インドネシア国籍の放棄という形式による国籍選択の機会を設け，その期間を 2 年間と定めていた．法律第 3 号に基づく選択期間は，1946 年 4 月 10 日から 1948 年 8 月 17 日であり，分割協定の設けた選択期間は，1949 年 12 月 27 日から 1951 年の同月同日までであった．

二重国籍の解消はインドネシアの国籍立法のみでは解決できない問題でもあることから，政府は 1954 年から中華人民共和国政府との条約締結に向けた外交交渉を本格化させる[16]．バンドン会議開催期間中の 1955 年 4 月 22 日，インドネシア政府は二重国籍解消に向けた条約を中国と署名する．同年 6 月 3 日，北京に赴いたアリ・サストロアミジョヨ首相と周恩来との間で条約の履行に関する覚書が調印された．条約は 1957 年 12 月 17 日に批准された後（中国では同月 30 日），1958 年法律第 2 号として公布された．両国政府は，1960 年 1 月 20 日北京で調印文書を交換，条約は最終的に発効した（1960 年政令第 11 号）．同年 12 月 15 日，両国政府間で二重国籍条約の実施に関する協定が締結され，1962 年 12 月 24 日を期日とする国籍選択期間が設けられた．

中国との二重国籍条約の対象となる華人は，1946 年から 1948 年，1949 年から 1951 年の二度の選択期間に，インドネシアもしくは中国国籍の選択を行わなかった者であった．条約が新たに設けた選択期間（1960 年から 1962 年）内に国籍を選択しなかった者は，自動的に父系の国籍を継承することとされた．18歳未満の者は父の国籍にしたがうが，18 歳に達した時点で 1 年以内に選択が可能とされた．

計 3 回の国籍選択の機会を通じて，インドネシア国籍を放棄した華人がどの程度存在したのか，正確な数は不明である[17]．1946 年の法律第 3 号に基づく国籍選択は，そもそも適切に実施されたのかさえ詳らかではない．1949 年分割協定に基づき 1951 年 12 月 27 日までにインドネシア国籍を放棄した者の数と

しては，約 39 万名が登録されている．1951 年時点で約 200 万と見積もられている華人のおよそ 5 分の 1 が国籍を放棄したこととなる[18]．

　華人の国籍問題は，しかしながらインドネシア国内の政治状況により翻弄されていく．1966 年に権力を掌握し，その 2 年後に第 2 代大統領に就任したスハルトによる外交政策の転換により，中国との二重国籍条約の効力を定めた 1958 年法律第 2 号は無効と宣言され，条約が一方的に破棄されてしまう（1969 年 4 月法律第 4 号）．これにより，二重国籍条約に基づいてなされた国籍選択は無効となり，華人の国籍問題は，長い混迷の時代を迎えるのである．

## 5．「包摂」と「排除」の一世紀を振り返る

　1850 年の国籍法制定からオランダ政府がインドネシア政府との円卓会議で植民地住民の分割を協議した 1949 年まで約一世紀．この間，国籍と植民地住民の法的地位は当時立法に携わった者の意図を超えて展開していった．最後に，全体を振り返りながら若干の考察を加えたい．

　国籍は国民と国家をつなぐ法的紐帯と定義される．国籍の重要性は，政治共同体に市民の参加が実現することにより意識されるようになった．国家と国民との法的紐帯を社会契約的な考えに基づいて構想し，それを憲法改正と国籍法の成立により実現させるべく努めたのがトルベッケである．1848 年の憲法改正は，オランダ政治に立憲主義を導入した改正として評価されている．だが，オランダという政治共同体を構成し，その政治に参加する成員からは多くの人が除外されていた．財産制限に該当した者，女性，外国人，なによりも植民地の「原住民」である．

　1850 年国籍法制定の議会審議では植民地の「原住民」に対してオランダ国籍を付与すべきかが問われた．海外に居住するオランダ人の国籍喪失に関する議論において，トルベッケは，オランダ国家という法・政治共同体へ主体的に関わる意思を血統より重視し，他の議員から国籍をあまりにも社会契約的な発想に依拠して考えているという非難を受けていた．しかし，植民地の「原住民」へのオランダ国籍の付与が議論された時，彼は国籍を植民地の原住民に適用する考えは示さなかった．彼は「原住民」にオランダ国籍を認めることは，オランダ国家を「法あるいは民族性を欠いた名ばかりの共同体（gemeenschap van naam zonder eenige gemeenschap van recht of volkswezen）」にしてしまうと答

え，オランダ国籍が「ジャワあるいはマドゥラの原住民に対して認められるよりも，ドイツ人やイギリス人へ認めるほうがより適切である」とさえ述べていた．

　トルベッケのこの発言は，1892年の国籍法改正時にレフィスソーン・ノーマンによって踏襲される．当初，1838年民法の国籍規定と1850年国籍法のいずれかに該当する者すべてにオランダ国籍を認めていた政府案から，レフィスソーン・ノーマンの修正提案を経て原住民および外来東洋人が除外される内容へと修正された．その後も1922年の憲法改正に際しておこなわれたフォルクスラートでの審議において，東インドの原住民および華人に対してオランダ国籍を認める意見が出された時，このトルベッケの発言を参照しながら反対する議員がみられたのは第7章で紹介したとおりである．

　国籍概念の背後に措定されている「民族性（volkswezen）」とは，なんであったのか．国籍法の審議の場では，それが直接議論されることはなかった．第5章で対象とした1892年国籍法は，国籍取得の要件を血統主義に統一していたが，議会の審議ではオランダ国民と国家との紐帯は，血統によって無条件に維持されるわけではないことも示されていた．1850年の国籍法制定の時と同様，国外に長期間居住するオランダ人とオランダ国家との結びつきが議論されたのである．その結果，オランダ国籍を維持するための要件として，国外での一定期間の居住の後に国籍を維持する宣言が必要とされることとなった．国外に継続して10年間居住するオランダ人は，オランダ国家との結びつきを維持するという意思を表明せねばならなかった．なんらかの事情により国籍を喪失したオランダ人には，帰化によりオランダ国籍を回復する道が残された．

　帰化は，国家との結びつきを法律により生じさせる手段である．華人の帰化をめぐる議論を検討することから，オランダ人に「なる」ために，言語や生活習慣などいくつかの要素が判断材料とされていたことは第6章で整理したとおりである．だが，果たしてそれがトルベッケ，さらにはその後の議員たちの念頭にあった「民族性」に該当するのかは断定できない．「オランダ人」とはなにか，という問いが発せられても，それは国籍を保持している者と定義され，国籍の取得と喪失に関する要件に議論は推移する．「法あるいは民族性を欠いた名ばかりの共同体」というトルベッケの発言は，「民族性」とはなにか，という根源的な問いを封印したまま植民地の「原住民」に対するオランダ国籍付与の障害を形成したのである．

　とはいえ，オランダ国家と植民地住民との結びつきは，「民族性」によって
のみ理解されていたわけではなかった．トルベッケの発言とは対極に位置する
見解を示す者もいた．1850 年国籍法の審議では，第二院議員のスホーネフェ
ルトが，植民地の原住民への国籍付与を提案していた．彼は，国籍を付与する
ことで，原住民とオランダ国家との精神的な紐帯が醸成されることを期待して
いた．ただし，彼の提案は市民権の行使をともなわない「名誉称号」として国
籍を解釈したものであり，むしろその後の「臣民籍」に相当する内容であった．

　植民地住民への「完全なオランダ国籍」を求める声は，1922 年に憲法改正
案をフォルクスラートで審議した時に高まる．第一次世界大戦後の民族自決の
要求の高まりを背景に，東インドの自治が植民地政策の課題として浮上する．
そこでおこなわれた憲法改正は，オランダという国家と植民地の「原住民」や
「外来東洋人」との法的紐帯を検討する絶好の機会であった．

　フォルクスラート議員シャーコブは，「オランダ人（Nederlanders）」という名
称をある種の記号として理解することを提案していた．オランダという国家か
ら「民族性」を切り離し，それを純粋な法的共同体ととらえ，国籍をその共同
体の成員資格とみなす見解である．彼の提案は，個人から民族的属性を捨象し
てオランダ国家という法・政治共同体と植民地の多様な民族との間に法的紐帯
を築くための極めて即物的な発想であったといえるかもしれない．あるいは，
純粋な社会契約的発想による個人と国家との関係という視点に限りなく近づい
ていたといえる．

　国籍の背後に「民族性」を想定し，一定の住民を排除する．あるいは，国籍
から「民族性」を捨象して，一定の住民を包摂する．一世紀におよぶオランダ
国籍の変遷からは，異なる方向を志向する傾向をみてとれる．植民地の「原住
民」および「外来東洋人」は，オランダ国籍ではなく「臣民籍」を付与され，
市民権をともなう「完全なオランダ国籍」からは排除され続ける．「臣民籍」
は生地主義に基づいており，1892 年国籍法の審議において「臣民」という名
称とあわせて封建主義的であるとして排されていた．それが植民地において復
活し，植民地住民とオランダ国家との紐帯として機能したのである．


　オランダ領東インドの法的住民区分は，植民地統治の必要性から設けられた
ことは第 2 章で詳しく検討したとおりである．「ヨーロッパ人」と「原住民」
という区分は，植民地社会の現状に根ざしたものであった．圧倒的人口の土着

住民に対し「ヨーロッパ人」の数は限られており，「ヨーロッパ人」に対する規則を「原住民」に課すことは不可能であった．そのため，統治法109条で法的住民区分を設け，75条でどの住民にどの法が適用されるかを定めた．「ヨーロッパ人」にはヨーロッパ（オランダ）法を，「原住民」には固有の慣習を適用することが統治の基本方針として定められたのである．

　「ヨーロッパ人」と「原住民」を区分する基準は当初はキリスト教であり，キリスト教に改宗した原住民は，ヨーロッパ人社会の重要な構成要素を成した．特に，正当な婚姻はキリスト教徒同士によるものとされていたこともあり，原住民キリスト教徒女性の存在はヨーロッパ人男性にとって重要な意味を有していた．

　しかし，植民地支配の進展，とりわけ1830年からの強制栽培制度導入にともなう原住民の直接的支配の強化を背景として宗教基準が問題視されるようになる．ヨーロッパ人とみなされた原住民キリスト教徒は強制栽培制度の労役を課されなかったことから，偽装改宗への警戒が植民地政府のなかで高まる．1854年統治法109条の法的住民区分が導入される際に，法的住民区分の基準は宗教から人種へと変わることとなった．それまでキリスト教は文明の証とされてきたが，原住民キリスト教徒の信仰の真正性が疑わしいという論理によって，彼らは統治法の住民区分では「原住民」に区分されることになり人種を基準に「ヨーロッパ人」と「原住民」との間に境界線が引かれた．ここでの「人種 (ras)」は，「民族の特徴 (landaard)」とほぼ同義であることについては，第2章で説明したとおりである．華人の帰化法を1906年に審議した議会での発言でも，「人種」という語は「民族」と同じ意味で用いられていたことが確認できる．

　他方，「純血（純粋）のヨーロッパ人女性」の保護を目的とした「異法婚」規則は，白人の純粋性という意味での人種概念との親和性があるようにみえる．世紀転換期の東インドは「メスティソ社会」から人種の純粋性を特徴とする人種主義が浸透する社会への転換期として指摘され [Gouda 2005]，ファン・デン・ベルフが「純血（純粋）のヨーロッパ人女性」の保護を法律家協会で唱えた1889年は，形質人類学者がオランダ領東インドでの調査を開始して間もない時期でもあった．

　だが，「異法婚」規則は「純血（純粋）のヨーロッパ人女性」の保護を一方で目的としながら，ヨーロッパ人男性と「原住民」女性との婚姻に対してはなん

らの制約を設けず，後には「異法婚」の障害要因（婚姻に際してのイスラムへの改宗）を回避するための修正さえおこなったのである．ヨーロッパ人男性と原住民女性との婚姻からは，混血の印欧人が生まれることになる．

「異法婚」規則の背後には，人種の純粋性を確保するという人種主義思想より，白人のオランダ人女性のみならず，原住民女性も含め，オランダ人男性が女性をセクシュアリティの対象として確保する，という構図が浮かび上がる．17世紀の東インド会社進出以来，ヨーロッパ人と原住民との間での混血が常態化していた社会において，人種の純粋性という考えは印欧人の社会的地位の低下をもたらす要因として影響したとはいえ，植民地政策には直接影響を及ぼさなかったと指摘されている［Sysling 2016：15-16］．

むしろ人種の問題が植民地統治に及ぼした最大の影響は，第4章でとりあげた「日本人法」であろう．法案審議の際には「文明化」の内実について活発な議論が交わされた．宗教や人種ではなく西欧法の継受が文明基準として明確に打ち出され，その後の統治法109条改正に大きな影響を及ぼすこととなる．同時に，「日本人法」は法的住民区分の基盤を掘り崩し，住民区分に対する華人の不満を顕在化させる要因ともなった．

オランダ領東インドで20数年に及ぶプランテーション経営の後に帰国し『蘭印生活二十年』と題する回顧録を出版した和田民治は，牛泥棒の被害にあった際に受けた裁判の様子を書き記した後，東インドで日本人であることの意味を次のように振り返っている．

> 吾々日本人は今云つたやうに，一等国民として，和蘭人待遇であるが，支那人その他の東洋人は，何れも土人待遇である．
> 支那人なぞには，教養に於て又財力に於て，到底吾如き素寒貧（すかんぴん）が足許へも寄りつけぬやうな立派な紳士が澤山居る．
> 而も，彼等は支那人なるが故に土人と同一の待遇を受け，吾々は日本人なるが故に法律上に於ても，また社会的にも，一般東洋人とは格段の差ある優遇と尊敬とを受けるのである．
> 私は，この裁判を通じ，偉大なる御稜威，無邊なる皇恩（みいつ）に感し，日本国民としての有難さが，本當に骨髄に衝したのである［和田 1942：142-143］．

和田の記述は，自らと比較にならない教養と財産をそなえた華人の存在に触れながら，自分が日本人であることに回収されてしまい，法的住民区分がもた

らしている問題点を看過してしまう．この和田が看過した点にこそ，華人最大の不満が存在していたのである．教養と財産をそなえていても，個人として評価されるのではなくあくまでも「外来東洋人」として一括され，「ヨーロッパ人」には区分されない．他方，「日本人」である限り，教養あるいは財産にかかわりなく，「ヨーロッパ人」に区分される．第6章で引用したウィ・キアウ・ピクの発言は，その不満を端的に表していた．

　華人からの度重なる要求を受け，東インド政府は華人に対するヨーロッパ法の適用を拡大し，第一次世界大戦後には一部の例外を除き「ヨーロッパ人」に適用されている法律が華人にも適用されるようになる．これは，実質的に華人を「ヨーロッパ人」として扱うことを意味していた．しかし，再びウィ・キアウ・ピクの表現によるならば，このような措置は華人にとっては「善意の押し付け」でしかなく，彼らの要求は，あくまでも109条の「ヨーロッパ人」の区分に華人を加えることだった．東インド政府の官僚は，こうした華人の要求を「感情的不満」であるとたびたび指摘していた［Tjiook-Liem 2009：589］．

　統治法109条は「日本人法」により人種基準が維持できなくなったことに加え華人からの不満の増大といった要因を背景に1906年に改正される．そこでは，「家族法の原則」が採用され，婚姻における「一夫一婦制」が住民区分の基準として明文化された．「日本人法」制定時，オランダ政府は日本での西欧法の継受を日本の文明化の証とみなしていた．文明基準は，宗教（キリスト教）から人種（ヨーロッパ人），さらには西欧法へ推移したのである．

　最終的に，「ヨーロッパ人」の基準として，家族法，とりわけ婚姻における一夫一婦制がその中核に据えられた．家族法原則の採用によって，日本に続いてトルコ，シャムといった国の国民も「ヨーロッパ人」として区分されるようになる．しかし，華人に対しては，中華民国での民法改正の後も技術的問題を理由に「ヨーロッパ人」への区分を棚上げにするのである．

　統治法109条の変遷を検討することから浮かび上がるのは，なによりも「ヨーロッパ人」をめぐる問いである．109条のたどった変遷において，「原住民」とは誰（なに）かが問われることはほぼなかった．問われていたのは，常に「ヨーロッパ人」とは誰か，あるいは「ヨーロッパ人」であることとはなにを意味するのか，という問いであった．宗教，人種，そして一夫一婦制といった基準．さらにはそれらの基準を包含する文明という概念．同等視や帰化，婚姻や認知といった手段による法的地位の移行．こうした様々な住民区分の基準や

法的地位の移行の手段は，すべて「ヨーロッパ人」であることをめぐって制度化され，時代に応じて改正されることで，その時々の「ヨーロッパ人」を形作ってきたといえる［Luttikhuis 2014］．

　なぜ「ヨーロッパ人」であることが重要なのか．かつて東インド政府の司法官僚を務めた経歴を有するウェルトハイムは，東インド社会の特徴を人種によって階層化された社会と指摘していた［Wertheim 1991］．その社会で「ヨーロッパ人」として区分されることは，支配する側に立つことを意味する．日本政府とオランダ政府との条約改正交渉の過程でオランダ政府は統治法の住民区分を東インドに居住する多様な住民の法的必要性に応じたものであり，住民集団の間に差別を設けるためではないと日本側に説明していた．しかし，その実態は，和田が回想しているように，「格段の差ある優遇と尊敬」であり，「ヨーロッパ人」の中心には，フォック総督への書簡でスフリーケが赤裸々に綴っていたように，オランダ人が位置していたのである．

　同じ書簡のなかで，スフリーケは東インドの社会からオランダ人を取り除いたならば，すべてが失われると記していた．しかし，統治法 109 条の「原住民」という区分が有した意義は，まさにすべてが失われる時に顕在化したのである．「原住民」は，1910 年オランダ臣民籍法において「非オランダ人のオランダ臣民」に分類され，その下位区分「非オランダ人の土着オランダ臣民」に位置づけられた．この法的区分が，独立国家インドネシアにおいてインドネシア人の枠組みとして参照されるのである．

　1920 年 3 月 6 日にハーグで開催された中華会総会で演説したフロムベルフは，次のように聴衆に提案している．

　　土着住民（de inheemsche bevolking）のカテゴリーを別に設けるのであれば，彼らをもはや原住民（Inlanders）と呼ぶべきではない．名前を持たず，どこから来たかもわからない者を扱うような無色透明の語（een kleurlooze term）ではなく，ジャワ人，スマトラ人，アンボン人などと彼らを呼ぶべきだろう．あるいは，彼らに対する共通の名前インドネシア人（Indonesiërs）と呼ぼう［Fromberg 1926：648］．

　この発言の直前にフロムベルフは，華人を「外来東洋人」と呼ぶことを止め，その民族意識（nationaliteit）を尊重して「華人（Chineezen）」と呼ぶことを提唱

していた．もちろん，フロムベルフは外来東洋人を華人のみに限定して理解し
ているわけではなく，中華会総会という場での発言であることに留意すべきで
ある．

　フロムベルフは，「原住民」に代わって「インドネシア人」という呼称を提
案した発言に続いて東インドの住民区分の将来の可能性について述べる．

　　おそらく，将来は東インドの住民の新たな区分は，インドネシア人と外国
　　人（Indonesiërs en vreemdelingen）という区分になるだろう．そうすれば，
　　インドネシア人という語は土着住民（inheemsche bevolking）のみならず，
　　東インドでの継続的な居住を通して，その土地と一体化する人を含むよう
　　になるだろう．簡単に言えば，そうなることで東インドのヨーロッパ人，
　　東インドの華人，ジャワ人，スマトラ人，メナド人，アンボン人は，まず
　　なによりも〔自らを〕インドネシア人と感じるのである．インドネシア人
　　であることは，東インドに属している者を結びつけ，自らの民族意識
　　（nationaliteit）がなんであろうと，インドネシア人であることを優先させる
　　民̇族̇を̇こ̇え̇た̇意̇識̇（*supernationaliteit*）を形成するのである［Fromberg 1926：
　　648-649］．

　フロムベルフの予見したように，東インドでの住民区分はインドネシアの独
立によって「インドネシア人」と「外国人」になった．だが，彼の念頭にあっ
たインドネシア人とは，「土着住民のみならず，東インドでの継続的な居住を
通して，その土地と一体化する人を含む」ものであった．だが，分割協定にお
いてインドネシア国籍の中心には「民族性」に相当する「土着」という概念，
オランダ政府との交渉でインドネシア代表団が用いた表現では「インドネシア
の血」が据えられ，様々な住民の包摂と排除の基準として機能していったので
ある．

　国籍の背後に「民族性」を想定したトルベッケの議会での発言は，東インド
の「原住民」をオランダ国籍から排除する理由として重要な機会に繰り返し参
照された．一世紀の後，分割協定の場で彼がインドネシア国籍の誕生の場面に
立ち会っていたなら，自らの発言をどのように受け止めただろう．

**注**

　1 ）分割協定の正式名称は，「公民の割譲に関する協定（Overeenkomst betreffende

toescheiding van Staatsburgers)」といい，1949 年 12 月 21 日成立，1949 年 12 月 27 日施行された．

2 ）プリンスによると，分割協定の締結時点でのインドネシアには約 8000 万人の住民が居住していたと見積もられている．内訳は，オランダ国籍保持者が約 28 万，それ以外の「ヨーロッパ人」が約 32 万人，インドネシア人（「原住民」）約 7800 万人，「外来東洋人」約 180 万人，うち華人は約 160 万という数字が挙げられている［Prins 1952a：49］．他方，1950 年時点での華人の人口をウィルモットは 210 万人程度と見積もっている［Willmott 1960：68］．

3 ）Bijlagen Handelingen Tweede Kamer, 1949-1950, nr. 6：20

4 ）'inheemse' というオランダ語の形容詞には「生来の」という訳語をあてることも可能である．しかし，「生来の」を用いると，統治法の住民区分において採用されていた生地主義に基づく「居住者」を示してしまうおそれがあるため，「原住民」を意味することを明確にする意図のもと「土着の」という訳語を用いている．なお，インドネシア語の 'asli' にも同じ訳語をあてている．Staatsblad, 1949, nr. 570：1067-1069.

5 ）英国籍とインドネシア国籍との二重国籍状態に関する例外的事例の存在については，Gautama［1968：133］を参照のこと．

6 ）1949 年以降，数千名がオランダ国籍を選択したと言われている［Lemaire 1952：133］．

7 ）協定文には「オランダ人のオランダ臣民」という表現が用いられている．これは，「非オランダ人のオランダ臣民」の対概念であり，臣民籍法が 1925 年に西インドにも適用された際に，オランダ国民を含む包括的な概念として「臣民」が用いられた経緯を踏まえたものである．

8 ）これらの地域はインドネシア共和国の勢力が確立しておらず，オランダ政府によって武装解除の候補地とみなされた．

9 ）オランダへ移送後国内数カ所のキャンプに収容され省みられなかったモルッカ人の中からは，1975 年に武装した青年 7 名による電車ハイジャックが発生しオランダ国内に衝撃を与えることとなる．これをきっかけとしてモルッカ人に対しては，1976 年に「モルッカ人の法的地位に関する法律」が制定され無国籍状態は解消された．しかし，翌 1977 年に再び電車ハイジャックが起きることとなり，社会統合政策が実施されることとなった．1990 年代までのオランダでの統合政策については，吉田［2004］を参照．

10）1892 年以前にヨーロッパ人に同等視された「原住民」は，オランダ国籍を保持していた．また，同等視によりヨーロッパ人の地位に移行した住民は華人が圧倒的多数を占めた．

11）この期間に入国申請のあった 1 万 2500 名のうち，およそ 7000 名が「選択を後悔した者」に該当し，結果として 2 万 5000 名がオランダ国籍を取得した．この中には，オランダ国籍を選択可能であったがインドネシア国籍を選択した後にこれを放棄し，オランダ国籍を取得した者も含まれた［Ringeling 1978：87］．

12）1945 年憲法については，島田［2003］を参照のこと．ここでの訳も島田［2003］に

よる．

13）法律第 3 号第 1 条は，他にも帰化および認知（c 項），準正（d 項），養子（g 項）などによる国籍取得に関する規定を設けていた．

14）反対意見は，10 年の居住期間を公的に証明することの困難さ，忠誠宣言の持つ強制的側面，実務上の問題，さらに無国籍者への国籍付与と比べた要件の厳しさ，とりわけ華人の間でも国民党支持者がインドネシア国籍を拒絶することで無国籍となり，無国籍防止の原則に基づきその救済のために国籍が付与されるのに対し，共産党政権の支持者（含政治的無関心層）にはインドネシア国籍取得のため忠誠宣言が課されるという逆説などが指摘された［Willmott 1960：38］．なお，バプルキ（インドネシア国籍協議体）については，Hering［1982］，後藤［1993］，貞好［2018］などを参照のこと．

15）インドネシア独立後の華人の法的地位については，De Haas-Engel［1993］，Merz［1976］，Willmott［1960］，貞好［2018］を参照．

16）ウィルモットは，交渉筋から得た情報と断りつつ，二重国籍の解消に積極的な姿勢を示していたのはインドネシア政府であり，中華人民共和国政府は 1946 年法律第 3 号および分割協定に基づき，プラナカンをインドネシア国民とみなす姿勢を取り，国籍の選択については必ずしも積極的ではなかったと指摘している［Willmott 1960：46-47］．

17）最初の二度の国籍選択は，華人のみならず印欧人なども含む広範な住民を対象としたものであり，中国との二重国籍条約に基づく 1960 年から 1962 年の選択のみが華人に限定されたものであることには注意する必要がある．

18）これについては選択期日の満了が迫る 1951 年 11 月 10 日，スラバヤにおいてスカルノが反中国的な内容の演説を行ったことが，華人の国籍放棄を促したとの指摘がなされている［Go Gien Tjwan 1984：143-144］．

# あ と が き

　本書は，オランダ国籍法と統治法をテーマとして，これまでに発表した論稿と新たに書き下ろした章を加えて1冊にまとめたものである．詳細は初出一覧を参照いただきたい．本書の刊行に際しては，2024年度南山大学学術叢書出版助成を受けた．また，本書の最終段階での作業は，南山大学より認めていただいた在外研究の期間を利用して進めることができた．このいずれかが欠けても，本書をまとめることはかなわなかっただろう．南山大学と所属する国際教養学部の同僚諸氏，さらにオランダでの受入れ機関であるInternational Institute for Asian Studies（IIAS）の関係諸氏に対して，まずは謝意を表したい．

　本書の第1章と第5章はオランダ国籍法，第2章，第4章および第7章が，統治法の住民区分を主な対象としている．第3章は，植民地での婚姻規則（異法婚規則）をめぐる章であり，国籍法上の地位と統治法における住民区分の地位双方に関わる内容を含んでいる．他の章と比べると若干性格を異にしている章であるものの，法的地位の移行の手段としてのみならず，ジェンダーとセクシュアリティ，さらに人種といった論点が東インドでの異なる法的住民集団の間での婚姻をめぐって展開することもあり，独立の章として本書に収めることとした．第6章は，東インドの華人が置かれた状況と法的地位をめぐる経緯をひとつの章として新たにまとめている．東インドの植民地住民の法的地位を検討するうえで，華人の動向は統治法109条にとって重要な意義を有していたことが理由である．

　第1章の論稿は，2000年に公表したものであり，ちょうど四半世紀前の執筆となる．第2章の論稿も，それからさほど間をおかずに書かれたものである．どちらも公表から相当の年数を経ていることもあり，本来であれば全面的に改訂すべきかもしれないが，諸般の事情から最低限の加筆修正にとどめている．第4章もほぼ同様である．これに対して，複数の論稿をひとつにまとめた第3章，ひとつの論稿を分割して二つに分けた第7章と終章は，ある程度の修正を経て本書に収めている．既出の論稿をまとめるのではなく，全編書き下ろしとしたならば，本書の構成も現在のものとは相当異なるものになったであろう．

　読者は必ずしも序章から順を追って読み進めるわけではないことも想定し，

いくつかの章ではその冒頭で国籍法制定あるいは統治法制定の概要を記している．結果として，重複する箇所がみられることになった．順を追って読み進めてくださる方には，ご容赦願う次第である．

　本書の対象となるオランダ国籍法と統治法による植民地の住民区分は，大学院に進学した当初から設定した研究テーマというわけでは必ずしもない．学部生時代に目の当たりにした第二次世界大戦後の国際関係の構造変動（ベルリンの壁崩壊，冷戦終焉，民族紛争の激化，新自由主義の席巻）をきっかけとして，国家と国民との関係について漠然とながら関心を抱くようになり，アンダーソン，ホブズボーム，ゲルナーらの手になるナショナリズム研究を紐解きながら，ヨーロッパのいずれかの国における国民国家形成を研究対象にすることを考えていた．この時代を経験した学生によくみられる例ではないだろうか．

　ヨーロッパ（ここでは英国を除く）の国民国家形成に関する研究は，ドイツあるいはフランスいずれかの国家を対象とした研究が多く，時期的にも，ブルーベイカーの研究が注目された時であった．ドイツとフランスの国民に対する考えを国籍法の分析から描き出すアプローチは，魅力的に写った．ただ，フランスの生地主義に対するドイツの血統主義という二項対立は，理解しやすい反面，現実はもう少しニュアンスに富んでいるのではないか，という漠然とした印象を抱いたことも事実である．

　この若干の違和感が，ドイツとフランス以外の国の国籍に関する状況を調べる要因となる．いくつかの国での国籍制定の過程を調べていくうち，オランダでは近代的な国籍概念がフランスの影響下導入され，当初は生地主義を採用していたものの，その後血統主義に転換したということがわかり，オランダを研究対象に定めたことが，この研究の出発点となっている．この情報をどういう経緯で得たのか，今となってはまったく思い出せないのだが．

　しかし，その時点では植民地住民の法的地位をめぐる問題は視野には入っておらず，むしろ定住外国人の市民権を念頭に，オランダ本国の国籍概念の変遷をたどることに関心があった．現在のオランダは，1980年代半ばに関連する法律を改正することにより，二重国籍および定住外国人の地方参政権を認めており，国籍と市民権との結びつきを考えるうえで興味深い事例を提供している．だが，そうしたオランダ社会にとって，植民地の問題は，戦後の脱植民地化にともなって本国が内部に抱えることとなった内部化した植民地問題でもあった．

　東インドは1945年にインドネシアとして独立し，西インドの一部は1975年

スリナムとして独立する．いずれの旧植民地からも多くの人がオランダ本国に「帰還」し，独自のコミュニティを形成し今日に至っている．これら旧植民地出身者の存在は，ホスト社会への統合，承認の問題など，定住外国人問題を先取りする側面を有しているといえる．東インドからオランダ本国に「帰還」した人々は，オランダ国籍を有し，植民地では統治法により「ヨーロッパ人」として区分されていた人々であった．

　留学をきっかけとして間近に接したオランダ社会に遍在する植民地の過去——そこには，オランダ政府に対して過去と真摯に向き合う要求も含まれる——，そして，国籍法の沿革を調べる過程で知ることになった植民地「原住民」の排除への関心の結実したものが，本書といってよい．

　終章でも言及したが，トルベッケの主導によりオランダ国籍法の制定された年が1850年．インドネシア独立にともない植民地住民の国籍をオランダとインドネシア両国政府が確定していくハーグ円卓会議の開催された年が1949年．この間ちょうど一世紀となる．オランダ国民の形成から始まり，インドネシア独立までの国籍法の軌跡は，国民国家に内在する包摂と排除の原理を鮮やかに示す一方，植民地での住民区分は，人種や宗教，文明について考えるための重要な問題を提起している．

　国籍法制定当時の国際社会の常識（「文明化」した社会とその途上にある社会という区別）に加え，オランダと東インド社会との間に存在していた大きな相違を想像するならば，市民権をともなうオランダ国籍を植民地住民へ付与することを主張するほうが，当時は現実離れしていたといえるかもしれない．とはいえ，植民地住民をオランダ国籍から排除する際にトルベッケが発したひと言は，その後も植民地住民への「完全なオランダ国籍」の付与が議論となる度に，排除の根拠として参照され続けた．1892年の国籍法改正時には，レフィスソーン・ノーマン，1922年憲法改正に先立つフォルクスラートでの審議でも，トルベッケの発言が引用される．だが，「民族性」が何を意味するのか，問いかけた者は誰もいなかった．

　1949年の分割協定でインドネシア政府代表団がオランダ政府代表団に語ったように，「土着」の背景に想定されていた「インドネシア人の血」という考えが，「民族性」とは何か，という問いに対する答えであったとするならば，これほど興味深い展開はないだろう．本書では対象としていないインドネシア人の立場からの民族意識形成について関心を持たれた方は，永積昭氏の研究

［1980］をぜひ参照していただきたい.

　既出論文をベースにしたこと，オランダ植民地統治が主要な対象であったこ
ともあり，本書では十分に扱えなかったいくつかの重要な論点も残されている.
その一つが植民地統治の比較である．世紀転換期には，各国の植民地官僚が互
いの植民地統治に関心を持つようになり，英国あるいはフランスの行政官が著
した東インド統治に関する報告書がみられるようになる．本書でも名前をあげ
たアベンダノンは，フランス領アルジェリアやフィリピンに関する調査報告書
を残している．本書の扱った植民地住民の法的地位も，植民地統治における比
較対象となるが，他にも多くの対象は存在している.

　例えば，本書では第3章で取りあげた「混血」をめぐる問題も，興味深い比
較対象といえる．植民地領有をオランダに先駆けて展開していたスペインやポ
ルトガル植民地と，その後に植民地領有を展開した英仏，さらに遅れてきた参
入者であるドイツやベルギーによる植民地では，植民地支配下での「混血」を
めぐる状況にどの程度の共通性と差異が存在していたのか．婚姻に対する植民
地権力による統制，実際の事例などを対象に組織的な検討が実現すれば，植民
地統治のあり方，その相違による各国の植民地社会の興味深い様態が現れてく
るかもしれない.

　第1章を執筆した時から現在まで，研究環境は激変した．こうして1冊の本
にまとめることができたのも，この変化に大きく依存していることは否めない.
かつては，議会議事録や専門書のほとんどは，オランダの大学図書館で複写す
るか，専門の古書店から届くカタログを頼りに注文し，新聞雑誌はハーグの王
立図書館（現国立図書館）で入手していた．当然，複写代を払ってのことである.
調査期間中に目的の資料にたどり着けないこともたびたびあった．こうした経
験を持つ研究者は，私の世代では少なくないだろう.

　現在，多くの資料がデジタル化され，オープンアクセスとなっている．検索
機能を用いて効率的に必要とする資料にたどりつけるようになった．この本の
一部も，その恩恵に与っている．特に，新聞雑誌が日本からアクセスできるよ
うになったのは，研究を進めるうえでは大きな変化であった．残されているの
は，国立公文書館の史料となるが，これも分野と年代によってはデジタル化さ
れつつある．このような研究環境を前提としてこれから研究を進めていく世代
からは，多くの優れた研究が産み出されるのではないだろうか．期待するとこ
ろである.

　第1章のもととなる論稿から本書の刊行までの期間は，研究者として歩んだ期間とほぼ重なっている．この間，多くの方々からご指導をたまわった．大学院の指導教官であった初瀬龍平先生からは，研究者としてのあるべき姿勢を教わった．論文執筆においては，一字一句もおろそかにしてはいけないことを丁寧な論文指導を通じて示してくださった．月村太郎先生は，院生時代から兄貴分のような存在として研究の進捗を折にふれて気にかけていただいている．今回，晃洋書房との橋渡しをしてくださったのも，月村先生のご尽力による．その晃洋書房の編集者である丸井清泰氏と福地成文氏には，年度内刊行というスケジュールが固定されているなか，忍耐強く本書の完成まで導いてくださったことに深くお礼を申し上げたい．

　研究者の道を歩みだしてからは，同世代の優秀な研究者から多くの刺激を受けてきた．とりわけ鬼丸武士先生，水谷智先生がそれぞれ代表を務めている科研に研究分担者として加えていただいたことは，私の狭い問題関心を見つめ直す貴重なきっかけとなった．それぞれの科研のメンバーに対しても，この機会に感謝の意を表したい．研究会のみならず，その後の議論も知的刺激に満ちており，ある意味その体験こそが研究会の醍醐味といえるかもしれない．博多での研究会後に移動したファミリーレストランでは，議論沸騰，店長から直々に注意を受けたことは今でも忘れられない思い出である．

　調査のため毎年訪れているオランダでは，本書でもたびたび言及したケース・ファスール先生の名を最初にあげねばならないだろう．統治法109条についてファスール先生の研究室で話をした時のことは，今でも鮮明に脳裏に浮かぶ．退官間近の研究室に先生を訪ねた時には，別れ際に1940年の統治改革委員会報告書を記念にいただいた．本書執筆の際に参照した委員会報告書は，この時にいただいたものである．ご存命であれば，本書を書き上げた今，オランダの植民地統治について先生と話したい話題は尽きない．

　ファスール先生と統治法について話した時点では，オランダでも統治法に関する研究はほぼみられなかった．だが，状況は急速に変化して今日に至る．統治法に関する大著を著したニック・エフテミゥ先生とは，彼がアムステルダム大学で博士論文を執筆していた時からの付き合いとなる．ニックさんからは，統治法のみならずオランダ憲法についても多くを教えていただいた．ライデン大学ファン・フォレンホーフェン比較法研究所（VVI）のアドリアーン・ベドナー現所長との細く長いつきあいも相当の年月になる．彼と会う度に，進行中

の研究について真っ先に尋ねられるのが恒例になっている．おかげで，オランダ人研究者による研究との差異化をどのようにはかるか，自らの研究の意義を常に意識させられてきた．その一端が，本書にも活かされていると思いたい．アドリアーンと知り合うきっかけを作ってくれた VVI 資料室司書の今は亡きアルベルトにもお礼を述べたい．他にも，ここで名前はあげないものの，毎回のオランダ訪問を楽しむことができているのも，30 年来の友人たちのおかげである．

　オランダ研究を志した頃に知り合うこととなった水島治郎氏，大西吉之氏にもこの機会にお礼を述べさせていただきたい．オランダ研究者としてこうして研究を進めることができたのも，ほぼ同じ年齢の彼らから刺激を受けてのことである．最近は互いに顔を合わせる機会も滅多にないが，二人とも活躍している様子は研究業績からうかがえる．水島さんは次世代のオランダ研究者の育成にも力をそそがれていて，頭が下がる思いである．

　学部時代に講義に接する機会を得た加藤周一氏からは，知識を身体化することがどういうことかを身を以て示していただいた．講義のみならず，間近で話をうかがう機会を得たことは，自分の人生を変える経験であり，その影響は現在まで深く持続している．教養と名のつく学部で教える立場となった今，どの程度同じような経験を学生に伝えることができているのか，自らを省みると恥ずかしい限りである．

　本書の欠点は，すべて筆者の責任におうところである．しかし，なんらかの学術的価値がこの本にあるとすれば，それはこれまでにあげた方々から賜ったご指導の結果である．とりわけ，加藤剛先生，高地薫先生，望月俊孝先生は，未完成の原稿に目を通し，詳細なコメントを寄せてくださった．加藤先生と望月先生からは，以前から私の公表した論文を書籍としてまとめるよう宿題をいただいていた．その機会となる今回，寄せていただいたコメントを本書に十分に活かすことができずお詫びの言葉もないが，諸先生からのコメントがなければ，本書は今よりもさらに欠点が目に付くものとなっていたことは確かである．ここに記して深く感謝する次第である．

　最後に，私事となるが 2024 年 6 月末に父を，8 月頭に母を相次いで亡くすことになった．父についてはその年の 3 月初旬に救急搬送され，末期がんで余命数カ月の宣告もあったことから，心の準備をする時間が若干あったものの，母は文字通り急逝であり，しばらくは茫然自失の日々を過ごすことになった．

父母の逝去から間がなく控えていた在外研究を延期すべきか，予定通り実施すべきか相当悩んだが，生前の両親に在外研究の予定を伝えた時には，いつも通り背中を押してくれたことを想いだし，多くのことを未整理のまま，あえて渡航して本日に至っている．この間，支えてくださった多くの方々にお礼を申しあげたい．

　振り返れば，いつも私の望むことを否定せず，常に見守ってくれた両親であった．言葉にできない感情しかない．生前の両親にこの本を手にしてもらうことは叶わなかったが，遅ればせながら亡き父亘，母エイ子，そして本書の完成に至るまで様々な点で精神的に支えてくれた祐子の3人に本書を捧げたい．

　2025年2月19日
　ライデン大学図書館において，氷の張る運河をのぞみながら

　　　　　　　　　　　　　　　　　　　　　　吉 田　　信

# 初 出 一 覧

序章　書き下ろし.

第1章　「オランダ国民の形成——一八五〇年国籍法の検討を通して」『神戸法学雑誌』50(3)，1-56，2000年，神戸法学会.

第2章　「オランダ植民地統治と法の支配——統治法109条による「ヨーロッパ人」と「原住民」の創出」『東南アジア研究』40(2)，115-140，2002年，京都大学東南アジア地域研究研究所.

第3章　以下の2論文を統合し加筆修正.

「ある「愛」の肖像——オランダ領東インドの「雑婚」をめぐる諸相」水井万里子・杉浦未樹・伏見岳志・松井洋子編『世界史のなかの女性たち』アジア遊学186，205-219，2015年，勉誠出版.

「オランダ領東インドにおける婚姻規定の歴史的変遷——本国婚姻規定との関連において」水井万里子・伏見岳志・太田淳・松井洋子・杉浦未樹編『女性から描く世界史』34-50，2016年，勉誠出版.

第4章　「文明・法・人種——「日本人法」制定過程をめぐる議論から」『東南アジア—歴史と文化—』(37) 3-27，2008年，東南アジア学会.

第5章　書き下ろし.

第6章　書き下ろし.

第7章　以下の論稿の一部をもとに加筆.

「法主体としての「インドネシア人」の創造」島田弦編『アジア法整備支援叢書 インドネシア——民主化とグローバリゼーションへの挑戦』47-79，2020年，旬報社.

終章　以下の論稿の一部をもとに加筆.

「法主体としての「インドネシア人」の創造」島田弦編『アジア法整備支援叢書 インドネシア——民主化とグローバリゼーションへの挑戦』47-79，2020年，旬報社.

# 参考史料・文献

## I 史 料

### 1. 公文書館史料

国立公文書館（Nationaal Archief）

2.05.03 36 A.29: Ned. onderdaanschap in de Koloniën. Siam; 1877-1896.

2.05.03 401 A.177c: Naturalisatie-en nationaliteitskwesties.: 1895-1904.

法令全書内閣官報局

外務省外交史料館

『内外人帰化関係雑件第一巻第二巻』（3-8-7-5）

「爪哇ソマランク住陳秀林ナル者日本ニ帰化出願之件」明治三十九年二月

「蘭領印度在留清國人代表柯栄慶ヨリ呈出帰化請願之件」明治四十年三月

『蘭領印度在留邦人待遇一件』（3-8-2-72）

「機密第六十六号在暹羅清国人登録ニ関シ清電訓ノ件」明治三十二年十二月三十日

『蘭領印度ニ於ケル同地官憲本邦人取扱振雑件附台湾籍元清人取扱並旅券発給ニ関スル件』
　　（3-8-2-254）

「バタビヤ在留日本人一般状況報告並ニ台湾人ニ関スル件」明治四十二年四月六日

『バタビヤ領事館報告書第二巻』（6-1-6-85）

『各国事情関係雑篇蘭領印度』（1-6-3-17-4）

「在爪哇各人種相互関係略説」大正元年十一月二日

### 2. 政府刊行物, 委員会報告書

官報, 付属資料

Staatsblad van het Koninklijk der Nederlanden.

Staatsblad van Nederlandsch-Indië.

Bijblad Staatsblad van Nederlandsch-Indië.

議会議事録, 付属資料

Handelingen Eerste Kamer.

Handelingen Tweede Kamer.

Bijlagen Handelingen Eerste Kamer.

Bijlagen Handelingen Tweede Kamer.

報告書, 官公庁資料

Bijlagen. 1903. Bijlage A der Momeorie van Toelichting: Wijziging artt. 75 en 109 en

Intrekking art. 86 v. h. Regeeringsreglement van Nederlandsch-Indië.

Burgerlijke stand. 1919. Aanhangsel behoorende bij het adresboek van geheel Ned-Indië, Batavia: Landsdrukkerij.

Commissie. 1848. Ontwerp van Gewijzigde Grondwet van het Koningrijk der Nederlanden benevens het Verslag der Commisie aan den Koning. 's-Gravenhage: Gebroeders Belinfante.

Commissie. 1920. Verslag van de Commissie tot Herziening van de Staatsinrichting van Nederlandsch-Indië. Weltevreden: Landsdrukkerij.

Commissie. 1941. Verslag van de Commissie tot Bestudeering van Staatsrechtelijke Hervormingen I. Batavia: Landsdrukkerij.

Commissie. 1942. Verslag van de Commissie tot Bestudeering van Staatsrechtelijke Hervormingen II. New York.

Department van Justitie. 1897. *Nieuwe regeling van den privaatrechtelijken toestand der Chineezen: ontworpen op last der regeering van Nederlandsch-Indië*, Batavia: Landsdrukkerij.

Secretariaat-generaal 1949. Resultaten van de Ronde Tafel Conferentie, zoals aanvaard tijdens de tweede algemene vergadering welke op 2 November 1949 werd gehouden in de Ridderzaal te 's-Gravenhage. 's-Gravenhage: Staatsdrukkerij en Uitgevenrijbedrijf.

## 3. 新 聞
朝日新聞
大阪毎日新聞
Algemeen Handelsblad
Algemeene Dagblad
Bataviaasch Nieuwsblad
De Indische Courant
De Locomotief
De Maasbode
De Sumatra Post
De Telegraaf
Deli Courant
Indische Mercuur
Java-Bode: nieuws, handels- en advertentieblad voor Nederlandsch-Indië
Leidsche Courant
Leidsche Dagblad
Nieuwe Rotterdamsche Courant

The Straits Times

## 4. 雑　誌
De Gids

Indische Gids

Indische Letteren

Indisch Weekblad van het Recht

Indische Wet van het Regt

Koloniaal Tijdschrift

Onze Eeuw

Tijdschrift voor Nederlandsch-Indië

## 5. 個人アーカイブ
Stichting Brieven Tan-Schepers（SBTS: https://www.brieven-tan-schepers.nl/index.php）

# Ⅱ　引用文献
## 著作・論文
### 1. 邦語文献

浅野豊美（編解題）［2005］『大東亜法秩序・日本帝国法制関係資料第1期第4巻司法資料一般』龍渓書舎.

アンダーソン, ベネディクト［1997］『増補想像の共同体』（白石さや・白石隆訳）, NTT出版.

飯島明子［1976］「タイにおける領事裁判権をめぐって――保護民問題の所在」『東南アジア研究』14（1）: 71-98.

石田富平［1943］『舊蘭領印度の司法』司法研究所.

井手謙一郎［1940］『蘭印・英印・佛印』三省堂.

今西恒太郎［1899］『国際法学』丸善.

閻立［2012］「『大清国籍条例』の制定・施行と日本」『大阪経大論集』63（4）

ヴァンデンボッシュ, アムリ［1943］『東印度』（大江専一訳）, 改造社.

ヴェイユ, パトリック［2019］『フランス人とは何か――国籍をめぐる包摂と排除のポリティクス』（宮島喬・大嶋厚・中力えり・村上一基訳）, 明石書店.

植村泰夫［2001］「19世紀ジャワにおけるオランダ植民地国家の形成と地域把握」斎藤照子編, 『東南アジア世界の再編』（岩波講座東南アジア史5）, 岩波書店, 161-184.

英国王立国際問題研究所［1943］『和蘭の旧海外領土』（市川恒四郎訳）, 慶應出版社.

エマソン, ルパート［1942］『南方諸国の統治』（深澤正策訳）, 河北書房.

江守五夫［1966］「英蘭両国のインドネシア支配とアダット法」, 仁井田記念講座・編集委員会編『現代アジアの革命と法（上）』勁草書房, 81-102.

遠藤正敬［2010］『近代日本の植民地統治における国籍と戸籍──満州・朝鮮・台湾』明石書店.

大江満雄［1943］『蘭印・佛印史』鶴書房.

小熊英二［1998］『〈日本人〉の境界──沖縄・アイヌ・台湾・朝鮮　植民地支配から復帰運動まで』新曜社.

外務省調査部編［1935］『亜細亜諸民族調査資料第二輯蘭領印度民族史』外務省調査部.

外務省通商局編［1916］『蘭領東印度事情』外務省通商局.

───［1929］『華僑ノ研究』外務省通商局.

外務省南洋局編［1942］『蘭印国家組織解説』外務省南洋局.

景山哲夫［1942］『南洋の資源と共栄圏貿易の将来』八紘閣.

加藤絢子［2022］『帝国法制秩序と樺太先住民──植民地法における「日本国民」の定義』九州大学出版会.

金井利之［1997］「オランダ省庁再編の観察ノート」『東京都立大学法学雑誌』38（2）：75-122.

川島真［2004］『中国近代外交の形成』名古屋大学出版会.

───［2011］「台湾人は『日本人』か──十九世紀末在シャム華人の日本公使館登録・国籍取得問題──」, 貴志俊彦編『近代アジアの自画像と他者──地域社会と「外国人」問題』京都大学学術出版会.

工藤裕子［2005］「ジャワの台湾籍民──郭春秧の商業活動をめぐって」『歴史民俗』3, 22-38.

───［2017］『オランダ領東インドにおける華人の経済活動──1900-1930年のスマランを中心に』未刊行博士論文.

クラーク, デ［1942］『蘭印史』（南方調査会訳), 春陽堂書店.

栗原純［2000］「台湾籍民と国籍問題」『臺灣文獻史料整理研究研討會論文集』臺灣省文獻委員会編, 451-476.

国立国会図書館調査及び立法考査局［2013］『各国憲法集（7）　オランダ憲法』国立国会図書館調査及び立法考査局.

後藤乾一［1993］「バベルキの形成・発展・崩壊──シャウ・ギョクチャンの思想と行動を手掛かりに」, 原不二夫編『東南アジア華僑と中国──中国帰属意識から華人意識へ』アジア経済研究所, 77-103.

───［2015］『近代日本と東南アジア──南進の「衝撃」と「遺産」』岩波書店.

小梁吉章［2018］「19世紀国際私法理論にいう「文明国」基準」『広島法科大学院論集』14：117-151.

小林寧子［2008］『インドネシア──展開するイスラーム』名古屋大学出版会.

蔡仁龍［1993］『インドネシア華僑・華人──その軌跡と現代華人企業の行方』（唐松章訳), 鳳書房.

貞好康志［2006］「蘭領期インドネシア華人の多重『国籍』と法的地位の実相」『近代』96：

34.

─── [2018]『華人のインドネシア現代史──はるかな国民統合への道』木犀社.

サン・ジョセフ，アントワーヌ・ド [1882]『荷蘭国民法』（福地家良訳），司法省.

司法省秘書課 [1945]『司法資料第二百九十号原住民司法論集』司法省秘書課.

島田弦 [2003]「インドネシアの憲法事情」『諸外国の憲法事情 3』国立国会図書館調査及び
立法考査局.

─── [2005]「インドネシアにおける植民地支配と『近代経験』──インドネシア国家
原理とアダット法研究」『社会体制と法』6：50-67.

─── [2009]「インドネシア・アダット法研究における 19 世紀オランダ法学の影響──
ファン・フォレンホーフェンのアダット法研究に関する考察──」『国際開発研究フォ
ーラム』38：55-69.

─── [2017]「インドネシア裁判官任用の変遷：インドネシアにおける官僚的司法のル
ーツに関する研究ノート」『名古屋大学法政論集』272：327-349.

白石隆 [1973]「ジャワの華僑運動：1900～1918 年──「複合社会」の形成（2）」『東南アジ
ア─歴史と文化』3：28-58.

ストーラー，アン・ローラ [2010]『肉体の知識と帝国の権力──人種と植民地権力におけ
る親密なもの』（永渕康之・水谷智・吉田信訳），以文社.

台湾総督官房調査課 [1926]『南支那及南洋調査第 114 輯　蘭領東印度立法行政法』臺灣総
督官房調査課.

─── [1923a]『南支那及南洋調査第 72 輯 和蘭東印度会社の行政』台湾総督官房調査課.

─── [1923b]『南支那及南洋調査第 78 輯 和蘭東印度会社の司法』台湾総督官房調査課

─── [1928]『南支那及南洋調査第 155 輯　蘭領東印度立法行政法竝選擧法附蘭領印度
の政黨』臺灣総督官房調査課.

拓務省拓南局 [1942]『海外拓殖事業調査資料第三十二輯舊蘭領印度統治組織』拓務省拓南
局.

竹越与三郎 [1906]『比較殖民制度』讀賣新聞社.

─── [1910]『南国記』二西社.

田中恭子 [1994]「マラヤ・シンガポール華人の国籍問題──自治・独立の過程（1945 - 63
年）を中心に」，平野健一郎編『講座現代アジア 4　地域システムと国際関係』東京大
学出版会，131-166.

田中史高 [2000]「中世後期ネーデルランド諸都市の市民権」『比較都市研究』19（1）：33-
44.

陳達 [1939]『南洋華僑と福建・広東社会』（満鉄東亜経済調査局訳），満鉄東亜経済調査局.

東亜研究所 [1942]『蘭領印度統治組織』東亜研究所.

鳥養太一郎 [1940]『和蘭の南洋植民史第 1 部』南洋経済研究所.

永積昭 [1972]「中華民国成立期における在インドネシア華僑の動向」，河部利夫編『東南ア
ジア華僑社会変動論』アジア経済出版会，41-66.

─────［1980］『インドネシア民族意識の形成』東京大学出版会.

中村進午［1900］『新保約論』東京専門学校出版部.

中村孝志［1980］「『台湾籍民』をめぐる諸問題」『東南アジア研究』18（3）：66-89.

南西方面海軍民政府［1944］『舊蘭印二於ケル外来東洋人ノ法律的地位』東亞研究所.

南洋経済研究所［1943］『東印度慣習法に就て』南洋経済研究所出版部.

中村哲［1943］『植民地統治法の基本問題』日本評論社.

西英昭［2015］「オランダにおける『中国』法学の展開過程の一断面──M. H. van der Valk の業績を中心にして」『法政研究』81（4）：485-534.

─────［2018］『近代中華民国法制の構築──習慣調査・法典編纂と中国法学』九州大学 出版会.

西川長夫［1998］『国民国家論の射程』柏書房.

西村朝日太郎［1942］「蘭印慣習法の覚書」『法律時報』14（4）：412-418.

日本國際協會［1936］『蘭領印度民族史』日本國際協會.

日本国際問題研究所インドネシア部会編［1972］『インドネシア資料集〈上〉』日本国際問題 研究所.

弘末雅士［2004］『東南アジアの港市世界──地域社会の形成と世界秩序』岩波書店.

─────［2011］「アラブ系住民による「民族アイデンティティ」の喚起──オランダ領東 インドにおける「原住民」意識の創出」貴志俊彦編，『近代アジアの自画像と他者── 地域社会と「外国人」問題』京都大学学術出版会，39-57.

─────［2022］『海の東南アジア史──港市・女性・外来者』ちくま新書.

ファーニヴァル，ジョン・S［1942］『蘭印経済史』（南太平洋研究会訳），実業之日本社.

深見純生［1997］「『印欧人』の社会政治史」『東南アジア研究』35（1）：31-54.

福田省三［1939］『華僑経済論』巌松堂書店.

─────［1942］「蘭印統治と慣習法」『法律時報』14（5）：500-505.

藤原明久［2004］『日本条約改正史の研究──井上・大隈の改正交渉と欧米列国』雄松堂出 版.

ファルコニエーリ，シルヴィア［2019］「人種に直面した 20 世紀の法──フランスとイタリ アにおける本国─植民地間の法制史研究」（福崎裕子訳），『人文學報』114：97-121.

ブスケ，ジョルジュ・アンリ［1941］『蘭領印度に於ける回教政策と植民政策』中央公論社.

ブルーベイカー，ロジャース［2005］『フランスとドイツの国籍とネーション──国籍形成 の比較歴史社会学』（佐藤成基・佐々木てる監訳），明石書店.

ブルンベルヘル，ペトルス［1996］「ペトルス・ブルンベルヘル──オランダ領東インドに おける印欧人の運動（共同研究：インドネシアの総合的研究Ⅱ）」（深見純生訳），『総合 研究所紀要』22（1）：55-81.

フロート，ジェラール・デ［1986］「新しいオランダ国籍法について」（木棚照一訳），『立命 館法学』183-184：431-475.

ベル，ハスケス［1930］『蘭領印度の政治並に其批評』（南洋協會臺灣支部訳），南洋協會臺

灣支部.

増井貞吉［1926］『経済上より観たる蘭領印度』財政経済学会.

マックネヤ，H. F.［1945］『華僑　その地位と保護に関する研究』（近藤修吾訳），大雅堂.

満鉄東亜経済調査局［1940］『蘭領印度に於ける華僑』満鉄東亜経済調査局.

満鉄東亜経済調査局［1986］『インドネシアにおける華僑（南方資料叢書 7）』青史社.

ムイス，アブドゥル［1982］『西洋かぶれ——教育を誤って』（松浦健二訳），勁草書房.

村上衛［2009］「清末廈門における英籍華人問題」森時彦編，『20 世紀中国の社会システム
　　——京都大学人文科学研究所附属現代中国研究センター研究報告』京都大学人文科学研
　　究所附属現代中国研究センター，143-186.

村松俊夫［1942］『蘭領印度に於ける司法制度の研究』司法研究所.

メイエル，イェー・イェー［1940］『十九世紀末に於ける蘭領印度對華僑行政：翻譯』（二木
　　靖訳），東亞研究所.

柳井健一［2004］『イギリス近代国籍法史研究　憲法学・国民国家・帝国』日本評論社.

山口元樹［2018］『インドネシアのイスラーム改革主義運動——アラブ人コミュニティの教
　　育活動と社会統合』慶應義塾大学出版会.

吉田信［2000］「オランダ国民の形成——1850 年国籍法の検討を通して」『神戸法学雑誌』50
　　（3）：1-56.

————［2001］「19 世紀前半のオランダにおける国民主義の形成と展開——オランダ国民
　　をめぐる問い」『日蘭学会会誌』26（1）：17-36.

————［2002］「オランダの憲法事情」『諸外国の憲法事情Ⅱ』国立国会図書館調査及び立
　　法調査局憲法室（編），国立国会図書館，27-52.

————［2004］「包摂と排除の政治力学：オランダにおける市民権／国籍の過去・現在・
　　未来」『地域研究』 6 （2）：8100.

————［2008］「文明・法・人種——『日本人法』制定過程をめぐる議論から」『東南アジ
　　ア—歴史と文化』37：3-27.

————［2013］「オランダにおける植民地責任の動向——ラワグデの残虐行為をめぐって」
　　『国際社会研究』 2：53-73.

————［2015］「ある愛の肖像——オランダ領東インドの『雑婚』をめぐる諸相」，永井万
　　里子・杉浦未樹・伏見岳ほか編『世界史のなかの女性たち』勉誠出版.

————［2016］「オランダ領東インドにおける婚姻規定の歴史的変遷——本国婚姻規定と
　　の関連において」，永井万里子・伏見岳志・太田淳ほか編『女性から描く世界史——17
　　〜20 世紀への新しいアプローチ』勉誠出版.

————［2018］「オランダ領東インドにおける旅券制度の展開—植民地パスポートの様式
　　と機能をめぐって」『国際社会研究』（福岡女子大学），1-21.

————［2019］「旅券・国籍・公定アイデンティティ——蘭印における台湾籍民の国籍証
　　明をめぐって——」『立命館国際研究』31（5）：23-48.

————［2024］「メッカ・パスの変遷にみる巡礼の制度化」『アルケイア——記録・情報・

歴史』19：1-33.

和田民治［1942］『蘭印生活二十年』講談社.

レーベル，イルムガルト［1941］『蘭領東印度』（池田雄蔵訳），岡倉書房.

若尾祐司［1996］「近代ドイツの民事婚と民事身分登録」，利谷信義・鎌田浩・平松紘編『戸籍と身分登録』早稲田大学出版部，183-205.

## 2. 欧文献

Abendanon, Jacque Henri [1909] "Het wets-ontwerp van 16 april 1909 tot regeling van het Nederlandsch onderdaanschap in Nederlandsch Indie," *Verslagen der vergaderingen Indisch Genootschap*, 's-Gravenhage：Indisch Genootschhap.

André de la Porte, Gilles R. [1933] *Recht en Rechtsbedeeling in Nederlandsch-Indië*. 's-Gravenhage: Gebroeders Belinfante.

Anonymous [1853] *Antwoord op de Aanmerkingen van den Heer Cornets de Groot, op het Ontwerp van Wet tot Vaststelling van een Reglement op het Belied der Regering van Nederlandsch Indie, door Een oud Oost-Indisch Ambtenaar*. 's-Gravenhage: Gebroeders Belinfante.

Anonymous [1898] "De privaatrechtelijke toestand der Chineezen in Nederlandsch-Indië." In *Tijdschrift voor Nederlandsch-Indië*, 210-232.

Apeldoorn, Lambertus Johannes van [1925] *Geschiedenis van het Nederlandsche Huwelijksrecht voor de invoering van de Fransche wetgeving*, Amsterdam: Uitgeversmaatschappij Holland.

Asser, Carel [1838] *Het Nederlandsch Burgerlijk Wetboek, Vergeleken met het Wetboek Napoleon*, 's-Gravenhage: Gebroeders van Cleef.

Avé, Jan B. [1989] 'Indonesia', "'Insulinde' and 'Nusantara': Dotting the I's and crossing the T," *Bijdragen tot de Taal-, Land- en Volkenkunde*, 145 (2-3): 220-234.

Baay, Reggie [2008] *De Njai: Het concubinaat in Nederlands-Indie*, Amsterdam: Athenaeum.

Bahar, Saafroedin [1998] *Risalah sidang Badan Penyelidik Usaha-Usaha Persiapan Kemerdekaan Indonesia (BPUPKI), Panitia Persiapan Kemerdekaan Indonesia (PPKI), 28 Mei 1945- 22 Agustus 1945*. Jakarta: Seketariat Negara.

Ball, John [1982] *Indonesian Legal History 1602-1848*, Sydney: Oughtershaw Press.

Bardjo, Imam [1958] *Masaalah Kewargaan Negara Republik Indonesia*, Semarang: Baperki Semarang.

Bell, Hasketh [1928] *Foreign colonial administration in the Far East*, London: Arnold.

Berg, Lodewijk Willem Christiaan van den [1887] *Huwelijken tusschen personen behoorende tot verschillende categoriën der bevolking van Nederlandsch-Indië*, Batavia en Noorwijk: Ernst & Co.

Berg, Lodewijk Willem Christiaan van den [1890] "Het Kruis tegenover de Halve Maan," *De Gids*, 54: 67-101.

Bertling, Cornelis Tjenko [1926] "Onopgeloste oplossing. (Over art. 109 Regeeringsreglement)," *Koloniale Studien*, 10 (1): 20-28.

————— [1927] *Gelijkstelling van Chineezen met Europeanen*, Weltevreden: Kolff.

Beukelaer, Peter de [1979] *De toelating van Chinese consuls in Nederlands-Indië: de totstandkoming van de Chinees-Nederlandse consulaire conventie met betrekking tot de Nederlandse bezittingen en koloniën van 8 mei 1911*. proefschrift Nijmegen.

Blom, J. C. H. and E. Lamberts eds. [1999] *History of the Low Countries*, New York: Berghahn Books.

Blussé, Leonard [1986] *Strange company: Chinese settlers, mestizo women and the Dutch in VOC Batavia*, Dordrecht: Foris.

————— [2023] *De Chinezen Moord: de kolonisatie van Batavia en het bloedbad van 1740*, Amsterdam: Uitgeverij Balance.

Boogman, Johan Christiaan [1955] *Nederland en de Duitse Bond 1815-1851*, Groningen: J. B. Wolters

————— [1978] *Rondom 1848: De Politieke Ontwikkeling van Nederland 1840-1858*, Amsterdam: Unieboek.

Boogman J. C. et al. [1988] *Geschiedenis van het Moderne Nederland: Politieke, Economische en Sociale Ontwikkelingen*, Houten: De Hann.

Bosma, Ulbe, Remco Raben en Wim Willems [2006] *De Geschiedenis van Indische Nederlanders*, Amsterdam: Uitgeverij Bert Bakkers.

Bosma, Ulbe-Tjeerd and Raben, R. [2008] *Being "Dutch" in the Indies: A History of Creolisation and Empire, 1500-1920*, Athens, OH: Ohio University Press.

Buiskool, Dirk Aedsge [2019] *Prominent Chinese During the Rise of a Colonial City: Medan 1890-1942*, proefschrift Utrecht. https://dspace.library.uu.nl/handle/1874/386003 （参照 2024 年 10 月 10 日）

Butt, Simon and Timothy Lindsay eds. [2008] *Indonesian Law*. Oxford: Oxford University Press.

————— [2012] *The Constitution of Indonesia: a contextual analysis*. Oxford: Hart.

Camp, Rico op den [1993] 'Towards one nation: the Province of Limburg and the Dutch Nation during the Eighteen-Seventies,' in A. Galema, B. Henkes and H. te Velde, *Images of the Nation: Different meaning of Dutchness 1870-1940*, Amsterdam: Rodopi.

Captain, E., Hellevoort, M. and van der Klein, M. [2000] *Vertrouwd en Vreemd: Ontmoetingen tussen Nederland, Indië en Indonesië*, Hilversum: Verloren.

Carpentier Alting, Johannes H, Ph. Kleintjes, C. van Vollenhoven, W. A. P. F. L. Winckel [1909] *Vierentwintig Ontwerpen over Indisch Recht: Artikelen 75, 109 en 124*

*Regeeringsreglement met uitwerking*, Leiden: Louis H. Becherer.

Carpentier Alting, Johannes H. [1926] *Grondslagen der Rechtsbedeeling in Nederlandsch-Indië*. 's-Gravenhage: Martinus Nijhoff.

Chalanton, Paul [1928] *La Nationalité Néerlandaise (Pays-Bas et Colonies)*, La Haye: L. J. C. Boucher.

Chandra, Elizabeth [2012] "We the (Chinese) People: Revisiting the 1945 Constitutional Debate on Citizenship." *Indonesia*, 94, 85–110.

Chen, Menghong [2011] *De Chinese Gemeenschap van Batavia, 1843-1865: Een onderzoek naar het Kong Koan-archief,* Leiden: Leiden University Press.

Chijs, J. A. van der [1885] *Nederlandsch-Indisch Plakaatboek, 1602-1811, Eerste Deel, 1602-1642*, Batavia: Landsdrukkerij.

Claver, Alexander [2014] *Dutch Commerce and Chinese Merchants in Java: Colonial Relationships in Trade and Finance, 1800-1942*, Leiden: Brill.

──── [2021] "From Denial to Opportunity: Chinese Access to Colonial Law in the Netherlands Indies (1800–1942)," in Dauchy, Serge, Heikki Pihlajamaki, Albrecht Cordes and Dave De ruysscher (eds.), *Colonial Adventures: Commercial Law and Practice in the Making*, Leiden: Brill Nijhoff. 221–244.

Colenbrander, H. T. [1909] *Ontstaan der Grondwet, Deel II*, 's-Gravanhage: Martinus Nijhoff.

Coppel, Charles [2002] "The Indonesian Chinese: 'Foreign Orientals', Netherlands Subjects, and Indonesian Citizens," M. B. Hooker ed., *Law and the Chinese in Southeast Asia*, Singapore: ISEAS. 131–149.

──── [2012] "Chinese Overseas: The Particular and the General," *Journal of Chinese Overseas* 8: 1–10.

Cordes, Jan Willem Cornelis [1887] *De privaatrechtelijke toestand der vreemde oosterlingen op Java en Madoera*, Leiden: van Doesburgh.

Cribb, Robert [2005] "Legal pluralism, decentralization and the roots of violence in Indonesia," Dewi Fortuna Anwar, Helene Bouvier, Glenn Smith, Roger Tol eds., *Violent internal conflicts in Asia Pacific: Histories, Political Economics and Policies*. Jalarta: Yayasan Obor Indonesia.

──── [2010] "Legal Pluralism and Criminal Law in the Dutch Colonial order," *Indonesia*, 90: 47–66.

Cribb, Robert ed. [1994] *The Late Colonial State in Indonesia: Political and Economic Foundations of the Netherlands Indies 1880-1842*. Leiden: KITLV Uitgeverij.

Day, Clive [1904] *The Policy and Administration of the Dutch in Java*. New York: The McMillan Company.

Dekker, Albert; en Van Katwijk, Hanneke [1993] *Recht en Rechtspraak in Nederlands-*

*Indië*. Leiden: KITLV Uitgeverij.

Derksen, Maaike [2021] *Embodied Encounters: Colonial Governmentality and Missionary Practices in Java and South Dutch New Guinea, 1856-1942*. proefschrift Nijmegen.

Deventer, Conrad Th. van [1905] "Rechtshervorming in Indië," *De Gids*, 69, 307-349.

Doel, H. Wim. van den [1994] *De Stille Macht: Het Europese Binnenlands Bestuur op Java en Madoera, 1808-1942*. Amsterdam: Uitgeverij Bert Bakker.

―――― [1996] *Het Rijk van Insulinde: Opkomst en Ondergang van een Nederlandse Kolonie*. Amsterdam: Prometheus.

―――― [2000] *Afscheid van Indië: de val van het Nederlandse imperium in Azië*. Amsterdam: Prometheus.

―――― [2011] *Zo Ver de Wereld Strekt: De geschiedenis van Nederland overzee vanaf 1800*. Amsterdam: Uitgeverij Bert Bakker.

D'Oliveira, Hans Ulrich Jessurun [2023] *Natiestaat en kolonialisme: een ongemakkelijk verbond*. Den Haag: Boom juridisch.

Drentje, Jan [1998] *Het Vrijste Volk der Wereld: Thorbecke, Nederland en Europa*, Zwolle: Uitgeverij Waanders.

Efthymiou, Nicholas. S. [2005] *De organisatie van regelgeving voor Nederlands Oost-Indië: stelsels en opvattingen (1602-1942)*, Amsterdam: Universiteit van Amsterdam.

―――― [2013] "Religie in Nederlands-Indië in Constitutioneel-Rechtelijk Perspectief," *Pro Memorie*, 15 (I), 32-67.

Elson, Robert [2008] *The Idea of Indonesia: A History*, Cambridge: Cambridge University Press.

Emerson, Rupert [1979] *Malaysia: A Study in Direct and Indirect Rule*. Kuala Lumpur: University of Malaya Press.

Engelbrecht, Willem A. [1939] *De Nederlandsch-Indische Wetboeken*. Leiden: A. W. Sijthoff.

Erkelens, Monique [2013] *The Decline of the Chinese council of Batavia: The Loss of Prestige and Authority of the Traditional Elites amongst Chinese Community between 1900-42*, proefschrift Leiden https://hdl.handle.net/1887/21954 （参照 2024 年 11 月 5 日）

Faber, Geolg von [1895. *Het Familie- en Erfrecht der Chineezen in Nederlandsch-Indië*, Leiden: Eduard Ijdo.

Fasseur, Cornelis (Cees) [1975] *Kultuurstelsel en Koloniale Baten: De Nederlandse Exploitatie van Java 1840-1860*. Leiden: Leiden University Press.

―――― [1976] "Indische persperikelen 1847-1860," *Bijdragen en Mededelingen betreffende de Geschiedenis der Nederlanden*, 91 (1): 56-75.

―――― [1992a] "Colonial Dilemma: Van Vollenhoven and the Struggle Between Adat

Law and Western Law in Indonesia," W. J. Mommsen and J. A. de Moor eds., *European Expansion and Law: The Encounter of European and Indigenous Law in 19th- and 20th- Century Africa and Asia*, Oxford: Berg, 237–256.

———— [1992b] *The Politics of Colonial Exploitation*, Ithaca: Cornell University.

———— [1992c] "Hoeksteen en Struikelblok," *Tijdschrift voor Geschiedenis* 105: 218–242.

———— [1993] *De Indologen: ambtenaren voor de Oost 1823–1950*. Amsterdam: Uitgeverij Bert Bakker.

———— [1994] "Cornerstone and Stumbling Block: Racial Classification and the Late Colonial State in Indonesia," Robert Cribb, *The Late Colonial State in Indonesia: Political and Economic Foundations of the Netherlands Indies 1880-1942*. Leiden: KITLV Press.

———— [1995] *De Weg naar het Paradijs: En Andere Indische Geschiedenissen*. Amsterdam: Uitgeverij Bert Bakker.

———— [1996] *Indischgasten*. Amsterdam: Uitgeverij Bert Bakker.

Ferguson, Jan Willem Helenus [1925] *De Rechtspositie van Nederlanders in China*, 's-Gravenhage: Nederlandsche Boek- en Steendrukkerij v/h L. Smits.

Fromberg, Pieter Hendrik [1903] *Rapport over de Chineezenwetgeving*. Batavia: Landsdrukkerij .

———— [1911] *De Chineesche Beweging op Java*. Amsterdam: Elsevier.

———— [1926] *Mr P. H. Fromberg's Verspreide Geschriften*, Leiden: Leidsche Uitgeverijmaatschappij.

Furnivall, John Sydenham [1939] *Netherlands India: A Study of Plural Economy*, Cambridge: Cambridge University Press.

———— [1948] *Colonial Policy and Practice: A Comparative Study of Burma and Netherlands*. Cambridge: Cambridge University Press.

Gautama, Sudargo [1968] "Nederlandse internationaal-privaatrechtelijke rechtspraak met betrekking tot Indonesië," *Netherlands International Law Review*, 15 (2), 133–178.

———— [1987] *Warga Negara dan Orang Asing: Berikut Peraturan dan Contoh - contoh*, Bandung: Penerbit Alumni.

Gobbers, W. [1963] *Jean-Jaque Rousseau in Holland: Een Onderzoek naar de Invloed van de Mens en het Werk ca. 1760- ca. 1810*, Gent: Secretariaat van de koninkrijke Vlaamse Academie voor Taal-en Letterkunde.

Go Gien Tjwan [1984] "The Chinese in Indonesia, Past and Present," *Kabar Seberang*, 13/14, 137–156.

Gonggryp, George Frangois Elbert [1992] *Geillustreerde Enqclopaedie van Nederlandsch-Indie*. Wiiken Aalburg: Pictures Publisher.

Gouda, Frances [1995] *Dutch Culture Overseas: Colonial Practice in the Netherlands-Indies, 1900-1942*. Amsterdam: Amsterdam University Press.

───── [2005] "De vrouw in Nederlands-Indië: Van Mestiezencultuur naar Europese cultuur," *Indische Letteren*, 20 (1): 3-12.

Gouw Giok Siong [1958] *Warganegara dan orang asing: (berikut peraturan2 dan tjontoh2)*. Djakarta: Keng Po.

───── [1963] *The legal status of foreigners in Indonesia*, Djakarta: P. T. Kinta Djakarta.

Groen van Prinsterer, G. [1859] *Volksgeest en burgerzin, in Verspeide Geschriften. Eerste Deel. Staatsregt en Potitiek*, Amsterdam: H. Hoveker.

───── [1976] *Ongeloof en Revolutie: Een Reeks van Historische Voorlezingen*, Franeker: Wever.

Groot, Gerald-Rene de [1994] *Nationaliteitswergeving*, Zevende Druk, Zwolle: W. E. J. Tjeenk Willink.

Groot, Gerald-Rene de en Tratnik, M. [1986] *Nationaliteitsrecht*. Zwolle: W. E. J. Tjeenk Willink.

Haan, Frederik de [1922] *Oud Batavia*. Batavia: G. Kolff & Co.

Haas-Engel, Renata Henriette de [1993] *Het Indonesisch nationaliteitsrecht*, Maastricht: Kluwer.

Han, Swie Tian [1936] *Bijdrage tot de kennis van het familie- en erfrecht der Chineezen in Nederlandsch-Indie*. Amsterdam: J. G. Deerenberg.

Han, Tiauw Tjong [1919a] "Bij de Chineesche Legatie: 10 October 1918," *De Indische Gids*, 41 (1), 563-569.

───── [1919b] "De Chineezen op Java en het Nederlandsch Onderdaanschap," *De Indische Gids*, 41 (2), 937-958.

Hart, Betty de [2001] "De verwerpelijkste van alle gemengde huwelijken: De gemengde huwelijken regeling Nederlands-Indië 1898 en Rijkswet op het Nederlanderschap 1892 vergeleken," *Gaan & Staan: Jaarboek voor Vrouwengeschiedenis*, 21.

───── [2003] *Onbezonnen Vrouwen: Gemengde Relaties in het Nationaliteitsrecht en het Vreemdelingenrecht*, Amsterdam: Aksant.

───── [2015] "Regulating Mixed Marriages through Acquisition and Loss of Citizenship," *The Annals of the American Academy of Political and Social Science*, 662: 170-187.

───── [2019a] *Some Cursory Remarks on Race, Mixture and Law by Three Dutch Jurists*, Tilbrug: Wolf Legal Publishers.

───── [2019b] "Regulating Dutch-Chinese marriages and relationships in the Netherlands (1920-1945)," *The History of the Family*, 24 (3): 539-559.

──────── [2021] "'Ras' en 'gemengdheid' in Nederlandse jurisprudentie," *Ars Aequi*, april: 359-367.

Hasselt, Willem. J. C. van [1979] *Verzameling van Nederlandse Staatsregelingen en Grondwetten*. Alphen aan den Rijn: Samsom Uitgeverij.

Heijns, A. J. [2016] *Translating China: Henri Borel (1869-1933)*. proefschrift Leiden https://hdl.handle.net/1887/40701 (参照 2024 年 10 月 31 日)

Heijs, Eric [1995] *Van Vreemdeling tot Nederlander: De verlening van het Nederlanderschap aan Vreemdelingen 1813-1992*, Amsterdam: Het Spinhuis.

Heinsius, A. J. R. en Brouwer, W. W. [1937a] *Handelingen over de grondwetsherziening van 1922 betreffende de artikelen, welke op de overzeesche gebiedsdeelen betrekking hebben en over de wet op de staatsinrichting van Nederlandsch-Indië van 1925 (Indische staatsregeling). I: Handelingen van den Volksraad over de grondwetsherziening van 1922 betreffende de artikelen, welke op de overzeesche gebiedsdeelen betrekking hebben*. 's-Gravenhage: Koninklijk instituut voor de taal-, land- en volkenkunde van Nederlandsch-Indië.

──────── [1937b] *Handelingen over de grondwetsherziening van 1922 betreffende de artikelen, welke op de overzeesche gebiedsdeelen betrekking hebben en over de wet op de staatsinrichting van Nederlandsch-Indië van 1925 (Indische staatsregeling). II: Handelingen der Regeering en der Staten-Generaal over de grondwetsherziening van 1922 betreffende de artikelen, welke op de overzeesche gebiedsdeelen betrekking hebben*. 's-Gravenhage: Koninklijk instituut voor de taal-, land- en volkenkunde van Nederlandsch-Indië.

──────── [1937c] *Handelingen over de grondwetsherziening van 1922 betreffende de artikelen, welke op de overzeesche gebiedsdeelen betrekking hebben en over de wet op de staatsinrichting van Nederlandsch-Indië van 1925 (Indische staatsregeling). III: Handelingen van den Volksraad over de Wet op de staatsinrichting van Nederlandsch-Indië van 1925 (Indische staatsregeling)*. 's-Gravenhage: Koninklijk instituut voor de taal-, land- en volkenkunde van Nederlandsch-Indië.

──────── [1937d] *Handelingen over de grondwetsherziening van 1922 betreffende de artikelen, welke op de overzeesche gebiedsdeelen betrekking hebben en over de wet op de staatsinrichting van Nederlandsch-Indië van 1925 (Indische staatsregeling). IV: Handelingen der Regeering en der Staten-Generaal over de Wet op de staatsinrichting van Nederlandsch-Indië van 1925 (Indische staatsregeling)*. 's-Gravenhage: Koninklijk instituut voor de taal-, land- en volkenkunde van Nederlandsch-Indië.

Helmers, Dini [2002] *'Gescheurde bedden': oplossingen voor gestrande huwelijken, Amsterdam 1753-1810*, Hilversum: Verloren.

Hekmeijer, Francisus C. [1892] *De Rechtstoestand der Inlandsche Christenen in*

*Nederlandsch-Indië*. Utrecht: P. Den Boer.

Hering, Bob ed. [1982] *Siauw Giok Tjhan remembers: a Peranakan-Chinese and the quest for Indonesian nation-hood, vol. 1.* Townsville: James Cook University of North Queensland.

Holterman, Th. [1997] "Burgerschap: tussen acte van burgerschap en inburgeringscontract," in *Tween Eeuwen Grondwetgeving in Nederland*, Deventer: W. E. J. Tjeenk Willink.

Hondius, Dienke [1999] *Gemengde Huwelijken, Gemengde Gevoelens: Aanvaarding en Ontwijking van Etnisch en Religieus Verschil sinds 1945*, Den Haag: SDU Uitgevers.

Hooker, Michael Barry [1975] *Legal Pluralism: An Introduction to Colonial and Neo-Colonial Law*. Oxford: Clarendon Press.

――― [1988] *Laws of South-East Asia. Vol. II, European laws in South-East Asia: essays on Portuguese and Spanish laws, the Netherlands East Indies, English law, American law in the Philippines and the "Europeanization" of Siam's law*. Singapore: Butterworth.

――― [2002] *Law and the Chinese in Southeast Asia*. Singapore: ISEAS.

Idema, Hijltje Albertus [1924] *Parlementaire Geschiedenis van Nederlandsch-Indië: 1891-1918.* 's-Gravenhage: Nijhoff.

Ingleson, John [1986] "Prostitution in Colonial Java," *Nineteenth and Twentieth Century Indonesia: Essays in Honour of Professor J. D. Legge, Monash Papers on Southeast Asia*, 14.

Kamphuis, Kirsten [2018] "Giving for Girls: Reconsidering Colonial Civilizing Missions in the Dutch East Indies through Charitable Girls' Education," *New Global Studies*, 12 (2), 217-234.

Kan, J. van [1926] "Uit de geschiedenis onzer codificatie", *Indisch Tijdschrift van het Recht*, 124.

Kat Angelino, Arnold Dirk Adriaan de [1929] *Staatkundig Beleid en Bestuurszorg in Nederlandsch-Indië, Dl. 1, Grondslagen en richtlijnen van koloniaal beleid.* 's-Gravenhage: Nijhoff.

――― [1930] *Staatkundig Beleid en Bestuurszorg in Nederlandsch-Indië Dl. 2, De overheidszorg in Nederlandsch-Indië*. 's-Gravenhage: Nijhoff.

Kemp, Pieter Hendrik van der [1886] "Van de Wetgeving voor de Koloniën." *Indische Gids*, 157-189.

――― [1908] "Een Bijdrage tot de Geschiedenis der Regeerings-Reglementen van Ned.-Indië," *Bijdragen tot de taal-, land- en volkenkunde*, 60 (1), 421-437.

Kleintjes, Philip [1911] *Het Staatsrecht van Nederlandsch-Indië*. Amsterdam: J. H. De Bussy.

———— [1923] *Staatsinstellingen van Nederlandsch-Indië, vierde druk.* Amsterdam: J. H. de Bussy.

———— [1932] *Staatsinstellingen van Nederlandsch-Indië, zesde druk.* Amsterdam: J. H. de Bussy.

Knight, G. Roger [2020] "An 'Indies' Couple: Colonial Communities and Issues Surrounding Identity in the Dutch East Indies, ca. 1890-1930s", *Archipel*, 99, 153-188. http://journals.openedition.org/archipel/1709（参照 2024 年 10 月 2 日）

Koks, Joseph Theodore [1930] *De Indo*, Amsterdam: H. J. Paris.

Koninklijke Staatsdrukkerij [1809] *Wetboek Napoleon, Ingerigt voor het Koningrijk Holland*, 's-Gravenhage: Koninklijke Staatsdrukkerij.

Kossmann, Ernst H. [1986] De Lage Landen 1780-1980: Twee Eeuwen Nederland en Belgie, Deel I, Amsterdam: Agon.

———— [1987] "Thorbecke en het historisme," in *Politieke Theorie en Geschiedenis: Verspreide Opstellen en Voordrachten*, Amsterdam: Uitgeverij Bert Bakker.

Kuiper, Koos [2017] *The Early Dutch Sinologist: Training in Holland and China, Functions in the Netherlands Indies*, Boston: Brill.

Kuitenbrouwer, Maarten [1985] *Nederland en de Opkomst van het Moderne Imperialisme: Kolonien en Buitenlandse Politiek 1870-1902*, Amsterdam: De Bataafsche Leeuw.

———— [1991] *The Netherlands and the Rise of Modern Imperalism: Colonies and Foreign Policy, 1870-1902*, New York; Oxford: Berg.

Kwee, Tek Hoay [1969] *The Origins of the Modern Chinese Movement in Indonesia*, Ithaca: Cornell University.

Lemaire, William Lodewijk Gerard [1952] *Het recht in Indonesië*, 's-Gravenhage: N. V. Uitgeverij W van Hoeve.

Lev, Daniel S. [2000] *Legal Evolution and Political Authority in Indonesia: Selected Essays*, Boston: Brill.

Lijnkamp, Henricus A. F. [1938] *De "Japannerwet": onderzoek naar de wording.* Utrecht: N. V. A. Oosthoek's Uitgevers-Maatschappij.

Lindsay, Tim and Helen Pausacker eds. [2005] *Chinese Indonesians: Remembering, Distorting, Forgetting*, Singapore: ISEAS.

Locher-Scholten, Elisabeth [2000a] "Familie en liefde: Europese mannen en Indonesische vrouwen," *Vertrouwd en Vreemd: Ontmoetingen tussen Nederland, Indië en Indonesië*, Hilversum: Uitgeverij Verloren.

———— [2000b] *Women and the Colonial State: Essays on Gender and Modernity in the Netherlands Indies, 1900-1942*, Amsterdam: Amsterdam University Press.

Lohanda, Mona [1996] *The kapitan Cina of Batavia 1837-1942: a history of Chinese establishment in colonial society*, Jakarta: Djambatan.

──── [2002] *Growing Pains: The Chinese and the Dutch in colonial Java, 1890-1942*, Jakarta: Yayasan Cipta Loka Caraka.

Louter, Jan de [1895] *Handleiding tot de kennis van het Staats- en Administratief Recht van Nederlandsch-Indië*. S-Gravenhage: Martinus Nijhoff.

──── [1914] *Handboek van het Staats- en Administratief recht van Nederlandsch-Indië*. 's-Gravenhege: Martinus Nijhoff.

Luttikhuis, Bart [2013] "Beyond race: constructions of 'Europeaness in late-colonial legal practice in the Dutch East Indies," *European Review of History: Revue europeene d'histoire*, 20 (4), 539-558.

──── [2014] *Negotiating Modernity: Europeanness in late colonial Indonesia, 1910-1942*, European University Institute, Department of History and Civilization.

M. H. [1913] *De Chineesche Kwestie*, Batavia: Drukkerij Papyrus.

MacNair, Harley Fransworth [1925] *The Chinese Abroad: Their Position and Protections: A Study in International Law and Relations*, Shanghai: Commercial Press.

Manan, Bagir [2009] *Hukum kewarganegaraan Indonesia dalam undang-undang nomor 12 tahun 2006*, Yogyakarta: FH UII Press.

Mannoury, Jan [1947] *Het Nederlandse Nationaliteitsrecht*, Alphen aan den Rijn: N. Samsom.

Margadant, Chr. Willem [1891] "Artikel 109 van het Regeerings-Reglement voor Nederlandsch-Indie," *Het Recht in Nederlandsch-Indie*. 56, 1-31.

Mastenbroek, W. E. van [1934] *De historische ontwikkeling van de staatsrechtelijke indeeling der bevolking van Nederlandsch-Indië*, Amsterdam: Veenman.

Meijer, J. J. [1893] "Des Chinois aux Indes Néerlandaises," *T'oung Pao*. 4 (1), 1-32.

Merz, Rosemarie [1976] *De Peranakan Chinezen in Indonesie: De status van een nationale minderheid en de kwestie van de meervoudige nationaliteit*.

Mijer, Pieter [1839] "Bijdrage tot de Geschiedenis der Codificatie in Nederlandsch Indie," *Tijdschrift voor Neêrland's Indie*. 2 (1), 221-296.

──── [1848] *Verzameling van Instructien, Ordonnancien en Reglementen voor de Regering van Nederlandsch-Indië*. Batavia: Lands-Drukkerij.

Money, James William Bayley [1861] *Java; or, How to manage a colony. Showing a practical solution of the questions now affecting British India*. London: Hurst and Blackett.

Nagazumi, Akira [1978] "The word 'Indonesia': the growth of its political connotation." *Indonesia Circle*, 17: 28-34.

Nederburgh, Izak. A. [1899] *Wetgeving voor Nederlandsch-Indië. Gemengde huwelijken, Staatsblad 1898, No. 158*, Batavia.

──── [1918] "Afschaffing van de Wettelijke Onderscheiding der Bevolking van

Nederlandsch-Indië naar Rassen of Klassen," *Moederland en Kolonien* 17, 1-32.

———— [1927] *De Nieuwe Staatsrichting van Nederlands-Indie*. 's-Gravenhage: Gebr Belinfante.

Nederlandsche Kamer van Koophandel te London [1907] *De Geschiedenis van de Wet op het Nederlanderschap (12 December 1892, Stbl. No. 268) in den Vreemde.* Amsterdam: J. H. De Bussy.

Nederlandsch-Indische Juristen Vereeniging [1887] *Handelingen der Nederlandsch-Indische Juristen Vereeniging.* Batavia: Ernst & Co.

Neve, Roel de [2009] *Asal Oesoel: Voorouders van verre deel 6 Nederlandsch-Indië*, Woerden: Zuidam & Zonen bv.

———— [2010] "Moeder van alle Indo-Europeanen: De 'njai' en de Indische familiegeschiedenis," *Genealogie*, 16 (1): 8-12.

Niemeijer, Hendrik E. [2005] *Batavia: Een koloniale samenleving in de 17de eeuw*, Amsterdam: Balans.

Oei, Jan Lee [1889] *Over de aansprakelijkheid des Verkoopers voor de verborgen gebreken der verkochte zaak*, Proefschrift, Leiden: J. J. Groen.

Oei, Kiauw Pik [1919a] *Wat wil, kan en mag Indonesië thans van Nederland verwachten?*, Amsterdam: s. n.

———— [1919b] "De Chineezen en het Nederlandsch Onderdaanschap," *De Indische Gids*, 41 (2), 959-967.

Oei, Paylo [1867] "Oostersche Vreemdelingen in Ned. Indië," *Tijdschrift voor Nederlandsch-Indië*. 140-162.

Okker, Frank [1993] 'Dirksland tussen de doerians: Het Indiebeeld van Willem Walraven,' *Indische Letteren*, Jaargang 8, 1993.

Ong, Eng Die [1943] *Chineezen in Nederlandsch-Indië*, Assen: Van Gorcum.

Oostindie, Gert [2011] *Postcolonial Netherlands: Sixty-five Years of Forgetting, Commemorating, Silencing*. Amsterdam: Amsterdam University Press.

Oppenheim, J., J. H. Carpentier Alting, Ph. Kleintjes, C. Snouck Hurgronje, C. van Vollenhoven en Oerip Kartodirdjo. [1922] *Proeve van eene Staatsregeling voor Nederlandsch-Indië*. Leiden: E. J. Brill.

Opzoomer, Cornelis Willem [1865] *Het Burgerlijke Wetboek: Eerste Deel. Art. 1-240.* Amsterdam: J. H. Gebhard & Comp.

Petrus Blumberger, John Theodoor [1939] *De Indo-Europeesche Beweging in Nederlandsch-Indië*, Haarlem: Tjeenk Willink.

Piepers, Marinus Cornelis [1868] *De Politierol: Handleiding voor administratieve ambtenaren met de rechtspraak ter politierol op Java en Madura belast*. Batavia: Ogilvie & Co.

———— [1898] "Gelijkstelling van Vreemde Oosterlingen met Europeanen," *Tijdschrift voor Nederlandsch-Indië.* 772–841.

Poortinga, Eke [1987] *De Scheiding tussen Publiek- en Privaatrecht bij Johan Rudolph Thorbecke (1798-1872).* Nijmegen: Ars Aequi Libri.

Pot, Combertus Willem. van der et al. [1995] *Handboek van net Nederlandse Staatsrecht,* Dertiende Druk, Zwolle: W. E. J. Tjeenk Willink.

Prick van Wely, Franciscus Petrus Hubertus [1906] *Neerlands taal in 't Verre Oosten: eene bijdrage tot de kennis en de historie van het Hollandsch in Indië,* Semarang: Van Dorp & Co.

Prins, Willem Frederik [1933] "De Bevolkingsgroepen in het Nederlandsch-Indische Recht," *Koloniale Studiën* 17 (2), 652–688.

———— [1952a] "De gevolgen van de Souvereiniteitsoverdracht ten aanzien van de nationaliteit van Nederlandse onderdanen," *Het Personeel Statuut,* 4 (5), 49–74.

———— [1952b] "Gemengd huwelijk, erkenning en adoptie in Nederlands-Indië," *Het Personeel Statuut,* 10, 113–121.

Raadschelders, J. C. N. and T. A. J. Toonen [1995] 'Governance and Government in the 19th and 20th Centuries,' in W. J. M. Kickert and F. A. van Vught, eds., *Public Policy & Administration Sciences in the Netherlands,* Hertfordshire: Prentice Half/Harvester Wheatsheaf.

Raedt van Oldenbarnevelt, Hendrik Jan Antoni [1851] *De wet tot uitvoering van art. 7 der Grondwet.* Leyden: Hazenberg.

Reelfs, Christian Schemering [1867] *Het Surinaamsche Regerings-Reglement van 1865.* Amsterdam: C. van Helden.

Ringeling, Arthur [1978] *Beleidsvrijheid van ambtenaren: het spijtoptantenprobleem als illustratie van de activiteiten van ambtenaren bij de uitvoering van beleid.* Alphen aan de Rijn: Samsom.

Saada, Emmanuelle [2002] "The Empire of Law: Dignity, Prestige and Domination in the 'Colonial Situation," *French Politics, Culture and Society.* 20 (2), 198–120.

———— [2012] *Empire's Children: Race, Filiation, and Citizenship in the French Colonies,* Chicago: University of Chicago Press.

Schama, Simon [1992] *Patriots and Liberators: Revolution in the Netherlands -1813,* London: Fontana Press.

Scheuer, H. J. [1910] "Hervormingen in de Indische rechtsbedeeling," *Onze Eeuw,* 10 (2): 33–74.

Scholten, Paul [1931] *Handleiding tot de beoefening van het Nederlands Burgerlijk Recht,* Zwolle: Tjeenk Willink.

Schreuder, L. F. G. P. [1881] "Het ontstaan en het verlies van het Nederlanderschap volgens de wet van 28 Juli 1850 (Staatsblad no. 44) en het Burgerlijk Wetboek," *Nieuwe Bijdragen voor Rechtsgeleerdheid en Wetgeving.* 7: 1-68, 169-232, 397-460, 535-636.

———— [1894] *Wet van 12 december 1892 (Staatsblad no. 268) op het Nederlanderschap en het ingezetenschap met de daaromtrent tusschen de regeering en de volksvertegenwoordiging gewisselde stukken en de in de beide Kamers der Staten-Generaal gevoerde beraadslagingen,* Amsterdam: Loman & Funke.

Seegers, G. H. J. and Wens, M. C. C. [1993] *Persoonlijk gegeven: Grepen uit de geschiedenis van bevolkingsregistratie in Nederland,* Amersfoort: Bekking.

Seneviratne-Rupesinghe, Nadeera. T. [2016] *Negotiating custom: colonial lawmaking in the Galle Landraad,* proefschrift Leiden https://hdl.handle.net/1887/37349 (参照 2024 年 11 月 1 日)

Sicking, Louis [2019] "Het Staatsrecht van Nederlands-Indië - 1903," *Pro Memorie,* 21 (2), 144-147.

s'Jacob, H. K. [1982] "De Verenigde Oostindische Compagnie: concubinaat en huwelijk," *Groniek,* 80, 3-6.

Stapel, Frederik Willem [1954] *Pieter van Dam's Beschrijvinge van de Oostindische Compagnie 1639-1701 Deel 4,* 's-Gravenhage:.

Stibbe, David Gerhard [1921] "Grondslagen der voorstellen van de Indische Staatkundige Herzieningscommissie," *Moederland en Koloniën,* 's-Gravenhage: Boekhandel Cikot, 20, 4-46.

Stoler, Ann Laura [1995] *Race and the Education of Desire.* Durham and London: Duke University Press.

———— [2002] *Carnal Knowledge and Imperial Power: Race and the Intimate in Colonial Rule.* Berkley and Los Angeles: University of California Press.

Stutje, Klaas [2015] "The Complex World of the Chung Hwa Hui: International Engagements of Chinese Indonesian Peranakan Students in the Netherlands, 1918-1931," *Bijdragen tot de Taal-, Land- en Volkenkunde,* 171: 516-542.

Stuurman, Siep [1992] *Wacht op onze Daden: Het Liberalisme en de Vernieuwing van de Nederlandse Staat.* Amsterdam: Uitgeverij Bert Bakker.

Supomo [1958] *Undang-undang Dasar Sementara Republik Indonesia,* Djakarta: Noordhof-Kolff N. V.

Suryadinata, Leo [1978] *The Chinese Minority in Indonesia: Seven Papers.* Singapore: Chopmen Enterprises.

———— [1981] *Peranakan Chinese Politics in Java 1917-1942,* Singapore: Singapore University Press.

———— [2002] "China's Citizenship Law and the Chinese in Southeast Asia," M. Barry

Hooker (ed). *Law and the Chinese in Southeast Asia.* Singapore: ISEAS.

Sysling, Fenneke [2016] *Racial Science and Human Diversity in Colonial Indonesia.* Singapore: NUS Press.

Tagliacozzo, Eric [2013] *The Longest Journey: Southeast Asians and the Pilgrimage to Mecca,* New York: Oxford University Press.

Tan, Mely G. [1963] *The Chinese of Sukabumi: a study of social and cultural accommodation,* Ithaca: Cornell University.

Taylor, Jean Gelman ed. [1997] *Women creating Indonesia: the first fifty years.* Clayton: Monash Asia Institute.

Taylor, Jean Gelman [2009] *The Social World of Batavia: Europeans and Eurasians in Colonial Indonesia,* Madison: University of Wisconsin Press.

Ter Haal, B. [1962] *Adat Law in Indonesia,* Bhratara.

Thomas, Henri Willem Bernard [1893] *De Wet op het Nederlanderschap en het Ingezetenschap van 12 December 1892 (Staatsblad no. 168),* Den Haag: Mouton & Co.

Thorbecke, Johan Rudolf [1968] *Staatsinrigting en Sstaatsbestuur,* J. P. Duyverman, ed., Arnhem: Gouda Quit - D. Brouwernzoon.

───── [1980] "Over het hedendaagsche staatsburgerschap," in C. H. E. de Wit, *Thorbecke en de Wording van de Nederlandse Natie,* Nijmegen: Sun.

Tjiook-Liem, Patricia [2009] *De rechtspositie der Chinezen in Nederlands-Indië 1848-1942,* Leiden: Leiden University Press.

───── [2011] "The Loa Joe Djin-Case: A Trigger to Change," Marleen Dieleman, Juliette Koning, and Peter Post eds., *Chinese Indonesians and Regime Change.* Leiden: Brill.

───── [2017] "The Chinese from Indonesia in the Netherlands," *Wacana, Journal of the Humanities of Indonesia,* Vol. 18, No. 1 Chinese Indonesians in Historical Perspective I.

───── [2022] *Chinezen uit Indonesië: De geschiedenis van een minderheid,* Zutphen: Walburgpers.

Tobi, Alexander Constantijn [1927] *De Vrijwillige Onderwerping aan het Europeesch Privaatrecht.* Leiden: Van Doesburgh.

Tsai, Chutung [1910] "The Chinese Nationality Law, 1909", *The American Journal of International Law,* 4 (2), 404-411

Twerda, A. [1940] *De rechtspositie van de Chinezen in Nederlands-Indië,* manuscript.

Vandenbosch, Amry [1930] "A Problem in Java: the Chinese in the Dutch East Indies," *Pacific Affairs,* 3 (11), 1001-1017.

───── [1931] "Nationalism in the Netherlands India," *Pacific Affairs,* 4 (12), 1051-1069.

──── [1932] "Economics and Administrative Policy in the Dutch Indies," *Pacific Affairs*, 5 (10), 886-890.

──── [1942] *The Dutch East Indies: Its Government, Problems, and Politics*, Berkley and Los Angeles: University Chicago Press.

Velde, Henk te [1992] *Gemeenschapszin en Plichsbesef: Liberalisme en Nationalisme in Nederland, 1870-1918*, Den Haag: SDU Uitegeverij.

──── [1998] "Herenstiji en burgerzin: Nederlandse burgelijke cultuur in de negentiende eeuw," in R. Aerts en H. te Velde, red., *De Stijl van de Burger: Over Nederlandse Burgelijke Cultuur vanaf de Middeleeueen* Kampen: Kok Ageora.

Verheijen, Bart [2021] 'Staatsburgerschap en Nederlanderschap in Nederlands-Indië in de negentiende eeuw,' *Tijdschrift voor Geschiedenis*, 134: 3, 448-472.

Verheijen, Bart and Rowin Jansen [2023] "The Ambiguous Legal Postition of 'native Chiristians' in the Dutch East Indies in the Nineteenth Centruy," *Trajecta, Religion, Culture and Society in Low Countries*, 32 (1): 63-92. https://doi.org/10.5117/tra2023. 1.003.verh（参照 2024 年 12 月 15 日）

Verkade, Willem [1935] *Overzicht der Staatkundige Denkbeelden van Johan Rudolf Thorbecke 1798-1872*. Arnhem: Van Loghum Slaterus' Uitgeversmasstschappij N. V.

──── [1974] *Thorbecke als Oost-Nederlands Patriot*, Zutphen: De Walburg Pers.

Veur, Paul W. van der [1954] "The Eurasians of Indonesia: Castaways of Colonialism," *Pacific Affairs*, 27 (2), 124-137.

──── [1971] *The Eurasians of Indonesia: a political-historical bibliography*. Ithaca: Cornell University Press.

Visman, Frans Herman [1942a] *Verslag van de Commissie tot Bestudeering van Staatsrechtelijke Hervormingen I*. New York.

──── [1942b] *Verslag van de Commissie tot Bestudeering van Staatsrechtelijke Hervormingen II*. New York.

Vollenhoven, Cornelis van [1935] *Mr. C. van Vollenhoven's verspreide geschriften, Deel III*, Haarlem: Tjeenk Willink; 's-Gravenhage: Nijhoff.

Vortman, J. B. [1940] *Recht en plicht: Indische burgerschapskunde voor iedereen*, Semarang: Van Dorp.

Vries, C. W. de [1958] "Politieke invloeden op de grondwetsherziening 1848," *Tijdschrift voor Geschiedenis*, 71.

Wal, Simon Lambertus van der [1964] *De Volksraad en de staatkundige ontwikkeling van Nederlands-Indië: een bronnenpublicatie Eerste Stuk: 1891-1926*. Groningen: Wolters.

──── [1965] *De Volksraad en de staatkundige ontwikkeling van Nederlands-Indië: een bronnenpublicatie Tweede Stuk: 1927-1942*. Groningen: Wolters.

──── [1966] "Het Rascriterium en het Overheidsbeleid in Nederlands-Indië,"

*International Spectator* 20, 832–853.

Walraven, Willem [1992] *Brieven: Aan familie en vrienden 1919-1941*, Amsterdam: G. A. van Oorschot.

Weg, S. van der [1959] "De Indonesische nationaliteitswet," *Het Personeel Statuut*, 10, 1–9.

Wertheim, Willem F. [1964] *Indonesian Society in Transition*. The Hague: W. Van Hoeve Ltd.

───── [1991] "Koloniaal Racisme in Indonesië: ons onverwerkt verleden?" *De Gids* 154, 367–385.

───── [1997] *De status van de Chinezen in vooroorlogs Nederlands-Indie: zeer geheime documenten uit de jaren 1928-1932*. Leiden: Van Vollenhoven Institute for Law and Administration in Non-Western Countries.

Westra, Harmen [1927] *De Nederlandsch-Indische Staatsregeling*. 's-Gravenhage: Martinus Nijhoff.

Williams, Lea E. [1961] "The Ethical Program and the Chinese in of Indonesia," *Journal of Southeast Asian History*, 2 (2): 35–42.

Willmott, Donald [1961] *The National Status of the Chinese in Indonesia 1900-1958*. Ithaca: Cornell University Press.

Winckel, W. [1920] *Rechtsbedeeling onder de Inlanders en daarmede gelijkgestelde personen in Ned.-Indië*. 's-Gravenhage: Nijhoff.

Wit, Augusta de [1903] *De godin die wacht*. Amsterdam: P. N. van Kampen & Zoon.

Yamin, Muhammad [1959] *Naskah-persiapan Undang-undang dasar 1945*, Djilid pertama, Djakarta: Jajasan Prapantja.

Yule, Henry and Arthur Coke Burnell [2010 (1860)] *Hobson-Jobson: Being a Glossary of Anglo-Indian Colloquial Words and Phrases and of Kindred Terms Etymological, Historical, Geographical and Discursive*. Cambridge University Press.

Zorab, Elezaar [1890] *De publiekrechtelijke toestand der vreemde oosterlingen in Nederlandsch Oost-Indië*, Leiden: Ijdo.

Zwrart, Fritz [1999] *Willem Mengelberg (1871-1951): Een Biografie 1871-1920*, Amsterdam: Prometheus.

Zwart, J. A. [1939] *J. Duymaer van Twist: Een Historisch-Liberaal Staatsman 1809-1887*, Utrecht: N. V. A. Oosthoek's Uitgevers-maastschappij.

# 人 名 索 引

# 事 項 索 引

## 〈ア 行〉

《著者紹介》

吉 田　信 (よしだ　まこと)

1969 年福島県郡山市生まれ.

1999 年神戸大学大学院法学研究科博士課程後期課程中退.

神戸大学法学部講師，福岡女子大学文学部助教授，福岡女子大学国際文理学部准教授を経て，現在，南山大学国際教養学部教授.

**主要業績**

『世界史のなかの女性たち』(共著，勉誠出版，2015 年).

『女性から描く世界史——17〜20 世紀への新しいアプローチ』(共著，勉誠出版，2016 年).

『アジア法整備支援叢書 インドネシア——民主化とグローバリゼーションへの挑戦』(共著，旬報社，2020 年).

『史料が語る東インド航路——移動がうみだす接触領域』(共編著，勉誠出版，2021 年).

*When East Asia Meets Southeast Asia*（共著，World Scientific，2022 年).

オランダ植民地統治と法的住民区分の変遷
——国籍法と統治法による植民地住民の包摂と排除——

| 2025年3月30日　　初版第1刷発行 | ＊定価はカバーに表示してあります |
|---|---|

著　者　　吉　田　　　信 ©

発行者　　萩　原　淳　平

印刷者　　田　中　雅　博

発行所　株式会社　晃　洋　書　房

〒615-0026　京都市右京区西院北矢掛町 7 番地
電　話　075 (312) 0788番代
振替口座　01040-6-32280

装丁　㈱クオリアデザイン事務所　　印刷・製本　創栄図書印刷㈱

ISBN 978-4-7710-3954-4

八代　拓 著
蘭印の戦後と日本の経済進出
——岸・池田政権下の日本企業——
A 5 判 228 頁
3,630 円（税込）

パトリシア・大久保・アファブレ 編／森谷裕美子 訳
フィリピンの山岳地帯に渡った日本人移民
——北部ルソン開拓の 100 年の軌跡　1903〜2003 年——
B 5 判 298 頁
7,150 円（税込）

大久保 由理 著
「大東亜共栄圏」における南方国策移民
——「南方雄飛」のゆくえ——
A 5 判 226 頁
5,060 円（税込）

高垣 里衣 著
近世ヨーロッパ港湾都市と商業
——18〜19 世紀バスク商人と国際商業の展開——
A 5 判 218 頁
5,720 円（税込）

井上 敏孝 著
日本統治時代台湾の築港・人材育成事業
A 5 判 250 頁
4,950 円（税込）

中西嘉宏・永井史男・河野元子 編著
東南アジア政治へのアプローチ
——君主制・統治・社会経済——
A 5 判 274 頁
4,730 円（税込）

小山田英治・杉浦功一・木村宏恒 編著
開発政治学と持続可能な開発
——途上国のガバナンス制度化の総合的考察——
A 5 判 284 頁
4,180 円（税込）

林田 秀樹 編著
ASEAN の 連 結 と 亀 裂
——国際政治経済のなかの不確実な針路——
菊判 324 頁
6,380 円（税込）

太田出・川島真・森口（土屋）由香・奈良岡聰智 編著
領 海 ・ 漁 業 ・ 外 交
——19〜20 世紀の海洋への新視点——
A 5 判 414 頁
7,480 円（税込）

晃 洋 書 房